AF233759

S^T JEAN CHRYSOSTOME

ET

LES MŒURS DE SON TEMPS

COULOMMIERS
Imprimerie PAUL BRODARD.

UN RÉFORMATEUR DE LA SOCIÉTÉ CHRÉTIENNE

AU IVe SIÈCLE

S^T JEAN CHRYSOSTOME

ET

LES MŒURS DE SON TEMPS

PAR

AIMÉ PUECH

Professeur adjoint à la Faculté des lettres de Rennes.

Ouvrage couronné par l'Académie des sciences morales et politiques

PARIS

LIBRAIRIE HACHETTE ET Cie

79, BOULEVARD SAINT-GERMAIN, 79

1891

A LA MÉMOIRE

DE

MON PÈRE

AVANT-PROPOS

L'Académie des sciences morales et politiques avait
mis au concours, pour le prix du budget à décerner
en 1890, la question suivante : « Exposer, d'après les
œuvres de saint Jean Chrysostome, quelles étaient les
mœurs de son temps, et discuter, au point de vue
moral, la manière dont il les juge ». Le livre que je
publie aujourd'hui est la reproduction du mémoire que
l'Académie a couronné, et je dois tout d'abord remer-
cier ici, pour leur bienveillant jugement, les membres
de la section de morale, en première ligne le rappor-
teur du concours, M. de Pressensé, dont la compétence
spéciale, en matière d'histoire ecclésiastique, devait me
rendre le suffrage singulièrement précieux.

Je ne me dissimule pas qu'un travail tel que celui-ci
présentait des dangers particuliers, parce qu'il tenait à
la fois de la monographie et de l'histoire générale. Je

me suis efforcé de concilier, dans la mesure du possible, les exigences de l'une et de l'autre. Le lecteur jugera si j'ai réussi. Je lui demande seulement de se souvenir que la difficulté était dans la nature même du sujet.

Il me semble que la société du ive siècle, par la crise aiguë qu'elle traverse, par ce qu'elle conserve du passé et ce qu'elle fonde pour l'avenir, par l'incroyable confusion des croyances et des mœurs, par le contraste d'un relâchement extrême et d'efforts généreux vers le plus haut idéal, de l'indifférence ou de la superstition et de la foi aussi ardente qu'éclairée, garde un intérêt très vif pour tous ceux qui sont curieux d'histoire, de psychologie et de morale. Mais ce que je souhaiterais surtout avoir fait passer dans ce livre, c'est l'admiration que m'a inspirée, à mesure que je le connaissais mieux, celui qui, de tous les chrétiens de son siècle, fut sans doute le plus fidèle à l'esprit évangélique.

SAINT JEAN CHRYSOSTOME

ET

LES MŒURS DE SON TEMPS

INTRODUCTION

Chrysostome a toujours été, parmi les Pères de l'Église grecque, le plus goûté et le plus lu des Français; nous nous laissons vite séduire par son esprit vif, clair et simple; nous aimons son âme ouverte, chaude, généreuse. On lui a donc consacré chez nous d'importants travaux, et si l'on joint aux nôtres ceux des étrangers, des Allemands surtout, on peut dire que ses œuvres, en leur ensemble, ont été assez bien éclaircies par nos devanciers; nous en devons être fort reconnaissants, car il a été un des plus féconds de tous les écrivains ecclésiastiques, et c'est déjà une assez longue tâche que la simple lecture des treize volumes que forment ses homélies, ses lettres et ses traités. Il convient, avant de commencer une nouvelle étude, de passer sommairement en revue ces travaux; de donner un avis sur les principaux éditeurs de Chrysostome et sur ses principaux historiens. Tous ne sont point d'égale valeur, mais il en est d'excellents, dont nous avons beaucoup profité. Nous tenons à le dire tout d'abord. En même temps cependant, peut-être pourrons-nous montrer que le sujet particulier, proposé par l'Académie, n'a pas été traité jusqu'à présent avec l'étendue et le détail qu'il mérite.

L'établissement du texte a été l'œuvre de l'Anglais Savile [1], de Fronton le Duc [2], et surtout de Montfaucon [3]. Aucune autre recension générale n'a été faite depuis la belle édition de ce dernier, qui est restée d'importance capitale. Sans doute on n'y trouve pas toujours dans le détail l'extrême sévérité critique que nous exigeons aujourd'hui; mais elle est dans l'ensemble satisfaisante; un bon nombre d'homélies des plus intéressantes y ont paru pour la première fois; et l'on admire doublement Montfaucon quand on songe à l'énormité de la tâche, et au grand âge dans lequel il l'exécuta. Une seconde édition du texte de Montfaucon a été publiée en ce siècle par la librairie Gaume [4]. C'est ce même texte que reproduit également la *Patrologie* de Migne, sauf en quelques parties, comme dans les homélies sur l'Évangile de saint Mathieu, où elle suit le texte de Field [5]. J'ai cité d'après cette édition de la *Patrologie*, aujourd'hui la plus répandue.

Il ne faut jamais négliger, quand on s'occupe d'histoire ecclésiastique, nos beaux travaux du xviie siècle, trop oubliés par certains, et où l'on trouve d'ordinaire un jugement si sûr avec une érudition si solide. Chrysostome était très populaire à cette époque parmi nos théologiens; Bossuet aimait à le citer comme un des garants les plus autorisés de la tradition catholique; on l'a donc alors étudié de fort près. C'était déjà, pour un premier essai, une étude fort estimable que celle d'Hermant. Mais surtout, ces deux maîtres de l'histoire ecclésiastique, Tillemont et Fleury, doivent être aujourd'hui encore mentionnés tout d'abord. Dans son petit livre exquis sur les *Mœurs des chrétiens*, Fleury a souvent invoqué le témoignage de Chrysostome, et très bien montré quelle source inépuisable de renseignements curieux est ouverte dans ses œuvres. Tillemont a consacré à l'évêque de Constantinople tout un volume de ses *Mémoires*; avec une science scrupu-

1. Eton, 1612.
2. Paris, 1609 et suiv.
3. Paris, 1718.
4. Paris, 1839, par les bénédictins de Solesmes.
5. Cambridge, 1839.

leuse et exigeante, il s'est attaché à reconstruire aussi exactement que possible sa biographie; à élucider toutes les difficultés que présente l'authenticité ou la chronologie de tant d'homélies. Ces questions obscures, qu'il avait le premier serrées de près, ont été reprises par Montfaucon dans les préfaces et les dissertations diverses qu'il a composées pour son édition. Les textes inédits que Montfaucon a eus le premier à sa disposition lui ont permis parfois de compléter ou de corriger les conclusions de son prédécesseur; mais l'érudit bénédictin, en dépit de tout son savoir archéologique et paléographique, n'avait pas toujours le sens critique de Tillemont, ni le goût et le tact de Fleury [1].

On peut l'avouer cependant, si remarquables que soient ces travaux de notre xviie siècle, il y manque d'ordinaire une certaine indépendance de pensée. Ils appartiennent d'ailleurs — j'excepte Fleury — à l'érudition plutôt qu'à l'histoire. Il était donc utile, de notre temps, de reprendre les mêmes sujets, en y apportant des vues plus libres. Mais, au commencement de ce siècle, où l'histoire ecclésiastique était presque entièrement abandonnée chez nous, tandis que la critique littéraire se développait au contraire avec tant d'éclat, on ne devait guère considérer dans Chrysostome que l'orateur incomparable. Villemain en effet s'est intéressé surtout à lui comme à un des maîtres de la parole antique; de là, dans le *Tableau de l'éloquence chrétienne au IVe siècle*, un chapitre un peu sommaire, non exempt d'erreurs de faits, mais écrit avec sympathie pour la sainteté de Jean, et donnant de son génie oratoire une caractéristique où il y a des traits excellents. Plus tard est venue la thèse de Paul Albert [2], où cette même éloquence est si bien analysée dans son originalité véritable, avec beaucoup plus de précision que par Villemain; avec un jugement très libre et un goût très sagace.

1. Le volume consacré à Chrysostome dans l'*Histoire des auteurs sacrés* de Ceillier (le tome IX) n'est guère qu'une analyse consciencieuse et intelligente.
2. *Saint Jean Chrysostome considéré comme orateur populaire*, 1858.

Amédée Thierry, par contre, n'a pas écrit une œuvre de critique littéraire, mais une œuvre d'histoire, sur laquelle il
importe d'autant plus de s'expliquer que c'est surtout par lui,
on peut le dire, que Chrysostome est maintenant connu en
France; d'après lui qu'il est jugé. Chrysostome aurait, je
crois, quelque droit de s'en plaindre. Il ne s'agit nullement
de contester les mérites solides d'une étude très consciencieuse, faite par un homme qui connaissait très bien l'histoire
générale du IVe et du Ve siècle. Bien plus, l'idée première
même qui me paraît avoir inspiré Thierry était en son prin-
cipe fort légitime et fort juste. Il est évident qu'il a été choqué
du défaut ordinaire des écrivains ecclésiastiques, je veux dire
de cette réserve, de cette prudence extrême d'opinion, prête
à tout atténuer, à tout excuser, dans le récit des divisions
intestines de l'Église; toujours fertile en subtilités; et qui
jette sur la réalité trop vivante le voile d'un style timoré et
captieux. Thierry a voulu appeler les choses par leur nom, et
nul ne le lui reprochera. Mais il est allé bien loin dans son
mouvement de réaction; il a quelque peu exagéré lui-même.
Vouloir faire de Chrysostome un saint tout confit en douceur,
s'indigner que Socrate prétende que son caractère fut ardent,
et non même sans violence, est sans doute ridicule; mais
parler des « vices »[1] de Chrysostome, est-ce faire preuve
de tout le tact désirable? Et ce que nous critiquons ici, ce
n'est pas seulement un style qui manque trop visiblement de
souplesse et de nuances; on verra que nous nous faisons de
l'évêque de Constantinople une idée assez sensiblement différente de celle que Thierry en a donnée à ses lecteurs. Il est
à remarquer, ce me semble, que Thierry, n'étudiant pas à
vrai dire Chrysostome pour lui-même, mais le rencontrant,
à une certaine date, dans l'histoire générale du IVe siècle,
au milieu des grands événements auxquels il a été mêlé pen-

---

1. « Sans doute il eut ses travers; il eut même des *vices* qui firent son
malheur : l'orgueil, le ressentiment, l'amour effréné de la domination. »
Il est vrai que Thierry conclut : « Mais jamais rien de bas ne monta
jusqu'à son cœur ». Alors pourquoi ce vilain mot de vices?

dant son épiscopat, n'a connu qu'imparfaitement toute sa vie antérieure, en particulier les années de sa prédication à Antioche, qui, pour nous, seront de première importance; s'il avait fait une étude plus exacte de ces années-là, s'il avait lu les homélies de cette période avec autant de soin qu'il en a mis à lire les homélies ou les traités qui datent de Constantinople ou de l'exil, il aurait modifié sensiblement, je pense, quelques-unes de ses opinions. Pour juger Jean, il se serait plus souvent servi de ses propres œuvres; il aurait peut-être, au contraire, usé avec plus de discrétion du témoignage des historiens. Qu'on nous permette enfin une dernière remarque : Thierry avait la connaissance la plus complète et la plus exacte des sources. Mais pourquoi les cite-t-il souvent d'une manière si peu précise? il avait dû en faire la critique; pourquoi met-il si rarement le lecteur dans la confidence de ses jugements? pourquoi ne se préoccupe-t-il pas davantage de l'instruire de la valeur de chaque témoignage [1]?

Le meilleur ouvrage que je connaisse sur Chrysostome, c'est sans contredit l'ouvrage allemand de Néander [2]. Néander l'a étudié surtout en théologien; mais il n'est jamais mauvais de l'être, quand on étudie un Père de l'Église, bien que, dans le cas présent, il s'agisse d'un des moins enivrés de haute métaphysique religieuse. Puis Néander a aimé Chrysostome, et cela lui a porté bonheur. Il a bien montré, avec beaucoup d'érudition et beaucoup de critique, les principes essentiels de sa théologie et de son exégèse; mais, ce qui est plus précieux, comme il a surtout bien compris son génie et son cœur, dans leur nature intime et dans leur originalité propre! Comme il a justement saisi ses qualités distinctives, montré les mobiles principaux, qui, pendant toute sa vie, ont dirigé sa conduite; les idées qui l'ont dominé, les sentiments qui

---

1. Je pense à cette formule qui lui est si familière : « L'histoire nous dit... ». Je voudrais bien savoir qui est cette histoire, si c'est Palladius, Socrate, Sozomène, Théodoret ou Zosime; cela n'est certes pas indifférent.

2. J'ai cité Néander d'après la troisième édition (*Der heilige Johannes Chrysostomus*, Berlin, 1848).

l'ont inspiré ! Comme il a bien suivi le développement de son talent et de son caractère, développement très régulier, admirablement ordonné sans doute, et continué toujours dans le même sens, que n'ont pas troublé des révolutions brusques, une fois passées les crises de la première jeunesse, mais qui cependant permet d'observer bien des variations, bien des modifications intéressantes ! Sans presque aucune des atténuations, des timidités que nous reprochions tout à l'heure à certains historiens ecclésiastiques, avec une sympathie profonde, mais jamais aveugle, il a donné, je crois, le portrait moral le plus ressemblant de Chrysostome; c'est lui qui a le mieux dégagé l'esprit de ses œuvres et de sa vie. Le livre de Néander est déjà de date assez ancienne; il est antérieur à la plupart des travaux français consacrés, dans notre siècle, à Chrysostome; et il est fort regrettable que dans aucun de ces travaux on n'en ait sérieusement tiré parti [1].

On a depuis longtemps signalé — l'exemple de Fleury suffit à lui seul — combien les œuvres de Chrysostome abondent en renseignements curieux sur les mœurs de son temps. A cet égard, nul orateur sacré ne saurait lui être comparé. Comme sa prédication est toute pratique et familière, il n'est pas une de ses homélies, il n'est pas un de ses traités, où il ne s'attaque directement à quelqu'un des vices les plus communs parmi les fidèles qu'il dirige. Or il ne s'agit pas pour lui d'une parade inutile d'éloquence. Il engage avec ces vices une lutte sans merci, et il est trop bon moraliste pour ignorer que le premier moyen de guérir une maladie morale est de la bien connaître et de la bien décrire : en pénétrer les

1. L'abbé Martin, d'Agde (*Saint Jean Chrysostome, ses œuvres et son siècle*, 3 volumes, Montpellier, 1862, reproduits également en tête de la traduction française des *Œuvres de Chrysostome* publiée chez Guérin, à Bar-le-Duc), cite parfois dans ses notes l'opinion de Néander sur tel ou tel fait particulier; mais il ne semble pas qu'il ait connu l'ouvrage tout entier. Que ceci me soit une occasion de dire un mot du livre même de l'abbé Martin; c'est un livre estimable, où il y a sans doute un peu trop de rhétorique, mais aussi de l'élévation sincère; l'auteur suit d'ordinaire, dans le récit des faits, Tillemont et Montfaucon, en les corrigeant parfois par Stilting, qui a de nouveau examiné la biographie de Chrysostome dans les *Acta Sanctorum* (Mois de septembre, t. IV).

causes profondes, en faire sentir les effets immédiats ou loin-
tains, telle il comprend sa tâche, telle il la remplit avec toute
la clairvoyance d'un homme accoutumé à lire dans les âmes,
avec toute l'éloquence d'un des orateurs les mieux doués qui
furent jamais, avec tout le zèle d'un chrétien qu'aucune considération personnelle n'arrête. Mais cela même n'est pas
tout. Chrysostome est un Oriental, un Syrien, et, comme
Montfaucon l'a remarqué [1] après Jérôme, les Syriens aimaient
beaucoup les comparaisons : c'était un des procédés familiers
de leur rhétorique. Les comparaisons sont donc fréquentes
chez lui, et non point indiquées d'un trait, mais le plus souvent développées avec complaisance, et poussées jusqu'au
détail. De là une nouvelle source de renseignements exacts
et de descriptions pittoresques. Bien mieux assurément que
dans les discours de Libanius, ou dans sa correspondance un
peu vide; bien mieux que dans l'ouvrage d'Ammien — et
pourtant l'historien comme le sophiste nous apprennent beaucoup sur leur patrie, sur cette Antioche qu'ils aimaient pieu-
sement tous deux, — la civilisation syro-hellénique du
IVe siècle revit pour nous dans les homélies de Chrysostome;
et celui qui nous en donne ainsi le tableau aussi animé que
précis, non seulement nous la raconte, mais encore la juge.
Or si nécessairement sa foi et son zèle l'entraînent parfois à
quelque partialité, la supériorité de son esprit, tellement
éclatante à côté de la médiocrité de Libanius, qu'aucune comparaison n'est possible, l'élévation de son caractère, dont
n'approche pas sans doute le bon Ammien, si droit et si honnête que nous le sentions, donnent à ses jugements une
incomparable valeur.

Représenter ainsi les mœurs du IVe siècle, à Antioche et à
Constantinople, d'après le témoignage de Chrysostome, peser
ce témoignage même et l'apprécier exactement, c'est ce qui
n'a pas été l'objet jusqu'à ce jour d'une étude spéciale, bien

---

1. « Familiare est Syris uti parabolis et similitudinibus », in *Matthæum*,
III, 20.

que, au cours de leurs ouvrages, tous ceux qui ont écrit sur Chrysostome aient eu l'occasion de relever les traits les plus essentiels. Sans doute Montfaucon a inséré, dans le tome XIII des *Mémoires de l'Académie des inscriptions*, une dissertation particulière [1] qui a pour titre : *Les modes et les usages du siècle de Théodose le Grand et d'Arcadius son fils*, dans laquelle il a rassemblé les principaux textes de l'écrivain qu'il éditait : sur le luxe de la cour et des riches, sur le cirque, le théâtre et les jeux, sur les superstitions, sur les tribunaux, les mariages, les chemins publics, les philosophes, les funérailles,... etc. Mais dans cette série d'articles que ne relie aucun plan — on a pu le voir par la liste des titres que je viens d'énumérer, — il ne faut rien chercher d'autre qu'un recueil très sec de faits. Ce n'est guère qu'un index, où encore, si l'on veut, un choix de textes pour les notes d'un dictionnaire d'antiquités [2]; ce n'est pas l'étude à la fois historique et morale que l'Académie a eu l'intention de provoquer.

Cette étude présente quelques difficultés particulières sur lesquelles je dois m'expliquer. Et d'abord j'ai dit qu'il fallait peser le témoignage de Chrysostome. C'est une opinion fort répandue en effet qu'un prédicateur est d'ordinaire porté à l'exagération, et qu'il faut se garder de prendre un sermon à la lettre. Je ne sais si ce n'est pas aux mauvais prédicateurs seulement qu'il faut borner cette défiance, et si les bons ne sont pas parfois plus véridiques qu'on ne s'en flatte. J'ose dire en tout cas que le danger est moindre avec Chrysostome qu'avec la plupart. Il fuyait les lieux communs et les déclamations générales. Il se préoccupait vivement de l'effet qu'il produisait chaque jour sur son auditoire; je ne crois pas qu'il eût été d'avis, en un certain sens, qu'un prédicateur doit « frapper comme un sourd »; car il avait l'oreille toujours ouverte aux moindres propos que ses ouailles échangeaient

1. Cette dissertation est reproduite à peu près textuellement, mais en latin, dans le volume XIII de son édition de Chrysostome : *Synopsis eorum quæ in operibus Chrysostomi observantur*. Diatriba V, sive πάρεργα.

2. Montfaucon aimait ce genre de travail : se rappeler l'*Antiquité expliquée*.

au sortir de l'église, ou à l'église même souvent. A cette école il n'avait pas mis longtemps à apprendre que, pour que la leçon porte, il faut qu'elle soit juste et exactement proportionnée. Une seule exagération, qui aura fait sourire, risquera d'anéantir le fruit des exhortations plus prudentes et plus légitimes, parmi lesquelles on aura commis la faute de la laisser se glisser. Je crois donc qu'on peut d'ordinaire avoir toute confiance dans la parole de Chrysostome; et celui-là jugerait d'une façon bien superficielle, qui, cédant à sa première impression, et frappé surtout par l'ardeur et l'éclat d'une éloquence véhémente, n'apercevrait pas les trésors de sagesse, de science morale qu'elle recèle. Ce n'est pas seulement un orateur que Chrysostome; c'est un directeur de conscience, le directeur d'une ville entière, et qui, dans l'accomplissement de cette tâche écrasante, a su faire preuve d'une habileté égale à celle qu'un François de Sales, un Bossuet ou un Fénelon vouèrent à quelques âmes choisies. Que si parfois néanmoins nous aurons à discuter son témoignage, et même à le contester, ce sera plutôt quand nous le verrons aux prises avec ses adversaires personnels, que quand nous l'interrogerons sur les vices ou les vertus de son troupeau. Encore, dans ce siècle d'injures théologiques, a-t-il gardé le plus souvent une très grande douceur, dont il ne s'est guère départi qu'au milieu des luttes de son épiscopat. Quand on étudie tout au moins celles de ses homélies qui datent d'Antioche, c'est-à-dire la partie la plus belle et la plus originale de son œuvre, ce n'est qu'assez rarement qu'on est obligé de faire des réserves.

D'ailleurs n'est-il pas possible de contrôler par d'autres témoignages le témoignage de Jean? Il est vrai que Montfaucon, dans la dissertation que j'ai citée, affirme : « que la plupart des choses qu'il vient de rapporter seraient inconnues sans ce saint orateur, et qu'on les chercherait inutilement dans les autres auteurs du même temps ». Mais il y a là quelque exagération. Les autres Pères, soit grecs, soit latins, Basile, Grégoire de Nazianze, Jérôme, Augustin, pour n'en citer que quelques-uns, sans être aussi riches que lui en détails de

mœurs, en offrent cependant d'intéressants en grand nombre.
Les panégyristes, les derniers poètes et les derniers historiens
classiques en présentent aussi. J'emprunterai parfois aux uns
comme aux autres; je l'aurais fait volontiers plus souvent;
mais la tâche se serait ainsi indéfiniment accrue, jusqu'à
devenir une histoire générale des mœurs au ivᵉ siècle. C'est
donc à Chrysostome seul que je me suis régulièrement
adressé; je n'ai fait intervenir d'autres témoins que quand il
m'a paru nécessaire de recourir à eux pour le corriger, ou
lorsque, au contraire, il y avait un intérêt particulier à appuyer
sa parole sur la leur. Je ne devais faire appel que rarement à
Jérôme qui nous entretient surtout de Rome, à Basile qui a
vécu principalement à Césarée, à Augustin qui nous décrit
l'état des mœurs africaines. Mais il ne m'était pas permis de
négliger les informations que nous donnent sur Antioche les
écrivains qui en étaient originaires ou y ont séjourné longtemps, Libanius, Ammien, ou Julien.

Enfin une dernière difficulté pouvait faire hésiter. La vie de
Chrysostome s'est partagée entre Antioche et Constantinople.
C'est dans la métropole syrienne qu'il a résidé le plus longtemps, mais les quelques années qu'il a passées à Constantinople sont remplies d'événements, et prennent une importance particulière par la grandeur du rôle qu'il fut alors
appelé à jouer. Or Antioche et Constantinople différaient
notablement l'une de l'autre. Toutes deux sans doute se ressemblaient en ceci qu'elles avaient été la création improvisée
d'une dynastie nouvelle; mais l'ancienne capitale des Séleucides, peuplée de Syriens hellénisés, avait ses traditions et ses
mœurs nationales; évangélisée la première par les disciples
de Jésus, elle avait donné au christianisme son nom. Elle
avait ainsi sa double originalité parmi les grandes cités de
l'empire et se distinguait facilement de sa rivale du Bosphore.
Il semble donc au premier abord qu'il serait nécessaire de
diviser cette étude en deux parties, et, après s'être confiné
avec Jean dans sa première résidence, de le suivre ensuite
dans la seconde. Ce plan aurait assurément un avantage, mais

beaucoup plus d'inconvénients. Sans doute, bien que quelque incertitude subsiste pour certaines, on est parvenu à établir assez sûrement lesquelles parmi les œuvres de Chrysostome datent d'Antioche, lesquelles de Constantinople. Cette recherche avait déjà préoccupé Photius [1], qui avait adopté un critérium parfois un peu trompeur. Elle a été reprise avec beaucoup plus de sagacité et d'érudition par Tillemont et Montfaucon, qui assez souvent ont abouti tous deux à des conclusions différentes; mais s'il leur est arrivé à l'un et à l'autre de se tromper, presque toujours l'un ou l'autre me paraissent avoir indiqué des arguments décisifs ou très vraisemblables, en sorte qu'il ne reste guère de cas désespérés. La difficulté véritable est ailleurs.

Quelque sensibles que soient les différences qui séparaient la société d'Antioche de celle de Constantinople, les ressemblances étaient plus grandes encore. L'empire tout entier, au IVe siècle, dans les provinces les plus éloignées, présente à peu près le même spectacle. Partout, diverse selon les lieux en quelques-unes de ses manifestations particulières, mais identique en ses causes profondes comme par ses résultats les plus généraux, se poursuit la lutte décisive entre la civilisation antique agonisante et la civilisation chrétienne désormais adulte. Rome, Carthage, Milan, Bordeaux, Trèves, Barcelone, Aquilée, en pays latin, sont travaillées par les mêmes germes, semées des mêmes ruines que Constantinople, Nicomédie, Alexandrie, Césarée ou Antioche en pays grec. A plus forte raison, dans chacune des deux moitiés de l'empire, dans la moitié orientale comme dans la moitié occidentale, les variétés locales se fondent assez bien dans une grande unité générale. Il en résulte qu'à faire deux séjours distincts

---

1. Il admettait pour règle que les œuvres les meilleures de Chrysostome dataient d'Antioche, et que toutes celles qui trahissent quelque négligence avaient été composées à Constantinople, où il eut si peu de loisirs, et à la fois tant d'occupations et de soucis. Or, qui ne voit d'une part qu'il doit y avoir des exceptions à la règle, et de l'autre qu'il faudrait un goût bien fin pour déterminer sûrement la limite des deux classes ainsi formées?

à Antioche et à Constantinople, on s'exposerait à bien des démarches inutiles; on devrait renouveler sans profit bien des connaissances déjà faites. En un mot les redites seraient inévitables. Nous avons donc pris non pas une division chronologique, mais un ordre de matières, de façon cependant que notre premier et notre dernier chapitre nous permettent de ne point perdre certains des avantages qu'une division chronologique eût présentés. Nous mettrons d'abord l'orateur en présence de l'auditoire, afin de définir la méthode de l'un, et de montrer les dispositions de l'autre; nous pourrons ainsi tout d'abord distinguer la nature particulière du public d'Antioche de celle du public de Byzance. Nous étudierons ensuite dans trois chapitres successifs : les classes de la société; la constitution de la famille; les croyances et les pratiques religieuses [1]. Un chapitre spécial nous a paru nécessaire pour les fêtes publiques et les spectacles, qui tenaient une si grande place dans la vie de ce temps. Dans un dernier chapitre sur la cour et l'empire, nous avons pu réunir tout ce qu'offrent vraiment de nouveau et de particulier les années de l'épiscopat de Jean, tout ce dont on ne trouve guère trace dans sa période d'Antioche. Enfin, dans la conclusion, d'une part, nous avons examiné quels ont pu être les résultats pratiques de la prédication de Chrysostome; de l'autre, nous avons essayé de dégager les véritables principes de sa morale; de bien montrer l'idéal qu'il s'était formé, et qu'il essaya, avec tant de foi et de courage, de réaliser, autant qu'il était possible, dans la société contemporaine.

1. Dans un travail du genre de celui-ci, pour tant que l'on cherche à rendre la composition rigoureuse, il est bien difficile qu'il ne reste pas quelque place à l'arbitraire. Une fois les grandes divisions établies, la répartition des détails entre les différents chapitres peut faire souvent hésiter. Telle des coutumes combattues par Chrysostome dont nous sommes tenus de parler dans le chapitre de la Famille, n'auraitelle pas aussi ses titres à paraître dans le chapitre de la Religion, ou inversement? J'avoue qu'après réflexion je n'ai pas cru devoir me trop tourmenter de ces scrupules, qui auraient pu se multiplier à l'infini. Je serai satisfait si les cadres généraux que j'ai adoptés paraissent bien ceux qui étaient réclamés par le sujet.

CHAPITRE I

1° Jean à Antioche.

La renommée de Chrysostome fut précoce, comme son talent et sa vertu. Une fois sorti de l'école de Libanius, il ne s'essaya que peu de temps à l'éloquence du barreau, peut-être aussi — mais cela même est douteux — à celle du panégyrique [1]. De bonne heure il fut distingué par Mélèce, qui, s'il faut en croire Palladius [2], lorsqu'il le baptisa et l'ordonna lecteur à l'âge de vingt-trois ans [3], voyait déjà en lui la gloire prochaine de l'Église d'Antioche. Bientôt après, il était assez estimé pour qu'on songeât à lui imposer l'épiscopat, et se voyait obligé, pour éviter un honneur qu'il redoutait comme un danger, de recourir à une fuite momentanée, d'oser même cette fraude pieuse qu'il cherche à excuser dans son *Traité du Sacerdoce*. Non seulement sa conscience scrupuleuse ne lui permettait pas de se croire encore mûr pour un ministère dont il s'était formé l'idée la plus élevée, mais aussi un pieux égoïsme le

1. Une lettre de Libanius (*Ep.* 1376) est adressée à un certain Jean, qu'il félicite à propos d'un panégyrique prononcé par lui. Mais Valois a montré (dans une note à Socrate, *H. E.*, VI, 3) qu'il y a beaucoup de difficultés à voir dans ce Jean notre Chrysostome.

2. Dialogue, V.

3. En 370, ou à la fin de 369.

retenait sans qu'il s'en rendît compte; il sentait la nécessité de continuer cette étude de l'Écriture où son maître Diodore de Tarse l'avait introduit; il désirait surtout accomplir aussitôt qu'il le pourrait le projet qu'il avait depuis longtemps conçu et qu'il eût déjà exécuté sans les prières et les larmes de sa mère; il voulait à son tour réaliser ce beau rêve de la vie ascétique qui enivrait alors toutes les imaginations. Le jour vint en effet, soit qu'Anthusa eût enfin cédé à ses instances, soit qu'il l'eût perdue dans l'intervalle (et la seconde hypothèse est peut-être la plus vraisemblable, car il semble que, si l'assentiment qui lui avait été d'abord refusé lui eût été accordé plus tard, il n'aurait pas négligé de nous l'apprendre), où il se retira dans ces montagnes qui environnaient Antioche, et qui, à l'exemple des déserts égyptiens, s'étaient tout à coup peuplées de solitaires. Il mena d'abord pendant quatre ans la vie cénobitique, en compagnie et sous la direction d'un vieil ascète; puis, voulant pousser jusqu'au bout l'épreuve, il vécut deux années durant en anachorète, retiré dans une caverne, jusqu'au moment où, en même temps que sa santé délabrée le trahit [1], il s'aperçut sans doute, avec son esprit si juste et si droit, tout ardent qu'il fût, que de telles austérités, si on les prolongeait trop, cessaient d'être la véritable vie chrétienne; qu'elles devaient plutôt préparer seulement le vrai chrétien à vivre au milieu du monde aussi purement que dans la solitude. Il rentra donc à Antioche, prêt désormais à suivre régulièrement les degrés successifs de la hiérarchie. Ordonné diacre par Mélèce en 381, prêtre par Flavien en 386, il reçut du vieil évêque, plus dévoué qu'éloquent, le ministère de la parole, et prononça, dès les premiers jours de sa prêtrise, sa première homélie que nous possédons encore.

C'est à partir de ce jour qu'il nous appartient. Il était alors dans la pleine maturité du génie. Bien que la date de sa naissance ne soit pas exactement connue, on ne peut guère la

____

1. PALLADIUS, V.

placer qu'entre les deux termes extrêmes de 344 et 347 [1] : il avait donc environ quarante ans [2]. Il est vrai que les années de sa retraite au désert et celles de son diaconat n'avaient pas été stériles. Il avait composé dès lors plusieurs traités fort intéressants, où se montre tout entier son talent littéraire, où s'annoncent, si elles ne sont pas encore pleinement developpées, ses remarquables qualités de moraliste. C'est alors par exemple qu'il écrivit ses *Lettres à Théodore*, sa *Défense de la vie monastique*, son *Traité de la Virginité*; et même ces livres sur le *Sacerdoce*, que le clergé catholique a toujours entourés d'une vénération particulière; que beaucoup regardent comme son chef-d'œuvre, et qui sont, en tout cas, son œuvre la plus soignée, la plus achevée pour le style. Nous aurons à faire beaucoup d'emprunts à tous ces traités. Mais c'est principalement par ses homélies, et par tous ces commentaires de l'Écriture auxquels il a donné aussi la forme du sermon, qu'on apprend à le connaître et à connaître son temps. C'est pendant les douze années de sa prêtrise à Antioche (386-398), puis pendant les six années de son épiscopat à Constantinople (398-404), et surtout peut-être dans la première de ces deux périodes, qu'il fut vraiment ce témoin et ce juge des mœurs du IVe siècle que nous devons interroger.

Grande et superbe ville dès sa fondation par Séleucus, Antioche n'avait cessé de croître depuis qu'elle faisait partie de l'empire romain. Comme elle était le point de départ ordinaire des expéditions dirigées contre les Perses, elle servit souvent de résidence aux empereurs pendant tout ce IVe siècle où l'ennemi héréditaire harcela sans cesse l'empire. Embellie notamment de plusieurs temples, palais et thermes par Dioclétien, d'une magnifique église par Constantin, depuis le désastreux cataclysme qui ruina Nicomédie, elle demeura avec Constantinople et Alexandrie l'une des trois métropoles sans rivales de l'Orient. La vieille ville, la Palée (Παλαία), s'étendait

---

1. Tillemont est pour 347, Stilting pour 344.
2. Trente-neuf ans dans la première hypothèse; quarante-deux dans la seconde.

le long de l'Oronte; la nouvelle occupait sur le fleuve même une grande île reliée aux rives par cinq ponts [1]. Les habitants étaient fiers de cette magnifique rue, longue de 36 stades [2], et bordée de portiques des deux côtés, qui traversait la cité en ligne droite, parallèlement au fleuve. Nulle part la civilisation antique ne semble s'être approchée aussi près de notre civilisation moderne par un souci intelligent du bien-être et de l'hygiène. Le service des eaux était merveilleusement organisé; non seulement les thermes étaient vastes et magnifiques, et si indispensables à la foule que, lors de la célèbre sédition de 387, nul châtiment ne fut plus vivement ressenti que l'ordre de les fermer pendant quelques jours, mais encore l'eau abondait dans les maisons particulières [3]. C'était là une supériorité sur les autres villes antiques les mieux pourvues, non une originalité cependant. Ce qui semble avoir été particulier à Antioche, c'était l'excellente organisation d'un éclairage régulier. Libanius disait que la nuit n'y différait du jour que par la quantité de la lumière, et que chacun à son gré pouvait y prolonger sans difficulté ou son travail ou ses plaisirs. Il y avait même des gens qui trouvaient Antioche trop bien éclairée, par exemple le César Gallus, lorsqu'il s'avisa de renouveler certains exploits de Néron [4], et voulut, avec ses compagnons d'orgie, courir les aventures nocturnes dans les carrefours et les tavernes; il trouva qu'on le reconnaissait trop aisément, et dut renoncer bien vite à son caprice. Enfin Antioche avait sa ceinture de riches villages, et par-dessus tout ce faubourg de Daphné, dont les Syriens tiraient tant d'orgueil que l'on appelait communément la capitale elle-même : Ἀντιόχεια ἐπὶ Δάφνης, Antioche-lez-Daphné [5].

On sait combien toute conclusion précise est en général difficile aux statisticiens en ce qui regarde l'antiquité. Cepen-

---

1. LIBANIUS, *in Antiochico*. C'est par ce discours de Libanius que nous connaissons le mieux Antioche.
2. MOMMSEN, *Roemische Geschichte*, t. V, p. 458.
3. LIBANIUS, *ibid*.
4. AMMIEN, XIV, 1, 9.
5. PLINE, *H. N.*, V. XXI, 79.

dant il est possible de déterminer avec une approximation assez exacte la population d'Antioche à l'époque dont nous traitons. C'était bien une des plus grandes villes de l'empire, comme elle était une des plus belles; mais elle n'était pas cependant tout à fait au premier rang parmi les plus grandes. Pour nous en tenir à l'Orient, entre les trois métropoles européenne, égyptienne et syrienne, cette dernière ne venait qu'en troisième lieu, et était assez sensiblement dépassée par les deux autres. Elle n'égalait pas Constantinople, elle était même assez loin d'égaler Alexandrie, qui, dès la fin de l'époque des Lagides, paraît avoir eu 300 000 habitants [1], et qui s'accrut encore sous l'empire. Chrysostome indique lui-même pour Antioche le chiffre de 200 000 âmes [2]; et, quoiqu'il ne soit pas toujours d'une très scrupuleuse exactitude en fait de chiffres, on peut le croire cette fois, car il se confirme lui-même quand il nous dit encore : d'une part, que les chrétiens étaient à peu près 100 000 [3]; d'autre part, que la majorité des habitants était chrétienne (τὸ πλέον τῆς πόλεως χριστιχνόν). Ceci semblerait même indiquer que le chiffre de 200 000 ne doit être pris que comme un nombre rond, et que le chiffre réel était peut-être un peu moindre. Cette conclusion est celle vers laquelle fait incliner aussi la lettre de Libanius [4], où le rhéteur indique seulement le nombre de 150 000. Cette lettre, il est vrai, est antérieure d'une vingtaine d'années au moins [5] aux homélies de Chrysostome que je viens de citer; mais il n'est pas très vraisemblable qu'il se fût produit dans

1. Mommsen, p. 682.
2. *Panégyrique d'Ignace*, 5. Ce texte pourrait à la rigueur prêter à controverse, parce que Chrysostome parle de l'époque d'Ignace. Faisant l'éloge du zèle avec lequel le futur martyr avait rempli ses fonctions pastorales, il dit que ce n'était pas une tâche facile que de gouverner l'Église dans une ville de 200 000 âmes. Mais comme Chrysostome est fort loin d'être un historien et un statisticien de profession, il est très probable qu'il évalue la population de la ville au temps d'Ignace d'après celle de son propre temps. La difficulté d'ailleurs est levée par la concordance du second texte que je cite immédiatement après.
3. *Adversus Judæos*, I, 4.
4. *Ep.* 1137.
5. Elle est d'environ 353 (Sievers, *Leben des Libanius*, p. 3, n. 9).

un aussi court intervalle un accroissement d'un quart, et l'on ne se tromperait sans doute pas de beaucoup en attribuant à Antioche, pendant la durée de la prédication de Chrysostome, une population de 170.000 à 180.000 âmes.

On vient de voir que cette population était en majorité chrétienne. Antioche était la ville où la foi avait d'abord été prêchée aux Gentils, où pour la première fois le nom de chrétien avait été prononcé, où la première controverse s'était élevée au sein de l'Église naissante : cette querelle sur l'observation de la Loi, qui avait forcé Paul à résister [1] à Pierre « en face ». De si grands souvenirs lui permettaient de se croire à peu près l'égale de Jérusalem et de Rome. « Lorsqu'il est question de préséance, disait Chrysostome à ses fidèles, vous croyez l'emporter sur le monde entier, parce que notre ville la première a connu le nom de chrétien [2]. » A la veille du triomphe du christianisme, lors des grandes épreuves que la persécution de Dioclétien lui fit éprouver, la communauté chrétienne d'Antioche fit preuve d'une grande force de résistance; parfois même l'attitude d'un certain nombre de ses membres fut presque menaçante. Comme quand Lactance nous montre [3], à Nicomédie, l'édit de l'empereur déchiré, à peine affiché, quand Eusèbe nous fait assister à la destruction [4] de la Vieille Église, la Palée, quand Chrysostome [5] ou Prudence nous racontent d'après la tradition le martyre de Romain, nous sentons partout chez les persécutés une tension, une ardeur latente, égales à la violence déchaînée des persécuteurs. Cette minorité puissante et enflammée n'eut pas de peine, aussitôt après la victoire de Constantin, à devenir la

1. Ce souvenir préoccupait Chrysostome, qui a prononcé à ce sujet toute une homélie, où il essaye d'expliquer cette querelle des deux apôtres en admettant une entente préalable entre eux, par une sorte de fraude pieuse. Saint Augustin plus tard prit énergiquement parti contre cette thèse.

2. Ὑμεῖς δὲ ὅταν μὲν προεδρίας ἢ λόγος, ἀξιοῦτε τῆς οἰκουμένης προκαθῆσαι πάσης, ἐπειδὴ πρώτη ἡ πόλις ἡμῶν τὸ τῶν χριστιανῶν ἀνεδήσατο ὄνομα. (in Matthæum, 7).

3. De mortibus persecutorum.

4. De martyribus Palestinæ, 2; De resurrectione, II.

5. CHRYSOST., Hom. sur saint Romain. — PRUDENCE, Péristéphanon, X.

majorité. Déchirée par l'arianisme sous Constance, la ville prouva de nouveau sous Julien toute la solidité et tout le zèle de sa foi. Il n'y eut pas d'affront que le prince ne reçût, et la translation des reliques de Babylas fut pour lui un échec sensible, et comme un défi nullement dissimulé. Il est vrai que bientôt après des discordes dont le spectacle eût réjoui Julien divisèrent de nouveau et affaiblirent momentanément la grande Église syrienne; l'arianisme mourant lui laissa en legs les interminables dissentiments entre Mélèce et Flavien d'une part, Paulin de l'autre; dissentiments qui devinrent très vifs, comme il arrive chaque fois qu'il n'y a en réalité au fond du débat qu'une question de personnes; mais qui par cela même ne furent jamais très profonds ni très dangereux. Ce fut le moment où Chrysostome se vit appeler à la prêtrise. Flavien, de tous ses pouvoirs, lui en délégua un de préférence, la parole; et c'était alors, dans tout le monde chrétien, mais bien plus que partout ailleurs, dans les pays orientaux, le plus important de beaucoup. Nous allons voir quels rapports s'établirent dès le premier jour, et se perpétuèrent pendant douze ans entre l'orateur et l'auditoire enthousiaste dont il fut désormais, de fait, sinon de titre, le véritable pasteur.

Les cités chrétiennes n'étaient pas alors régulièrement divisées en quartiers analogues à nos paroisses. C'était donc la communauté d'Antioche tout entière que Chrysostome instruisait et dirigeait. Elle se réunissait pour l'entendre tour à tour dans les diverses églises de la ville. Nous connaissons assez bien deux de ces édifices, qui étaient au nombre des plus célèbres parmi ceux dont l'empire s'était couvert depuis la victoire de Constantin. Le plus important était la Grande Église qu'Eusèbe nous a décrite [1], telle que Constantin la fit élever, et qu'il qualifie de monument sans rival ($\mu o \nu o \gamma \varepsilon \nu \acute{\varepsilon} \varsigma$). Elle n'appartenait pas à la classe des basiliques proprement dites, mais à celle des rotondes. Un dôme très élevé s'appuyait sur un corps de bâtiment octogonal. Tout autour régnait

____

1. *Vit. Constant.*, III, 50.

un vaste enclos (περιϭόλοι), couvert de petits édifices accessoires (ἐξέδραι). Partout les ornements précieux avaient été
employés avec profusion; l'or surtout avait été prodigué, si
bien que le monument était parfois appelé l'Église d'or. C'est
là par exemple que fut prêchée l'homélie sur le verset [1]
5. 19, de Jean. La Vieille Église, ou la Palée, n'avait pas la
même splendeur, et n'était sans doute pas aussi bien amé-
nagée [2] pour les vastes synaxes; mais il semble néanmoins
qu'elle était la préférée de Jean, et peut-être aussi de son troupeau. C'est qu'une vieille tradition en faisait remonter l'origine
jusqu'aux apôtres. C'est aussi qu'elle avait eu beaucoup à
souffrir pendant les persécutions, notamment sous Dioclétien
où sa destruction avait été le signal des mesures de violence.
Le peuple s'y rassemblait un peu moins souvent que dans
la Grande Église, et quand on y revenait, parfois après d'assez
longs intervalles, Jean avait peine à contenir son enthousiasme [3]. Mais les synaxes ne se tenaient pas toujours dans la
ville. La campagne autour d'Antioche était toute semée de
chapelles en l'honneur des martyrs, qu'on appelait des *mar-
tyria*. En certaines occasions, assez fréquentes, à ce qu'il
semble, l'évêque convoquait les fidèles dans quelqu'une de
ces chapelles, y célébrait la liturgie, et donnait ensuite la
parole à Jean. Tantôt une circonstance exceptionnelle y
invitait; c'était par exemple, en une année qu'il est difficile de
déterminer exactement, l'achèvement des travaux que Flavien
avait fait exécuter en un lieu où les corps de plusieurs martyrs reposaient parmi ceux de quelques hérétiques, pour
séparer « les loups des brebis » et donner à ces dernières un
tombeau digne d'elles [4]. Tantôt au contraire un usage régulier
l'exigeait : ainsi on pensait, à Antioche, devoir faire l'office

---

1. « *In illud : Filius,...* » etc., I.
2. Au contraire, Jean répète souvent qu'à la Grande Église l'instal-
lation était très commode; l'auditoire très à son aise, et bien à l'abri
de la chaleur en été, en hiver du froid. Il oppose ces avantages aux
inconvénients du cirque, où l'on est en plein air (*in Genesim*, 6, etc.).
3. Exorde de la deuxième homélie, in *Inscript. Actorum.*
4. Homélie *in Ascensionem.*

du vendredi saint, de la Parascève, hors de la ville, parce que
c'est hors de Jérusalem que Jésus avait souffert la passion, et
nous avons encore le discours que Chrysostome prononça ce
jour-là [1], probablement en 392. Il arrivait aussi que le troupeau
se divisât en deux : une partie restait à la ville; l'autre se
rendait dans un de ces oratoires avoisinants, et la plus solennelle des deux liturgies était peut-être celle qui se fêtait à la
campagne, car Flavien se la réservait parfois, et laissait Jean
à la ville, où il prêcha, dans une de ces occasions, une homélie
sur les Martyrs qui nous a été conservée. C'étaient naturellement les plus pieux et les plus zélés qui suivaient l'évêque.
Si l'éclat des fêtes extraordinaires, qui, de temps en temps,
animaient ainsi les rustiques chapelles des faubourgs, pouvait
attirer même les tièdes, la crainte de la fatigue les retenait
souvent aussi; la chaleur les effrayait, si l'on était en été, et
c'est ce que nous voyons par l'exorde de l'homélie *sur les
Délices de la vie future*, où Jean — c'était à lui cette fois
qu'était revenu l'honneur de prêcher hors des murs — fait
tant de compliments à son auditoire sur son ardeur, sur sa
vaillance, qu'on se doute bientôt qu'un petit nombre de fidèles,
les meilleurs seulement, l'avaient suivi.

Pendant tout ce long apostolat d'Antioche, Jean ne ménagea
jamais ses forces. Le retour du carême ramenait chaque
année pour lui l'époque de sa plus grande activité. Il prêchait
alors à peu près tous les jours sans que jamais son zèle se
refroidît et sans que la fertilité inépuisable de son éloquence
lui fît défaut. Le plus célèbre de ces carêmes de Chrysotome
est sans contredit celui de 387, où il prononça, aussitôt après
la grande sédition, les fameuses homélies sur *le Renversement
des statues*. Mais celui qu'il a consacré à un commentaire
suivi de la Genèse [2] ne doit pas être oublié non plus. Il n'en
était pas de même dans le courant de l'année ; alors on avait

---

1. Homélie sur la Croix et le Cimetière.
2. La date n'est pas certaine. Stilling propose 388 ; mais il ne
donne pas de preuve bien forte, et Tillemont, qui penchait pour 395,
avouait déjà de son côté qu'il n'avait que « de faibles raisons ».

quelque peine à réunir très fréquemment le peuple aux
synaxes, et Chrysostome ne prêchait guère qu'une fois la
semaine, le dimanche, ou deux fois au plus, le samedi [1] et le
dimanche. C'était à la communauté des fidèles tout entière
qu'il s'adressait, dans ces vastes assemblées où souvent même
un prédicateur ne suffisait pas aux exigences de la foule,
mais où, avant ou après Jean, Flavien lui-même, ou quelque
autre évêque, de passage à Antioche, prenait aussi la parole [2].
Aux fidèles même se mêlaient parfois des profanes, attirés
par la grande renommée de Chrysostome; ainsi pendant les
premiers temps de sa prédication, il vit parfois ses discours
suivis par d'assez nombreux Anoméens, contre la doctrine
desquels il prêchait alors [3]. Mais parfois au contraire il ne
réunissait qu'un public restreint. C'était en particulier lorsqu'il se consacrait à l'instruction des catéchumènes; nous
n'avons conservé que deux de ses catéchèses. On a même
supposé — mais sans que la chose soit certaine — qu'il ne
convoquait en certaines occasions que l'élite de ses auditeurs,
ceux qu'il croyait capables de recevoir un enseignement plus
élevé. On explique ainsi, non sans une certaine vraisem-
blance, le caractère particulier de ses homélies sur saint Jean :
dans ces sortes de conférences, qu'il faisait deux fois la
semaine [4] à une heure plus matinale que celle des synaxes
ordinaires, c'est peut-être aux plus instruits seulement qu'il
commenta le plus mystique des Évangiles; le moins approprié
aux besoins des âmes simples; celui qui au contraire plaisait
le mieux sans doute aux esprits des Syriens lettrés.

1. *In Princip. Act.*, IV; *in Annam*, IV; etc.
2. C'était la coutume, dans tout l'Orient, que plusieurs prédicateurs
se succédassent dans une même séance. Les Occidentaux en étaient
quelquefois surpris, comme le prouvent les remarques de Silvia au
sujet de Jérusalem : « Hic consuetudo sic est, ut de omnibus presbiteris,
qui sedent, quanti volunt prædicent, et post illos omnes episcopu s præ-
dicat; quæ prædicationes propterea semper dominicis diebus sunt ut
semper erudiatur populus in Scripturis et in Dei dilectione; quæ
prædicationes dum dicuntur, grandis mora fit ut fiat missa ecclesiæ. »
(*Peregrinatio Silviæ.*)
3. La série de ses homélies *Adversus Anomœos*.
4. C'est Jean lui-même qui nous l'apprend, dans les homélies en question.

On a tout dit sur l'éloquence de Chrysostome; certes sa facilité est prodigieuse, même pour un Oriental; il a le mouvement et la passion; il a l'harmonie, non pas le nombre sonore, la période large et puissante du Romain, mais la grâce syrienne, parfois un peu molle, toujours élégante, souvent touchante; il a surtout l'image, l'inépuisable invention de la métaphore originale, de la comparaison juste et frappante. Cependant, si rares que soient ces qualités, et si naturelles, si parfaites qu'il les possède, ce n'est pas par là surtout qu'il est remarquable. Ce qui est vraiment supérieur, ce qui le rend sans égal en son temps, et peut-être en aucun temps, c'est le tour pratique de son éloquence. Nos orateurs sacrés du grand siècle, Bossuet, qui l'avait tant lu et tant médité, Bourdaloue même, dont je ne sais s'il l'avait autant pratiqué, mais qui cependant, par sa préoccupation constante d'être immédiatement utile, par son souci dominant de choisir, dans chacun de ses discours, un but précis, et de travailler à l'atteindre directement, lui ressemble mieux, l'emportent sur lui non par la fécondité du génie, mais par la perfection de l'art. Je n'oserais pas dire par contre que Bossuet et Bourdaloue, si on les juge, non plus selon les exigences du lettré, mais d'après l'idéal de la prédication chrétienne, qui est et sera toujours de prendre, sans aucun égard à la beauté purement sensible, les formes du langage et les procédés de la parole les plus propres à faire sur l'auditeur une impression forte et féconde, lui sont d'autant inférieurs qu'ils l'emportent plus par le soin délicat du style et de la composition; car la société à laquelle ils parlaient exigeait précisément d'abord tout ce soin, et il n'y avait pas à espérer raisonnablement qu'on pût agir sur elle si on n'avait commencé par s'assurer cet avantage; car, d'un autre côté, Chrysostome a fait largement sa part de concessions au goût de son époque. Mais ils ne le dépassent pas; je ne crois pas qu'ils l'égalent. Il ne faut pas s'imaginer d'ailleurs que Chrysostome lui-même arriva sans tâtonnement à la pleine possession de sa manière, et que le premier élan de son âme le porta tout droit au bon chemin. La première

homélie qu'il prononça après son ordination à la prêtrise est
bien fleurie et bien apprêtée. Ne disons pas trop, ainsi qu'on
l'a fait parfois, qu'on y sent l'imitation de Libanius; car il
y avait au moins vingt ans déjà qu'il avait quitté l'école du
sophiste, et il me semble que celui-ci n'exerça jamais sur lui
autant d'influence qu'on l'a prétendu; dans toute son œuvre
l'élève ne rappelle jamais le nom de son ancien maître, et
n'y fait guère qu'une fois une allusion assez dédaigneuse [1].
Mais il cédait à un mouvement d'amour-propre inévitable :
il fallait que ce jour-là il fît honneur à sa réputation, qu'il
fournît ses preuves de maîtrise; c'était une dette qu'il devait
payer à Flavien, et au peuple à la fois. Dans cette toute
première période, il songea peut-être un peu moins d'abord
à la direction même des fidèles, à leur progrès et à leur perfectionnement moral, tâche obscure et modeste en apparence,
qu'aux coups d'éclat brillants que permettait toujours de
frapper la polémique contre les sectes rivales. Ainsi pendant
les deux premières années de sa prédication, il prit plaisir à
attaquer les Juifs, les Anoméens, les Gentils, non pas, comme
il continua toujours à le faire dans la suite, par occasion et
dans l'intérêt tout prochain de son troupeau, mais par des
attaques directes et prolongées, dans une série d'homélies qui
forment comme une campagne en règle. Alors aussi il sembla
parfois regretter de ne pouvoir entrer assez souvent dans
l'exposition approfondie de la théologie; il lui arriva de se
plaindre que la négligence, la tiédeur de son auditoire le
retinssent trop exclusivement dans les mesquineries de la
morale terre à terre, — paroles bien singulières dans sa
bouche, pour qui les lit en songeant à l'avenir, pour qui se
souvient que plus tard, dans ses Commentaires sur l'Écriture,
il a laissé sans cesse l'exégèse incomplète, et saisi le moindre
prétexte de tourner son discours à quelque morale. C'étaient
là des hésitations et des erreurs de débutant, qu'il corrigea

---

1. Il eut pour maître, nous dit-il, dans sa jeunesse « un païen fort
superstitieux ». (*Ad viduam juniorem*, 2.)

bien vite, et qu'il eut grand mérite à corriger : car son auditoire l'eût entraîné volontiers dans la voie qui sembla un instant le tenter. Il lui fallut de la raison et du courage pour ne pas céder à la douceur secrète des applaudissements, qu'il avoua toujours ressentir, alors même qu'il essayait, un peu mollement, de les réprimer; et si les applaudissements éclataient au sein de cette foule syrienne amoureuse du bien dire et des belles joutes de dialectique, c'était à quelque image ingénieuse, à quelque subtilité dogmatique, à quelque mouvement heureux qu'ils allaient spontanément, bien plutôt qu'à ces longs exordes, souvent critiqués, où Jean s'efforçait de mettre à la portée de tout le monde la parole des textes sacrés, ou à ces péroraisons courageuses où il abordait corps à corps les vices, sans ménagement et sans réticence.

Mais presque aussitôt, à la seconde année même de sa prédication, une catastrophe imprévue lui montra peut-être à lui-même en même temps qu'elle fit comprendre aux autres sa nature intime, et mit dehors toute son âme. Ce fut la célèbre sédition de 387. Je n'ai pas à refaire ici, après tant d'autres, l'histoire d'événements bien connus, et étudiés déjà avec assez de soin, pour que le détail même en soit généralement éclairci et qu'assez peu d'obscurités subsistent. Mais je ne dois pas négliger de montrer comment, en ces graves circonstances, le véritable Chrysostome se révéla. Alors pour la première fois se dégagèrent nettement, et parurent en pleine lumière tous les traits caractéristiques qui ont rendu sa figure si originale entre celles des autres Pères. Et d'abord on put sentir avec quel zèle passionné, quel dévouement entier et sans réserve il s'était donné à son saint ministère; jamais il n'y eut communion plus parfaite du pasteur avec son troupeau. Au milieu de cette foule affolée, en proie à toutes les craintes, un homme se lève pour relever les courages, et ce n'est pas comme un supérieur et comme un maître qu'il parle, mais comme un frère et un compagnon d'infortune. Il semble qu'il ait partagé la faute des coupables; qu'il éprouve maintenant, comme un des leurs, les affres de

leur incertitude ; que le danger qui les menace le menace aussi ;
et c'est qu'en effet son cœur, si quelques-uns sont frappés, sera
déchiré comme s'il était frappé lui-même. Jamais orateur ne
fut mieux à l'unisson de son auditoire, n'en traduisit plus
directement les sentiments les plus profonds aussi bien que
les impressions les plus mobiles. Mais en même temps il
conseille et réprimande, toujours cependant avec la même
douceur pénétrante ; car sa voix semble n'être que celle même
que chacun entend au fond de son âme, aussi intime, aussi
efficace, devenue seulement plus claire et plus intelligible. En
revanche, son amour passionné, et prêt à ne reculer devant
aucun sacrifice, a ses exigences inexorables et veut être payé
de retour. Il faut qu'à son exemple on ait la force de ne pas
désespérer pendant les jours sombres où plane sur la ville
l'attente d'un châtiment prochain et impitoyable [1] ; il faut qu'à
son exemple on reste maître de soi, et qu'on ne cède pas aux
transports d'une joie insensée quand l'espérance semble
renaître [2], quand de premiers indices font entrevoir la fin de la
crise, et donnent la tentation d'escompter la clémence impériale. Il faut surtout, si ce peuple désemparé, et ballotté sans
cesse entre les sentiments les plus extrêmes, se laisse entraîner
encore par quelque nouvelle alerte irréfléchie, et s'il arrive
qu'à ce moment même une maladie inopportune retienne le
guide en qui il a mis sa confiance, qu'il n'aille pas se jeter
dans les bras d'un autre, réclamer ou seulement accepter une
protection rivale. Chrysostome ne cachait pas que son affection était jalouse, et jamais ses reproches ne furent plus vifs
que le lendemain du jour où les inquiétudes folles de ses fidèles
livrés à eux-mêmes par son absence, avaient attiré à l'église
le préfet [3]. Sans doute ce préfet, qui fit bien son devoir, était
païen, ce qui aggravait l'horreur de son intervention, louable
à nos yeux cependant et toute paternelle ; mais cette intervention eût-elle été le fait d'un chrétien, je crois que Jean n'eût

1. Deuxième et troisième homélies, etc.
2. Dix-huitième homélie.
3. Seizième homélie.

pas été moins blessé à la fois qu'elle eût été nécessaire et, peut-être aussi, qu'elle eût été aussi pleinement couronnée de succès. Enfin ce qui montre le mieux combien, dès cette seconde année de son ministère, l'orateur était passé maître en quelque sorte dans la tactique de la prédication, dans l'art de conduire et de maîtriser une foule, sans cependant presque jamais faire sentir le frein, ce qui donne le mieux la mesure de l'autorité qu'il avait conquise déjà, c'est la résolution courageuse et habile qu'il prit, au début même de la crise, de ne pas interrompre le cours régulier de son enseignement moral et dogmatique. Avec quelle science du cœur humain, quel pressentiment des émotions successives de son auditoire, quelle divination des courants divers qui s'y formaient sourdement et se déchaînaient tout à coup en sens contraires, il sut mêler, dans cette série d'homélies sur le *renversement des statues*, l'instruction catéchétique ordinaire et le pathétique qu'exigeaient les circonstances ! Avoir fait écouter, même dans les quelques jours de détente qui coupèrent à plusieurs reprises cette terrible période, des homélies comme la septième et la huitième, où reviennent sans doute parfois et sont ramenées avec art les allusions inévitables à la crise, et où le ton reste celui qui convenait en un pareil moment, mais dont l'objet même et le fond n'en est pas moins le simple commentaire de deux versets de la Genèse, est sans doute un beau succès oratoire, et j'avoue que je n'ai pas moins d'admiration pour celles-là, toutes simples et familières qu'elles sont, que pour celle où il décrit l'audience accordée à Flavien par Théodose, et compose après coup le discours trop long [1], mais émouvant, auquel il attribue surtout la décision indulgente du prince. Remarquons d'ailleurs — car il ne faut rien surfaire, et après tout, si tout cela est admirable, il n'y a rien de miraculeux — qu'il fut singulièrement aidé par la période même de l'année liturgique où se passèrent ces événements, par la présence du Carême, et il ne faut pas par exemple, comme on l'a fait

---

1. Vingt et unième homélie.

parfois, s'étonner trop de le voir alors prêcher presque tous les jours, puisque c'était là tradition, et ce fut toujours son habitude pendant les semaines préparatoires du temps pascal.

Tel il fut dans ces tragiques journées, tel il resta désormais durant les dix années pendant lesquelles Antioche eut encore le bonheur de le conserver, dévoré du même zèle ardent et soutenu par la même passion tenace. Car il ne faut pas estimer moins que sa belle conduite lors de la sédition, il faut, au contraire, priser plus haut le dévouement constant à une tâche en apparence plus ingrate, en réalité plus féconde, à la direction des fidèles, au cours de leur vie ordinaire et régulière. Les sermons qu'il prêcha pendant toute cette période, et dont nous avons conservé un si grand nombre, sont presque toujours conçus sur le même plan : ils contiennent à la fois une partie exégétique et dogmatique, aussi simplifiée et aussi claire que possible, et une partie morale, plus vive et plus pressante ; soit que le point de départ ait été le commentaire d'un texte sacré, soit qu'au contraire le sujet propre du jour soit la critique de quelque vice ou l'éloge de quelque vertu, la composition de l'ensemble demeure la même, ainsi mêlée de ces deux éléments inséparables. L'extrême simplicité, la familiarité terre à terre de presque toutes ces homélies en rend aujourd'hui la lecture prolongée un peu pénible ; mais elles sont merveilleusement appropriées aux intentions de l'orateur, et d'une efficacité admirable. Partout, nous constations que cette intimité qui s'était nouée en 387 entre le prédicateur et ses fidèles se perpétuait toujours pareille. Je n'ai point à chercher de termes pour caractériser cette union devenue si étroite et si longtemps continuée. Chrysostome lui-même les a fournis dans les épanchements de ses exordes, où l'on n'a que la peine de choisir les traits originaux et délicats. Après une absence d'un seul jour, il s'écrie : « J'ai été séparé de vous une seule journée, et, comme si mon absence avait duré une année entière, j'ai été inquiet et impatient. Et que je ne vous dis que la vérité, vous le savez bien par ce que vous avez ressenti vous-même [1]. » Il s'écriera une autre fois : « Je suis faible, je suis misérable ; et mon éloquence a peu de prix ; mais j'oublie tout cela quand je vous vois. Telle est la tyrannie de votre amour [2]. Aussi m'écoutez-vous avec zèle. Vous êtes comme les petits de l'hirondelle attendant la becquée [3]. » Sans doute l'auditoire n'était pas toujours aussi régulier ni aussi attentif ; et, chaque fois qu'il était nécessaire, Chrysostome ne craignait pas de faire entendre ses plaintes. Mais rien ne le décourageait : « Vous auriez beau m'accueillir avec des insultes », et il dit plusieurs fois ailleurs qu'il n'était pas sans exemple qu'on le raillât, « je ne secouerais pas la poussière de mes pieds, non que je refuse d'obéir à la parole du Seigneur [4], mais parce que l'ardeur de mon amour pour vous est trop violente [5]. » Par contre il est mieux disposé, il se sent tout autre quand les rangs du public sont pressés, quand les visages trahissent les bonnes dispositions des cœurs [6], et alors deux sentiments se mêlent en lui : s'il faut à sa charité un troupeau assidu et zélé dont il puisse noter les progrès, à son tempérament d'orateur il faut aussi un auditoire nombreux et sympathique qui le soutienne et l'échauffe. Si cependant le troupeau se disperse ou si l'auditoire boude, il fera son devoir quand même : « Le prédicateur doit prêcher, qu'on l'écoute ou non ; comme l'eau coule, sans qu'on y puise [7] ». Mais ces objurgations, si fréquentes, si véhémentes qu'elles soient, restent toujours paternelles. Il faut que je le répète : Chrysostome ne maîtrise pas tyranniquement ses fidèles, ne s'élève pas au-dessus d'eux, ne se sépare pas d'eux. Il est un frère au milieu de ses frères, dont la supériorité éclate assez visiblement pour qu'il n'ait pas besoin de la faire sentir, et qui, pour éviter tout froissement, sait garder

1. « In illud : in Facie ei restiti. »
2. L'expression est volontairement ambiguë : « L'amour que j'ai pour vous et que vous avez pour moi ».
3. « In illud : Hoc autem scitote.... »
4. Allusion à Matthien, X, 14, 15.
5. In *Matth.*, 32.
6. Cf. notamment les exordes de : *in Genesim*, 1 et 2.
7. *De Lazaro*, I.

les ménagements les plus délicats et ne pas faire montre sotte-
ment de son autorité. Ainsi s'établissait plus sûrement cette
domination insinuante. Jean donna même de ses intentions
secrètes comme un signe matériel et sensible à tous, en prê-
chant, ce qui fut une innovation en son temps, tout près de
ses bien-aimés, comme il les appelle (ἀγαπητοί), non pas à la
place de l'évêque ou du prêtre, mais au pupitre du lecteur,
à l'ambon [1]. Qu'on réfléchisse, et qu'on songe combien tout
cela est rare. Aux plus beaux jours de notre éloquence sacrée,
au XVIIe siècle, je sens comme une barrière entre l'orateur et
l'assistance. La voix solennelle vient d'un peu loin peut-être
et d'un peu haut. Elle tonne trop souvent, et pourtant, ce n'est
qu'à des heures privilégiées que le commun des hommes sait
comprendre les paroles divines qui sortent de la nuée avec
l'éclair. N'en est-il pas encore de même aujourd'hui ? Le prédicateur moderne, aux grands jours tout au moins, dans les
stations du carême par exemple, est le plus souvent inconnu
de la plupart de ses auditeurs. C'est d'ordinaire un mission-
naire étranger à la paroisse, même au diocèse; que sait-il de
la ville où il prononce, avec quelques changements anodins,
le sermon déjà entendu ailleurs, et bon pour toutes les cathé-
drales? que sait de lui-même son public? Comme les conditions étaient autres à Antioche! L'homme qui prenait la
parole devant ses frères avait grandi parmi eux; toute son existence s'était passée sous leurs yeux mêmes, ou dans le voisinage de leur ville; tous avaient vu naître et se développer
ses vertus. Lui les connaissait par leurs noms, voyait familièrement tous ceux d'entre eux qui recherchaient son commerce, savait tout ce qui arrivait dans la ville, comment
on se conduisait au sortir de l'église et du sermon, et pouvait
ainsi jour par jour diriger sa parole comme il convenait.
Aussi, qu'elle était pénétrante, et qu'elle trouvait sûrement
le chemin du cœur, la voix familière et amicale de Chrysostome! Quels soins touchant de se faire comprendre de tous !

---

1. C'est l'historien Socrate qui nous apprend ce détail intéressant.

Comme il explique nettement et clairement son sujet dans ces longs exordes que les délicats lui reprochèrent à plusieurs reprises ; ne craignant pas, quand il en est besoin, de reprendre en quelques mots les conclusions du discours précédent et tenant toujours ainsi serrée et sans cassure la chaîne d'or de ses homélies ! Comme il connaît exactement chaque fois la composition un peu variable de son auditoire ! Si les paysans des environs y sont venus, les pauvres paysans rudes et probes [1] qui ne parlent guère que la langue syrienne, il a pour eux des compliments de bienvenue. Si des étrangers de passage à Antioche ont assisté à la liturgie, au risque d'ennuyer son public ordinaire, il n'hésitera pas à reprendre assez longuement ce qu'il a déjà dit les jours précédents, afin qu'ils soient bien au courant [2] et ne perdent en rien le profit du sermon. Il s'informe de l'impression qu'il a produite, sait quand on l'a bien compris, quand la leçon a porté ; quand il s'est laissé aller à être trop long et a fatigué les esprits [3]. Une pensée qui revient sans cesse dans ses commentaires de l'Écriture, de l'Ancien Testament surtout, c'est que Dieu, dans le langage qu'il parle aux hommes, s'abaisse pour se faire comprendre : « Telle est la tactique de la sagesse divine ; elle commence par s'abaisser jusqu'à nous, et c'est ainsi qu'elle nous attire [4] ». Il répète à chaque instant à ce sujet ce mot d'abaissement : συγκατάβασις. C'est le mot qu'on peut lui appliquer à lui-même. Il imite autant qu'il est en lui la sublime condescendance qu'il fait admirer dans le texte sacré. C'est pour cela qu'il s'occupe tant de savoir, avec une sûreté parfaite d'information ou d'intuition, quel est l'état d'esprit de son auditoire. Comme il pense en particulier à chacun de

1. Dix-neuvième homélie sur les Statues.
2. *De Lazaro*, 3. Cf. logos 9, *in Genesim*.
3. *De Lazaro*, 3. In *Princip. Actorum*, 3.
4. Τοιαῦτα γὰρ τὰ τῆς οἰκονομίας· συγκαταβαίνει πρότερον, καὶ τότε ἀνασπᾷ. Ce texte se trouve dans la huitième des homélies inédites publiées par Montfaucon dans son dernier volume ; ces homélies datent de Constantinople, mais les textes analogues sont nombreux dans celles qui datent d'Antioche, et je n'ai pris celui-ci que comme le plus bref et le plus expressif.

ses fidèles ! « Si je traite de tant de choses dans chacun de mes sermons, si je les varie sans cesse », et en effet le premier caractère de toutes ses homélies, malgré les titres qu'elles portent, est de n'avoir jamais un plan régulier, et de ne traiter jamais un sujet unique, « c'est que je veux que chacun ait son mot, trouve son butin, et que nul ne retourne à la maison les mains vides [1]. » Tout notre travail consistera justement à recueillir, à citer et à commenter ces détails exacts que nous rencontrerons en si grand nombre. Mais il faut être bien convaincu que la plus grande part de leur précision et de leur intérêt nous échappe. Ces développements presque satiriques où Chrysostome excellait, et où il apportait tant de verve pittoresque, ont toujours le grand mérite de caractériser pour nous à merveille les mœurs du siècle ; mais bien souvent, pour les contemporains, ils ont dû caractériser autre chose encore, les mœurs de telles ou telles personnes, de telles ou telles coteries. Il nous manque ainsi sans doute comme les clefs de plus d'une homélie, de même à peu près que nous manquent si souvent les clefs d'une satire de Juvénal. Ce n'est pas que Jean commît aucune imprudence, et se laissât entraîner à des personnalités trop apparentes. Il paraît toujours avoir évité ce danger à Antioche. Il s'en préserva moins à Constantinople, où les allusions hardies lui parurent nécessaires, et où il y avait du courage à les oser. En Syrie, où il eût pu, je pense, en glisser avec moins de risques, il les a, semble-t-il, évitées d'ordinaire, guidé par l'instinct très juste qui lui faisait comprendre que ces sortes de procédés produisent parfois moins d'utilité que de scandale. « Je ne nomme personne, ne craignez rien [2] », dit-il un jour en termes exprès ; cela même prouve du reste que, s'il gardait une délicate prudence, et savait fuir tout excès, cependant il ne reculait pas devant certaines indications assez claires. Nul doute que, pendant la longue durée de sa prédi-

1. *In Joannem*, 23, exorde.
2. 37, in *Matth.* Cf. 6, *in Ep. ad Eph.*

cation à Antioche, les mœurs, d'une année à l'autre, n'aient quelque peu varié ; que ce ne soient tantôt tels et tantôt tels autres vices qui successivement aient surtout fait éclat. Nous ne pouvons constater des faits de ce genre que dans quelques cas extrêmement rares ; mais ces cas ont été certainement fréquents, et, tel que nous le connaissons, il n'est pas possible que Chrysostome n'en ait adroitement tenu compte. Les vices sont éternels et identiques en leur essence, mais, dans l'espace même d'une très courte période, ils prennent bien des déguisements divers, et leurs manifestations changent sans cesse. Les Syriens, si légers et si mobiles, ont toujours été le jouet de la mode, qui règne sur les vices aussi bien que sur les goûts. Je suis persuadé pour ma part que, si nous avions sur le IVe siècle — on me permettra cette hypothèse, bien qu'elle soit malheureusement si éloignée de la réalité — des documents aussi abondants et aussi exacts que nous en possédons sur les temps modernes, sur notre XVIIe siècle par exemple, nous ferions beaucoup de petites trouvailles anecdotiques dans ce trésor d'homélies, si curieuses déjà telles que nous les pouvons comprendre, et qu'il serait possible de tenter sur Chrysostome un travail analogue à celui que l'on a fait parfois sur Bourdaloue.

Telle fut, il me semble, cette prédication de Jean à Antioche, qu'on peut bien appeler un apostolat. Ainsi poursuivie et soutenue sans défaillance pendant douze ans, elle ravit l'admiration la plus défiante. Plus tard, à l'époque où Georges d'Alexandrie écrivait sa ridicule biographie, en un siècle d'absurde crédulité, on s'est plu à prêter à Jean toutes sortes de miracles ; oubliant cette réflexion qu'il a si souvent faite [1], que la différence était grande des temps apostoliques et de ceux qui les ont suivis, et qu'en ces derniers la source des œuvres surnaturelles était tarie ; qu'on n'en voyait plus qu'aux tombeaux des saints et des martyrs. Mais cette pré-

---

1. Je reviendrai plus tard, avec plus de détails, sur l'opinion de Chrysostome au sujet des miracles contemporains.

dication est plus surprenante que de ridicules miracles ; elle est elle-même le meilleur des miracles : le fruit merveilleux de la charité et de l'amour, de l'amour, le plus infaillible des charismes légués par Jésus à ses vrais disciples.

2° Chrysostome à Constantinople.

On pourrait presque dire que Jean fut, sous Flavien, le véritable évêque d'Antioche. Il est probable que, livré à lui-même, il n'eût pas désiré quitter cette cité qu'il aimait doublement comme sa patrie, comme la ville apostolique par excellence, la fille commune de Pierre et de Paul, « la métropole de toute la chrétienté », ainsi qu'il va parfois jusqu'à l'appeler. Il eût succédé un jour à son vieil évêque ; il eût vieilli à son tour au milieu de ses bien-aimés, et il n'y a aucune raison de contester le récit traditionnel qui nous montre l'agent d'Eutrope obligé d'user de ruse [1] pour l'emmener à Constantinople. Mais sa renommée s'était trop répandue et avait pris trop d'éclat pour qu'il lui fût permis de borner ainsi son ambition. Il se vit donc appelé malgré lui à diriger la communauté catholique de la capitale même, et, chose assez étrange, qu'on aurait peine à s'expliquer, s'il n'était clair que la difficulté de se prononcer entre des compétitions trop nombreuses et trop ardentes [2] imposa le choix du plus digne, son nom fut mis en avant par Eutrope, et sa nomination emportée par l'eunuque avec qui il devait bientôt entrer en lutte.

Certainement sa dignité nouvelle n'inspira à Jean aucun mouvement de vanité. Il n'avait point d'amour-propre, c'est-à-dire qu'il avait donné à ce qu'il en gardait — puisque nous ne sommes pas maîtres d'étouffer un sentiment qui est celui de notre existence même, mais seulement de le diriger — sa forme la plus élevée. Uni entièrement de cœur

1. Palladius, Dialogue, 5.
2. Ibid.

avec son troupeau, il mettait sa gloire à constater de temps
en temps, non pas seulement en lui-même, mais publiquement et dans ses homélies, les progrès auxquels il avait
contribué, dont il était même à vrai dire presque l'unique
auteur. A ce point de vue, en passant d'Antioche à Constantinople, il perdait et gagnait à la fois. Il devait recueillir
peut-être moins de joies douces et intimes dans ses rapports
avec ses fidèles, mais il devait goûter l'âpre joie mêlée de
douleur que donne la lutte pour de nobles idées et une grande
cause.

Par bien des côtés, dans cette situation nouvelle, Jean
nous paraît assez différent de ce qu'il avait été à Antioche,
pendant les années généralement très calmes de sa prêtrise.
Certes, si profondes que fussent sa douceur et sa bonté, il
avait montré dès lors que sa nature était aussi à l'occasion
enflammée et véhémente. Mais cependant les énergies puissantes de son âme, par l'influence du milieu et des circonstances, s'étaient usées surtout en dévouement et en tendresse.
Ce n'est guère qu'en 387 qu'il eut à faire preuve d'une résolution, d'une hardiesse, qu'il ne lui fut pas donné de développer
au même degré dans la suite. A Constantinople, il se trouva
en présence de la cour, et il était impossible que, concevant,
comme il l'avait fait, le rôle de l'épiscopat et l'importance de
la prédication, il n'entrât pas en conflit avec elle; tout comme
la même chose avait été impossible, quelques années auparavant, à Ambroise, et l'eût probablement été, un peu plus
tard, à Augustin, si ce dernier eût été le chef de l'Église de
Milan ou de Ravenne au lieu de gouverner celle d'Hippone.
Plus nombreux, plus influents encore qu'en Syrie, les inévitables adversaires de Jean, les riches et les grands tiraient
de l'appui de la cour une force redoutable. Le clergé lui-
même était très mêlé, et, en grande partie, indiscipli-
nable.

Accueilli par toutes sortes de défiances et de jalousies, qui
devinrent bientôt autant d'hostilités secrètes et éclatèrent
enfin toutes à la fois, celui que Théophile d'Alexandrie avait

si bien jugé du premier coup d'œil [1], en qui ce courtisan et ce
politique émérite avait deviné, sur son simple aspect, l'éternel
ennemi de ses pareils, l'indépendant et l'idéaliste, était
fatalement condamné à la lutte, et non moins fatalement
à la défaite. Palladius a très bien expliqué, en les rangeant
sous neuf titres [2] qui en réalité se réduisent à deux, les
causes essentielles de la haine qu'il suscita. Ce furent la
réforme qu'il entreprit des mœurs du clergé, en s'efforçant
de détruire toutes les habitudes de somptuosité et de mollesse
tolérées, encouragées même par Nectaire, en réduisant toutes
les dépenses inutiles de l'église, et en consacrant ses revenus
uniquement aux diverses œuvres de charité; et la réforme
qu'il entreprit des mœurs des laïques, d'après les principes
qui l'avaient déjà guidé à Antioche, mais en se heurtant à
des résistances plus opiniâtres, et en s'enflammant et s'exal-
tant lui-même en face de ces résistances. Attaqué d'un côté
par des évêques rompus à l'intrigue, par ce Théophile, aussi
habile que dénué de scrupules, par Sévérien, Antiochus,
Acace, Cyrinus, esprits de moindre portée que le patriarche
d'Alexandrie, mais adroits à leur façon, cauteleux et hai-
neux; poursuivi de l'autre par ces rancunes de femmes
blessées qui ne pardonnent pas, par l'animosité conjurée des
trois veuves, Marsa, Castricia, Eugraphia; enfin brouillé
définitivement, après diverses alternatives de faveur et de dis-
grâce, avec Eudoxie et par suite avec Arcadius qu'elle dominait; il devait succomber, tout entouré qu'il fût de dévouements énergiques, comme celui de son diacre Sérapion et de
quelques prêtres choisis, d'affections pieuses comme celles
d'Olympias ou de Pentadia, tout protégé même qu'il fût par
l'amour d'un peuple décidé à ne pas reculer, pour le défendre,
devant la sédition ouverte.

On a diversement jugé le rôle de Jean dans cette crise. Il
y a toute une école d'historiens ecclésiastiques qui, dans le

1. PALLADIUS, Dialogue, 5.
2. *Ibid.*

récit des faits, atténuent à chaque instant son ardeur, sa décision, sa courageuse imprudence. Ce sont ceux qui, par exemple,
ne peuvent pardonner à Socrate d'avoir écrit que Chrysostome était impatient et exalté [1]. Il en est d'autres au contraire
qui feraient volontiers de lui un chef de parti, une sorte de
tribun. Ce sont ceux qui se plaisent à répéter et à commenter
le mot perfide de Zosime : qu'il s'entendait à merveille à
conduire une foule [2]. La vérité n'est dans aucun de ces deux
excès. Jean fut un homme ; tout comme un de ses plus
illustres prédécesseurs sur le siège de Constantinople, Grégoire de Nazianze, il mit de la violence à attaquer les vices
qu'il réprouvait ; il riposta avec énergie quand on l'attaqua
lui-même. Je vois cependant entre lui et Grégoire une différence, qui est à son honneur : on sent davantage chez
Grégoire un reste de vanité et d'amour-propre ; il a le ton,
l'accent plus personnels. Jean se confond mieux avec la cause
qu'il défend, s'anéantit plus complètement en elle. Mais
violents, tous deux le furent. — Eurent-ils si grand tort de
l'être? Gibbon dira, dans un chapitre très intéressant d'ailleurs, souvent même bien remarquable, mais partial : que
« l'ardeur de Chrysostome n'était pas toujours exempte de passion, ou guidée par la prudence [3] ». Depuis quand la passion,
au service du bien, est-elle interdite? et la prudence serait-
elle l'unique vertu des saints? Il y a bien du pharisaïsme dans
ce jugement de Gibbon. A l'exemple du Jésus des Évangiles,
Jean, qui n'était que douceur à l'ordinaire, fut violent quand
il fallait l'être, et s'il dépassa parfois un peu la mesure, ce
qu'on ne saurait guère nier, ce sont là des excès où il est beau
d'être tombé.

Mais l'épiscopat de Jean à Constantinople n'est pas tout
entier dans ces luttes où il donna l'exemple, toujours morale-
ment grand et fortifiant, même quand il n'est pas sans quelque
danger pour la société civile, d'un évêque entièrement dominé

1. *Hist. eccl.*, VI.
2. ἢν γὰρ ὁ ἄνθρωπος ἄλογον ὄχλον ὑπαγαγέσθαι δεινός. V, 23.
3. Ch. 32.

par le souci des intérêts spirituels, et que ne retient aucune
considération simplement humaine. Attirés, comme il est
naturel, par l'éclat de ces événements, les historiens sont
portés à négliger l'action moins frappante, mais non moins
bienfaisante, et plus pure peut-être de tout alliage, que Chrysostome ne cessa d'exercer, pendant les périodes de calme,
sur ce peuple de petites gens qu'il avait enthousiasmés ; de
même que les lettrés, pour avoir lu la célèbre homélie sur
Eutrope, ne se font pas toujours une conception très juste de
sa véritable éloquence, de sa manière ordinaire, et oublient
qu'une homélie de ce genre, comme auparavant à Antioche
celles sur les statues, nécessairement exceptionnelle dans
l'œuvre de l'orateur, ne peut donner de cette œuvre tout
entière une idée absolument exacte. Nous ne devrons pas
négliger dans ce travail les démêlés de Jean avec la cour,
mais ils n'y tiendront que leur place ; ils ne nous feront pas
oublier le reste, et que l'on ne croie pas que nous perdrons
à ne pas nous maintenir toujours sur les sommets, mais à
suivre le plus souvent, au-dessous d'eux, le spectacle d'une
œuvre plus modeste, non moins féconde.

A Constantinople, chose qui peut surprendre au premier
abord, mais qui s'explique fort bien quand on se rappelle
l'histoire de la ville depuis Constantin, la communauté catholique était moins nombreuse qu'à Antioche. La nouvelle
Byzance avait sur toutes les autres villes de l'empire le privilège d'avoir dû son existence à la volonté d'un empereur
chrétien ; cependant les gentils y avaient été dès l'origine en
assez grand nombre, et surtout, plus peut-être que partout
ailleurs, l'arianisme y avait conquis un moment une influence
prépondérante. On sait combien les catholiques étaient en
minorité, quand Théodose avec le concours de la force armée
et au milieu des malédictions publiques, intronisa Grégoire
de Nazianze. Un calme relatif avait régné sous Nectaire, qui
n'était pas homme à attiser les passions. Mais si cet évêque
grand seigneur, par ses manières fastueuses, par son affabilité, par son caractère égal et doux, put ramener quelques

hérétiques au bercail, ceux sur qui agirent ses séductions plus mondaines que pieuses se recrutèrent sans doute surtout parmi les indifférents qui suivaient avant tout l'exemple de la cour et de l'empereur.

C'est Chrysostome lui-même qui nous apprend que la synaxe était moins nombreuse à Constantinople qu'à Antioche. Il faut d'ailleurs bien comprendre cette affirmation [1]. Le nombre des catholiques, à Constantinople, était à peu près 100000 ; on a vu que c'était aussi le chiffre d'Antioche. C'est seulement par proportion avec la population totale que les fidèles de la capitale étaient moins nombreux. Il y avait donc une belle œuvre à entreprendre : regagner peu à peu le terrain perdu, reconquérir Constantinople; mais l'obstacle était que des réformes profondes s'imposaient au sein même de la communauté catholique, et exigeaient d'abord tous les soins de l'archevêque. Elles les auraient même absorbés longtemps, si elles n'avaient eu de bonne heure pour conséquences les graves événements qui interrompirent tout. Chrysostome intervint bien plusieurs fois contre l'arianisme et le novatianisme [2]. Mais en somme il ne put guère étendre son action hors de son église même. C'est là qu'il trouva ses plus douces consolations, dans l'affection des pauvres qui s'attachèrent à lui, comme ils l'avaient fait à Antioche. Sans doute, il ne put pas se dévouer aussi exclusivement à eux pendant son épiscopat qu'il l'avait pu pendant sa prêtrise. Trop d'affaires le réclamèrent, sans compter les absences, parfois assez longues, qu'il dut s'imposer, comme par exemple ce voyage en Asie où il fit une sorte d'inspection des principaux évêchés et sortit peut-être quelque peu de la limite de ses droits stricts. Il y eut encore des périodes où il prêchait deux fois la semaine; ainsi lorsqu'il commenta le Psautier [3]. Mais il y en eut d'autres, où, à son grand regret, il ne parvenait pas à prêcher plus d'une fois, deux fois par mois ; le mois même

1. In *Acta Apost.*, 11.
2. SOCRATE, *H. E.*, VI.
3. In *Psalm.*, 48.

passait sans qu'il eût paru à l'ambon [1]. Rien ne montre mieux quel changement les circonstances avaient fait en lui.

A Constantinople, comme à Antioche, il prêchait tantôt dans un quartier, tantôt dans un autre ; tantôt dans la ville même, tantôt dans les faubourgs. Le plus souvent il parlait à la Grande Église, qui était située au centre même de la capitale, sur la place principale, en face du magnifique palais du sénat, et non loin du palais même de l'empereur. C'est sur cette place que fut élevée la statue d'Eudoxie et que se célébrèrent, à cette occasion, ces fêtes d'inauguration par trop païennes qui lui inspirèrent une de ses plus imprudentes sorties. Il convoquait aussi son public dans cette église d'Anastasie [2] (de la Résurrection), chère au cœur de tous les fidèles, qui était en quelque sorte à Constantinople ce qu'était la Palée à Antioche, et où vivait toujours le souvenir de Grégoire de Nazianze. La synaxe avait lieu aussi à Sainte-Irène [3], ou dans quelque chapelle, comme le μαρτύριον ἐπὶ τῇ παλαιᾷ πέτρᾳ [4]. Nous verrons que le public n'était pas toujours plus assidu ni plus attentif que celui d'Antioche, et qu'il lui arrivait même de ne pas être entièrement respectueux [5]. Mais, avec ces défauts, ce public vénérait son évêque et l'aimait d'une tendresse profonde. On l'aimait à la fois pour son éloquence et pour son zèle, et, quand il cédait, par une de ces politesses que les évêques se plaisaient alors à se faire, son tour de parole à quelque étranger, on était très fâché [6], et on le faisait comprendre. Aussi, comme à Antioche, répondait-il à cette affection par une affection non moins passionnée. On n'a encore que l'embarras de choisir entre ses épanchements coutumiers. Comme ceci est touchant : « Si je

---

1. In *Ep.* 2 *ad Thess.*, 4.
2. C'était là que Grégoire avait commencé à prêcher, à un très petit nombre de fidèles, alors que toutes les églises de la ville étaient au pouvoir des ariens.
3. Parmi les homélies inédites publiées par Montfaucon, deux ont été prononcées à Sainte-Irène.
4. Là fut prêchée une autre de ces mêmes homélies.
5. In *Acta Apost.*, 8, 19, etc.
6. Voir la onzième des homélies inédites de Montfaucon.

vous demandais de l'argent, vous m'en donneriez, n'est-ce
pas? Si j'étais dans un extrême péril, vous donneriez pour moi,
si vous le pouviez, un lambeau de votre chair. Eh bien! songez
au danger que je courrai, si je suis accusé devant Dieu de
n'avoir pas réussi à vous corriger! Corrigez-vous donc, pour
que Dieu me soit clément [1]. » Et ceci encore, dans la belle
péroraison d'une fort belle homélie : « Si je ne craignais
pas qu'on m'accusât de vanité, je vous montrerais l'intérieur
de ma demeure; vous verriez mes pleurs, quand je vois vos
chutes; mes joies, quand je sens vos progrès. Plût au ciel
que vous fussiez sauvés, et que je fusse accusé d'avoir mal
rempli mon devoir, et non que je vous visse périr, en recevant
témoignage que je n'avais rien négligé pour vous sauver [2]! »
Qu'importe que parfois l'auditoire soit peu nombreux : « Je
vous exhorterai cependant, comme Jésus n'a pas dédaigné de
parler à la Samaritaine toute seule [3] ». Et comme il continue à
surveiller sans cesse et de près la conduite de ses fidèles, à
s'informer du profit qu'ils ont tiré de ses leçons! C'est même
précisément à Constantinople, où il eut cependant à porter
le poids de si grandes affaires, et à se garder contre tant
d'attaques à la fois, c'est à Constantinople, mieux encore que
dans sa chère et paisible Antioche, qu'il a prononcé à ce
sujet ses paroles les plus caractéristiques, celles qui montrent
le mieux jusqu'où allait sa sollicitude : « Je voudrais savoir
si vous écoutez ce que je vous dis avec l'attention qui convient, de peur de semer à côté du sillon. Car, si j'étais sûr de
votre attention, mon enseignement aurait plus d'élan et d'allé-
gresse. Certes, nous parlerons même si personne n'écoute, par
crainte des ordres du Seigneur. « Prêche ce peuple », dit-il
en effet, « et s'ils ne te prêtent pas l'oreille, toi-même ne seras
« pas exempt de faute. » Si cependant j'étais convaincu de votre
zèle et de votre diligence, je ne parlerais pas seulement par

---

1. In *Act. Ap.*, 8.
2. In *Act. Ap.*, 44. Cf. encore in *Ep. 2 ad Thess.*, 4. — J'ai traduit en
abrégeant un peu.
3. *Secunda homilia in Anastasiæ templo.*

crainte, mais avec joie. Maintenant donc, même si nul ne m'écoute, quoique je ne coure pas de danger puisque je remplis ma tâche, cependant c'est sans plaisir que je l'entreprends.... Comment donc saurai-je si vous profitez? Quand j'aurai cru remarquer que certains d'entre vous ne sont pas attentifs, j'irai les trouver à part, et je les interrogerai. Si je vois qu'ils ont retenu quelque chose de mes paroles, je ne dis pas tout, car cela n'est pas facile, mais je dis quelque chose du tout seulement, je ne les soupçonnerai plus. Mais j'aurais mieux fait de ne vous rien dire à l'avance » — on sent ici l'improvisation, tant ce langage est plein de fraîche et charmante simplicité, — « et de vous prendre par surprise. Non cependant; cela me réjouira, si même après vous avoir prévenus, j'atteins mon but. Que dis-je d'ailleurs? Je puis très bien encore vous surprendre malgré tout. Car je vous ai avertis que je vous interrogerais; je ne vous ai pas dit quand. Ce sera peut-être aujourd'hui, peut-être demain, et peut-être dans vingt ou trente jours; mais peut-être aussi plus tôt, ou plus tard. Je me réglerai sur l'exemple de la Providence, qui, pour la même raison, laisse incertain le jour de notre mort[1]. »

A cet enseignement si paternel, le peuple de Constantinople répondit comme celui d'Antioche par un dévouement sans bornes, auquel les événements permirent même de mieux se révéler dans toute sa profondeur. Le mot de leur évêque que je citais tout à l'heure : « Si j'étais en un extrême péril, vous donneriez pour moi un lambeau de votre chair », ils montrèrent qu'il n'était nullement une exagération. Leur résistance pendant le premier exil, si décidée qu'Eudoxie dut céder, leurs réjouissances à son retour nous sont connues par les historiens et par Chrysostome lui-même. Après le second exil, il y eut une sédition véritable, dans laquelle la Grande Église brûla avec le Sénat, et le plus vraisemblable est bien que les partisans extrêmes de Jean furent responsables de cet incendie. Une situation aussi grave que l'avait été celle des journées précé-

---

1. In *Ep. ad Hebr.* 4; exorde.

dentes ne se dénoue guère que par des catastrophes de ce genre. Quand la partie fut définitivement perdue, les Joannites soutinrent avec opiniâtreté et vaillance une persécution cruelle. Mais quel fut exactement le rôle de Jean lui-même dans tous ces événements? Encouragea-t-il la résistance, comme on l'a quelquefois prétendu, et prit-il l'attitude d'un chef de parti en face de la cour et du pouvoir? Il est difficile de porter un jugement absolument certain; mais mon impression n'est point celle-là, quand je compare les récits un peu différents qui nous sont parvenus. Des uns comme des autres, du témoignage des amis comme de celui des adversaires, il me semble ressortir assez clairement, d'une part, que Jean essaya de peser sur les décisions de la cour par les manifestations de l'opinion publique, et c'était son droit; d'autre part, et c'était son devoir, qu'il fut toujours résolu à ne pas tenter de lutte ouverte. Il part, à la dernière extrémité seulement, et après avoir espéré jusqu'à la dernière heure qu'Eudoxie et Arcadius céderont; mais il se livre lui-même au *curiosus* et rend aussi facile que possible la tâche de l'autorité, quand il a compris qu'il ne reste plus aucune chance de succès. Le vrai caractère de cette conduite s'éclaircit assez bien à la lumière d'un rapprochement. Qu'on se rappelle Ambroise et ses démêlés avec Justine et le jeune Valentinien. La lutte fut vive à Milan comme à Constantinople, et cette sorte de pieuse veillée d'armes des catholiques à la basilique Porcienne peut être comparé à celle des Joannites à Byzance. Mais l'avantage resta à Ambroise, et il n'est pas difficile de comprendre pourquoi Ambroise l'emporta, tandis que Jean fût vaincu et proscrit. Ambroise avait bien mieux que Jean le sens de la réalité et du possible. Son audace, si grande qu'elle fût, était toujours calculée et de sang-froid. Il savait à merveille proportionner ses exigences à la mesure du succès qu'il était raisonnablement permis d'espérer. Il se défendit vigoureusement, mais il se savait suivi par une masse de partisans encore plus nombreux relativement que ne le furent ceux de Chrysostome; mais il savait très bien, quoique Justine fût, comme

Eudoxie, une femme énergique et vindicative, que la cour occidentale était en réalité beaucoup plus faible que la cour d'Orient. Surtout il était trop prudent et trop habile pour se laisser engager dans plusieurs affaires à la fois. Il n'avait pas contre lui cette terrible coalition de haines cléricales et mondaines sous laquelle l'évêque de Constantinople devait succomber. Il était à la tête du troupeau compact de tous les catholiques unis, tandis que la communauté byzantine était divisée, et qu'une partie du clergé suivait Sévérien et Théophile. Le Romain Ambroise était de la race des politiques; l'honneur de Jean d'Antioche est d'avoir été de la lignée des apôtres.

Une église apostolique, voilà en effet le rêve qu'il a toujours poursuivi, et qu'il a réalisé en partie aussi bien en Syrie qu'à Constantinople : une église apostolique, c'est-à-dire une communauté de frères, unis entre eux par les liens de la charité, et, par ces mêmes liens, soumis, mais d'une soumission toute volontaire, à ce père commun, l'évêque. « Il y a beaucoup de choses qui caractérisent le christianisme, mais une par-dessus toutes les autres, la charité et l'amour [1]. » C'est pourquoi il tournait les yeux avec envie vers l'église primitive de Jérusalem, vers cette famille privilégiée où le cœur de la multitude était un, et où il n'y avait qu'une âme. Nous verrons qu'il ne considérait pas comme une utopie l'état de cette communauté idéale; il ne songeait pas à faire ces sages réflexions de Fleury [2] : « qu'il semble difficile, parlant humainement, qu'une église si nombreuse eût pu subsister sans fonds et sans revenus assurés, et nous voyons par les *Actes* et les *Épîtres* de saint Paul, qu'elle avait besoin du secours des autres églises, et que, de toutes les provinces, on envoyait des sommes considérables pour les saints de Jérusalem ». Mais plutôt, pour reprendre les paroles du même Fleury [3], « il ne

1. Πολλὰ μὲν ἔστι τὰ χαρακτηρίζοντα τὸν χριστιανισμὸν, μᾶλλον δὲ πάντων καὶ κρεῖττον ἀπάντων ἡ πρὸς ἀλλήλους ἀγάπη καὶ ἡ εἰρήνη. (In *Ep. ad Hebr.*, 31.)
2. *Mœurs des chrétiens*, p. 35.
3. *Ibid.*, p. 36.

feint point de proposer encore cette manière de vie comme un exemple imitable, et comme un moyen de convertir les infidèles ». Un homme apostolique, en un siècle où les plus grands évêques furent surtout des théologiens comme Athanase et Augustin, ou des politiques comme Ambroise, voilà ce que fut Jean, et voilà sa véritable originalité. Je ne vois peut-être en ce siècle qu'un homme véritablement inspiré des mêmes traditions et du même esprit que lui, qui lui est très inférieur par le talent et les lumières, mais qui se rapproche de lui par le cœur : c'est, dans une province bien éloignée, au milieu de populations toutes différentes, dans la Gaule déjà entamée par les invasions, à Poitiers, ce Martin, dont Sulpice Sévère [1] a pu dire à bon droit qu'il avait mené une véritable vie d'apôtre. A toutes les époques, parmi toutes les variations, et alors que d'ordinaire le corps tout entier de l'Église ne reproduit que bien imparfaitement l'image des premiers temps, quelques hommes d'élite représentent toujours la vraie tradition : au IVᵉ siècle, c'est Jean et Martin qui font la chaîne.

Maintenant que nous connaissons Chrysostome, que nous avons tâché de pénétrer le fond de son caractère et de son esprit, que nous avons vu dans quels milieux successifs les circonstances le placèrent, et quels rapports s'établirent entre lui et les fidèles qu'il dirigea, nous pouvons entrer sans plus tarder dans le détail de notre étude.

1. Dialogue III, *sub fine*.

CHAPITRE II

LES CLASSES DE LA SOCIÉTÉ

1º Les riches et le luxe.

Chrysostome, le patron et l'apôtre des pauvres, était l'adversaire naturel des riches; jamais le luxe n'a eu d'ennemi aussi redoutable. Si donc nous jugeons uniquement d'après lui la haute société d'Antioche et celle de Constantinople, notre jugement devra être extrêmement sévère. Pour que cette sévérité ne risque pas d'être injuste, il importera beaucoup, après avoir décrit cette société sur son témoignage, après avoir résumé dans un tableau d'ensemble les traits épars dans ses homélies, d'examiner de près la nature de ses griefs contre la richesse et le luxe; quand nous aurons compris quelles vues générales il avait sur ce sujet, quel idéal il s'était formé, alors peut-être il nous sera plus facile de déterminer s'il a toujours gardé la vraie mesure ou si au contraire il n'a pas évité quelques excès.

C'est à peu près le seul moyen de contrôle que nous puissions avoir. En effet, au IVe siècle, nous connaissons moins bien l'aristocratie d'Antioche et de Constantinople, que celle de Rome. Or n'aurions-nous pas une idée imparfaite de cette dernière, si nous en étions réduits par exemple au témoignage d'Ammien et à celui de Jérôme? Ammien, étranger à la ville et qui n'a fait qu'y passer, a trouvé auprès des grandes familles un accueil très aimable d'abord, mais bien vite indifférent, comme toute politesse banale. Rebuté par cette froideur hautaine, il a écrit dans les chapitres [1], qu'en deux de ses livres il a consacrés à la société romaine, une satire très violente, parfois très juste, mais qui a besoin aussi d'une contre-partie. L'ardent Jérôme n'a que partialité contre le paganisme; en dehors des quelques maisons où il a fait pénétrer la foi, et même l'ascétisme, il ne voit que corruption. Il n'épargne pas un très honnête homme, convaincu et très probe, comme Prétextat [2]; il n'a que railleries pour sa veuve, dont le deuil n'eût pas déshonoré une veuve chrétienne. Mais nous avons d'autres textes, nous avons par exemple la correspondance de Symmaque. Cette correspondance est bien terne, bien insignifiante, et cependant il suffit d'en parcourir quelques pages pour voir ce qu'il y avait de vertu sincère et solide dans tout ce groupe d'amis dont Symmaque était le centre, chez les Prétextat, les Flavien, les Cécina. Nous avons encore le livre de Macrobe, et si l'impression que laissent les *Saturnales* est celle d'une société superstitieuse, c'est aussi celle d'une société honnête autant qu'érudite, digne et simple autant que lettrée. Des documents analogues nous font défaut pour Constantinople et Antioche. Quelques détails dans Libanius ou Thémistius, les récits des historiens ecclésiastiques, ceux de Zosime ne nous donnent pas une sensation aussi vivante que Macrobe ou Symmaque. Ainsi, dans la plupart des cas, nous ne pourrons guère contrôler Jean que par lui-même.

A la tête des familles riches d'Antioche, se plaçait, comme dans toutes les cités de l'empire, une aristocratie municipale que composaient les membres du sénat, de la βουλή. C'étaient pour la plupart les chefs de vieilles familles, depuis longtemps les premières de la ville, et dont celle de Libanius [3]

1. XIV, VI, et XXVIII, IV.
2. *Ep.* 23 *ad Marcellam.*
3. Surtout sa famille maternelle : ses deux oncles Panolbius et Phasganius, dont il nous parle souvent. Cf. SIEVERS, *Leben des Libanius*, chap. I.

peut nous donner une idée. Comme dans tout l'empire d'ailleurs, ces sénateurs étaient loin d'avoir une situation de tous points enviable. Tenus à subvenir aux dépenses de liturgies considérables, chargés fréquemment de légations coûteuses [1], rendus responsables en bien des cas de l'indiscipline du peuple, ils payaient cher les honneurs de leur primauté. Ce sont eux, par exemple, que, dans la treizième de ses homélies sur le renversement des statues, Jean nous montre traînés devant le tribunal, puis emmenés en prison et traversant le forum chargés de chaînes; Libanius d'autre part nous a raconté [2] les malheurs dont avaient été victimes, en des circonstances antérieures, ses propres ancêtres. Aussi cet infortuné sénat ne cessait-il de décroître; au commencement du IVᵉ siècle, il comptait environ 1 200 membres [3]; il avait fort diminué à l'époque de Julien, qui le compléta. Quand Libanius écrivit le discours πρὸς τὴν βουλήν, c'est-à-dire vers 386, il paraît que les sénateurs n'étaient plus qu'une soixantaine, et, chose qui paraît presque incroyable, une douzaine seulement quand il écrivait le discours ὑπερ τῶν βουλῶν, dont la date exacte n'est pas certaine, mais qui doit être postérieure à 388 [4]. C'était donc à Antioche, comme partout, à qui se soustrairait aux charges municipales, et les familles nouvellement enrichies recouraient à tous les subterfuges et à toutes les intrigues pour éviter de remplacer celles que la ruine ou la mort faisaient disparaître.

Mais les grandes fortunes n'étaient pas le privilège exclusif de cette aristocratie. La Syrie était sous l'empire un pays très riche; on peut dire que c'était, avec l'Égypte, de toutes les provinces de l'empire, celle où l'industrie et le commerce avaient pris le plus de développement [5]. Cette situation pros-

---

1. Sievers, *Leben des Libanius*, chap i.
2. Dans l'Ἀντιοχικός, le περὶ τῆς στάσεως et l'ἐπὶ ταῖς διαλλαγαῖς.
3. Sievers, p. 7, note 36.
4. On peut croire que ce chiffre si restreint s'explique en partie par la crise qu'on venait de traverser en 387.
5. J'emprunte ces détails à Mommsen, *Roemische Geschichte*, V, p. 465 et suiv.

père se maintint plus longtemps en Syrie qu'en Égypte, et c'est surtout à partir du IV° siècle que l'on constate le mieux, non pas en Orient seulement, mais jusqu'en Occident, jusque dans les Gaules, l'activité infatigable des négociants syriens, établis partout. Les fabriques de lin, de pourpre, de tissus de toute espèce abondaient à Laodicée, à Byblos, à Tyr, à Béryte. Le commerce de la soie se faisait en grande partie par l'entremise des Syriens. L'agriculture était très florissante. De toutes les parties de la province affluaient dans la métropole, Antioche, les familles enrichies, et il reste encore, tout le long des rives de l'Oronte, les ruines d'un grand nombre de villas somptueuses, dont les plus anciennes peuvent remonter à peu près à l'époque dont nous traitons. Il ne faut donc pas s'étonner que, dans ce milieu de grande activité commerciale et industrielle, l'amour de l'argent fût singulièrement âpre et commun. La réputation de cupidité et d'avarice des Syriens était générale au IVe siècle; chrétiens ou païens, dans les autres parties de l'empire, en jugeaient de même. Julien, s'il faut en croire ses affirmations dans le *Misopogon*, ne s'attira pas le mécontentement des habitants d'Antioche uniquement par une austérité qui choquait leurs habitudes molles et licencieuses, mais il les blessa plus vivement encore par les mesures qu'il prit pour réprimer leur avidité; petits et grands, boutiquiers et magistrats, coupables des mêmes méfaits, se coalisèrent contre lui dans une haine commune [1]. La cherté des denrées, dont on se plaignit tant pendant son séjour en Syrie, ne venait pas, nous dit-il, « de la disette, mais de l'insatiable cupidité des propriétaires [2] ». Jérôme, qui, dans sa retraite de Palestine, était assez bien placé pour être informé exactement, n'a pas jugé les Syriens autrement que Julien; il dit qu'ils sont tous « des gens d'affaires, et les plus avides des mortels [3] ».

Les fortunes des membres de la βουλή d'Antioche, et des

1. *Misopogon*, 13.
2. *Ibid.*, 29.
3. Ep. 130 à Démétrias.

familles qui, soit en dissimulant leurs richesses, soit en usant adroitement de quelqu'un des procédés légaux qui étaient à la disposition des habiles, réussissaient à demeurer exemptes des charges municipales, mais se trouvaient en réalité dans les conditions requises pour les exercer, devaient être fort considérables, à juger seulement par les frais qu'imposaient les liturgies [1]. Ces frais n'étaient sans doute pas aussi considérables qu'à Rome, mais ils étaient encore très élevés. Jean ne nous donne aucun renseignement qui puisse servir à évaluer approximativement les revenus d'un sénateur d'Antioche. Il nous permet au contraire de nous faire quelque idée de la proportion des familles riches par rapport à la population totale de la ville. Dans l'une de ses homélies sur l'évangile de saint Mathieu [2] — cette série de belles homélies comprend plusieurs de celles où il a le plus vivement pris à partie le luxe, — il divise cette population en trois classes : ceux qui sont très riches; ceux qui sont très pauvres; ceux qui sont de condition moyenne et ont au moins de quoi subsister. Or, d'après lui, les riches et les pauvres forment environ les uns comme les autres un dixième des habitants; les huit dixièmes qui restent ont des ressources à peu près suffisantes [3]. Ce qu'il y a de plus intéressant peut-être dans ce témoignage, c'est qu'il en ressort clairement, ce semble, que les éléments d'une classe moyenne ne manquaient pas autant qu'on le dit parfois dans les grandes cités du IVe siècle.

On peut se figurer Constantinople à peu près comme était Rome, à cette même époque. Plus de richesse encore qu'à Antioche, et un plus grand nombre de pauvres. Dans l'une

1. SIEVERS, *loc. cit.*

2. Homélie 66.

3. Il ne faut d'ailleurs prendre ces chiffres que comme très approximatifs. L'arithmétique de Chrysostome est toujours très peu précise. Dans le même passage, nous voyons qu'il propose aux citoyens riches et aisés de se partager l'entretien des pauvres; et il conclut qu'il n'y aura guère qu'un pauvre à nourrir par cinquante citoyens : ce qui est une assez singulière façon de répartir un dixième entre neuf dixièmes.

de ses homélies sur les *Actes des Apôtres* [1], qui semblent
avoir été prêchées en 401, Chrysostome estime la fortune
totale de la ville à un million de livres d'or [2]; mais il ajoute
aussitôt après : « Que dis-je? peut-être deux ou trois fois plus ! »
On voit combien il serait imprudent de fonder des raisonnements sur des données aussi vagues. Dans cette même ville,
où, selon lui, les chrétiens étaient environ 100 000, il estime
à 50 000 environ le nombre des pauvres [3], sans qu'on puisse
voir nettement s'il veut parler des pauvres de la communauté catholique seulement, ou, ce qui est beaucoup plus
vraisemblable, de tous les pauvres, sans distinction de religion [4].

Évaluer d'une façon précise quelle était, au IVe siècle, la
véritable proportion relative des fortunes, quelle différence
séparait la condition des riches de celle des gens de la classe
moyenne, serait une question fort intéressante à résoudre.
Mais on vient de voir que Chrysostome ne nous fournit pas
les éléments d'une solution rigoureuse. Il reste seulement,
de la lecture de la plupart de ses homélies, l'impression, con-
firmée d'ailleurs par tout ce que nous savons d'autre part,
que les grandes fortunes étaient non seulement grandes,
mais excessives; que, par conséquent, les abus du luxe
étaient poussés extrêmement loin. Montfaucon, dans la dissertation que j'ai déjà citée, a rassemblé les principaux
textes où Jean nous renseigne le mieux sur ces excès; son
énumération est sèche, mais je n'y ai guère trouvé de lacunes.
Il serait donc peu utile de reprendre après lui la revue minu-
tieuse des détails, et il vaut mieux relever et marquer plus
fortement les traits généraux. On peut caractériser assez
aisément le luxe du IVe siècle, en le comparant à celui des
belles époques de l'empire, au Ier et au IIe siècle. Il garde

---

1. Homélie XI.
2. ἑκατόν μυριάδες λιτρῶν χρυσοῦ.
3. Sur le sénat de Constantinople, voir CH. LÉCRIVAIN, *le Sénat romain
depuis Dioclétien*, p. 217 et suiv.
4. In *Act. Ap.*, XI.

les mêmes défauts qu'alors, la profusion, la prodigalité, l'ostentation poussées plus loin encore sans doute qu'aux époques les plus fastueuses de l'ère moderne [1]; il n'a plus le même mérite : il doit moins à l'art, à l'art véritablement digne de ce nom tout au moins.

L'excès se montre tout d'abord dans les demeures, à la fois singulièrement nombreuses et magnifiques. En comptant leurs villas, les grands d'Antioche ou de Constantinople possédaient souvent dix ou même vingt palais [2]. C'est ainsi qu'en Occident nous pouvons, en lisant la correspondance de Symmaque, le suivre dans ses déplacements à travers d'innombrables domaines, dispersés dans toute l'Italie [3]. Chrysostome se plaît souvent à décrire, pour s'en railler, ces maisons splendides, aux larges portiques, aux plafonds ornés de lambris dorés, aux portes d'ivoire; les chambres à coucher dont les parois sont entièrement revêtues de marbre, ou, si par hasard le marbre a fait défaut et si la pierre affleure à quelque endroit, d'un revêtement de métal doré; les belles colonnes aux chapiteaux également dorés, quelquefois même recouvertes tout entières depuis la base de lamelles d'or. On aimait beaucoup les fresques, mais plus encore les mosaïques, dont la mode allait sans cesse croissant. Comme les sujets étaient souvent mythologiques ou érotiques, Chrysostome était sans indulgence pour les diverses formes de l'art. C'est la sculpture qu'il condamne surtout avec sévérité. On sait que plusieurs parmi les chrétiens avaient cependant à ce sujet des idées assez libérales; je ne parle pas d'Ausone, qui décrivait avec tant de plaisir les images des dieux dont sa villa était ornée [4]; Ausone, tout chrétien qu'il était, ne l'était que de nom. Mais le poète Prudence, de son côté, souhaitait que l'on conservât pour l'ornement de Rome les belles sta-

---

1. Il me semble que M. Baudrillart a en somme raison de le maintenir, dans son *Histoire du luxe*, contre M. Friedlaender.

2. Je me permets de renvoyer, pour le détail des textes, à la dissertation de Montfaucon.

3. Seeck en a dressé une liste très complète dans son édition.

4. *Epigramma* XXX.

tucs auxquelles il suffisait, à ses yeux, qu'on refusât tout culte idolâtrique [1]. Chrysostome n'a jamais parlé explicitement de celles qui embellissaient les places et les monuments publics [2]; elles devaient être cependant très nombreuses à Antioche; elles l'étaient certainement à Constantinople, où Constantin, adoptant d'avance les idées dont Prudence devait se faire plus tard l'éloquent interprète, avait placé, à côté de ces représentations de sujets chrétiens que mentionne Eusèbe, une foule de chefs-d'œuvre enlevés aux villes grecques; si bien qu'on l'avait presque accusé de renouveler les pillages de Néron. Quant aux statues qui ornaient les demeures des particuliers, il ordonnait sans hésitation de les bannir; il ne semble avoir éprouvé à aucun degré le pieux sentiment artistique qui inspirait Prudence; il n'y voyait que des idoles; il leur reproche d'attirer les démons : « Qui consentirait à voir une femme nue? Une figure nue est aussi honteuse; le démon est caché auprès d'elle. Toutes nos statues ne sont qu'images de fornication [3]. »

C'est surtout l'homélie sur le psaume 48, tout entière dirigée contre le luxe, qu'il faut lire, si l'on veut se représenter le palais d'un riche grec du iv° siècle [4]. Chrysostome y décrit, outre le palais lui-même, les jardins qui l'environnent, les fontaines élégantes au milieu de ces jardins, les portiques où l'on trouve l'ombre et le frais. Les maisons de campagne ne sont pas moins magnifiques que les palais des villes, quoiqu'on n'y habite que bien rarement, et qu'on les bâtisse « pour les geais » [5] plutôt que pour soi. Si pourtant l'on s'y rend parfois, on ne va pas y chercher la campagne; on veut y retrouver toute la mollesse et tout le luxe des

---

1. *Contra Symmachum*, I, 501-503.

2. Sauf lors de l'affaire de la statue d'Eudoxie, qui suffit à nous éclairer sur ce qu'il en pensait.

3. In *Psalm.*, 113. — Cf. in *Ep. ad Philipp.*, 10.

4. Il est bon de noter que cette homélie date de Constantinople; elle a été prononcée au plus fort de la lutte de Chrysostome contre les riches.

5. In *Ep. ad Phil.*, 7.

cités. Aussi, pour un déménagement de quelques jours, pour une simple excursion, quels préparatifs ne fait pas le riche, dont les esclaves montent au nombre de 1 000 ou 2 000 ! Avec quel cortège de domestiques et d'eunuques, il se met enfin en route, dans sa litière, ou dans son char traîné de mulets superbement harnachés ! Les descriptions de Chrysostome pour l'Orient concordent ici presque mot pour mot avec celles que son compatriote Ammien nous a laissées pour Rome [1], quand il nous montre, avec de si fortes couleurs, ces grands seigneurs partant pour leurs terres, précédés et suivis de décuries et de centuries d'esclaves ou d'eunuques militairement rangés et guidés par les intendants. A ces fastueux cortèges, Jean aime à opposer la bonhomie patriarcale d'Abraham, riche pourtant, mais si simple dans ses longues migrations [2].

Ce qui caractérise le luxe lourd et criard, déjà byzantin, du IVe siècle, c'est l'abus des matériaux précieux. En tout la matière tend à l'emporter sur la forme, ce qui est toujours une des premières causes et un des signes les moins équivoques de la décadence de l'art. Ce défaut, que l'on a pu sentir déjà dans la description que nous avons donnée, d'après Chrysostome, d'une maison riche, se retrouve naturellement dans l'ameublement. Tous les meubles, tables, lits, chaises, étaient plaqués d'argent, d'or ou d ivoire, quand ils n'en étaient pas entièrement fabriqués. Il en était de même des carrosses. Celui de l'empereur, tout revêtu de lamelles d'or mobiles qui scintillaient et vibraient au moindre mouvement, rehaussé çà et là de pierres précieuses, et attelé de mules blanches aux harnais non moins surchargés d'ornements, était le modèle inimitable dont chacun tâchait de se rapprocher autant qu'il se pouvait, et qu'il était permis. Le même goût régnait pour les vêtements. Chrysostome n'a cessé de condamner la mode du brocart et de la soie. Il s'indigne que les

<hr>

1. XIV, vi.
2. *In Genesim*, 32.

habitants de Constantinople ne veuillent plus entendre parler de la laine et déjà, à Antioche, il avait pu critiquer le même engouement; car c'est en Syrie surtout que la soie arrivait par la mer Caspienne, et c'est dans les fabriques de Béryte et de Tyr qu'on la mettait en œuvre [1]. Il signale aussi particulièrement, en parlant des vêtements impériaux [2], l'usage, d'un si mauvais goût, des étoffes brodées de grandes figures d'hommes ou d'animaux; c'était alors la grande nouveauté, et par conséquent la grande vogue. On allait à l'agora faire admirer ces somptueux habits; Romains comme Orientaux avaient la même coquetterie, et ici encore Ammien [3] est parfaitement d'accord avec Chrysostome. La soie entrait même dans l'ornement des chaussures, que les jeunes gens portaient très pointues, et prenaient grand soin de ne pas salir. « Alors suspendez-les plutôt à votre cou » [4], leur criait Jean dans un de ces accès d'impatience familière dont il était coutumier.

Voyons le riche d'Antioche ou de Constantinople à l'un des jours où il fait étalage de sa fortune, lorsqu'il donne un grand festin. Nous aurons ainsi l'occasion de surprendre le déploiement de tout son luxe, et Chrysostome nous fournira tous les éléments d'une description complète. Dès les premières années de sa prédication, il s'attaqua aux festins trop somptueux, et il ne cessa depuis lors de renouveler ses critiques. Il y a deux causes, dit-il, également redoutables, de pareils excès : d'abord la gourmandise, le plus vif des plaisirs, plus vif même que la luxure [5], va-t-il jusqu'à prétendre une fois; puis l'ostentation. Chacun de ces repas excite la jalousie des voisins qui s'empressent d'en donner à leur tour de plus brillants encore; à Antioche [6] surtout, cette émulation était très vive, et l'envie, l'ambition de se dépasser les uns les autres semblent avoir été singulièrement développées chez les

1. MOMMSEN, *loc. cit.*, p. 463.
2. In *Matth.*, 49.
3. *Ibid.*
4. *Ibid.*
5. *Adversus oppugn. vitæ monast.*, 2.
6. *Ad Antioch.*, XV.

Syriens. Souvent, la jalousie qu'a causée un festin qui a bien réussi a été si forte « qu'elle a fini par mettre en péril de mort celui qui l'avait donné [1] ».

Pour ces repas on tire des armoires toute la vaisselle la plus précieuse, des coupes d'or du poids d'un demi-talent. On se sert de ces tables demi-circulaires, en forme de sigma [2], souvent décrites par les auteurs grecs et latins de l'époque impériale. La table est recouverte d'un tapis précieux [3]. Les serviteurs sont en grand nombre, choisis, selon la vieille coutume, jeunes et beaux autant que possible, et pour le moins aussi bien vêtus que les convives. Le maître de la maison a pris, pendant toute la semaine, plus de peine qu'un général d'armée. Le cuisinier dispose savamment l'ordre et la succession des plats, parmi lesquels Chrysostome cite notamment comme les plus recherchés les faisans, et, mode assez singulière, les volailles farcies de poissons [4]. On verse le vin le plus estimé, celui de Thasos [5]. Le plus honteux est surtout qu'on fait venir, à la fin du banquet, les joueuses de flûte et de cithare, qui ne sont que des courtisanes, prêtes à toutes les infamies [6]. On s'amuse aussi du spectacle ridicule de monstres grotesques, de baladins, de nains. De pauvres mendiants, pour obtenir une aumône, viennent faire admirer des tours d'adresse souvent dangereux et cruels; s'abaissent aux plus misérables bouffonneries [7]. Quant aux convives, beaucoup ne sont que des parasites, dont la race pullulait alors plus que jamais, toujours aussi impudente et aussi vorace [8] qu'aux beaux jours de la comédie antique. Il y a aussi, il est vrai, sans parler des invités de

1. *De Virginit.*, 60.
2. Du sigma lunaire, C.
3. In *Ep. ad Coluss.*, 1.
4. In *Matth.*, 71.
5. On frète des navires, on enrôle des pilotes et des rameurs pour se procurer des vins étrangers et des parfums précieux. In *Psalm.*, 109.
6. In *Ep. ad Coloss.*, 1.
7. *Ibid.*
8. Chrysostome est très dur pour les parasites; il ne les accuse pas seulement d'être des impudents, mais prétend aussi que ce sont des ingrats et des traîtres, dont les délations sont souvent fatales à leurs protecteurs. In *Matth.*, 48.

marque, de braves gens peu fortunés, des clients qui se croient fort honorés d'être admis chez les grands. Mais en réalité ils y sont fort malheureux, et se sentent très mal à leur aise. « Ils sont gênés comme des enfants à l'école [1]. » Ils sont bien plus maltraités que les parasites, à qui l'on permet parfois l'impertinence. Eux n'y ont aucun droit, et c'est contre eux-mêmes qu'elle s'exerce. Ainsi le festin antique, au ive siècle, est encore souvent celui que Juvénal a si amèrement décrit. C'est toujours sa cinquième satire qui se joue. Le pauvre Trébius n'est pas moins bafoué par son patron, et Virron n'a pas désappris que rien n'est plus comique qu'un client affamé :

> Nam quæ comœdia, mimus
> Quis melior plorante gula [2]?

Chrysostome disait un jour : « Ne croyez pas, à m'entendre si fréquemment répéter les mêmes critiques contre vos excès de table, que je veuille prohiber entièrement les festins. Non ; mais je veux qu'ils se passent honnêtement [3]. » On peut le croire sur parole; il n'était nullement un fanatique aveugle. Il savait très bien ce qu'il voulait et nous verrons, quand nous examinerons ses idées générales sur le luxe et la richesse, que, lorsqu'il critiquait des détails en apparence assez insignifiants, s'il forçait le ton, s'il enflait la voix, il le faisait à bon escient. Il avait donc ses motifs, et des motifs graves, pour attaquer les festins avec tant d'opiniâtreté et de véhémence : il nous les a en effet révélés plusieurs fois très clairement. Il n'ignorait pas que trop souvent ces banquets se terminaient par une orgie véritable, c'est-à-dire non seulement par l'ivresse, mais par la débauche et des scènes scandaleuses de luxure. « C'est de là que naissent toutes vos concupiscences.... C'est en sortant de table, échauffés par le vin et la nourriture, que vous courez au cloaque, car c'est un cloaque que le corps de la courtisane. J'en appelle à

1. In *Ep. ad Coloss.*, 1.
2. Satire V, 157.
3. In *Ep. ad Rom.*, 24.

vous-mêmes, qui vous roulez dans la boue, et qui rougissez ensuite au souvenir de votre impudicité [1]. » Il a décrit souvent ce délire des sens qui suit le festin [2]; il a fait honte aux maîtres, que leur emportement et leur ivresse rendent ridicules devant leurs esclaves, témoins de leurs faiblesses [3]. Voilà pourquoi il est l'adversaire si impitoyable de la table, l'ennemi déclaré de la gourmandise, qu'il ne cesse de représenter comme la mère de tous les vices et de toutes les maladies [4]. Il insiste volontiers sur ces dernières conséquences; il aime par exemple à montrer le gourmand tourmenté par la goutte; et, quand il parle aux femmes, sachant bien quel genre d'arguments il leur faut, il lui arrive de leur dire, en invoquant le témoignage de certains médecins, que la gourmandise empêche de grandir : avis à celles qui craignent de rester trop petites [5]. Ses arguments ne sont pas toujours des plaisanteries, comme celui-ci. Ce sont souvent des déclamations, parfois d'un goût douteux [6]; mais toujours le sentiment qui l'inspire est le même : c'est la persuasion que la gourmandise est la mère de la luxure, que « la fornication naît d'une nourriture excessive et trop raffinée [7] ».

Le luxe des festins est celui que Chrysostome reproche le plus aux hommes [8]; celui de la toilette est à ses yeux le prin-

---

1. In *Ep. ad Rom.*, 24.

2. Il fait même des allusions assez précises parfois à des excès de bestialité que je ne puis rapporter. In *Matth.*, 71.

3. In *Ep. ad Coloss.*, 1.

4. In *Johannem*, 22.

5. In *Ep. 1 ad Cor.*, 39.

6. Comme lorsqu'il compare le ventre des riches à un égout engorgé, à un bûcher plein de cadavres, etc. Celui des pauvres au contraire est pareil à une source pure. In *Ep. 1 ad Tim.*, 13; in *Ep. 2 ad Cor.*, 13.

7. In *Ep. 1 ad Cor.*, 17.

8. Un luxe d'un autre genre, qu'il mentionne assez souvent, était celui des animaux apprivoisés. « Nous nourrissons des chiens, des onagres, des ours et autres bêtes féroces. » In *Joann.*, 47. C'était une mode très répandue alors; on se rappelle que l'empereur Valentinien avait une ourse favorite, qu'on lui reprochait d'engraisser du sang des condamnés. Libanius, qui avait l'âme plus tendre, raffolait des colombes, et, quand il résolut de se consacrer à la philosophie et à l'éloquence, il crut faire un grand sacrifice en vendant ses chers oiseaux. SIEVERS, *Leben des Libanius*, p. 10.

cipal défaut des femmes. Pour lui, comme pour tous les orateurs chrétiens, la femme est à la fois l'être le plus capable de dévouement et de vertu, et le plus accessible à la corruption et à la faiblesse. Il n'a cessé de célébrer les prodiges de charité auxquels elle s'élève, et de maudire les vices où elle tombe. Ce sont les femmes, plus que les hommes encore, qui poussent à l'excès le luxe des voitures. « Beaucoup de femmes parmi nous sont si molles et si délicates qu'elles ne traverseraient pas même une rue, sans se faire traîner par leurs mules [1] », ces belles mules richement caparaçonnées qu'on recherchait tant au IVe siècle. Quant aux vêtements et aux bijoux, Chrysostome ne fait guère que reprendre les peintures si souvent faites déjà par les premiers apologistes, et avant eux par les prophètes. Avec une égale sévérité, il condamne à la fois les étoffes tissues de soie et brochées d'or; les bijoux d'or et d'argent, les perles et les pierres précieuses, tout l'art savant de la coiffure et du maquillage. « Vous l'emportez en impudence sur les femmes de théâtre, et le pire est que vous ne vous doutez même pas que vous péchez, tant la coquetterie vous est devenue naturelle [2] »; et il lance une fois de plus contre elles les beaux anathèmes d'Isaïe. Il les menace du ver rongeur et des ténèbres éternelles. Mais elles sourient; elles disent qu'on n'a jamais vu d'exemple d'une femme châtiée par Dieu pour l'amour exagéré de la toilette. Alors aux invectives du prophète il fait succéder les admonestations de Paul [3]. Surtout il s'indigne, comme tous les Pères, contre la vaine ostentation des pierres précieuses. Les hommes déjà portent des bagues où ils les enchâssent [4]. Mais il n'est rien que ne fassent les femmes pour se procurer de beaux pendants d'oreilles. Elles poussent leurs maris aux dépenses les plus folles; elles se jalousent impitoyablement les unes les autres [5]. Si elles viennent à perdre

1. In *Matth.*, 7.
2. In *Is.*, 3.
3. In *Ep.* 1 *ad Tim.*, 29.
4. In *Genesim*, 21.
5. In *Is.*, 3.

des bijoux de prix, vous savez quels maux en résultent, que
d'esclaves sont battues, que d'hommes sont arrêtés et empri-
sonnés. « Vous aimez vos bijoux plus que que vos enfants —
vous protestez? — oui, plus que vos enfants, car laquelle parmi
vous voudrait racheter la vie de son enfant malade, en les donnant pour faire l'aumône [1]? » Chrysostome poursuit les femmes, toujours prêtes à discuter et à chicaner, dans tous leurs
retranchements, et ne dédaigne pas de combattre leurs arguments les plus puérils. Elles lui objectaient que le luxe des
bijoux et des pierreries était en réalité un luxe économique;
ils ne s'usent pas, ils durent éternellement, et se transmet-
tent ainsi d'une génération à l'autre. Mais Chrysostome alors
le niait : « Vous allez fréquemment au bain, leur répliquait-il,
et les bijoux y subissent peu à peu un déchet [2]. » Toutes ces
remontrances restaient sans grand effet. A l'église même,
le jour où peut-être le prédicateur commentera les textes
de Paul ou ceux d'Isaïe, les femmes viennent dans leurs toilettes les plus brillantes [3], et ne songent qu'à s'éblouir les
unes les autres. Les vierges même et les veuves, consacrées
à Dieu, savent, nous le verrons, mettre une coquetterie
savante dans l'arrangement des vêtements sombres et simples qui leur sont imposés.

C'est ainsi que d'honnêtes femmes en viennent à ressembler
exactement à ces courtisanes, que Chrysostome a aussi décrites
si vivement et si violemment attaquées. Dans Antioche et
Byzance devenues chrétiennes, les courtisanes ne régnaient
pas moins en souveraines qu'à l'époque où le paganisme se
maintenait intact, et maintenait avec lui la vieille tradition
des libres mœurs grecques; les liaisons que l'on formait avec
elles continuaient à ne pas être regardées comme un adultère. Chrysostome s'applique donc à dévoiler tous leurs artifices, tous leurs manèges; non pas seulement les maléfices, les
philtres qu'il croit qu'elles emploient et qui ont causé, dit-il,

1. In *Matth.*, 88.
2. In *Ep. ad Phil.*, 30.
3. In *Ep. ad Hebr.* 28.

tant de maladies [1]; mais encore celles de leurs séductions où
la magie n'entre pour rien et qui n'en sont pas moins redoutables : un regard échangé, moins même, un parfum senti en
passant dans la rue éveillent les sens, et allument des passions fatales [2]. Les courtisanes dominent leurs amants et les
plient à toutes les bassesses; elles traînent après elles comme
leur chose ces « esclaves des femmes » (γυναικοδούλους) [3]; elles
les soufflettent et les battent; et ils supportent de ces filles,
nées dans les derniers rangs du peuple, ce qu'ils se garderaient
bien de souffrir de leurs propres femmes [4]. Elles s'emparent
si bien de leur esprit que souvent on les épouse [5]. Nous retrouverons les courtisanes quand nous parlerons des spectacles;
car les plus en vogue parmi elles appartenaient presque toujours au théâtre [6].

En résumé, les mœurs des riches, au IVᵉ siècle, étaient trop
souvent encore les mœurs païennes, telles qu'elles avaient
régné pendant tout l'empire. Le luxe était aussi excessif; la
débauche aussi commune et aussi libre. Le christianisme avait
réformé les mœurs d'un grand nombre de familles pieuses;
il avait été impuissant à réaliser une réforme générale des
mœurs publiques.

2° Les artisans et les pauvres.

Nous voici arrivés aux favoris de Chrysostome, à ces
humbles si chers à son cœur. C'est à eux que sa voix s'adressait de préférence; ils étaient ceux qu'allait chercher, au
sein de l'auditoire, plutôt que les heureux du monde, cette

1. *In illud : Propter fornicat....*
2. *De Lazaro*, 3.
3. In *Matth.*, 62.
4. In *Ep. ad Rom.*, 27.
5. *Ad Theod. laps.*, 1.
6. C'est dans les homélies sur l'*Épître aux Romains*, qu'il faut chercher les détails précis que nous donne Jean sur les excès de luxure et
de débauche de ses contemporains. Il en est beaucoup que je ne puis
songer à reproduire; je répète seulement que les mœurs antiques se
conservaient encore dans toute leur brutalité. Voir en particulier
l'homélie 24.

douce apostrophe de l'orateur chrétien : « Mes bien-aimés »
(ἀγαπητοί), qui, dans sa bouche, semble prendre un accent de
tendresse tout particulier. Si nous lui demandons quelles
étaient les vertus et la foi de tous ces pauvres, il ne tarit pas
d'éloges : ce sont eux qui sont les plus assidus, qui écoutent
et profitent le mieux; ils sont les plus pieux, et même, dans
la mesure de leurs modiques ressources, les plus charitables;
ce sont eux en tout cas qui ont toujours entouré leur pasteur
de l'affection la plus zélée, du dévouement le plus passionné.
Si nous cherchons dans ses homélies quelle était exactement
leur condition, leur genre de vie, nous trouverons moins à
prendre, mais cependant nous glanerons quelques détails qui
ont leur signification et leur importance.

Nous aurons occasion de voir que les idées de Jean sur la
richesse, sur les arts et métiers, risqueraient, si on les appliquait sans réserve, de porter grand préjudice aux ouvriers,
puisqu'elles tueraient dans leur germe presque tous les genres
principaux de commerce et d'industrie. Cette classe d'hommes,
à laquelle ses théories excessives auraient peut-être pu nuire
tout autant qu'aux riches, était cependant celle à laquelle
il s'intéressait le plus. Il nous entretient souvent de l'existence précaire, de la vie simple et probe de ces petites gens,
cordonniers, forgerons, artisans de toute espèce [1]; il nous
fait moins bien connaître que nous ne le souhaiterions la
nature exacte de leurs ressources et l'intimité de leur foyer.
Il nous apprend cependant que, parmi ces travailleurs libres,
les uns s'entretenaient, se nourrissaient eux-mêmes; les
autres au contraire se louaient à des patrons, qui se char-
geaient de leur entretien, et ne leur donnaient par suite qu'un
salaire très modique [2]. Il parle une seconde fois de ces patrons
pour nous apprendre qu'ils tenaient beaucoup, quand ils étaient
chrétiens, à faire observer à leurs ouvriers les pratiques religieuses; que par exemple ils veillaient à ce qu'ils ne rompissent

---

1. In *Ep. 1 ad Cor.*, 43.
2. *Ibid.*

pas le jeûne [1]. A part ces renseignements, il ne dit rien qui jette grande lumière sur les rapports du capital et du travail au IVe siècle. On aimerait aussi qu'il nous entretint plus longuement des habitants de la campagne, de ces malheureux paysans et colons, si pressurés à cette époque, et dont presque tous les historiens s'accordent à reconnaître que la condition était fort dure. A Antioche, le jour où assistèrent à une de ses homélies [2], ces campagnards, qui comprenaient à peine le grec, et ne parlaient à vrai dire que le syriaque, en même temps qu'il fait le panégyrique de leurs vertus, il semble représenter leur état comme plus heureux que celui des citadins ; mais tout l'exorde, où il s'adresse à eux, est franchement idyllique, et l'on y sent encore, comme dans quelques-uns de ses sermons de cette date, qu'il se laisse entraîner quelque peu au charme du développement littéraire. Plus tard, il parlait d'un autre ton ; il peignait presque comme un La Bruyère, ces misérables affamés « qui travaillent toute leur vie sans relâche, accablés de redevances intolérables, condamnés à une besogne écrasante, comme des ânes ou des mulets ; que dis-je ! on ne ménage pas plus leurs corps qu'on ne ferait des pierres ; on ne les laisse pas respirer, et, que les champs soient fertiles ou non, on les pressure de même ; peut-on concevoir misère pareille à la leur, quand on les voit, à la fin de l'hiver qu'ils ont passé dans les plus rudes travaux, épuisés par le froid, la pluie, les veilles, retourner chez eux les mains vides, et même rester débiteurs encore ; ils tremblent devant les châtiments, les exactions, les rapines des intendants [3] ». Sans doute, pour expliquer la différence de ces deux textes, il faut se souvenir qu'ils ont été écrits à deux époques assez éloignées, et que dans l'intervalle l'esprit de l'orateur s'était un peu modifié. Mais, sans aucun doute aussi, le second est plus conforme que le premier à la réalité des choses.

Les pauvres proprement dits, les misérables dénués de

1. *Ad Antioch.*, 14.
2. *Ad Antioch.*, 19.
3. In *Matth.*, 56 ; in *Matth.*, 61.

toute ressource, et réduits à vivre de la charité d'autrui,
étaient fort nombreux. Il s'en trouvait sans doute qui sup-
portaient avec résignation leur infortune ou luttaient courageusement pour en sortir. Mais beaucoup, au contraire,
n'étaient que médiocrement dignes d'intérêt. Les mendiants
du IV° siècle exploitaient la charité publique avec la plus
grande impudence. Un grand nombre simulaient des infirmités [1]. D'autres mutilaient eux-mêmes leurs enfants ou leur
crevaient les yeux. D'autres, adroits et papelards, flattaient la
vanité des belles dames, et leur glissaient à l'oreille, pour
obtenir quelque aumône, un compliment sur leur beauté [2].
La plupart cherchaient à distraire l'ennui des riches et à
forcer un instant leur attention par des jongleries, des tours
de force, des bouffonneries tantôt indécentes, tantôt barbares.
Chrysostome reprochait aux riches de favoriser, d'encourager
ces honteuses coutumes; c'est un des points à propos desquels il les maltraitait le plus; et, en effet, rien n'est mieux
fait pour nous montrer quelle grossièreté s'introduisait alors
dans les mœurs d'une société en décadence. Le riche qui se
plaît à provoquer le pauvre à la bassesse, et trouve un plaisir
ignoble à jouir de l'avilissement de son semblable, est malheureusement de tous les temps; mais, dans une société bien
ordonnée, il n'est qu'une exception très rare. Ce n'était pas
alors l'exception, mais presque la règle. On voyait ainsi dans
les rues, et parfois dans les festins où on leur donnait accès,
ces mendiants résignés à tout. Les uns rongeaient de vieux
souliers; les autres s'enfonçaient des clous dans la tête; certains se jetaient tout nus dans l'eau glacée. C'était entre eux
une émulation à qui imaginerait quelque absurdité nouvelle;
et souvent, en même temps qu'ils exécutaient leurs jongleries, ils chantaient des refrains obscènes. On leur jetait en
récompense un morceau de pain.

L'Église voulait écarter les mendiants des festins des

1. In *Ep. 1 ad Cor.*, 3.
2. In *Ep. 1 ad Thess.*, 11.

riches, où ils n'arrachaient l'aumône qu'au prix de l'ignominie, et essayait de les rappeler à elle. Une place leur était
réservée dans la cour qui précédait les basiliques, dans les
portiques qui entouraient cette cour, et à la porte même de
l'édifice. Avant d'entrer à la synaxe, les fidèles étaient ainsi
invités à exercer la première des vertus chrétiennes. Un
rapprochement souvent fait au IVᵉ siècle indique le sens
qu'on attachait à cette coutume; on comparait les pauvres
à ces bassins d'ablutions qui ornaient alors les cours antérieures des basiliques, où les pauvres venaient ainsi se
placer; à ces bassins qui ont été l'origine de nos bénitiers.
Comme le fidèle purifiait son corps à la fontaine, il purifiait,
disait-on, son âme par l'aumône. Jean nous a souvent montré, à Antioche et à Constantinople, ces bandes de mendiants
auprès des églises, dont ils sont, nous dit-il, la plus belle
parure [1]; et l'un des plus beaux sermons qu'il ait prêchés est
assurément ce magnifique sermon sur l'aumône, où il se
présente aux chrétiens d'Antioche, dans un exorde inspiré,
comme l'ambassadeur, le légat de ces pauvres, dont il vient
de traverser, avant de monter à l'ambon, les troupes misérables.

Tous ces mendiants semblent avoir été fort nombreux;
sans doute, alors comme toujours, le remède même, la
charité, ne guérissait pas seulement le mal, mais, inversement
aussi, tendait à l'accroître en favorisant la paresse. Chrysostome, tout en rejetant la faute sur les riches, avouait que
beaucoup simulaient, et ne méritaient guère d'être secourus.
Il n'y a donc pas lieu de s'étonner que d'un pareil milieu
sortissent souvent des criminels. Les voleurs étaient loin
d'être rares, et ils se montraient fort habiles. Dans toutes les
foules, ils se glissaient, et savaient opérer avec adresse [2].
Ils exploitaient surtout les thermes [3], si fréquentés, et où ils
trouvaient naturellement, à l'exercice de leur art, des faci-

1. In *Ep. 1 ad Cor.*, 30.
2. *De Virgin.*, 61.
3. *Ad Stagyrium*, 3.

lités toutes particulières. Mais ils avaient aussi compris de très bonne heure que les églises n'étaient pas un lieu moins propice à leurs exploits. Ils venaient donc à la synaxe, et, dans les premiers temps de sa prédication, Jean se donnait quelquefois la peine de prévenir ses fidèles auditeurs qu'ils eussent à prendre leurs précautions contre eux [1].

Parfois, ces mendiants commettaient des crimes beaucoup plus graves. Chrysostome mentionne une fois l'attentat que quelques-uns d'entre eux osèrent contre une femme de condition honorable et d'une remarquable beauté qu'ils avaient surprise seule aux environs d'Antioche; attentat dont la ville entière fut émue [2]. On rencontrait naturellement tous ces gens sans aveu au premier rang dans les séditions qui agitaient si souvent ces turbulentes cités orientales. Il en fut ainsi à Antioche en 387; les principaux coupables étaient du nombre de ces fainéants et de ces vauriens que nous retrouverons quand nous parlerons du théâtre, et qui y remplissaient l'emploi de claqueurs.

3° Les idées de Chrysostome sur la richesse et la charité.

Chrysostome a dit plusieurs fois expressément qu'il ne condamnait pas la richesse, mais seulement le mauvais usage de la richesse [3]. En réalité cependant il est allé souvent beaucoup plus loin, et jusqu'à paraître condamner la richesse elle-même. Faut-il croire que, lorsqu'il protestait du contraire, il employait une simple précaution oratoire, ou bien a-t-il varié et s'est-il contredit? Oui, plutôt, il s'est contredit, comme il l'a fait en d'autres matières encore, comme le fait tout homme qui obéit surtout à l'impulsion de ses sentiments, plus qu'il ne se laisse conduire par des idées. Je dirais volontiers que, quand, arrêté par les objections qu'on lui opposait, par la résistance qu'il rencontrait, il examinait à

1. *Adversus Anom*, 4, *sub fine*.
2. Montfaucon, t. I, p. 215.
3. Cf. notamment in *Princip. Act.*, 1.

fond le problème, il était forcé d'ordinaire de reconnaître que la richesse n'était pas absolument un mal en elle-même; mais, quand il s'abandonnait à son instinct, quand il suivait les mouvements passionnés de son inspiration intime, il ne mettait plus guère de bornes à ses anathèmes, et, comme c'est là ce qu'il faisait presque toujours, s'il faut choisir entre ses contradictions, on peut dire assez justement que sa véritable opinion n'était nullement en faveur de la richesse.

Même en raisonnant, et quand il a serré de près la question, il lui est arrivé d'émettre sur l'origine de l'inégalité entre les hommes des idées qu'on est étonné de trouver toutes voisines de celles de Rousseau. Certes il n'a pas réclamé l'abolition de la propriété; il la tolère puisqu'elle existe, puisqu'elle est le fondement reconnu de la société, puisque le christianisme — il l'a dit formellement en parlant de l'esclavage — veut seulement réformer les âmes et se défend de favoriser aucune révolution dans l'État; mais il ne fait que la tolérer. Au fond il la condamne. Tout le mal vient « de cette froide parole, le tien et le mien » [1]. A l'origine et par nature, tous les hommes sont égaux, ont mêmes besoins et mêmes droits. « C'est donc la communauté qui est naturelle, plutôt que la propriété. » On ne se querelle point sur ce qui est commun; point de disputes au sujet du soleil, de l'air, de l'eau, dont tous jouissent à même titre; point de disputes au sujet des propriétés publiques, des places, des portiques, des monuments sur lesquels tous ont même droit, et dont ils profitent pareillement. Dans la maison d'un riche, peuplée d'innombrables esclaves, tous reçoivent même ration. Ainsi devrait-il en être des hommes : Dieu leur a attribué même ration à tous; les uns ne devraient pas accaparer un trop grand nombre de rations au détriment des autres. Il est difficile d'exprimer des idées plus radicales. Mais, si radicales qu'elles soient, elles restent inoffensives. Car, pour Chrysostome, comme pour tous les chrétiens, le souvenir de cette égalité primitive

1. In *Ep. 1 ad Tim.*, 12.

impose au riche le devoir de la charité, sans donner au
pauvre le droit des revendications. Quand il a décrit toute la
cruauté, la dureté de cœur des grands et des riches, quand il
les a montrés « pires que des bêtes fauves », acharnés à la
dépouille des orphelins, des veuves, de tous les faibles et de
tous les misérables, Jean s'arrête tout à coup, et, dans un
beau mouvement inspiré, il interpelle les malheureuses victimes de l'avarice ; il les interpelle, mais pour les provoquer
à la pitié, non à la colère : « Pleurez, oui, pleurez avec moi,
non sur vous-mêmes, mais sur vos spoliateurs, plus infortunés
que vous ! »

Les vues théoriques de Chrysostome sont complétées par
d'autres, historiques plutôt, si l'on peut dire, qui sont tout à
fait analogues. Il n'hésite pas à dire qu'à l'origine de toutes
les grandes fortunes, il y a l'injustice, fraude ou violence.
Omnis dives iniquus aut heres iniqui. « Vous avez reçu
votre fortune en héritage, soit. Vous n'avez donc pas péché
vous-mêmes ; mais savez-vous si vous ne bénéficiez pas de vols
et de crimes antérieurs[1] ? » Comment en effet s'établiraient ces
immenses fortunes, si ce n'était aux dépens des petits et des
misérables ? Elles sont toutes le produit de la cupidité et de
l'avarice, les deux vices les plus affreux et les plus redoutables. Savez-vous comment on s'enrichit ? Par les petites trom-
peries du négoce ; car les petits marchands et les petits artisans ne sont pas plus innocents que les autres[2] ; par l'acca-
parement, comme ce riche d'Antioche, dont Chrysostome
nous raconte le barbare dépit, quand il perd, en même temps
que s'évanouissent les craintes de mauvaise récolte, l'espoir
qu'il fondait sur la vente du blé dont il avait su conserver des
provisions considérables[3] : on s'enrichit encore par l'usure,
tellement honteuse que la loi civile interdit aux sénateurs
cette source de profits[4]. On s'enrichit au détriment des veuves

1. In *Ep. 1 ad Tim.*, 12.
2. In *Ep. 1 ad Thess.*, 10.
3. In *Ep. 1 ad Cor.*, 39.
4. In *Matth.*, 56.

et des orphelins, dont on dévore le patrimoine en abusant de leur isolement et de leur inexpérience. Et les plus insatiables, ce sont les plus riches. Ce sont eux qui sont les plus inexorables des créanciers [1], qui soulèvent tous les procès et ruinent les petites gens.

Ce tableau est bien sombre. Faut-il donc croire que nous avons là surtout les exagérations familières à tout prédicateur? Non, sans doute. Rappelons-nous bien quels milieux Chrysostome avait traversés, à Antioche d'abord et puis à Constantinople. Nous avons vu quelle grande activité commerciale et industrielle régnait alors en Syrie, et ce qu'on pensait en général, dans tout l'empire, des négociants syriens. Les grandes villes de fabricants et de marchands n'offrent jamais un spectacle bien consolant aux yeux du moraliste, et il faut croire qu'Antioche était loin de faire exception à la règle, puisque, quelques années avant Chrysostome, Julien n'avait pas jugé moins sévèrement que lui. A Constantinople, Jean avait pu se convaincre de l'avidité sans scrupules des grands fonctionnaires. Il y a eu certainement au ive siècle, dans l'administration impériale, de fort honnêtes gens, comme Prétextat et Symmaque; mais il suffit de lire l'histoire d'Ammien pour ne pouvoir douter que les exactions ne fussent aussi très communes et très dures. Qu'on songe que même un homme, comme le fameux Probus, dont les chrétiens ont fait si souvent l'éloge, et dont la réputation était si grande, ne fut pas exempt de tout reproche, si l'on en croit ce même Ammien [2], écrivain généralement modéré et véridique. On peut donc affirmer que les plaintes et les invectives de Chrysostome étaient en grande partie justifiées. Est-ce à dire d'autre part qu'elles n'aient jamais dépassé la mesure? Il ne serait pas plus raisonnable de le prétendre, que de leur refuser sans réserve toute justesse et toute légitimité. Nous en trouvons une preuve incontestable dans l'opinion qu'il a si souvent expri-

---

1. In *Act. Ap.*, 42.
2. XXVII, 11.

mée au sujet de l'usure. Il la condamne sans restriction. Or, par l'usure, il entend, comme la plupart des Pères [1], non pas l'intérêt excessif, mais l'intérêt en lui-même, quel qu'il soit ; il mentionne et condamne notamment l'intérêt de la *centesima*, 1 pour 100 par mois, ou 12 pour 100 ; fort considérable en effet à nos yeux, mais qui était un taux ordinaire dans l'antiquité.

Quelques-unes des idées de Jean sur la richesse et la pauvreté paraissent venir en partie de la philosophie ancienne, et l'expression qu'il en donne rappelle d'assez près certains développements chers aux poètes et aux rhéteurs profanes. Ce sont les lieux communs si souvent répétés, que la richesse et la pauvreté ne sont ni un bien ni un mal par elles-mêmes, mais sont au nombre des choses intermédiaires (μέσα), et indifférentes ; que la richesse est même, le plus souvent, une condition moins sûre et moins heureuse que la pauvreté. C'est ainsi que Jean aime à dépeindre les variations et les incertitudes de la fortune ; les tourments de l'avarice [2]. Il a plusieurs fois au contraire décrit avec charme, même avec une complaisance un peu artificielle, les douceurs de la pauvreté. J'ai déjà signalé l'idyllique peinture qu'il nous a faite des mœurs des campagnards syriens. Plus tard il reprenait encore, avec plus d'éclat, le même thème : « Que dirai-je du soleil, de cet astre splendide et fulgurant, qui fait la joie de nos yeux ? N'est-il pas la jouissance commune de tous, pauvres et riches ? Que dirai-je de la couronne que les étoiles font au firmament ? que dirai-je de la lune ? N'appartiennent-elles pas également à tous ? Bien plus, chose admirable, nous, qui sommes pauvres, nous en jouissons mieux que les riches. Eux, le plus souvent, abrutis par l'ivresse, passent leur vie tour à tour dans les débauches des banquets et le lourd sommeil qui les suit, et ne

---

1. M. Funck (*Geschichte des Kirchlichen Zinsverbotes*) a bien montré que c'est l'intérêt, et non pas seulement l'usure que condamnent les Pères.

2. Comparaisons souvent déclamatoires avec la boulimie, l'idolâtrie, la fornication, etc. (Voir en particulier la série des homélies sur la première Épître aux Corinthiens.)

remarquent même pas ces sublimes spectacles; ils ne sortent pas de leur demeure, et c'est à l'ombre qu'ils vivent. La condition des pauvres au contraire est telle qu'aucune autre classe d'hommes ne goûte aussi pleinement les beautés de la nature. Ils ont l'air plus pur à la campagne qu'à la ville, etc. [1]. »

Mais ce sont là seulement développements accessoires, que l'orateur emploie parce qu'un prédicateur ne doit rien négliger, doit appeler à son secours tous les arguments, quels qu'ils soient, qui font impression, et savoir toucher tour à tour tous les sentiments du cœur humain. Au fond l'idée essentielle, qui toujours inspire Jean, est au contraire une idée profondément chrétienne : il établit l'égalité primitive des hommes, en leur rappelant leur communauté d'origine. Ils sont frères, non par métaphore, mais dans le vrai sens du mot. « Pour insinuer en nous l'amour qui doit nous unir les uns aux autres, le sentiment de l'humanité, quelles admirables mesures Dieu n'a-t-il pas prises dès le principe? Il nous a donné un père commun, Adam. Car pourquoi ne naissons-nous pas tous de la terre? pourquoi ne venons-nous pas au monde parfaits et adultes, comme Adam lui-même? Non, il fallait que nous fussions enfantés, engendrés par nos parents; il nous fallait naître les uns des autres pour qu'une affection mutuelle nous unît [2].... De là viennent les sentiments de la famille, l'amour réciproque des parents et des enfants, des frères et des sœurs.... Pour étendre ensuite le cercle de cette pure et profonde affection, Dieu a interdit les mariages entre parents; il a voulu mêler ainsi les familles aux familles. Enfin il nous a donné le doux sentiment de l'amitié. Il nous a rendus dépendants les uns des autres, incapables de vivre sans recourir à de mutuels bons offices, et voilà la véritable raison [3] de la civilisation. » Qu'importent quand de telles relations

1. In *Ep.* 2 *ad Cor.*, 12.

2.   Heureux ou malheureux, je suis né d'une femme,
         Et je ne puis m'enfuir hors de l'humanité.

3. In *Ep.* 1 *ad Cor.*, 34.

nous unissent, les différences que mettent entre nous les rangs et les fortunes?

Chrysostome ne se rend-il pas compte que l'inégalité des fortunes est un mal inévitable, et la condition même de l'existence des sociétés civilisées? Espère-t-il que, grâce à l'influence du christianisme, elle pourra peut-être disparaître? Sans doute, il reconnaît, comme tous les Pères, que le riche, s'il fait bon usage de ses biens, peut les conserver. La richesse est parfois un obstacle au salut, mais jamais un obstacle invincible. C'est une question qui était résolue depuis longtemps dans l'Église, et le traité de Clément d'Alexandrie, *Si le riche peut être sauvé?* était resté classique sur la matière [1]. Cependant, entraîné par son ardent désir de la perfection, à certaines heures d'enthousiasme, Jean semble croire parfois qu'à l'inégalité des fortunes la foi nouvelle pourrait porter remède. C'est le sens évident du commentaire que lui a inspiré le célèbre chapitre des *Actes des Apôtres* sur l'Église primitive de Jérusalem. Cette première communauté de fidèles, communauté dans le plein sens du mot, Fleury a raison de dire qu'il la présente aux hommes de son temps, non pas comme un phénomène momentané et exceptionnel, mais comme un idéal qui serait encore réalisable, si l'égoïsme ne s'y opposait. Il ne veut pas voir que cette petite Église a été incapable dès le début de subsister par ses propres ressources; qu'elle a dû de bonne heure faire appel à la charité des autres, bénéficier de ces collectes dont nous voyons saint Paul si préoccupé; que par conséquent, ne s'étant maintenue quelque temps qu'aux dépens de ses voisines, l'état social qu'elle avait produit, si l'on peut appeler état social l'absence même des conditions fondamentales de toute société, ne pouvait être généralisé. Le même sentiment l'inspirait encore dans un très curieux morceau de la trente-quatrième homélie sur la première *Épître aux Corinthiens*, où il imagine l'hypothèse hardie de deux

1. Cf. LE BLANT, *la Richesse et le Christianisme* (*Revue archéologique*, 1880, p. 320).

villes : l'une entièrement composée de riches, l'autre exclusivement peuplée de pauvres. Comparez ces deux villes. Comment
pourra subsister la ville des riches ? elle sera réduite dès le premier jour à l'impuissance et à la détresse ; elle sera vouée à
une ruine certaine. Rien n'empêchera au contraire de subsister
la ville des pauvres. Cette fois encore il ne présente pas sa
description comme purement imaginaire. Il lui donne toute
la rigueur apparente possible. C'est qu'en effet, il ne croyait
pas concevoir cette cité des pauvres, par un effort de sa fan-
taisie, comme une simple utopie ; il pensait qu'elle était réa-
lisée dans les monastères. Il a répété bien souvent que la vie
de ceux qui demeurent dans le siècle ne doit différer en rien
de celle des moines, le mariage excepté. Il a sans cesse réfuté
ceux qui dans l'évangile voulaient distinguer entre les préceptes qui s'adressent à tous, et ceux qui ne sont imposés
qu'aux religieux, et qui naturellement étendaient autant le
domaine des seconds qu'ils restreignaient celui des premiers.
Si, dans sa comparaison des deux villes, il ne donne pas de
nom à celle des pauvres, nous pouvons, sans nous tromper,
reconnaître le modèle très réel sur lequel il la formait. En
cela encore, il ne paraît pas se demander si les monastères,
tout comme la communauté primitive de Jérusalem, n'ont pas
précisément pour condition d'existence la permanence même
de cette société civilisée qu'on y va fuir et qu'on y maudit.

Mais cependant il ne faut pas prendre Chrysostome absolument au mot quand il se laisse ainsi entraîner par son inspiration. Il ne faut pas oublier tout à fait qu'il est un prédicateur, c'est-à-dire un orateur. Sans doute il n'est pas de ceux
qui déclament : il est rare que ce malheur lui arrive. Mais,
dans sa lutte acharnée contre l'égoïsme et les vices, comment
se modérerait-il, se contraindrait-il toujours ? Jérôme, à qui
l'on reprochait d'avoir trop bien défendu la virginité aux
dépens du mariage, a fait, dans cette lettre à Pammachius [1],
où il réplique si vertement aux critiques de Jovinien, toute

1. Ep 48

une théorie sur les droits du polémiste : il y revendique en première ligne celui de donner de sa pensée une expression parfois un peu forcée. « Autre chose est de combattre, autre chose d'enseigner. Je suis au milieu du combat, et, tandis que je lutte pour la vie, vous venez me faire entendre la leçon d'un maître minutieux. » Il prend ensuite pour exemple non pas seulement les orateurs profanes, non pas seulement les Tertullien, les Cyprien, ou les Hilaire, mais le maître même de tous les théologiens, ce grand Paul dont il dit si superbement « que, chaque fois qu'il le lit, il croit entendre non des mots, mais des tonnerres [1] ». Tous les prédicateurs revendiquent plus ou moins le même droit que Jérôme. Ajoutez qu'il y a différentes périodes dans le développement d'une religion ; s'il en est où le premier devoir de ses interprètes est de songer surtout à la rendre pratique et applicable, il en est d'autres au contraire où ils doivent se préoccuper davantage de l'idéal. Le fondateur même de la doctrine a pour mission de prêcher à ses disciples, intact et tel qu'il l'a conçu, cet idéal que son génie et son cœur lui ont révélé, et qui ne sera jamais réalisé en sa plénitude. La tâche de ses successeurs immédiats est souvent au contraire de le ramener aux proportions de l'humanité moyenne, et de le faire entrer ainsi dans les mœurs. Mais, quand cette œuvre a été remplie, quand la doctrine a conquis le monde, alors de nouveau ses interprètes peuvent et doivent représenter, proclamer en toute sa pureté l'idéal qu'on ne risque que trop désormais de dénaturer et d'amoindrir. Ils ne le font pas tout à fait avec la sublime et naïve simplicité du fondateur ; ils sont un peu de connivence parfois avec leur propre illusion ; cependant parfois aussi ils s'y abandonnent tout entiers, et atteignent les plus hauts sommets de la doctrine. Ce moment était déjà venu depuis assez longtemps pour le christianisme lorsque parut Chrysostome. Il fallait rappeler en toute leur rigueur les préceptes qu'on essayait trop d'interpréter et de restreindre. On ne devait pas

1. Ep. 48.

craindre de toucher quelquefois, pourvu que ce fût rarement, à l'utopie. On peut dire de Chrysostome, qu'il lui arrivait d'employer les saints artifices dont parle Jérôme, mais que plus souvent, comme son divin Maître lui-même, il s'élevait si haut dans les sphères de la charité qu'il perdait de vue les lois nécessaires, les tristes lois de fer de la société humaine. Il est si beau de redire avec l'Apôtre : « La multitude des croyants n'était qu'un cœur et qu'une âme! » et, quand on s'est une fois enivré de ce rêve inaccessible, il est si difficile de renoncer à l'espérance de le voir un jour se rapprocher.

Les attaques passionnées, que Jean a dirigées contre les riches, devaient nécessairement exciter bien des colères. Car, autant sa voix s'attendrit quand il parle des pauvres, autant il trouve pour eux de douces et suaves consolations, autant il est violent et impitoyable contre ceux qu'il considère comme les oppresseurs de ses bien-aimés. Rarement il a tracé le portrait du bon riche, de celui qui « paie les dettes des misérables, visite les prisonniers [1], etc. ». Combien de fois n'a-t-il pas tracé celui du mauvais! On peut prendre comme l'exemple le plus caractéristique une série de très belles homélies, qui sont certainement parmi ses chefs-d'œuvre, celles qu'il a prononcées, dans les premiers temps de sa prédication, à Antioche, sur la parabole de Lazare. On y trouve un des modèles les plus curieux de l'art consommé avec lequel il sait expliquer l'Écriture en moraliste. Par une foule de remarques ingénieuses, de fines déductions, d'hypothèses un peu subtiles mais séduisantes, avec une richesse incroyable d'invention dans le détail du commentaire, il arrive à faire de Lazare l'idéal du pauvre; il parvient encore mieux à montrer dans le riche une profondeur de perversité, un assemblage de vices que la simple lecture du texte évangélique laisserait à peine soupçonner. C'est le réquisitoire le plus habile, le plus inépuisablement fertile dans la découverte des circonstances aggravantes. Chrysostome a parlé souvent

---

1. In *Matth.*, 23.

ainsi contre la richesse avec une partialité véritable. On
comprend dès lors que les riches aient eu rarement assez
d'élévation de cœur et d'esprit pour entendre ces anathèmes
paisiblement et sans protestation. Parfois c'était simplement
le gros bon sens qui faisait ses réserves, et maintenait la
nécessité et la légitimité des grandes fortunes. Ce bon sens
prenait d'ailleurs à son service de singuliers arguments, qui
ne se comprennent qu'en un siècle où l'on croyait devoir
appuyer toute opinion sur un texte sacré. En trouver de
favorables dans l'Ancien Testament n'était pas très difficile ;
mais à ceux qui s'offraient naturellement on en ajoutait d'autres, qu'on interprétait étrangement et que même on interpolait. C'est ainsi qu'on rapportait ces paroles qu'Aggée met
dans la bouche du Seigneur : « L'argent et l'or m'appartiennent », en leur donnant ce sens particulier : et puisque j'en
suis le maître, je les donnerai à qui je voudrai. On avait fini
par faire entrer ces mots : je les donnerai à qui je voudrai,
dans le texte même, et on le citait ainsi ; Chrysostome [1] est
obligé de le rectifier. Le plus souvent on réclamait plus énergiquement. Dans l'église, on respectait la parole de l'orateur ;
encore devait-il arriver qu'il lût sur les visages l'expression
irrésistible du mécontentement intime. Mais à peine hors de
l'église, les cabales, à Antioche déjà, à Constantinople surtout, étaient très violentes. On le supposerait avec certitude,
en l'absence de tout témoignage précis : il suffirait de voir
sous quelle coalition Jean succomba plus tard. Mais on a son
propre témoignage, décisif et multiplié. Combien de fois
n'a-t-il pas dit aux riches : « Oui, je sais que mon langage
vous met hors de vous » ? Dans les dernières années de son
épiscopat, il paraît sans cesse environné de ces haines sourdes
auxquelles il fait face sans s'effrayer. « On me dit : ne ces-
seras-tu de parler contre les riches ? » s'écrie-t-il le jour où il
commente l'infortune de Saturnin et d'Aurélien, « encore des
« anathèmes contre les riches ! » et je réponds : « Encore votre

1. In *Ep. 1 ad Cor.*, 34.

« dureté envers les pauvres!... » Vous ne vous rassasiez pas d'exploiter les pauvres; et moi non pas je ne me rassasie pas de vous reprendre et de vous blâmer.... Ce n'est pas vous que je poursuis, c'est un loup. Si vous n'êtes pas un loup, je ne vous poursuis pas. Si vous êtes devenu loup, vous vous accusez vous-même. Je ne suis pas contre les riches, sachez-le; je suis au contraire pour les riches. Ce n'est pas eux que j'attaque; je veux guérir leur maladie[1]. » Certes, à l'intérieur de la basilique, tandis qu'il prononçait ces fières paroles, Jean était assuré du respect et du silence; mais quand on songe aux intrigues qui se nouaient à la sortie, aux fureurs qui couvaient secrètement dans les cœurs ulcérés et finirent par faire un si terrible éclat, on n'admire pas moins son courage que son éloquence.

Laissons maintenant l'idéal de Chrysostome. Il ne sait que trop, au fond, qu'il n'obtiendra pas des riches de Constantinople qu'ils viennent à ses pieds, comme à ceux d'un nouvel apôtre, déposer l'offrande de leurs biens devant l'autel de la Grande Église. Il faut donc se résigner à accepter le monde mauvais que domine l'avarice, et, sans espérer le ramener à une perfection irréalisable, se borner à le corriger dans la mesure du possible. Le remède, c'est l'aumône largement et quotidiennement pratiquée. Entre tous les Pères du IVe siècle, le signe distinctif de Chrysostome, c'est qu'il est l'apôtre inspiré et infatigable de l'aumône. Le panégyrique de cette « reine des vertus » est le thème qui revient dans chacun de ses discours, et on est étonné de la variété, de l'abondance inépuisable d'idées et d'images qu'il a prodiguées sans compter en son honneur. La fécondité d'un esprit plein de souplesse, la facilité intarissable de la parole n'auraient point suffi à entretenir cette dépense prodigieuse d'éloquence. Il y fallait encore la source toujours vive et jaillissante d'un cœur débordant de charité. L'esprit est un pauvre et le cœur est un riche, et nul n'a su comme Chrysostome enrichir l'un

1. *Homélie in verba David.*

au trésor de l'autre. Il a dit quelque part à ses auditeurs d'Antioche, en faisant avec son abandon charmant l'éloge de l'évangéliste Jean, qu'il n'avait, hélas! de commun avec lui que le nom. Mais il était trop modeste; il portait précisément en lui-même ce don de l'amour et de la tendresse dont la légende a fait le propre du disciple préféré. C'est ce qui a fait écouter avec un succès toujours égal, ce qui fait lire aujourd'hui encore sans fatigue ces longues et innombrables homélies, dont le sujet est presque toujours le même, et qui ne sont qu'une suite de variations toujours nouvelles, toujours naturelles et aisées, sur le thème de la charité. L'aumône — et il faut se souvenir ici que le sens du mot grec ἐλεημοσύνη est plus beau et plus large, on le rendrait mieux par « miséricorde », — la miséricorde donc, qui se manifeste par l'aumône, « est la reine, le cœur des vertus ». Elle est « l'huile qui manquait à la lampe des vierges folles[1] ». On entre au ciel sans la virginité, non sans elle, et tous les péchés lui cèdent[2]. Donner au pauvre, c'est donner à Dieu, et dans cette identification du pauvre et du Christ, Chrysostome a trouvé les premiers développements de cette belle idée de l'éminente dignité des pauvres si magnifiquement célébrée par Bossuet. «Certes je pourrais me nourrir moi-même», fait-il dire au Christ incarné ainsi de nouveau en quelque sorte dans le pauvre, « mais j'aime mieux errer en mendiant, tendre la main devant ta porte, pour être nourri par toi; c'est par amour pour toi que j'agis ainsi. J'aime donc ta table, comme l'aiment les amis; et je me glorifie d'y être admis; et, à la face du monde, je proclame tes louanges, je te montre à tous comme mon nourricier[3]. » Recommandant ailleurs de faire une part aux pauvres dans les testaments, il s'écriera : « Ce que je vais dire est douloureux et horrible; cependant il faut que je le dise. Mettez Dieu au même rang que vos esclaves. Vous donnez par testament la liberté à vos esclaves. Libérez

1. In *Matth.*, 47.
2. In *Act. Ap.*, 25. Cf. in *Joannem*, 78.
3. In *Ep. ad Rom.*, 16.

Christ de la faim, de la nécessité, des prisons, de la nudité.
Ah ! vous frémissez à ces paroles [1].... » Oui, continue-t-il en
commentant la belle parole de l'Apôtre : Si je n'ai pas la charité,... « toutes les autres vertus ont leur part de peine. La
charité est comme une bonne abeille, qui rassemble le bien
de tous côtés, et vient le déposer dans l'âme de celui qui
aime.... Les larmes et la douleur de la charité sont plus douces
que toute joie et que tout rire [2]. » — « La virginité, le jeûne
et les chameunies ne profitent qu'à celui qui les observe,
et ne sauvent aucun autre. Mais l'aumône s'étend à tous ; elle
embrasse tous les membres du Christ ; et beaucoup plus belles
sont les bonnes œuvres qui s'étendent à plusieurs, que celles
qui se restreignent à un seul [3]. » — « La charité est le plus
grand des charismes. Pratiquons-la, *et nous ne serons pas
inférieurs à Pierre et Paul, malgré leurs miracles* [4]. »

Si éloquent, si touchant qu'il soit dans ce panégyrique
incessant de l'aumône, Chrysostome se garde bien de s'en
tenir à ces généralités. Il n'a pas l'habitude de se confiner
dans ces magnifiques lieux communs où sa parole cependant
prend tant d'ampleur et d'éclat. Il sait les quitter sans regret
pour les conseils précis et directs où il n'excelle pas moins.
C'est le tour naturel de son génie ; c'est son originalité propre
de réunir ces deux manières presque toujours incompatibles :
la grande manière d'un Bossuet, la méthode plus serrée et
plus intime d'un Bourdaloue. Les conseils précis étaient d'ailleurs beaucoup plus nécessaires en son temps qu'ils ne le
devinrent plus tard. Quand le christianisme eut pendant de
longs siècles transformé le monde à sa guise, établi dans la
société toutes les institutions dont il avait porté en lui le
germe, il put suffire souvent de rappeler les principes ; et
cela devint même l'essentiel. Ce qu'il fallait au xviie siècle par
exemple, c'était seulement ranimer au cœur des fidèles le feu

1. In *Ep. ad Rom.*, 18.
2. *Ibid.*, 32.
3. In *Ep. ad Tit.*, 7.
4. In *Ep. ad Hebr.*, 3.

des vertus; faire jaillir des âmes la charité, qui trouvait alors
tout naturellement les voies qu'elle devait suivre, celles qu'une
discipline séculaire lui avait savamment tracées. Il commençait déjà à en être ainsi au ive siècle; et cependant combien
d'habitudes nouvelles restaient encore à introduire, de traditions à fonder! Ce n'était pas assez de faire sentir et aimer
les vertus; il fallait en bien définir la nature, en indiquer
avec un soin minutieux toute la pratique. Chrysostome donc
s'applique à décrire et à recommander toutes les formes
diverses que peut prendre l'aumône. Il ne suffit pas de donner
quelque obole au pauvre dans la rue; il faut lui faire partager
les restes de ses repas. Il faut lui donner ses vieux habits [1]. Il
faut avoir chez soi dans sa chambre, une petite cassette, un
tronc analogue à ceux qu'on trouve à l'église, et, avant de
faire sa prière quotidienne, y déposer une offrande, si légère
qu'elle soit, qui, insensiblement accrue, portera un jour le
soulagement chez bien des misérables [2]. On doit encore,
puisque malheureusement la charité personnelle est insuffisante et trop souvent négligente, léguer une partie de ses
biens à l'Église, qui [3], à elle seule, entretient le plus grand
nombre des pauvres. Chrysostome se préoccupe aussi de fixer
la quotité de l'aumône. Pensant à l'exemple des juifs, et faisant honte aux chrétiens de ne pas même les égaler, il désire
qu'elle soit au moins la dîme du revenu. Mais les dons en
argent et en nature ne sont pas la seule façon d'exercer la
charité. On l'exerce aussi par les services rendus, par le
patronage, par le conseil. Entre les formes particulières de
ces services que mentionne Chrysostome, une mérite d'être
signalée : c'est, de la part du médecin, la gratuité des soins [4].
Une autre encore est souvent recommandée par lui : l'intervention officieuse entre le créancier et son débiteur. Si vous
voyez à l'agora un débiteur poursuivi par un créancier impi-

1. In *Genesim*, 35, *sub fine*.
2. In *Matth.*, 63, etc.
3. In *Ep. ad R.*, 18. Nous reviendrons, en parlant de l'organisation de
l'Église, sur ces legs pieux.
4. In *Act. Ap.*, 25.

toyable, offrez-vous comme caution, payez la dette si vous
le pouvez; ou si vos ressources ne vous le permettent pas,
essayez au moins d'adoucir, de fléchir le créancier par vos
remontrances et vos prières. Enfin et surtout la grande œuvre
de miséricorde, c'est l'hospitalité. Les conseils de Chrysostome sont d'autant plus fréquents et plus pressants à ce
sujet, qu'il rencontrait, comme on peut penser, la plus grande
résistance à cette pratique, cependant en somme moins éloignée des mœurs antiques que des nôtres. On sent bien qu'il
ne réussissait guère à la rendre générale. Il avait beau citer
à chaque instant l'exemple des patriarches, reproduire à tout
propos le panégyrique de Loth ou d'Abraham [1]; montrer à
tous, quand il prêchait à Antioche, l'admirable modèle de
Flavien, et les convier à imiter cette maison de l'évêque,
ouverte à tous les étrangers [2]. Le gros bon sens, la raison
commune maintenaient leurs objections, qui toutes n'étaient
pas sans quelque valeur, bien qu'elles ne fussent d'ordinaire qu'un déguisement de l'égoïsme. On ne se lassait pas
d'alléguer qu'un hôte est toujours un inconnu à qui l'on
ne sait si l'on peut se fier. Jean décrivait les voyages de
Paul, et le montrait reçu partout à cœur ouvert. Mais nous
serions hospitaliers, nous aussi, lui répondait-on, s'il s'agissait de Paul. A quoi Jean répliquait par son identification
coutumière du pauvre et du Christ. Il s'agit de bien mieux
que de Paul, il s'agit du maître de Paul : « Celui qui reçoit
un de ces petits, c'est moi qu'il reçoit ». Mais, à Constantinople comme à Antioche, on s'en remettait à l'Église, qui
avait pourvu à toute une organisation régulière de l'hospitalité. « Combien peu sont les hôtes de leurs frères? On sait
trop qu'il y a une maison commune de l'Église qu'on appelle
l'hôpital. Mais l'on devrait agir soi-même, aller s'asseoir aux
portes de la ville, accueillir spontanément les arrivants. Au
contraire, on compte sur les ressources de l'Église. On

1. In *Genesim*, 43, etc.
2. Logos 1 in *Genesim*.

oublie que la charité a un double but, une efficacité double : elle doit profiter à celui qui l'exerce, autant qu'à celui qui la reçoit. A raisonner comme raisonnent ceux qui refusent de pratiquer l'hospitalité eux-mêmes, en leur propre domicile, on devrait conclure aussi qu'il faut laisser les prêtres prier pour la communauté, et renoncer soi-même à la prière. Cependant on loge sans difficulté les soldats sur la réquisition des autorités civiles. On ne veut pas en faire autant pour les pauvres sur la réquisition du Christ. Les pauvres cependant sont nos défenseurs contre les démons, comme les soldats contre les Barbares. » Alors vient la recommandation, directe et précise, d'une pratique spéciale : « Ayez chacun à domicile un *xenodochium* proportionné à vos ressources. Réservez dans votre maison une chambre pour l'hôte, c'est-à-dire pour le Christ. Chargez un de vos serviteurs — et ne craignez pas de choisir le meilleur pour cet office — du soin d'y recevoir, d'y soigner les mendiants et les infirmes. Sinon, si vous vous refusez à ce sacrifice, si vous ne voulez pas introduire Lazare à votre foyer domestique, recevez-le au moins à l'écurie. Oui, recevez Christ à l'écurie. Vous frémissez? C'est bien pis de lui refuser votre porte [1]. » Admirable apostrophe, et bien faite pour bouleverser un moment les cœurs, pour arracher à l'auditoire ces sanglots que provoqua souvent l'éloquence de Chrysostome, si puissante par ce genre d'effets imprévus, de mouvements audacieux. Mais l'émotion, toute profonde et sincère qu'elle était, n'était que d'un moment, et ils ne durent pas être nombreux, dans l'opulente Constantinople, ces petits *xenodochia* dont l'évêque réclamait la fondation.

A la prédication de Chrysostome sur l'aumône, les riches opposaient une double résistance. D'abord la force même de l'inertie, l'indifférence. Cette indifférence est aux yeux de Jean le plus grand des crimes, mais aussi le plus répandu. A la rigueur, on fait l'aumône, pourvu qu'il n'en coûte aucune

---

1. In *Act. Ap.*, 45.

peine, mais si le moindre dérangement doit en résulter, si le moindre obstacle s'y oppose, on n'y songe plus. Je donnerais volontiers, mais je n'ai pas d'argent sur moi. Je suis loin de mon domicile [1]. Je n'ai pas d'esclaves sous la main. Je ne connais pas de banquier par ici. Cette indolence, cette froideur barbares indignent Chrysostome. Mais il n'avait pas seulement à lutter contre l'indifférence. Beaucoup allaient presque jusqu'à attaquer la charité elle-même, dans son principe et dans son essence; en déclaraient la pratique pleine de difficultés et d'incertitudes; trouvaient que ses effets étaient loin d'être toujours également heureux. Avec plus ou moins de sincérité, ils ne voulaient pas croire à la pauvreté honnête, victime du malheur. Les pauvres méritent leur sort, disaient-ils, et ils le prouvaient à la fois par des sophismes et par quelques faits d'expérience journalière. D'abord, avec l'esprit superstitieux du temps, on était porté à voir dans le malheur une marque de faute, un signe de réprobation. On répétait sans cesse : « Non, Dieu n'aime pas les pauvres; s'il les aimait, il porterait remède à leur misère » [2]. D'ailleurs, ajoutait-on aussitôt, voyez-vous même ce que sont en réalité ces pauvres que vous croyez intéressants ; quelle vie ils mènent. Ce sont des paresseux qui ne veulent pas travailler. « J'étouffe quand je vois un homme fort, jeune, demander que je le nourrisse. Que sais-je de lui? ce que je vois, à savoir qu'il a bonne santé; qu'il pourrait faire œuvre de ses bras; et qui sait ce que j'ignore? c'est peut-être quelque esclave fugitif [3]. » Comme il fallait toujours, en ce siècle, appuyer ses idées sur un texte de l'Écriture, et qu'on les jugeait plutôt par cette conformité que par leur vérité intrinsèque, on citait une parole, sinon évangélique, du moins apostolique, qui paraissait avoir toute la précision et la clarté désirables. Paul n'a-t-il pas dit aux gens de Thessalonique : « Que celui qui ne travaille pas, ne mange pas » ? Or non seulement ils ne travaillent pas, mais

1. In *Matth.*, 35.
2. *De Lazaro*, I.
3. In *Matth.*, 35.

ils simulent. Nous avons vu à quels moyens ils recourent pour nous attendrir; comme ils feignent des infirmités; comme ils estropient, mutilent, aveuglent leurs enfants. Oui, la plupart sont des imposteurs, ἐπιθέται. A la barbarie ils joignent l'escroquerie. Voyez ce pauvre à qui je viens de faire l'aumône, qui a l'air d'un affamé et qui est vêtu de guenilles. Suivez-le, il va vendre le pain ou l'habit que je lui ai donné. Il y a pis encore! nous connaissons tous des pauvres qui, à force d'économiser sur l'aumône, se constituent peu à peu un fort joli capital. Un tel, que nous voyons mendier depuis des années, en secret prête à gros intérêts, et réalise de beaux bénéfices [1]. L'aumône devient ainsi, disaient les riches d'Antioche et de Constantinople usant dès lors d'un argument si souvent reproduit depuis, un encouragement au vice, une prime à la paresse.

Mais Chrysostome, en présence de ces scrupules qui le révoltent, se laisse emporter aussitôt à l'excès le plus opposé. D'autres ont eu la folie de la croix, il a eu la folie de la charité. Il ne veut pas qu'elle observe, il ne veut pas qu'elle raisonne, il ne veut pas qu'elle hésite [2]. Vous dites que les pauvres ne travaillent pas : travaillez-vous vous-même? Est-ce que vous ne vous bornez pas à jouir paresseusement des biens dont vous avez hérité? Vous dites que les pauvres simulent : si cela est vrai, la faute est à votre dureté de cœur qui les réduit à cette extrémité. Y a-t-il d'ailleurs tant de simulateurs! Vous prétendez qu'ils feignent d'être plus misérables qu'ils ne sont; vous vous scandalisez de les voir tout déguenillés, quand ils pourraient au moins se vêtir proprement avec les vêtements que vous consentez quelquefois à leur donner : qu'ils le fassent, et on vous verra vite affirmer qu'ils n'ont pas besoin de secours, que leur mise décente le prouve assez. Vous racontez qu'il en est de secrètement riches : ce sont des contes

1. In *Ep. ad Hebr.*, 11.
2. Les répliques de Chrysostome sont dans les textes mêmes que je viens de citer, en résumant les objections qu'on lui adressait. Je n'ai choisi que les exemples les plus frappants; en traitant de la charité on pourrait citer tout Chrysostome.

d'enfants; cela n'est pas possible; mendier est trop honteux pour qu'on s'y résigne sans y être contraint par la pire nécessité. Y eût-il quelques exceptions, elles seraient extrêmement rares. Et puis qu'importent toutes ces petites raisons mesquines? Chrysostome fait la part belle à ses détracteurs : il leur accorde la vérité de leurs objections. Soit, il y a des fainéants, il y a des imposteurs, il y a des criminels même parmi les pauvres; admettons-le sans plus discuter. Qu'importe? Chrysostome ne cède en apparence que pour reprendre du même coup l'avantage par la manœuvre la plus hardie. Il faut donner également à tous; la charité doit avoir les yeux fermés et la main ouverte. Elle doit garder la sublime indifférence de la nature, pareillement bonne pour tous les êtres; elle doit imiter l'universelle bonté de Dieu, qui ne fait pas acception de personne. Voici certainement une des plus belles pages que Chrysostome ait écrites : « Dieu nous dit-il jamais : parce que vous ne travaillez pas, je n'allumerai plus le soleil; parce que vous ne faites rien d'utile, j'éteins la lune; je ferme le sein de la terre; je barre les lacs, les sources, les fleuves; je retiens les pluies annuelles? Non, mais il fournit toujours ses dons avec la même largesse; il les prodigue non seulement aux oisifs, mais même aux méchants [1]. » Cette éloquence enflammée et pathétique, quoiqu'elle commente des préceptes évangéliques, n'est pas puisée uniquement aux sources des Évangiles; elle vient de plus loin; elle s'est embrasée au feu des prophètes. Ce n'est pas seulement la voix tendre et douce de Jésus, quoique ce soit sa doctrine. C'est l'accent mâle, impératif d'Isaïe. Imitez le Père céleste, qui fait lever son soleil sur les justes et les injustes : telle est la parole divine qui sert sans cesse de texte aux commentaires de Chrysostome; mais il la commente avec la vigueur, la rudesse affectueuse des vieux prophètes hébreux, plus souvent encore qu'avec l'onction du divin maître. Restait cependant un argument redoutable à cette époque : c'était cette parole de Paul sur ceux

1. In *Matth.*, 35.

qui ne travaillent pas et ne doivent pas manger. Mais Chrysostome n'est pas embarrassé pour réfuter l'objection qu'on en tirait. « Ne croyez pas que j'ordonne ni que je permette de rester oisifs : non certes, mais je veux au contraire, je veux que tous travaillent. Car la paresse est conseillère de tout vice. Ce que j'ordonne, c'est qu'on ne soit pas cruel et impitoyable. » Il faut une parole pour les riches, une parole pour les pauvres. Oui, Paul l'a dit, ce mot qu'on va répétant. Et il a eu raison de le dire. Car il a dit aussi, dans cette même Épître aux Thessaloniciens (3, 13) : « Ne cessez pas de faire le bien ». Or voyez bien qu'il n'y a pas là de contradiction; mais au contraire que toutes ces choses sont en harmonie parfaite. Si vous êtes prêts à donner, le pauvre renoncera à l'oisiveté et vous à l'inhumanité. Paul s'adresse une fois aux riches, l'autre fois aux pauvres. A chacun son précepte, différent selon la condition, mais pareil par le but et le résultat. Imaginez que nous assistons à une querelle : nous prenons à part chacun des adversaires, et nous leur tenons un langage différent selon leur caractère; nous ne songeons qu'à les calmer. Ainsi encore le père, d'un côté, dit au pédagogue : Soyez un peu plus indulgent, procédez avec plus de douceur; et, de l'autre, au fils : Sois un peu plus obéissant. Le devoir est d'obéir, même si l'on est injustement commandé [1]. C'est ainsi que Chrysostome excelle à concilier toutes les contradictions avec la sublime inconséquence de la charité.

Toutes les objections des gens d'Antioche ou de Constantinople n'étaient-elles que la protestation déguisée et honteuse de l'égoïsme? Certainement l'égoïsme inspirait le plus grand nombre; mais il pouvait y avoir parmi les adversaires de Chrysostome quelques hommes droits et sincères. Quand il répond à ceux qui ne se lassaient pas de signaler la paresse des pauvres et l'hypocrisie des faux mendiants, quelque embarras se trahit parfois dans sa parole. Il ne recourrait pas si vite aux arguments que je viens de résumer, aux

---

1. Voir la série d'homélies sur cette Épître aux Thessaloniciens.

preuves de sentiment, aux inspirations mystiques, s'il n'éprouvait quelque difficulté à se maintenir sur le terrain de l'expérience et des faits précis. Un homme d'un esprit plus mesuré, d'une raison plus froide et plus maîtresse d'elle-même, Basile, tout adversaire qu'il était, lui aussi, du luxe, et si vivement qu'il condamnât la dureté des riches, n'a pas négligé cependant de rappeler que le devoir de la charité est d'être clairvoyante, et de ne pas se laisser duper : « Celui qui donne à un malheureux, à un infirme donne à Dieu; mais celui qui donne à des vagabonds et à des débauchés jette son aumône aux chiens [1] ». Bien plus, il n'est pas impossible absolument de mettre Chrysostome en contradiction avec lui-même : il avoue quelque part que les païens trouvaient scandaleux le nombre des mendiants chrétiens valides [2]; ailleurs encore, en se laissant entraîner par les besoins de la polémique, il a parlé à peu près comme Basile : « Les dévots païens sont des paresseux, disait-il alors, des parasites qui vivent des restes des sacrifices. Chez nous, ceux qui ne sont pauvres que du fait de leur paresse sont invités à travailler : nous ne nourrissons que les infirmes [3]. » Est-il sûr que l'Église chrétienne n'eût pas déjà ses parasites? Longtemps sans doute une sérieuse surveillance fut exercée, et ce put être une sorte d'honneur que d'être inscrit sur les feuilles d'assistance des diacres. Ils étaient la vraie parure de l'Église romaine, ces mendiants infirmes que Laurent, selon la belle légende, montrait avec orgueil au préfet qui lui avait réclamé les trésors dont son ministère lui donnait la garde. Il est probable au contraire qu'à Antioche, le comte d'Orient eût pu trouver parmi les clients de Flavien plus d'un de ces simulateurs que les riches

1. *Ep.* 151, *ad Amph.*

2. In *Ep.* 1 *ad Thess.*, 6. Les païens avaient une expression caractéristique pour désigner ceux qui exploitaient ainsi la charité. Ils les appelaient : 'χριστεμπόρους, trafiquants du Christ. Cette injure, que cite Chrysostome, se trouve déjà mentionnée dans la Didaché (p. 49, éd. Harnack).

3. Livre sur saint Babylas. — Remarquer que c'est un des ouvrages de Chrysostome qui remontent à la première période de sa vie.

dénonçaient. Chrysostome aime à condamner les largesses
que les chefs des grandes familles faisaient au peuple, dans
un but d'ostentation, selon les vieilles traditions grecques
et romaines; il était l'ennemi des liturgies, des jeux, des
fêtes, des distributions de vivres dont l'entrée en charge
des magistrats était l'occasion [1]. Il disait que les grands ne
donnaient que pour obtenir une vaine popularité, et que tout
cela ne servait qu'à entretenir la fainéantise du peuple, et
à développer ses mauvais instincts. Sans doute la charité
chrétienne a toujours eu sur les largesses profanes des
magistrats païens cette grande supériorité qu'elle n'a jamais
cherché à fournir aux pauvres que le nécessaire : jamais elle
n'a flatté leurs passions, excité la gourmandise, donné satisfaction à la luxure. Mais, par contre, elle pouvait avoir parfois pour effet indirect de favoriser la paresse, et de développer à l'excès la classe des mendiants. Comme il arrive
aux meilleures choses humaines, le bien immense que fait
la charité chrétienne a pour rançon un peu de mal.

Mais ne rendons pas Chrysostome responsable de ces
conséquences fâcheuses, et ne lui reprochons pas les sublimes
excès de son apostolat. Rappelons-nous toujours qu'il savait
admirablement son métier de prédicateur. Chacun se fait
sa part dans un sermon; il n'est pas à espérer que nul
l'accepte en entier. Si l'auteur a commencé lui-même par
mesurer la doctrine trop prudemment, si par condescendance
à l'égard de la faiblesse humaine, il ne la laisse échapper
que d'une main avare, il est à craindre que le public n'en
retienne plus que de bien modiques parcelles; il faut semer
à pleines mains. Ainsi l'excès de l'égoïsme trop raisonneur
ne pourra être combattu que par le zèle d'une charité presque
intempérante. Chrysostome s'est aussi très bien défendu lui-
même quand il s'écrie : « Mais si vous faites, avant de donner,
une enquête préalable, que de temps perdu? Et comme
vos informations risquent d'être incertaines et inexactes!

1. In *Psalm.* 48; etc.

Peut-on espérer qu'aucun de ceux qui se montrent si indifférents, et dont la froideur me révolte, aura assez de vertu pour faire ces enquêtes sérieusement? On rejettera sur le moindre soupçon toutes les demandes, et tous les pauvres deviendront suspects par la faute de quelques-uns [1]. » Rappelons-nous encore que, si ces vérités sont bonnes à dire en tout temps, elles l'étaient particulièrement au IVe siècle. La charité était encore une vertu assez nouvelle. Dans les familles nouvellement conquises à la foi, il fallait faire pénétrer ce sentiment si délicat : le respect, l'amour du pauvre si méprisé, si durement traité, malgré d'honorables exceptions, dans la société antique. Au sein des familles chrétiennes depuis plusieurs générations, la tradition de l'hospitalité et de l'aumône avait eu le temps de se fonder; mais elle avait eu aussi le temps de se corrompre. Comment Jean eût-il pu entreprendre sa grande œuvre de réforme, s'il n'avait fait appel qu'à la froide raison, s'il n'eût demandé aux passions généreuses leur concours tout-puissant?

Qu'on n'oublie pas en dernier lieu une considération très importante. Thierry évoque à propos de Chrysostome le souvenir des Gracques, et il me semble qu'il y a dans ce rapprochement un véritable contresens historique. Sans doute on a raison de dire que la tâche du christianisme, en ce IVe siècle si important, malgré ses misères, dans l'histoire de l'humanité, a été en grande partie de transformer la société civile elle-même, après avoir transformé déjà le monde des idées morales : on a pu constater, à partir de Constantin, son influence progressive sur la législation. Mais Chrysostome est presque étranger à ce mouvement : il ne s'occupe guère de la réforme des lois civiles; il méprise entièrement l'œuvre des jurisconsultes, à ses yeux tout entière inspirée par l'égoïsme; on ne voit pas qu'il ait pensé à la renouveler par l'esprit de la charité chrétienne. Le domaine de l'Église et celui de l'État restent très distincts pour lui, à un moment où ils tendaient

1. In *Ep. ad Hebr.*, 11, etc.

de nouveau à se rejoindre. Il ne se préoccupe donc guère des conséquences que la doctrine de l'une pourra avoir sur les conditions d'existence de l'autre. J'aurai plus tard occasion de montrer que, bien que sa pensée ne se fût arrêtée à ce sujet à aucune conclusion précise, cependant il était porté d'ordinaire à croire la fin du monde assez prochaine. Cet état d'esprit était assez commun de son temps : on ne pensait pas généralement que le monde dût fournir désormais une longue carrière. Quoique détachés des idées proprement millénaires, la plupart des fidèles, limités par la tradition biblique dans la connaissance du passé, étaient naturellement amenés aussi à limiter leurs espérances d'avenir. L'histoire du monde leur semblait n'avoir eu qu'un but : l'avènement du christianisme. Or cet avènement était maintenant un fait accompli : le triomphe était définitif et presque universel. Le monde, ainsi converti et transformé, devait sembler n'avoir guère plus de raison d'être. Les invasions barbares menaçaient l'existence même de l'empire, et beaucoup, bien que ce ne fût pas l'opinion unanime, liaient indissolublement l'existence de l'empire à celle de l'univers. Dans nos sociétés modernes, pénétrées, à tort ou à raison, de la foi à un progrès indéfini, toute idée morale tend invinciblement à prendre corps en une institution, ou en une loi; à devenir règle de l'État. Il n'en était pas nécessairement ainsi au IVe siècle. Il y avait encore des chrétiens qui n'avaient en vue que la réforme des âmes, sachant bien d'ailleurs que c'est de là que tout dépend. Chrysostome fut le plus remarquable d'entre eux.

J'en vois une preuve notable dans une idée qu'il a souvent reproduite : c'est cette pensée, foncièrement chrétienne, que l'aumône est bonne et efficace pour celui qui la fait autant que pour celui qui la reçoit. Le plus grand nombre de nos contemporains ne l'a que rarement présente à l'esprit : l'humanité a remplacé chez eux la charité. Quand ils font l'aumône, ils songent avant tout à soulager une misère, à corriger un mal naturel. Ce n'était pas là l'unique, ni même le premier souci de Chrysostome et des meilleurs chrétiens au IVe siècle. Sans doute la souffrance humaine les touche ; cependant, comme ils voient qu'elle est d'origine divine, elle aussi, comme ils se répètent la parole : « qu'il y aura toujours des pauvres parmi nous », ils n'ont pas le désir illusoire que nourrissent au fond du cœur la plupart d'entre nous, en faisant l'aumône : le désir d'anéantir, s'il était possible, le dernier vestige de la misère sur cette terre. Chrysostome a même sur la nécessité et les avantages de la pauvreté toute une théorie qu'il sera plus convenable d'exposer ailleurs, quand nous résumerons ses vues sur le gouvernement de la Providence. La charité telle qu'il la comprend est donc fort différente de la charité telle que nous l'exerçons. Nous voulons accroître le bien-être, le répartir plus également ; il suffit à Chrysostome que le pauvre ait sa subsistance, et il n'est pas moins important à ses yeux que le riche opère les bonnes œuvres en vue de son propre salut, pour s'édifier et se sanctifier. Cette théorie toute mystique de l'aumône, bien qu'elle soit parfois encore rappelée par nos prédicateurs, ne gouverne plus nos mœurs. Elle suffit à mettre entre Chrysostome et nous une différence immense ; et c'est ainsi que par certaines des idées directrices de son esprit, par quelques-uns des points les plus essentiels de sa doctrine, s'éloigne de nous, à la vraie distance de quinze siècles, celui que nous sentons si proche de nous par le cœur. C'est encore ainsi qu'il se distingue de ces tribuns auxquels on l'a parfois si faussement comparé. Thierry dit que les mêmes questions se posaient dans la Rome des Gracques et dans la Constantinople de Chrysostome. Non, ce n'étaient pas les mêmes, ou, si l'on veut absolument que ce fussent les mêmes, elles se posaient d'une façon si contraire, elles étaient, en quelque sorte, si complètement retournées qu'aucune assimilation n'est plus possible. Il ne se trouve pas un mot dans l'œuvre de Chrysostome qui puisse laisser croire au pauvre qu'il a la moindre revendication à exercer sur le riche ; il ne s'y trouve pas même un mot qui lui présente l'aisance comme un idéal.

Ce que prêche Jean, ce n'est pas le bien-être pour tous ; c'est la pauvreté pour tous : pour les uns, la pauvreté imposée par Dieu, soit qu'on l'ait reçue dès la naissance comme une condition naturelle, soit qu'elle provienne de malheurs où il faut reconnaître l'action de la Providence, doit être supportée, aimée même comme un bien ; les autres, au sein de la fortune, par le détachement le plus complet des biens de ce monde, par l'aumône et l'hospitalité largement pratiquées, doivent arriver à cacher la pauvreté sous les apparences de la richesse.

Tout, dans ce travail, nous ramènera sans cesse à cette conclusion, que le résultat de la prédication de Chrysostome, si l'on suivait exactement ses principes, ne serait autre chose que la pratique, dans les villes même, de la vie monastique ; non point de la vie purement ascétique et contemplative des anachorètes ; mais de la vie cénobitique, soumise à la règle du travail, et avec une seule exigence en moins, celle du célibat. Imaginons cet état social réalisé. Les riches s'interdiront toute dépense de luxe ; les pauvres ne chercheront pas à s'élever au-dessus de leur condition. Les arts et métiers se borneront exclusivement à la production du nécessaire ; ils ne serviront jamais au superflu et au beau. On cultivera les terres ; on fabriquera de simples et grossiers vêtements ; on tressera des corbeilles ; on modèlera des vases d'argile, comme font les moines dans leurs communautés. Antioche et Constantinople ne différeront plus du désert de Nitrie. Comparez cette société à la société existante ; à un point de vue tout humain, les pauvres n'auront guère gagné. Le progrès sera tout moral, uniquement et exclusivement religieux. On peut dire sans paradoxe, comme Chrysostome lui-même le disait, que le profit essentiel sera pour les riches, sanctifiés par la charité.

C'est là le rêve d'un saint : un tribun s'en moquerait.

CHAPITRE III

1º **La virginité et le mariage. — L'âge du mariage. — Le mariage d'argent. — Les cérémonies des noces.**

Avant d'étudier comment était constituée la famille à l'époque de Chrysostome, il faut savoir comment il jugeait le mariage même et quelle part il lui réservait dans la société chrétienne; quel rôle par contre il assignait à la virginité et en quelle estime il la tenait. Ce débat sur les mérites respectifs de la virginité et du mariage était traditionnel dans l'Église; il avait déjà vivement préoccupé saint Paul. Il était devenu particulièrement ardent au IVᵉ siècle, depuis la première institution de la vie monastique que les uns avaient accueillie avec tant d'enthousiasme, les autres avec tant de défiance et de colère. Il n'est presque pas un des Pères de ce temps qui n'ait pris parti dans la querelle en écrivant un traité de la virginité.

Le traité de Chrysostome appartient à la première période de sa carrière; il est antérieur à son ordination à la prêtrise. Comme toutes celles de ses œuvres qui datent de cette époque, il est plein de fraîcheur et d'éclat; quelques pages y sont vraiment exquises. Mais il n'est exempt ni de subtilité ni de passion, et il pose, au fond, une antinomie mal dissimulée qu'il ne résout pas. Chrysostome y fait front à la fois de deux côtés opposés, contre deux sortes d'adversaires. Il combat les hérétiques marcionites, valentiniens et manichéens, fort puissants dans tout l'Orient, et en particulier à Antioche, qui voulaient faire de la virginité une obligation, et, jugeant la chair et la matière radicalement mauvaises, n'avaient pas assez de sévérités pour le mariage. Il attaque en même temps, parmi les orthodoxes, ceux qui prétendaient placer sur le même rang le mariage et la virginité, et d'autres même qui allaient parfois jusqu'à condamner, plus ou moins ouvertement, cette dernière. De là quelque gêne et quelque équivoque, qui se traduisent soit par des raisonnements alambiqués, soit aussi quand l'auteur, lassé de subtiliser, laisse éclater sa véritable pensée, par des excès et des violences. Comme toujours, c'est derrière l'Écriture que Jean s'abrite; il semble vouloir se borner à développer les textes sacrés, mais en réalité il lui arrive souvent de les interpréter d'une façon tout arbitraire. Il cherche ses autorités dans quelques paroles de l'Évangile de Mathieu, et surtout dans la 1re Épître aux Corinthiens, où Paul pour la première fois a discuté le problème dans les règles. Contre les hérétiques, adversaires du mariage, sa discussion est bien étrange et même bien choquante. Il ne veut reconnaître aucune vertu hors de l'Église orthodoxe; et il pousse le fanatisme jusqu'à déclarer que « là pire luxure n'est pas aussi coupable que la continence[1] des hérétiques ». Ces pages, haineuses et enfiellées, sont d'autant plus dignes de remarque qu'on en trouve rarement de pareilles chez lui. En outre, son principal argument n'est pas fort à l'avantage du mariage : si le mariage est un mal, comme vous le prétendez, réplique-t-il aux marcionites, s'en abstenir n'est pas faire preuve de vertu, c'est seulement éviter le crime; il faut donc que le mariage subsiste pour rehausser la gloire de la virginité, et on voit qu'il suffit pour cela qu'il soit indifférent, sans être nécessaire qu'il soit un bien. Quand Chrysostome en vient à ses seconds adversaires, aux contemp-

1. Chap. v.

teurs de la virginité, sa véritable pensée se montre mieux. Il établit d'abord l'utilité du mariage dans l'ancienne loi. Elle était double : seul il pouvait permettre le peuplement de la terre, et c'est pourquoi a été prononcée la parole divine : Croissez et multipliez; seul aussi il pouvait réfréner la débauche. Mais aujourd'hui que la terre est peuplée, son premier avantage a disparu; le second reste seul, et ne regarde que les âmes faibles et lâches. La beauté, le mérite de la virginité, sont absolus et éternels; au contraire, les mérites du mariage n'ont jamais pu être que relatifs, et il ne faut pas oublier qu'il est le fils direct du premier péché, sans lequel Dieu aurait institué, pour perpétuer la race humaine, un moyen moins charnel [1] et moins grossier. La dernière partie du traité est particulièrement insuffisante, et par endroits un peu puérile. C'est une revue très partiale de tous les ennuis, de tous les tracas, de toutes les peines que la vie commune réserve aux époux, depuis l'incompatibilité d'humeur jusqu'à la jalousie, depuis les soucis du ménage jusqu'à ceux de la paternité et aux douleurs de l'enfantement. On a peine à entendre le fils de Secundus et d'Anthusa déclarer qu'il ne saurait y avoir que des mauvais ménages [2], charger sans scrupule [3] ses peintures pour avoir le droit de conclure avec l'Évangile : Si telle est la condition des époux, il n'est pas bon de se marier (*Math.*, 19, 10); et ne pas hésiter à proclamer en fin de compte qu'une famille même supposée parfaite, où les époux, les enfants auront tous rivalisé de vertu, n'aura pas grand prix auprès du Souverain Juge, n'obtiendra pas de lui ce regard de bienveillance [4] réservé aux héros de la virginité. On s'étonne, après avoir lu les anathèmes du début contre les manichéens et les marcionites, de voir leur ardent

1. Chrysostome expose à ce sujet des idées analogues à celles qu'a émises plus tard saint Augustin, et ne paraît pas sentir plus que lui ce qu'il y a de gênant dans les discussions de ce genre.

2. Chap. XXXII.

3. « Des haines mutuelles et des querelles incessantes, voilà les voluptés du mariage. » (Chap. XLI.)

4. Chap. LVIII.

adversaire se rapprocher insensiblement d'eux; parti sans doute de principes et de dogmes différents, il n'en parvient pas moins à des conclusions qui ne se distinguent plus des leurs que par des nuances.

Ces excès sont regrettables, mais il n'est pas très difficile de les expliquer. On sent partout que Chrysostome avait affaire, parmi les catholiques même, à des contradicteurs très hardis et très subtils, et c'est pour cela que son ferme bon sens se laisse entraîner à l'argutie ou à la violence. Il tire trop à lui les textes de l'Écriture, en particulier ceux de saint Paul, qui sans doute a donné hautement la préférence à la virginité sur le mariage, mais qui n'est pas aussi ironique que son exégète le prétend [1], quand il accorde au mariage sa part d'éloges. Mais ces textes étaient aussi sollicités en sens inverse par ceux qu'il combat. Les gens qui prétendaient que la parole de l'apôtre : Dieu distribue à chacun des dons différents [2] (I *Cor.*, VII, 7), devait empêcher de considérer la virginité comme un mérite personnel, et prouvait qu'elle n'était pas le fruit de l'effort et de la volonté, mais une grâce divine, rare et exceptionnelle; ceux qui arguaient de l'estime si haute où la paternité était tenue sous l'ancienne loi; ceux qui, en ergotant sur un verset de Mathieu (VIII, 2), s'évertuaient à établir la supériorité d'Abraham sur Jean le Précurseur [3] et Jean l'Évangéliste, sont en partie responsables de la dialectique trop artificielle et de l'exagération un peu déclamatoire avec lesquelles Chrysostome leur répliquait. Ce qui reste d'ailleurs tout à fait à son honneur, dans ce traité, malgré tous ces défauts, c'est qu'il n'hésite pas plusieurs fois [4] à

---

1. Chap. XXVIII; chap. XXXII et suiv.

2. 36.

3. Chap. XVI. Ajouter encore ceux qui, quand on leur exposait tous les tracas du mariage, faisaient la mauvaise plaisanterie de répondre : Marions-nous donc par pénitence; ceux qui avaient toujours à la bouche le : *Melius est nubere quam uri* (I *Cor.*, 7, 8). (Chap. XLV.)

4. Chap. LXXVII et *alias*. Noter aussi qu'il se prononce énergiquement contre les eunuques volontaires. Mais le texte le plus curieux à ce sujet n'est pas dans le *Traité de la Virginité*; il est dans l'homélie 62 in *Matth.* — Cf. encore, in cap. v, *Ep. ad Gal.*

déclarer, comme il l'a fait bien souvent dans la suite, en termes plus énergiques encore, qu'il ne faut cependant pas considérer la virginité comme une vertu tellement supérieure qu'elle dispense des autres : elle n'est rien, sans la miséricorde et l'aumône. Mais il demeure indéniable que, dans sa comparaison constante de la virginité et du mariage, il réduit trop le mariage au rôle de pis aller presque honteux. Il est parfaitement possible pourtant de garder une juste mesure, et la pratique officielle de l'Église y a réussi, en proclamant la supériorité de la virginité, mais en la réservant à une élite. Jean semble bien souvent tout proche de cette thèse très sage, inattaquable à ceux même qui ont le plus de souci des intérêts de l'état et de la société civile ; en réalité cependant, dans le *Traité de la Virginité*, ce n'est pas elle qu'il défend : c'est à tous les chrétiens sans exception qu'il propose la continence comme l'idéal à atteindre ; et il veut que les époux même se résignent de bonne heure à l'observer. Il répète sans cesse qu'il ne condamne pas le mariage : il est fort vrai qu'il ne le condamne pas, mais il le méprise, et je ne vois pas ce que le mariage y gagne.

Mais ce traité fut composé avant que l'exercice de la prêtrise, la direction journalière des fidèles eussent donné à Jean une expérience sûre et prolongée ; quand il l'écrivait, revenu récemment de la solitude, il était tout entier encore sous l'influence des souvenirs qu'il avait gardés de six rudes années d'ascétisme. N'a-t-il pas modifié son opinion pendant la suite, ou, ce qui n'est pas moins important, n'a-t-il pas cessé de l'exprimer avec cette âpreté intolérante ? En théorie, il ne semble guère avoir abandonné ses premiers principes, et on les retrouve affirmés dans maintes homélies qui datent de sa prêtrise. Mais quand il prêchait ainsi devant la foule des fidèles, presque tous mariés, il se gardait pourtant bien de dépeindre le mariage avec une partialité aussi injuste. Il se rappelait de préférence cette parole qu'il avait déjà prononcée dans le *Traité de la Virginité* : « Le mariage est bon parce qu'il retient l'homme dans le devoir et l'écarte de la fornication[1] ». Il l'acceptait donc, tel qu'il existait, et il donnait, pour assurer le bonheur des époux, des conseils excellents, des règles pleines de bon sens et d'élévation qui sont la meilleure réfutation de ses déclamations antérieures[2]. Quand il reprenait à son compte, sans se souvenir de certain chapitre de son traité[3], cet exemple d'Abraham dont s'étaient servis ses adversaires, quand il ajoutait qu'il a été bon que la mère des Macchabées[4] fût mariée, puisqu'elle a donné le jour à des héros, quand il ne cessait de proposer à l'admiration le ménage d'Aquilas et de Priscille[5], quand il rappelait même que Pierre fut marié, et affirmait « sur son salut » que l'état de mariage ne nuit en rien à la vie chrétienne[6], quand il voyait dans l'union des époux le symbole de l'union de l'âme avec le Christ[7], il n'était plus le même homme qui avait écrit : « Je voudrais purifier mon âme, et, sur l'aile de la prière, m'envoler aux cieux; mais mon épouse n'y consent pas, et je dois m'incliner devant son caprice[8] ». Quand il présentait à ses auditeurs ce beau tableau de la famille chrétienne qui termine sa trente-huitième homélie sur la Genèse, n'aurait-il pas été embarrassé, si quelqu'un de ces malins, qui abondaient dans son public, et s'amusaient souvent à le mettre en contradiction avec lui-même, lui avait rappelé qu'il s'était écrié : « Puisque l'union conjugale nous ôte la libre disposition de nous-mêmes, qui ne se révolterait contre une loi aussi tyrannique[9]? » On voit combien avait été calmante et heureuse pour lui l'influence de l'expérience. Nous la retrouvons souvent agissant sur ses idées avec la même force et le

1. Chap. xxv.
2. *In illud : Vidi Dominum...*, 4.
3. Il ne l'oubliait pas toujours cependant, et il lui arrive plusieurs fois, jusque dans ses dernières années, d'y renvoyer ses lecteurs et ses auditeurs.
4. *Ibid.*
5. 73, in *Matth.*, etc.
6. τῷ ἐμῷ κινδύνῳ ἐγὼ ἐγγυῶμαί σου τὴν σωτηρίαν, κἂν γυναῖκα ἔχῃς. On le voit, le ton est solennel, et la promesse grave.
7. In *Ep. ad Eph.*, 20.
8. *Traité de la Virginité*, chap. xxxv.
9. *Ibid.*, chap. xxviii.

même succès. Nous marquons là un des traits originaux de sa figure; et c'est pour cette raison qu'on ne peut se lasser de redire que les douze années de sa prêtrise à Antioche furent la grande et belle période de sa vie. En un temps où bien des causes tendaient à séparer le clergé de son troupeau, à l'élever au-dessus de ses fidèles : la théologie qui, se compliquant et se raffinant sans cesse, creusait un abîme entre eux; la politique, qui, faisant passer une partie des pouvoirs civils aux mains du pasteur des âmes, rendait son autorité plus effective et moins paternelle; la charité même, qui, devenue une institution, absorbait le temps et les pensées de l'évêque transformé en économe; — comme Chrysostome gagna, au contraire, à se rapprocher sans cesse de la foule des petits et des humbles; à garder toujours contact avec elle; à ne pas s'isoler de la vie commune! Quel grand exemple il a donné, parce que, après avoir fait au désert provision d'énergie morale, il revint au milieu de la société même tempérer et corriger la première fougue de ses sentiments et de ses idées !

Puisque la raison d'être principale du mariage est, aux yeux de Chrysostome, de brider la concupiscence, la première règle, pour ceux qui ne se reconnaissent pas la force de conserver la virginité, doit être de se marier le plus tôt possible. C'est pendant la jeunesse que les désirs des sens sont le plus violents; c'est donc dès la jeunesse qu'on doit faire choix d'une femme. Il faut que jeunesse se passe, est un de ces axiomes de morale aisée qui avaient cours aussi dans l'antiquité. Chrysostome n'a cessé de montrer aux parents leur responsabilité, s'ils laissent à leurs fils le temps de prendre goût aux courtisanes et aux femmes de théâtre. En vain objectera-t-on — et on voit par là que la résistance la plus opiniâtre venait surtout, comme il est naturel, des familles riches — qu'il faut leur permettre d'assurer d'abord leur position, d'établir leur réputation au barreau, de parvenir à quelque charge importante [1]. Ce qui prime tout, c'est le devoir de veiller sur leur

---

1. ἵνα εὐδόκιμος γένηται, ἵνα ἐν τοῖς πολιτικοῖς λάμψῃ πράγμασι. In *Matth.*, 69.

chasteté, qu'il est impossible de garantir autrement que par le
mariage précoce [1]. Avec cette charmante familiarité qui est le
ton ordinaire de ses homélies, un jour, après avoir montré que
la fréquentation des courtisanes pendant la jeunesse mène
infailliblement à l'adultère après le mariage, et conclu que le
seul remède est bien de faire, dès la vingtième année, choix
d'une femme légitime, il s'interrompt et se raille agréablement
lui-même : « Voyez à quel rôle vous me réduisez : voilà que
je fais le paranymphe ». Puis il reprend : « Oui, le mariage doit
être contracté de bonne heure ; sinon, le jeune homme, qui
aura d'abord connu le vice, n'aimera pas sa femme deux jours
seulement ; dès le lendemain des noces, il lui faudra de nouveau les caresses des courtisanes » ; — et, s'excusant enfin des
termes assez libres qu'il vient d'employer, et que j'ai adoucis,
il s'autorise de l'exemple d'Ezéchiel, et des Prophètes, dont
le langage ne connaît pas de fausses pudeurs [2]. Ce sont là de
sages conseils, bons à faire entendre à toutes les sociétés, et
en toutes les époques. Chrysostome les répète sans se lasser
et ce n'est pas, après tout, chose si fréquente parmi les prédicateurs. Beaucoup n'oublient guère qu'il est moins compro-
mettant de condamner en termes généraux, et avec de beaux
éclats d'éloquence, la luxure et le libertinage que d'indiquer
le moyen de les prévenir, car le meilleur, et sans doute
l'unique moyen, est bien celui que préconise Chrysostome ;
mais il est presque toujours repoussé sans discussion par
l'égoïsme et la prudence mal entendue.

Ainsi l'homme et la femme s'uniront dès leur jeunesse. Mais
le choix est difficile, et doit être fait avec grand soin. C'est
encore aux parents que revient ici la grande responsabilité ;
car non seulement ils devront, l'heure venue, chercher eux-
mêmes la fiancée, et savoir porter vers telle ou telle les
préférences de leur fils ; mais encore, par tout le système
d'éducation qu'ils auront adopté pour lui dès l'enfance, ils
auront imprimé d'avance à ses préférences une direction

1. In *Matth.*, 69. — Cf. in *Genesim*, 59.
2. In *Ep.* 1 *ad Thess.*, 5.

fatale. Or l'éducation telle qu'on la conçoit, or tous les exemples que les jeunes gens reçoivent, concourent uniquement à leur inspirer le désir et le respect de la richesse, et leur suggèrent l'ambition d'un mariage d'argent. Chrysostome attaquait déjà le mariage d'argent dans son *Traité de la Virginité*[1], où il nous montre successivement « l'homme pauvre, d'une famille obscure et de condition vulgaire », qui épouse une femme « noble, riche et puissante », et la femme pauvre qui épouse un homme riche. Il est revenu sans cesse à ce sujet dans ses homélies, et y a consacré particulièrement l'homélie sur le choix d'une épouse, où il décrit toutes les négociations savantes auxquelles ces sortes d'affaires donnaient lieu; flétrit les entremetteuses qui faisaient métier de les conduire; énumère toutes les précautions prises avant la signature du contrat; les consultations incessantes auprès des jurisconsultes dans lesquelles on se fait révéler tous les détails des lois sur le mariage, où l'on passe en revue tous les cas qui peuvent ouvrir des discussions au sujet de la dot. « Qu'arrivera-t-il si l'épouse meurt sans enfants? etc., etc.[2]. » Le nom même qu'on donne communément au mariage indique quelle idée grossière et misérable on s'en fait : on l'appelle un contrat (συνάλλαγμα)[3]. Or pourquoi toutes ces intrigues, et quel en est le résultat? Maris sans fortune, vous êtes les esclaves de la femme dotée. Vous vivez dans le mépris et la honte, et vous y laissez votre fils, si vous venez à mourir le premier; car, n'en doutez pas, votre veuve se remariera, et portera ses richesses à un autre[4]. Femmes pauvres, vous serez traitées comme si votre époux vous avait achetées sur la place publique; et ne vous a-t-il pas achetées en effet? Vous n'aurez aucune autorité sur vos serviteurs, et aucune force contre la rivale que votre maître ne manquera pas de vous donner[5]. Ne vous informez donc pas tant, quand vous ébau-

1. Chap. LIII et suiv.
2. Cf. in *Psalm.*, 48; in *Genesim*, 48.
3. In *Matth.*, 73.
4. *De Virginitate*, 53; in *Acta Ap.*, 49.
5. *De Virginitate*, 48.

chez un projet de mariage, de l'état de vos biens respectifs : informez-vous des mœurs, du caractère, et, au lieu de consulter les jurisconsultes, suivez l'avis de saint Paul [1]. L'Écriture vous propose un grand exemple, celui d'Abraham cherchant une fiancée pour son fils. Voilà le modèle que doivent avoir sous les yeux tous les parents, et Chrysostome ne cesse de reproduire, avec les commentaires les plus touchants et les plus pratiques, le beau récit de la Bible ; il en a tiré notamment un très heureux parti dans sa quarante-huitième homélie sur la Genèse.

Mais, en attaquant ainsi le mariage d'argent, Chrysostome poursuivait un abus éternel, sorti de causes trop profondes et trop invariables pour que le christianisme pût espérer le réformer entièrement. Ces conseils sont de ceux qu'il est toujours bon de donner [2], ne dussent-ils servir qu'à raffermir ceux qui savent se les donner eux-mêmes, sans produire grande impression sur les autres ; dussent-ils même n'être en quelque sorte que la profession de foi de celui qui les fait entendre. Il est seulement à remarquer que l'insistance ardente avec laquelle Jean les reproduit, prouvent que le mal avait pris une très grande extension, et ce que nous avons dit précédemment de la richesse en Orient, particulièrement en Syrie, tend tout à fait à le confirmer. Au contraire, il entreprenait une œuvre très pratique, quand il faisait la guerre aux réjouissances trop libres qui déshonoraient alors les cérémonies nuptiales. Il signalait ainsi un mal invétéré sans doute, mais cependant local et temporaire, qu'il était possible de corriger ; que ses prédications parvinrent probablement à restreindre ; et que, finalement, le christianisme a extirpé.

« Je veux, disait-il, purifier le mariage pour lui rendre sa noblesse, pour fermer la bouche à l'hérésie. On a déshonoré une institution qui est un don divin, qui est la source même

1. *Quales ducendæ uxores.* — In *Genesim*, 48.
2. L'Église, dès avant Chrysostome, avait déjà énergiquement combattu le mariage d'argent. — Voir entre autres un curieux chapitre des *Constitutions apostoliques*, liv. IV, 10 (en se rappelant que les *Constitutions* sont d'origine syrienne).

du genre humain; on a jeté dans cette source du limon et de la boue. Purifions-la en appelant la raison à notre aide.... Je veux vous montrer que ce n'est pas le mariage qui doit vous faire rougir, mais l'abus que vous y introduisez [1]. »

Les monuments eux-mêmes, à défaut des textes, nous montreraient à n'en pas douter dans le mariage chrétien la persistance des vieux usages romains et helléniques. Les fiancées que nous représentent quelques vers dorés ou les bas-reliefs de quelques sarcophages, portent la toilette traditionnelle et s'enveloppent du *flammeum* [2]. Sans doute l'Église avait mis la haute main sur le mariage, et, dès l'origine, avait recommandé [3] qu'il fût conclu devant l'évêque. Mais, son œuvre accomplie, sa bénédiction donnée, elle ne pouvait obtenir des fidèles qu'elle venait d'unir qu'ils renonçassent aux anciennes cérémonies profanes. Le lendemain [4] du jour où ils avaient comparu devant l'évêque, ils les célébraient selon les rites ordinaires. Le plus essentiel de ces rites, c'était le cortège joyeux et solennel à la fois, qui, prenant la fiancée à la maison paternelle, la conduisait à celle de l'époux; c'était la πόμπη, comme disaient les Grecs; la *deductio sponsæ*, comme l'appelaient les Latins. Elle avait lieu à la tombée de la nuit, à l'heure où, comme avaient chanté Sapho et après elle Catulle, « l'Étoile du soir montre enfin sa lumière longtemps attendue ».

Mais n'oublions pas non plus le banquet qui était accompagné de chants, de danses, de divers intermèdes dramatiques, et autorisait chez les convives, et les esclaves

---

1. In *Ep. ad Col.*, 12. — Les principaux textes sur cette persistance des cérémonies païennes dans le mariage chrétien sont dans les homélies : In *illud, Propter fornicationes...*; in *Genesim*, 38 et 56; in *Act. Ap.*, 42; in *Ep. 1 ad Cor.*, 12; in *Ep. ad Col.*, 12. — Les habitudes étaient les mêmes à Antioche et à Constantinople. Les écrits des Pères latins montrent d'ailleurs qu'elles étaient aussi les mêmes en Occident.

2. Voir KRAUS, *Real encyclopædie der christlichen Alterthümer*, article EHE.

3. Recommandé, sans l'ordonner expressément. — Cf. DUCHESNE, *Origines du culte chrétien*, p. 413.

4. « Pourquoi les prêtres la *veille*, les courtisanes le *lendemain*? » dit Chrysostome, in *illud : Propter fornicationes....*

même de la famille, les plus grandes libertés. Jean, qui a
toujours mis une passion ardente au service d'idées modérées, ne prétendait nullement imposer une austérité excessive,
et comprenait que le jour des noces, considéré comme heureux entre tous, fût gaiement solennisé en conséquence.
« On fait bonne chère, on fait toilette; je ne le défends pas,
pour ne pas avoir l'air d'un sauvage. Pourtant Rébecca porta
ce jour-là ses vêtements de travail. Mais enfin je vous permets
cette licence : mettez vos habits de fête; livrez-vous à la joie
en bonne compagnie [1]. » Mais les descriptions animées et
détaillées qu'il nous a données des réjouissances en usage,
et qui nous les montrent conformes en tout point à celles que
nous font connaître les écrivains païens, expliquent suffisamment ses reproches et même ses invectives. Le cortège, à la
lueur des torches et des lanternes, au bruit des chants
d'hyménée, toujours très libres, pleins d'allusions aux gros
scandales mythologiques, traversait les rues les plus fré-
quentées, passait par l'agora, au milieu de la foule des
curieux qui le regardaient sous leurs portes, ou suivaient en
bandes joyeuses. Les gens endormis [2], réveillés par tout ce
tapage, se mettaient aux fenêtres, aux balcons. De toute cette
foule, que composait en grande partie la lie du peuple et des
vagabonds, partaient mille lazzis, des remarques railleuses,
des quolibets licencieux, des souhaits indécents. « C'est ainsi
qu'on dénaturait le caractère d'une fête qui devrait être tout
intime [3]. »

On peut se faire une idée de la liberté que gardaient encore
les chants d'hyménée par les quatre petits poèmes fescennins
de Claudien en l'honneur des noces d'Honorius et de Marie,
et par sa grande composition en hexamètres sur le même
sujet. Il y a notamment dans la petite pièce en asclépiades,
avec beaucoup moins de grâce et de sentiment que dans les
beaux épithalames de Catulle, quelques traits d'une crudité

1. In *Ep. ad Col.*, 12.
2. In *Ep. 1 ad Cor.*, 12.
3. In *Ep. 1 ad Cor.*, 12.

choquante [1]; et pourtant Honorius était un prince chrétien, le fils très dévot du dévot Théodose [2]. Mais l'inconvenance d'allusions médiocrement délicates était peu sentie par la plupart; comme elle nous frappe cependant, dès qu'il nous arrive de relire quelques œuvres exquises des grands chrétiens contemporains, par exemple telle lettre de Grégoire de Nazianze à de nouveaux époux, ou l'épithalame de Julianus et d'Ia, de Paulin de Nole!

Ce que Chrysostome jugeait le plus scandaleux, c'était la part que prenait à la cérémonie tout le personnel ordinaire des théâtres : mimes et comédiennes, bouffons et danseuses; toute la bande des μαλακοί et des courtisanes. Ils suivaient le cortège; on les introduisait dans la maison; on s'égayait de leurs chansons lascives; on se délectait à leurs danses indécentes; et les invités eux-mêmes, les esclaves bientôt à leur tour, rivalisaient avec eux d'inconvenance et d'impertinence. « Vous ne menez pas vos femmes au théâtre, disait Chrysostome [3]; vous avouez qu'une sage coutume et la nature même leur interdisent d'assister à des spectacles toujours obscènes; et le jour des noces, vous faites de votre maison un théâtre. » Le plus triste c'est que vous corrompez ainsi ces jeunes filles et ces jeunes femmes qui accompagnent la nouvelle mariée. Elle a en effet auprès d'elle un chœur de vierges, et un chœur d'épouses, dont l'un la remet à l'autre, et Chrysostome ne trouve rien à redire à ces deux chœurs, qui sont le symbole de la condition qu'elle quitte et de celle où elle entre. Mais il voudrait les forcer à rester à la maison ainsi que la fiancée; il ne voudrait pas qu'on les fît paraître en public, dans le cortège de la πόμπη. Ne rougit-on pas de

---

1. Dans les derniers vers.

2. Le Centon nuptial d'Ausone est un peu antérieur; c'est assurément le meilleur centon que nous ait laissé le IVe siècle; mais on souffre de voir ainsi tournés à des allusions obscènes, si spirituelles qu'elles soient, les hémistiches sacrés du plus chaste des poètes. Et cependant Ausone était chrétien, chrétien plus que tiède à la vérité; mais justement par là il ressemblait à ces riches lettrés d'Antioche auxquels Chrysostome adressait ses remontrances.

3. Notez au passage ce détail intéressant.

convier ces jeunes filles et ces jeunes femmes à des spectacles qui sont l'école de la luxure et de l'adultère [1]? On lui répondait par un argument bien frappant, qui montre à la fois combien les familles riches tenaient à ces vieux rites, et combien elles se rendaient compte cependant qu'ils étaient incompatibles avec la pureté et l'austérité chrétiennes; combien aussi il restait toujours difficile de faire pénétrer dans la société antique, très dure au pauvre, le sentiment de l'égalité naturelle des hommes. On alléguait qu'on ne composait pas le cortège de la fiancée de jeunes filles de bonne naissance, de condition égale à la sienne; on les choisissait parmi les pauvres, et parfois même on ne prenait que des esclaves. Nous trouvons aujourd'hui bien naturelles et bien simples les raisons par lesquelles Chrysostome réplique dans deux belles homélies [2]; mais son insistance, mais la vigueur de son éloquence touchante et pressante, prouvent qu'il se heurtait à un préjugé des plus tenaces.

Il ajoute d'ailleurs que tout le mal n'est pas là ; ce ne sont pas ces pauvres jeunes filles ou ces servantes seules qui risquent d'être corrompues par de tels usages. Il fait sentir que ce sont de singulières leçons à donner aux nouveaux époux ; à la jeune mariée surtout, qui, élevée jusque-là dans la retraite du gynécée, en sort brusquement pour être jetée au milieu de toutes ces ignominies. Il prétend qu'il pourra arriver que, dès cette première soirée, le germe de l'adultère se glisse au cœur de l'un des époux. Qui sait si, parmi les comédiennes qu'on aura fait venir, il n'y en aura pas une qui sera distinguée par le mari? qui sait si, entre tous ces acteurs, quelqu'un ne

---

1. Il raconte même (in *Ep. 1 ad Cor.*, 12) qu'elles courent risque, au milieu de cette orgie, d'être déshonorées. Voilà qui rappelle singulièrement les scènes si souvent racontées dans les comédies attiques et latines.

2. In *Ep. 1 ad Cor.*, 12; in *Ep. ad Col.*, 12. — Cyprien déjà condamne énergiquement la présence des vierges aux noces (*de Habitu virginum*); mais il ne parle pas spécialement des vierges pauvres. — Les cérémonies nuptiales paraissent d'ailleurs avoir été plus scandaleuses en Afrique jusqu'en plein IVe siècle, qu'à Antioche, si l'on juge d'après quelques détails donnés par Augustin (*Cité de Dieu*, IV, 11, etc.). Chrysostome ne parle pas de Mutunus Tutunus.

sera pas remarqué par la femme? Il affirme même que pareille mésaventure arrive souvent, et c'est là, sans doute, une exagération. Mais comme il reproduit à plusieurs reprises cette assertion, il me semble qu'il doit faire au moins allusion à quelque scandale mondain, survenu une fois, connu de tous, et sur lequel il n'a pas besoin de s'expliquer plus clairement, pour être compris.

Notons enfin que Chrysostome nous apprend que les familles riches n'étaient pas les seules à célébrer ces cérémonies coûteuses; toutes entendaient, à cette occasion, rivaliser d'ostentation et de dépense. Les pauvres voulaient au moins que le banquet fût aussi luxueux que possible. Ils couraient de maison en maison emprunter aux amis ou aux parents de la vaisselle, des miroirs, des objets de toilette. Le lendemain, la mariée pleurait quand il fallait rendre toutes ces belles choses, et l'on avait toujours peur que dans le festin quelque pièce d'argenterie n'eût été dérobée et ne se retrouvât plus.

C'est aux parents surtout que Chrysostome s'adresse pour faire cesser ces scandales, et c'est en leur autorité qu'il espère. Qu'on garde certaines réjouissances; mais qu'on supprime la πόμπη, les chants et les danses; qu'on renonce aux concours des gens de théâtre. Qu'on invite seulement ses amis, ses voisins, les gens de bien que l'on connaît; qu'on ne dépense pas plus qu'on ne peut. Surtout si on veut donner un bel exemple et se conduire en véritable chrétien, à la place des bouffons et des danseuses, qu'on convie plutôt quelques pauvres. Quel que soit le point de départ de Chrysostome, c'est toujours à la charité qu'il aboutit. Il veut donc que les pauvres aient leur part de ce banquet somptueux; mais il sait combien paraîtra choquante l'innovation qu'il propose. Des pauvres à un mariage! dans cette société superstitieuse, on voyait là le plus fatal des présages; c'était comme condamner soi-même à la misère les nouveaux époux[1].

---

1. In *illud : Propter fornicationes...*, etc.

Jean discute et raille ce préjugé absurde; et pour en venir à bout, en bon moraliste, il fait appel non point à la raison seule, mais aussi à l'amour-propre : nul n'a encore songé à donner cette preuve de charité : quelle gloire pour celui qui prendra l'initiative! quel honneur pour les premiers qui l'imiteront, et contribueront ainsi à fonder la tradition! D'ailleurs, il n'ose pas trop espérer qu'il convaincra son auditoire, et l'on sent, à une certaine hésitation dans ses paroles, qu'il ne compte que médiocrement sur le succès.

S'il est toujours difficile de supprimer ou de réformer des fêtes, quelles qu'elles soient, l'entreprise est particulièrement délicate quand il s'agit de celles qui, solennisant les moments essentiels de l'existence, naissance, mariage ou mort, tiennent si fort au cœur de l'homme. Les contemporains de Chrysostome aimaient ces réjouissances des noces, non seulement parce qu'elles étaient gaies et bruyantes, parce qu'elles semblaient légitimer momentanément les plaisirs du théâtre, pantomimes, chants et danses, que la religion ne cessait de proscrire, mais parce qu'ils y étaient tellement accoutumés qu'ils ne pouvaient concevoir le mariage sans elles. Dès époux, même parfaitement chrétiens, après la bénédiction ecclésiastique, auraient eu peine à se croire mariés, si la πόμπη n'avait été célébrée dans les règles, comme inversement aujourd'hui des libres penseurs, esclaves de l'habitude, répugneront à se contenter du mariage civil. C'est la coutume, répliquait-on toujours à Chrysostome; ce sont choses traditionnelles, nécessaires (νόμιμα); les supprimer serait non seulement une inconvenance, un manque de savoir-vivre, ce qui déjà serait grave [1], mais un véritable oubli du devoir. Il faut que Chrysostome leur répète que ce ne sont point ces rites qui font le mariage; que ce qui le constitue, c'est la cohabitation [2] (συνήθεια). Il n'est donc guère possible de croire que, dans la campagne courageuse qu'il avait entreprise, il

1. In *Ep. 1 ad Cor.*, 12.
2. In *Gen.*, 16.

soit arrivé à obtenir des résultats immédiats et décisifs. La principale peut-être des homélies qu'il a consacrées à ce sujet, la douzième homélie sur l'Épître aux Colossiens, appartient à ses dernières années ; elle date de Constantinople [1], et dans celle-là, comme dans les précédentes, il ne cesse de redire qu'il n'ignore pas combien on lui en veut pour ces remontrances. Les uns, dit-il, le haïssent ; les autres le raillent et le traitent de fou. Mais, s'il ne lui fut pas donné de déraciner l'abus, du moins ses éloquentes paroles ne furent pas perdues ; il commença l'œuvre que l'Église, patiente et forte, mena à bonne fin après lui.

2° Le divorce et les secondes noces. — L'adultère. — L'égalité de l'homme et de la femme. — La concorde entre époux ; influence réciproque de l'un sur l'autre.

Chrysostome, avec tous les évêques de son temps, a combattu ardemment pour l'indissolubilité du mariage. Pendant toute la durée de l'empire, un grand relâchement a régné à ce sujet dans les mœurs grecques et romaines : les divorces se multipliaient pour des causes souvent futiles, et, à vrai dire, en bien des cas, sur le simple consentement mutuel ; de nouvelles unions étaient contractées sans scrupule, même après plusieurs veuvages successifs. La thèse de Chrysostome est la thèse rigoureuse de l'Église ; il est absolument interdit au mari de répudier sa femme, sauf dans le cas d'adultère, παρεκτὸς λόγου πορνείας [2]. Il avoue que la loi est dure ; il faut qu'elle le soit pour que les disciples de Jésus aient marqué si expressément leur sentiment en face du maître, quand ils s'écrièrent : « Si telle est la condition de l'homme vis-à-vis de la femme, il n'est pas bon de se marier [3] ». (Matth., 19,

---

1. Des premiers temps de son épiscopat, il est vrai, 399 probablement. — Voir la préface de Montfaucon.

2. In *Matth.*, 17 ; in *Matth.*, 62 ; *Adversus opp. vitæ mon.* ; *de Libello repudii...*, etc.

3. In *Matth.*, 62.

10). Ce qui avait fait hésiter les apôtres devait paraître étrangement rigoureux aux chrétiens du IVᵉ siècle. Ils objectaient sans cesse les exemples et les préceptes de l'Ancien
Testament, par un procédé de polémique très répandu alors,
surtout à Antioche, où Jean rencontrait à tout propos dans la
bouche des fidèles des arguties qui n'étaient pas toujours de
bonne foi. « Oui », répondait-il quand on lui alléguait la loi
mosaïque [1], « oui, le divorce était permis sous l'ancienne loi ;
mais il le fallait pour éviter de plus grands malheurs [2]. » L'ancienne loi, c'est la loi des Juifs, du peuple à la tête dure, à la
nuque rebelle, aux passions sanguinaires. Si l'on avait forcé
ces hommes violents et charnels à garder leurs femmes
malgré eux, le mari eût tué plutôt la femme qui avait cessé
de plaire. Telle était la brutalité de ce peuple, qui n'épargnait
pas même les prophètes, et versait le sang comme de l'eau [3].
Mais aux nouveaux élus, aux fidèles de l'Église chrétienne,
une loi plus parfaite est imposée, et Chrysostome la rappelle
avec d'autant plus d'énergie que, même sous les empereurs
chrétiens, la loi civile continuait à être plus large que la loi
religieuse [4].

Quant aux secondes noces, Chrysostome, selon son habitude, se borne à peu près à reproduire les préceptes de
saint Paul [5]. Les secondes noces sont permises ; la faiblesse
humaine est si grande qu'on ne peut raisonnablement penser
à les frapper d'interdiction absolue. Mais mieux vaut les
éviter. Cependant, comme il sait bien que le nombre sera
petit de ceux qui auront une assez grande délicatesse de
sentiment et une volonté assez forte pour se refuser à une
seconde union, Chrysostome essaye de les conduire par une
voie indirecte au résultat désiré. Il montre tous les inconvé-

---

1. *De libello repudii.*
2. In *Isaïam*, 1.
3. In *Matth.*, 17.
4. Cependant l'influence chrétienne se fait sentir sur la législation
concernant le mariage. (GIDE, *Condition privée de la femme*, liv. II,
chap. II.)
5. *De libello repudii.*

nients des secondes noces; la source intarissable des querelles toujours prête à s'ouvrir, sous la pression des souvenirs
inévitables, des comparaisons involontaires [1]. Mais surtout
les enfants viennent mettre le trouble et la haine entre les
époux dont ils devraient assurer l'affection. Si la seconde
femme n'en a pas, elle haïra ceux du premier lit, qui seront
pour elle comme un vivant reproche. Qu'elle en ait, la jalousie
rendra sa haine plus violente encore. Mais je n'insiste pas;
car tout ceci n'est que l'expression pure et simple de la
discipline ecclésiastique, ou encore la voix du bon sens.
L'intérêt me semble plus grand de ce que Chrysostome tait,
que de ce qu'il dit. Je remarque, en effet, qu'il ne fait guère
d'allusions aux troisièmes ou aux quatrièmes noces. Est-ce
donc que, sur ce point déjà, à Antioche, les mœurs valaient
un peu mieux qu'à Rome? Le nombre tout à fait scandaleux des unions successives, soit dans le cas de divorce, soit
dans le cas de veuvage, semble d'ailleurs avoir été plus parti-
lièrement un mal romain, bien que l'empire entier en ait
souffert. Jean ne nous montre nulle part aucun couple analogue aux légendaires époux que Jérôme prétend avoir
connus, au veuf de vingt femmes [2], et à la veuve de vingt-
deux maris.

La constante préoccupation de Chrysostome, quand il présentait à ses auditeurs le tableau idéal du mariage chrétien,
ou quand il leur montrait combien la réalité s'éloignait de cet
idéal, était de bien établir l'égalité parfaite des deux époux; de
déraciner ce préjugé, encore si répandu dans l'Orient grec,
que la femme est inférieure en droit à l'homme. S'il commente
les avis donnés par Paul aux veuves, il ne manquera pas d'ajou-

1. « Supposez qu'il arrive que le premier mari, à table, pour une
raison ou pour une autre, vienne à faire mention de sa première
femme, la seconde entre en fureur ». *Vidua eligatur*....

2. Ai-je besoin d'ailleurs de dire que ces vingt femmes et ces vingt-
deux maris me paraissent avoir quelque rapport avec les sept coups
de glaive sans effet que reçut la condamnée de Verceil? (Jérôme, *Ep.* 1.)
Avec la meilleure foi du monde, Jérôme a l'imagination singulièrement
portée à l'excès. Vingt divorces seraient plus vraisemblables que vingt
veuvages, mais il s'agit bien de veuvage (*sepelisset*). (*Ep.* 123.)

ter aussitôt que, quoiqu'il ne le dise pas expressément, Paul
parle aussi pour les veufs [1] : à eux, aussi bien qu'aux veuves,
il recommande d'éviter les secondes noces [2]. Ce qu'il avait
grand'peine surtout à faire entendre, c'est que l'infidélité de
l'homme est aussi coupable que celle de la femme, et que le
mot d'adultère a le même sens pour l'un que pour l'autre. Ici
encore il y avait contradiction de la loi civile et de la loi religieuse; et on se croyait suffisamment garanti par la large
tolérance de la première. La plupart n'admettaient qu'un cas
d'adultère pour le mari : celui où il avait pour complice une
femme mariée [3]. Le reste était jugé simple fornication, et non
pas adultère; on était plein d'indulgence pour les liaisons avec
les courtisanes, et pour les amours ancillaires, qui souillaient
beaucoup d'intérieurs, sans donner le moindre scrupule. Une
lettre très intéressante de Jérôme, cette lettre à Océanus [4] où il
fait l'éloge de Fabiola, confirme pleinement les plaintes de
Chrysostome : « Autres sont les lois des Césars, s'écriait
Jérôme, autres celles du Christ; les prescriptions de Papinien
ne sont pas les mêmes que celles de Paul. Les jurisconsultes
lâchent la bride à l'impudicité des hommes; et ne condamnant
que le *stuprum* [5] et l'adultère » — il entend le crime de l'époux
avec l'épouse d'un autre — « ils permettent les amours volages
avec les servantes et les courtisanes; comme si le rang, non
la volonté faisait la faute. Chez nous, ce qui est interdit aux
femmes l'est également aux hommes, et la même servitude,
aux mêmes conditions, est imposée aux deux époux. » Fabiola,
en effet, avait divorcé, et contracté un second mariage, dont
elle fit d'ailleurs plus tard très noblement pénitence. Mais on ne
lui reprochait pas seulement ce second mariage; on condam-

---

1. *Vidua eligatur....*
2. *Vidua eligatur....*
3. In *illud : Propter fornicationes....* — Voir, sur le délit d'adultère :
ESMEIN, *Mélanges d'histoire du droit et de critique*; surtout p. 161 et suiv.
— Quelques textes de Chrysostome sur ce sujet sont intéressants au
point de vue juridique. M. Lécrivain les a étudiés, avec sa précision
coutumière, dans les *Mélanges de l'École de Rome*, juillet 1890.
4. *Ep.* 77.
5. Sur le sens juridique du mot : *stuprum*, cf. ESMEIN, *ibid.*

nait aussi son divorce; qu'un mari répudiât la femme adultère, rien ne paraissait plus simple; mais qu'une épouse trahie comme Fabiola revendiquât le même droit contre un époux, qui, au dire de Jérôme, s'était souillé des vices les plus bas, cela scandalisait tous les maris volages, tous les séducteurs de soubrettes, tous les coureurs de mauvais lieux. En pratique, l'Église elle-même admettait souvent que mieux valait pour l'épouse qu'elle continuât de vivre avec l'époux adultère; on alléguait, plutôt que d'avouer qu'on faisait une concession au préjugé, cette considération, qui a d'ailleurs son prix, que la femme pourrait ramener peu à peu le mari au bien. Basile désapprouve cette condescendance, mais sans oser la condamner trop fort [1]. Chrysostome a été plus hardi. La thèse de l'égalité absolue, inconditionnelle, de l'homme et de la femme dans le mariage, qui choquait si directement l'opinion de ses contemporains, est une de celles qu'il a eu le plus à cœur de défendre; qu'il a proclamées le plus haut, reproduites à tout propos, à la moindre occasion offerte. Il en résulte que, quand il prêche contre l'adultère, c'est surtout à l'homme qu'il s'adresse. Il le presse dans ses derniers retranchements; il lui découvre impitoyablement tous les sophismes par lesquels il essaye de se leurrer lui-même et de donner le change à sa conscience. Il lui décrit tous les dangers auxquels il s'expose; les craintes incessantes; les soupçons perpétuels qui troublent à chaque instant le plaisir défendu [2]. Il bannit de l'église le coupable [3]. Le péché d'adultère avait toujours été un de ceux que l'Église avait le plus sévèrement condamnés; elle avait imposé pour l'expier les plus

---

1. *Ep.* 1, 9.
2. *Vidi Dominum*, 3.
3. In *Joannem*, 63. — Il n'est pas inutile de remarquer, en signalant les condamnations de Chrysostome contre l'adultère, qu'il ne fait jamais allusion à l'anecdote évangélique de la *Femme adultère*; on sait qu'elle manque dans plusieurs manuscrits : que ce soit une interpolation postérieure, ou au contraire que des scrupules timorés l'aient fait supprimer. Comme Chrysostome n'en parle pas dans son *Commentaire sur saint Jean*, où il explique le chapitre VIII, il paraît certain qu'elle ne figurait pas dans les textes officiels de l'Église d'Antioche.

longues et les plus dures pénitences. Chrysostome s'efforce
d'autant plus d'en inspirer l'horreur, qu'il parle, il le sait, à
une race sensuelle entre toutes. Dans cette Syrie où de tout
temps le climat, les traditions, les cultes même avaient
favorisé tous les désordres, dans cette Antioche d'où étaient
parties de tout temps ces troupes de joueuses de flûte et de
courtisanes, qui, des bords de l'Oronte, se répandaient dans
toutes les grandes cités, à Rome surtout, où on les connaissait si bien dans le quartier mal famé du Grand Cirque; dans
cette grande métropole de Constantinople qui avait bien vite
égalé Rome pour la dissolution et la licence, sans cesse il se
trouvait en présence de pécheurs endurcis, qui lui objectaient
que les passions de l'amour étaient fatales, irrésistibles. « A
quoi bon raisonner? je sens bien que je voudrais combattre
ces mouvements de mon cœur, mais je sens aussi que je ne
puis. — Non, répond Chrysostome, l'amour n'est pas fatal.
L'admiration de la beauté est fatale, mais on peut admirer la
beauté sans qu'aucun désir charnel se mêle à l'admiration. »
Et, avec une subtilité assez sophistique, il fait remarquer que,
s'il n'en était pas ainsi, une belle femme serait aimée de tous
sans exception, et qu'on ne pourrait, le cas échéant, s'empêcher
d'aimer sa propre mère [1]. — Comment surtout, lui disaient
les infraitables, comment garder la fidélité conjugale, si l'on a
le malheur d'avoir épousé une femme laide? Les femmes laides
elles-mêmes ne croyaient pas avoir grand droit de se plaindre.
Elles essayaient tout au plus de retenir leurs maris en suppléant
à la beauté par une toilette savante; cette grande raison
servait même souvent d'excuse hypocrite à leur coquetterie.
Quand Chrysostome prêchait contre la coquetterie, on lui
objectait : Mais alors que feront les laides? Lui, répliquait par
un panégyrique ingénieux de la laideur : Une femme laide est
moins exposée à la médisance. Le mari d'une jolie femme est
d'avance la victime désignée de la jalousie. Puis les jolies

---

1. Ses contradicteurs, raisonneurs infatigables, répliquaient : Mais
l'horreur de l'inceste est dans la nature. — Chrysostome le niait en
citant l'exemple des Perses. — In *Ep. 2 ad Cor.*, 7.

femmes sont paresseuses; elles ne veulent pas s'occuper de
leur ménage; elles craignent toujours de salir et de gâter
leurs belles mains. Une laide est plus active et plus utile.
D'ailleurs, quelle ignominie n'est-ce pas de ne compter, pour
retenir son mari, que sur les charmes mêmes que lui offrent
aussi les courtisanes? Retenez-le au contraire par le dévouement, l'affection, toutes les qualités de l'âme. Qu'il trouve
chez lui non point une femme de plaisir, comme celles qu'il
va chercher au dehors, mais une chrétienne aimante, chaste
et grave [1].

Chrysostome nous a décrit, dans l'un de ses premiers
ouvrages, un de ces intérieurs où la femme, malgré toutes
ses vertus, ne peut parvenir à retenir le mari. C'est la famille
de ce malheureux Stagyre, inquiet, malade, victime peut-
être de l'hérédité, à en juger par ce que nous savons de son
père, et qui, épuisé par les austérités de l'ascétisme, tomba
dans de violentes crises, considérées, selon le préjugé du
temps, comme des assauts du démon. Le père de Stagyre,
homme de haute naissance et de grande fortune, avait abandonné sa femme légitime; il vivait publiquement avec une
jeune maîtresse dont il avait eu plusieurs enfants, et Jean ne
parle de lui qu'avec le dernier mépris, le représentant comme
un homme violent, sans réflexion, sans empire sur lui-
même [2]. Dans ses homélies, il ne fait pas de peintures aussi
précises; selon sa coutume, il s'abstient de toute désignation
personnelle, et même d'allusions trop claires. Mais toutes
générales qu'elles sont, ses remontrances laissent voir
avec évidence que le mal était grand, et qu'on ne comptait
pas ceux qui menaient la vie publiquement scandaleuse du
père de Stagyre.

Mais si Chrysostome est soucieux d'affirmer les droits de
la femme, s'il revendique en son nom l'égalité parfaite des
devoirs, la réciprocité des obligations pour les deux époux,

1. In *Ep. 1 ad Tim.*, 4.
2. *Liv. II, à Stagyre.*

il n'a garde d'en conclure l'identité de leur fonction et de leur rôle. Nul au contraire n'a plus sagement défini leur mission respective ; nul n'a mieux marqué les limites de leur domaine, et indiqué le sens de leur action. « Voyez quelle est la fonction de la femme : elle garde la maison ; elle prend soin de l'intérieur ; elle surveille les servantes et les presse à l'ouvrage ; elle travaille aux vêtements ; elle vous donne le titre de père, vous délivre des prostituées, vous aide à observer la continence, à réprimer l'aiguillon de la chair [1]. » — « Dieu n'a pas tout permis indistinctement à l'homme et à la femme, mais il leur a divisé la tâche. A la femme la maison, à l'homme l'agora. A l'homme de nourrir les siens par le travail de la terre ; à la femme de les vêtir par le tissage [2]. » Qu'ils passent ainsi leurs journées, chacun à sa tâche. Cela ne les empêchera point de vivre d'une vie commune. Ce sera au contraire le meilleur moyen pour chacun d'eux d'exercer son influence ; et nul n'a mieux décrit que Chrysostome cette saine et bienfaisante action que peuvent avoir l'un sur l'autre deux époux qui s'aiment et comprennent bien leurs devoirs. Son style est charmant quand il analyse la surveillance bienveillante à laquelle le mari a droit sur la femme ; l'autorité insensible que celle-ci, par son insinuante affection, saura peu à peu prendre sur lui. C'est avec la plus patiente douceur qu'il faut corriger sa femme [3]. Il est mauvais que les époux s'observent, se soupçonnent trop visiblement. Le mari qui veut réformer les défauts de sa femme doit prendre garde d'abord de prêter lui-même aux reproches ; et comment les évitera-t-il s'il est toujours absent de la maison, s'il accorde à peine quelques heures à sa compagne ? Qu'il ne se fâche pas trop d'ailleurs des soupçons de celle-ci : ils sont une preuve d'amour. Qu'il se garde aussi de paraître trop préoccupé d'aucune esclave. Quand il aura ainsi conscience d'être irréprochable, il pourra peu à peu faire des remontrances de

1. In *Ep. 2 ad Thess.*, 5.
2. In *Ep. 1 ad Cor.*, 34.
3. In *Matth.*, 31.

son côté; modérer ce désir effréné du luxe auquel presque
toutes les femmes s'abandonnent. Ce sont elles, en effet, qui,
les premières, travaillent à entretenir ou à allumer dans le
cœur de l'homme la cupidité et l'amour du gain. Avec cette
manie qu'elles ont de comparer sans cesse leur sort à celui
des autres, elles ne cessent de faire honte à leurs maris. « Vois
le luxe d'une telle; la toilette de notre voisine. Combien je
parais misérable auprès d'elle! C'est que son mari, lui, a su
s'enrichir. » Mais si l'époux, par ses vertus, par sa fidélité, a
gagné l'affection de sa femme, il pourra réprimer toute cette
jalousie et cette ambition; il pourra lui enseigner la modération, s'il en sent bien le prix lui-même [1]. Que dès le jour
des noces, le mari sache préparer la voie à son influence,
dit Chrysostome, et il entre alors dans ces menus conseils
intimes où il excelle. Si les noces ont été simples, modestes, la fiancée ne risquera pas de se faire illusion sur
sa situation véritable. Elle ne donnera pas, le lendemain,
le spectacle de cette scène ridicule et affligeante que j'ai
décrite; elle ne laissera pas éclater son dépit avec la naïveté
cynique de tant d'autres, quand il faudra rendre ces tapis,
cette vaisselle d'or empruntés pour la circonstance. Si les
noces ont été simples, la jeune femme aura compris du premier abord que celui à qui elle s'unit n'est pas disposé à
tolérer les excès du luxe. « Vous souriez; vous trouvez que
je suis ridicule avec tous ces conseils; essayez de les suivre :
vous y trouverez votre avantage. » Il esquisse alors, en quelques traits délicats, la conversation qu'il faut tenir à sa
femme pendant les premiers temps du mariage; il montre
avec quelle habileté insinuante, avec quels aimables artifices
on doit lui faire comprendre le prix du choix qu'on a fait
d'elle. C'est pour ses qualités morales, pour ses vertus qu'on
l'a préférée, lui dira-t-on; j'aurais pu en trouver de plus
riches, de meilleure naissance (remarquez qu'il ne dit pas,
le fin psychologue, de plus jolies), mais je t'ai trouvée si douce,

1. In *Ep. ad Eph.*, 20.

si simple, si pure [1]. C'est ainsi qu'on affermira en elle les qualités naturelles; qu'on les suscitera même, si elles ne sont pas aussi visibles, aussi développées déjà qu'on aura pris soin de le lui dire.

Mais bien mieux encore la femme peut agir sur l'homme, le modifier, le former comme elle l'entend. Ah! si elle voulait toujours user dans l'intérêt de la vertu et de la piété de cette tendre influence invincible! Jean revient alors à son thème favori; qu'elle ne s'imagine pas, comme elle a la sottise de le croire, que c'est par la beauté et la parure qu'elle s'attachera son époux. Il trouvera toujours auprès des courtisanes mieux qu'elle ne peut lui donner [2], si elle ne lui offre que cela. Mais si elle lui montrait une sainte et pure affection! Comme alors ses moindres conseils seraient écoutés! Qu'elle parle, la douce voix de la femme : ni celle de l'ami n'est aussi persuasive, ni celle du père ou de la mère, du maître ou du prince, aussi efficace! Les conseils sont d'ordinaire gênants et désagréables. « Seuls ceux que donne la femme ont une séduction qui n'appartient qu'à eux, à cause de l'amour qu'elle inspire [3]. »

Si l'on suit ces avis, alors s'établira et régnera entre les époux cette concorde parfaite, sans laquelle le mariage n'est qu'un vain nom, et qui est si rare cependant dans les ménages. Je ne parle pas de ceux où le mari bat sa femme [4]; encore que celle-ci, quand elle a le malheur d'être battue, doive supporter cette croix patiemment; quelle honte pour un homme

---

1. In *Ep. ad Eph.*, 20.

2. Chrysostome ne fait qu'une concession à la coquetterie; avec une grâce qui fait songer à saint François de Sales — une grâce cependant qui se contient, cherche à se réprimer, et a l'air un peu honteuse d'elle-même, au lieu de rayonner libre et aisée comme celle de l'évêque de Genève, — il veut bien l'autoriser pendant le temps des fiançailles. «Alors, dit-il, elle ne manque pas de douceur. Mais rien ne passe plus vite. C'est un plaisir qui se fane comme une fleur. Nous n'admirons plus le soleil, tant est grande la force de l'habitude. Au bout d'un mois, nous ne faisons plus attention à la toilette de notre femme; même à sa beauté. » (*Ibid.*)

3. In *Joannem*, 61.

4. In *Ep. 1 ad Cor.*, 26.

de maltraiter une épouse, quand on ne doit même pas frapper
une esclave! Si c'est sa femme qu'on frappe, qu'on le sache,
on est coupable d'un parricide, et même d'un crime pire,
puisque Dieu a ordonné de quitter son père et sa mère pour
sa femme! Mais on évitera jusqu'aux petits froissements, aux
chicanes, aux brouilles passagères. On n'entrera pas en dis-
corde même pour des motifs honorables en apparence, comme
lorsque la femme prétend observer la continence, sans le
consentement mutuel. C'était là, au ive siècle, dans les
familles chrétiennes, une cause fréquente de dissentiments
et même de ruptures. A celles qu'entraînait ainsi l'ambition
d'une pureté illégitime, Chrysostome répète les injonctions
et les remontrances de saint Paul; ce n'est que d'un commun accord qu'on peut garder la continence [1]. Il faut faire
tous les sacrifices, et celui-là même, pour assurer ce bien si
désirable, la concorde entre époux. Car qu'y a-t-il de plus
affreux, de plus douloureux que les divisions et les querelles
entre ceux qu'unit un lien aussi sacré? « C'est la guerre entre
les membres d'un même corps, la plus terrible des guerres. »
Mais elle n'éclatera jamais si le mari sait aimer et si la femme
sait céder. Le mari en effet commande, et c'est la femme qui
obéit; mais quoi qu'on dise, ne croyez pas, que de ces deux
rôles différents, il faille moins d'amour pour savoir remplir
le premier. Bien au contraire il en faut davantage [2]. Que si,
par malheur, quelque dévouement que montre, quelque sacrifice que s'impose l'un des deux époux, l'autre s'obstine en
d'incorrigibles défauts, il faut cependant que la victime les
tolère, et qu'elle sache que c'est une belle parole, celle de ce
Socrate trop vanté [3] (il est bien rare en effet que Jean lui
rende comme ici justice), sur Xanthippe, qui l'exerçait à la
patience.

1. In *Ep. 1 ad Cor.*, 19.
2. In *Ep. ad Col.*, 10.
3. In *Ep. 1 ad Cor.*, 26. — Chrysostome nous apprend encore ailleurs
qu'une autre cause fréquente de ruptures, de divorces, était la stérilité
de la femme, à laquelle le mari, fidèle aux opinions et aux mœurs
antiques, ne pouvait pardonner. (In *Annam*, 2.)

3° Les enfants. — L'éducation des fils et des filles. — Rôle de la mère dans l'éducation. — Le séjour au monastère. — Le veuvage.

Ainsi à l'homme la vie active et l'agora ; à la femme le ménage et la maison. Mais, quand on a bien ainsi délimité leur domaine mutuel, la femme qui sait rester dans le sien y apparaît comme l'égale de l'homme. Là, dans le cercle intime de la famille, nous avons vu déjà quelle influence heureuse elle peut acquérir sur son mari. Nous allons maintenant comprendre la plus importante de ses fonctions, qu'elle partage sans doute avec lui, mais de façon cependant à conserver la meilleure part : l'éducation des enfants. Chrysostome avait été élevé par sa mère ; il n'avait pas connu son père Secundus, mort très peu de temps après son mariage. Mais Anthusa, cette Anthusa qu'enviait, dit-on, Libanius, quoique lui-même eût aussi reçu de sa propre mère les soins les plus dévoués et les plus tendres [1], l'avait entouré de l'affection la plus vigilante. C'était, à la juger par ce que nous apprend d'elle la touchante reconnaissance de son fils, non pas seulement une femme de cœur, mais encore une femme d'une intelligence ferme et étendue. Il est donc naturel que Jean compte beaucoup sur les mères. On pourrait presque trouver qu'il néglige un peu trop les pères, si l'on n'en voyait deux raisons. Il arrivait d'abord que les pères, plus préoccupés des nécessités de la vie, et aussi des droits et des besoins de la société civile, mettaient souvent quelque obstacle à l'éducation chrétienne telle que la concevaient les évêques. D'autre part, ces mêmes pères négligeaient souvent leurs enfants, pour les abandonner à la direction des pédagogues ; et nul ne regrettera qu'à l'influence toujours un peu douteuse de ceux-ci, le christianisme ait voulu substituer celle des mères. C'est donc à elles que Jean essaye de préférence de faire comprendre l'importance de l'éducation : elle est telle à ses yeux

---

1. Sievers, *Leben des Libanius,* chap. I.

qu'il considère les liens de la famille comme formés beaucoup moins par la communauté du sang que par l'accomplissement exact des devoirs réciproques. « C'est l'œuvre de la divine Providence, qu'elle n'a pas laissé les enfants privés d'un sentiment naturel d'affection envers leurs parents, et d'autre part qu'elle n'a pas fait reposer uniquement la famille sur ce sentiment[1]. » Qu'on se souvienne aussi du mot de Paul (I *Tim.*, 5, 10) : il a loué la mère d'élever ses enfants, non de les mettre au monde.

Nous ne trouvons que fort peu de renseignements chez Chrysostome sur l'instruction proprement dite. C'est qu'il n'en faisait pas grand cas. Assurément il avait reçu lui-même, à la meilleure école, l'enseignement classique ordinaire, et en avait tiré grand profit. Quelque différente que soit son éloquence de celle des panégyristes et des sophistes, quoiqu'il se fût même formé une rhétorique toute contraire par ses principes et sa méthode à celle de Libanius, cependant les leçons du rhéteur ne lui avaient pas été inutiles. Mais il faudrait se garder d'exagérer le souvenir qu'il en garda. On nous dit qu'il avait étudié la philosophie sous un certain Andragathius[2]; ce maître peu connu ne réussit guère à imprimer à son élève le goût, ou même le respect de ce qu'il lui enseignait. Jean n'a cessé de parler à tout propos de la philosophie avec le dédain le plus injuste. On n'a peut-être pas assez dit que Chrysostome fut, entre tous les Pères du IVe siècle, un des plus détachés de la civilisation antique et profane. On se laisse trop frapper par sa qualité d'élève de Libanius; par le mot plus ou moins authentique que les historiens ecclésiastiques ont prêté à ce dernier : qu'il l'aurait souhaité pour successeur. On se laisse éblouir par l'éclat et la pureté de son style. En réalité, non seulement il n'est pas, comme un Synésius, plus philosophe que chrétien; mais encore il est fort éloigné de la tolérance d'un Basile ou

1. In *Annam*, 1.
2. Socrate, *H. E.*, VI.

d'un Grégoire de Nazianze, même d'un Jérôme ou d'un Augustin pour les études classiques. Ardent et passionné, il n'avait pas l'esprit aussi ferme, aussi égal, aussi sûr que Basile. Jamais il ne comprit comme Augustin la profondeur de la doctrine platonicienne. Enfin, qu'on ne s'y trompe pas, il n'avait pas, autant qu'on l'imagine, le tempérament du lettré, du poète; ce tempérament qui éclate si fortement dans les moindres lignes des œuvres même le plus proprement théologiques de Jérôme ou de Grégoire de Nazianze. De bonne heure il avait cessé d'aimer les lettres et la poésie pour elles-mêmes : il n'a pas mérité d'avoir à son tour le songe fameux de Jérôme. Je trouve quelque part chez lui, dans un sermon prêché à Constantinople, l'aveu qu'il avait senti parfois, s'il le réprima toujours [1], l'aiguillon de la chair : il ne semble guère avoir été troublé par la concupiscence de l'esprit. Il ne faut pas oublier d'ailleurs qu'il n'avait pas vécu à Athènes, comme Grégoire et Basile : il n'avait pas habité cette cité sacrée des grands souvenirs, il n'y avait pas suivi les leçons des plus illustres sophistes. Ville de commerce et de plaisir, Antioche n'avait jamais été à proprement parler une des grandes capitales intellectuelles de l'empire [2] : c'était plutôt Béryte qui était en Syrie le centre le plus actif des études non seulement juridiques, mais littéraires. Antioche même était loin de pouvoir être comparée à Athènes ou à Alexandrie; les Séleucides n'y avaient pas fondé les mêmes traditions que les Attalides à Pergame et les Lagides en Égypte; Libanius y donna à l'enseignement public l'éclat le plus brillant, mais un éclat passager. Seul, en somme, le christianisme y avait de belles et fortes origines. Gibbon a dit [3] au sujet de Chrysostome un mot, qui exprime bien un jugement assez commun : « On lui reconnaît... le talent de déguiser les avantages qu'il tirait de la rhétorique et de la philosophie ».

---

1. Il exagère d'ailleurs probablement à dessein.
2. Mommsen a raison de le faire remarquer, *Rœmische Geschichte*, V, *loc. cit.*
3. Chap. XXXII.

Mais en réalité rien n'est plus inexact et plus injuste, et j'en ferais reproche à Gibbon s'il n'avouait, avec un peu trop de désinvolture, qu'il parle de Chrysostome d'après autrui, et qu'il n'est pas homme à s'engager lui-même dans la lecture de douze volumes homilétiques. Sans doute dans la morale et le dogme tels que les expose Chrysostome, il est des idées qui viennent des écoles philosophiques de la Grèce ; lui-même le révèle malgré lui par ce beau mot de philosophie, qu'il emploie sans cesse pour désigner la vie chrétienne, et qu'on est obligé de trouver étrange dans la bouche d'un des plus dédaigneux contempteurs de Platon et d'Aristote. Mais il suffit de voir avec quelle absence de scrupules il l'emploie pour comprendre à n'en pas douter qu'il ne lui laisse rien de son sens primitif. Tout évangélique et biblique au fond, Chrysostome ne doit à la philosophie que les idées qui longtemps avant lui déjà avaient pénétré le christianisme, et dont l'origine véritable n'était plus guère reconnue par personne. De lui-même, il ne lui emprunte rien d'autre ; il n'introduit dans la doctrine, telle que la lui ont transmise ses prédécesseurs, aucun élément nouveau et étranger.

Voilà pourquoi il nous renseigne si peu sur l'instruction que recevaient les enfants à l'école du grammairien et à celle du rhéteur ; et cette pénurie même de détails, ce silence sur une matière dont les autres écrivains chrétiens ont au contraire assez volontiers discouru, suffiraient à prouver en quelle mince estime il tenait les études séculières, si quelques paroles qu'il a laissées échapper en diverses occasions n'en étaient d'ailleurs l'aveu déclaré.

Il ne dit presque jamais rien des écoles de grammairiens. Il nous apprend seulement une fois que la discipline y était sévère, et nous savons par beaucoup d'autres témoignages que cela était de tradition dans l'antiquité. Depuis le brutal Orbilius d'Horace, jusqu'au maître d'école de Martial, « également haï des petits garçons et des petites filles » :

Invisum pueris virginibusque caput,

lè grammairien passa toujours pour un personnage rogue et
dur. Dans une de ces comparaisons abondantes et familières où il se complaît [1], Chrysostome nous décrit une classe,
au moment terrible de l'interrogation. Les enfants sont là,
tout craintifs; pendant que le maître interroge un de leurs
camarades, ils repassent leur leçon. Le maître est minutieux
et exigeant; la plupart sont battus; ceux qui attendent leur
tour, meurent de peur; et si quelqu'un d'entre eux, plus
insouciant et plus espiègle, décoche subrepticement quelque
coup à un voisin, l'autre n'ose pas répondre et se mettre
en colère; tous restent l'esprit tendu, n'ayant qu'une pensée,
qui est de sortir sans punition; puis la classe finie, battus
ou non, ils prennent leur volée, et sont tellement joyeux de
recouvrer leur liberté qu'ils ne se souviennent plus de rien.
— Ainsi à peu près, vers la même époque, à l'autre extrémité
de l'empire, le poète espagnol Prudence, se rappelant sur la
fin de sa carrière tous les souvenirs de sa vie, n'oubliait pas
que son enfance avait été terrorisée par les grammairiens, et
regrettait peu le temps où il pleurait, quand le châtiaient les
férules sonores [2].

Quant aux rhéteurs, qu'il déteste comme ayant toujours
été les adversaires de la prédication chrétienne, Chrysostome
ne voit en eux que les maîtres d'une éloquence d'apparat,
qui, sans avoir souci d'aucune utilité véritable, ne cherchent
que les applaudissements et la vaine admiration d'un public
moins délicat qu'il ne s'imagine [3]. Aussi longtemps qu'il a
prêché, il n'a cessé de se plaindre que l'éducation classique,
telle que la recevait la jeunesse, fût directement opposée à
celle qu'essayait de donner l'Église. On ne trouverait pas chez
ce Père, le plus éloquent des Pères, un mot en faveur des
lettres; une phrase où il reconnaisse leur influence civi-
lisatrice. Elles ne lui paraissent propres qu'à développer
l'orgueil, la vaine gloire, cette κενοδοξία qu'il maudit sans

1. In *Ep. 1 ad Tim.*, 6.
2. Préface. (*Ætas prima crepantibus — Flevit sub ferulis.*)
3. In *Joannem*, 1, exorde et *alias*.

cesse, et immole à l'humilité[1]. Tertullien, avant le triomphe
du christianisme, avouait que l'étude des classiques était
la préparation nécessaire à toutes les carrières : *instru-
mentum ad omnem vitam litteratura*. Les temps avaient
bien changé, après le triomphe, puisque Chrysostome, par
nature cependant bien plus modéré et bien plus sage que
Tertullien, semble avoir oublié cette vérité. Recommandant
l'étude de l'Écriture, qui était, nous le verrons, extrêmement
mal connue de la plupart des fidèles, il en profite pour montrer toute la vanité des connaissances profanes : « Les écrits
des Grecs, avec leur prétendue science, ne font qu'augmenter
l'ignorance dangereuse du jeune âge; le plonger dans des
ténèbres plus épaisses. Ils ne servent qu'à faire admirer aux
enfants de prétendus héros, qui ne furent jamais que les
esclaves de toutes les passions et de tous les vices; qui tremblaient devant la mort » — on voit jusqu'où va l'injustice,
— « Achille par exemple, et tous les autres dans Homère!
Oui, faisons-leur lire au lieu d'Homère la Bible et l'Évangile.
Vous me prenez pour un véritable fou, quand je vous donne
de tels conseils; mais je sais ce que je fais, et je ne faillirai
pas à ma tâche[2]. » Le droit ne trouve pas plus grâce auprès
de lui, il n'y voit que vaines chicanes, injustice, barbarie. Il
est permis de signaler en tout cela une étroitesse regrettable,
particulièrement dangereuse à l'époque où Chrysostome
vivait. Puisque les lettres et les études juridiques préparaient seules aux carrières civiles, puisque l'État avait plus
que jamais besoin de fonctionnaires énergiques, intègres et
instruits, puisque la race des administrateurs habiles, des
gouverneurs prudents et fermes disparaissait de plus en plus,
ceux-là faisaient à l'empire un tort grave, qui, sans qu'on
puisse leur reprocher les mobiles élevés auxquels ils obéis-
saient, travaillaient à détourner l'élite de la jeunesse de
l'éducation classique. Cette éducation n'était assurément pas

* * *

1. *Ibid.*, in *Gen.*, 22, etc.
2. In *Ep. ad Eph.*, 21.

parfaite, elle semble même, à juger par quelques plaintes de Libanius [1], être devenue plus superficielle encore au IVe siècle qu'auparavant; cependant on ne pouvait oublier qu'elle avait formé d'utiles générations de grands magistrats civils. Admirablement pratique, en sa prédication, dans le domaine de la morale, Chrysostome l'est assez peu en tout le reste : aussi ne faut-il pas accorder trop d'importance aux réserves que je suis contraint de faire ici. Mais il faut dire nettement qu'au IVe siècle, les tendances que je viens de signaler étaient profondément destructrices. L'Empire, depuis Constantin, n'a conservé une ombre de vie que parce qu'un certain nombre de chrétiens, tout en se conformant aux préceptes évangéliques, ont établi un compromis entre les exigences de la religion et celles de la société civile. Le christianisme a donné ainsi à l'État son contingent de fonctionnaires modèles. Tel a été par exemple, entre beaucoup d'autres, ce poète Prudence dont je rappelais tout à l'heure le nom, et qui, avant de se vouer à l'ascétisme pendant sa vieillesse, a su remplir avec conscience et talent des charges importantes. Chrysostome n'a rien fait pour aider à se produire des hommes de cette trempe.

Ce qui le préoccupe donc exclusivement, c'est l'éducation morale, et c'est par là qu'il prend sa revanche, quoique un peu trop exclusive et trop entière. Il croit qu'il n'y a pas de meilleur service à rendre à l'enfance que de réformer profondément la vie familiale, de purifier et d'assainir le foyer. Il sait que le christianisme peut réussir dans cette tâche où la philosophie s'était essayée, sans jamais obtenir mieux qu'un succès partiel. Pendant toute la durée de l'Empire romain, la famille a été constituée de telle sorte qu'il était bien difficile que

---

1. Libanius prétend que les jeunes gens ne se soucient que de deux choses : savoir assez de latin pour bien posséder les formules du style administratif du temps; devenir de bons « notarii » (ταχύγραφοι, disaient les Grecs). Ceux qui connaissent bien cette sténographie, ces *notæ* qui étaient indispensables aux fonctionnaires romains, peuvent, dit-il, avec ce seul bagage, prétendre parvenir un jour aux plus hautes fonctions. (ED. REISKE, III, p. 438.)

l'enfance n'y trouvât pas de bonne heure des exemples fort douteux, et n'y fût pas exposée à bien des dangers. Ce que disait
à ce sujet Quintilien resta vrai après lui; car la société ne
subit pas, jusqu'au triomphe du christianisme, de révolution
bien profonde. Ce sage Quintilien, qui ne fut pas seulement
le plus distingué des rhéteurs, leur maître à tous par la justesse et la finesse de l'esprit, comme par la sûreté de l'expérience, mais qui encore laisse apercevoir dans presque toute
son œuvre beaucoup d'élévation de sentiments, Quintilien
qui voulait faire de la rhétorique, telle qu'il la concevait, non
seulement l'institutrice de l'intelligence, mais aussi celle du
caractère, a décrit en termes excellents ces périls, nés de
l'insouciance des parents; et ce qui me frappe dans la belle
parole de Juvénal, sur le respect dû à l'enfance, c'est moins
peut-être la délicatesse du conseil, d'un prix rare cependant
chez un Romain, que sa solennité impérative : l'accent montre
combien ce conseil était nécessaire, et permet de deviner
l'étendue du mal. La source principale en était certainement ce
fatal esclavage, qu'on retrouve partout, comme la cause pri-
mordiale et décisive de la plupart des vices dont a souffert
la société antique ; Chrysostome l'a bien vu et, selon sa
méthode, il a commencé par décrire sans nulle fausse pudeur
les scandales qu'il voulait guérir. Voici une analyse caractéristique : « Souvent donc [1], dit-il, en débutant par une
de ces comparaisons où il excelle, nous recommandons à la
servante qui a besoin d'une lampe de ne pas la porter dans
une pièce où se trouve de la paille, ou quelque autre matière
inflammable, de peur qu'à notre insu une étincelle ne vienne
à y tomber, et, se communiquant à cette matière, ne mette le
feu à la maison. Ayons donc la même prévoyance quand il
s'agit de nos enfants; et ne laissons pas leur regard pénétrer
là où se trouvent des servantes délurées, des filles provo-
cantes, des esclaves impudents; mais donnons-leur des
ordres sévères, et prenons garde, si nous avons quelque ser-

1. In *Annam*, 1.

vante et quelque voisine de cette espèce, ou, si enfin, de quelque façon que ce soit, ce danger est près de nous, qu'ils ne puissent ni par la vue ni par les conversations y être exposés, de peur que ce ne soit là l'étincelle qui embrase l'âme tout entière, et rend la chute inévitable. Eloignons-les aussi des paroles libres et indécentes, de peur qu'elles ne les séduisent comme par un charme magique. Ne les menons ni au théâtre ni aux banquets où l'on s'enivre ; mais gardons les jeunes gens avec plus de soins encore que les jeunes filles, qui ne sortent pas du gynécée. Car il n'y a pas de plus belle parure pour cet âge, que la couronne de la tempérance, et la gloire de se présenter au mariage pur de tout désordre. » Mais que font au contraire les pères ? Ils prennent moins de soin de l'éducation de leurs fils que de celle de leurs esclaves ; on veille sur ces derniers, par égoïsme ; on les corrige de leurs moindres défauts, pour n'avoir pas à en souffrir. On ne songe pas à l'intérêt même des enfants ; on ne s'applique pas à les réformer en vue de leur perfection propre[1]. A l'intérieur de la maison, les pères ne leur donnent que les pires exemples ; au dehors, ils les mènent partout avec eux, aux bains, aux théâtres, partout, sauf à l'église[2]. A ces pères insouciants ou faibles, Chrysostome oppose l'exemple du grand prêtre Héli[3], puni pour n'avoir pas su corriger ses fils. Mais il compte surtout sur les mères, auxquelles il propose comme modèle Anna[4] ; auxquelles il répète la belle parole de l'apôtre, dont il voudrait faire leur devise : Elle sera sauvée par la procréation de ses fils, s'ils persévèrent dans la foi, la charité et la sanctification[5]. Leur douceur affectueuse agira plus

1. In *Matth.*, 59.
2. In *Ep. ad Eph.*, 22.
3. In *Ep. 1 ad Tim.*, 9. — Libanius confirme Chrysostome : il prétend que les pères poussent l'indulgence jusqu'à la faiblesse : « Les pères ont pris la place des fils, et les fils celle des pères ; ce sont les pères qui tremblent, et les fils qui se fâchent.... Parfois les pères sont fiers de leurs fils quand ils ont fait des sottises à l'école, et disent avec orgueil : Ce seront de fameux gaillards. » (ED. REISKE, *Discours*, p. 502, 442 et suiv.)
4. Homélie *in Annam*.
5. In *Ep. 1 ad Tim.*, 9.

sûrement que la dureté excessive où tombent presque tous ceux d'entre les pères qui ne pèchent pas par excès de condescendance. Chrysostome, en effet, qui établit si résolument l'autorité des parents et exige l'obéissance absolue des fils, ne veut pas que les premiers usent toujours de tous leurs droits, ou les exercent avec la brutalité que leur permettait la tradition des mœurs antiques. « Ne provoquez pas vos fils à la colère, comme je vois faire à beaucoup qui les déshéritent, les renient, et les traitent comme des esclaves, non comme des fils [1]. »

Nous parlerons moins de l'éducation des filles; elle appartenait encore plus complètement à la mère. La jeune fille ne se montrait pas au dehors; elle était très sévèrement cloîtrée à l'intérieur de la maison, dans le gynécée [2]. C'est pourquoi Chrysostome ne nous entretient guère d'elle; il ne parle avec détail que de la classe particulière des vierges consacrées à Dieu, dont nous aurons occasion de traiter dans un autre chapitre.

J'ai tâché de bien montrer quelle grande et heureuse influence le christianisme avait eue sur l'éducation. Il ne faudrait pas d'ailleurs la surfaire au point de croire que d'honnêtes païens n'eussent pas fait aussi leurs efforts dans le même sens. Si nous avions à parler de la haute société romaine, que nous connaissons mieux que la société byzantine ou syrienne, nous y ferions voir de nobles exemples, des familles chastes et saintes où les enfants recevaient, sous la surveillance même du père, avec son active collaboration, non seulement la meilleure instruction, mais les meilleures habitudes morales. Telle fut pendant près d'un siècle la famille des Symmaques. L'orateur qui est resté célèbre par son fameux rapport sur l'affaire de l'Autel de la Victoire, avait été élevé par son père, et nous voyons dans ses lettres qu'il s'occupait lui-même d'élever son fils. Il est tout joyeux quand il raconte

---

1. In *Ep. ad Eph.*, 21.
2. Les principaux textes sont ceux que j'ai déjà cités, à propos des noces.

comment il refait ses classes avec lui; il se montre plein de la
plus touchante et de la plus vigilante sollicitude [1]. Le seul
reproche qu'on pourrait adresser à l'éducation telle qu'il la
comprend, est qu'elle risque de devenir un peu efféminée et
amollissante, par l'excès même d'une affection trop absor-
bante, trop inquiète; mais on ne pourrait accuser Symmaque
ni de la moindre négligence, ni d'aucun mauvais exemple. Je
remarque aussi que presque tous les grammairiens ou rhéteurs de Rome, dont le souvenir est venu jusqu'à nous, pour
la plupart païens, étaient les plus honnêtes gens du monde.
L'enseignement moral ne dégénéra pas après Quintilien. Mais
il n'est pas question ici de Rome. A Antioche, Libanius était
certainement un maître très honorable, plus distingué même
par le caractère que par l'esprit. Il n'était sans doute pas
entièrement irréprochable dans sa vie privée, selon les règles
austères de la morale chrétienne; il avait eu une liaison irré-
gulière, comme celle que garda si longtemps Augustin; et il
semble que ce fût péché assez commun chez les rhéteurs; sa
maîtresse lui avait donné un fils, qu'il aima beaucoup, éleva
avec soin et il ne demanda guère de faveur aux princes, qui
firent de lui tant d'estime, que pour asssurer à ce fils, malgré
sa naissance illégitime, la majeure partie de son héritage [2].
Libanius donc non seulement a donné les meilleurs conseils
aux écoliers qui suivaient ses leçons, et n'a jamais cessé,
malgré le peu de succès de ses remontrances, de leur reprocher leurs folies de jeunesse, par lesquelles ils se signalaient
tout autant à Antioche qu'à Athènes; mais il a fait entendre
aux parents les mêmes vérités que ne leur avait pas ména-
gées Quintilien, et son langage ressemble parfois [3] de très
près à celui de Chrysostome. Les rhéteurs païens, il est
vrai, avaient beaucoup moins d'autorité que les évêques, et
Libanius ne dissimule pas qu'il n'était pas très écouté [4].

1. *Ep.*, IV, 20; V, 68, etc.
2. SIEVERS, *Leben des Libanius*, p. 93.
3. Cf. par exemple le discours περὶ τάπητος, contre les écoliers qui
bernaient leurs pédagogues.
4. Cf. les textes que j'ai cités p. 90, et SIEVERS, p. 45.

Pour achever l'œuvre d'une éducation vraiment chrétienne, Chrysostome, dans un de ses premiers ouvrages, donne aux parents un conseil de grande importance. Il pense que ce n'est pas assez de former les enfants aux bons exemples, dans la famille même, et de leur apprendre, auprès d'un foyer que ne déshonore aucun vice, les éléments de la vertu et de la piété. Il voudrait que tous allassent passer quelque temps dans les monastères, et semble même indiquer que ce temps doit être assez long. Il nous apprend de plus que, quoique cette habitude rencontrât chez la plupart des parents une opposition décidée, elle était acceptée cependant par un certain nombre. C'est dans le troisième livre de son *Apologie de la vie monastique* qu'il établit cette règle, et il ne faut pas oublier que cette apologie est un des premiers écrits qu'il ait composés. Elle date, comme le *Traité de la Virginité*, de sa période d'ascétisme; elle respire encore toute la passion enthousiaste qui l'anima pendant ses années de retraite cénobitique et anachorétique. On doit encore se souvenir qu'elle est adressée aux habitants de cette ville d'Antioche, dont le voisinage était partout peuplé de moines, établis en communautés ou vivant isolés, dans les contreforts des montagnes syriennes. Tout cela explique assez bien que Chrysostome ait cru pouvoir donner un tel conseil avec l'espoir d'être écouté, et que même quelques-uns, avant qu'il donnât le conseil, eussent spontanément donné l'exemple. Mais que faut-il penser de cette innovation, et quels résultats eût-elle produits, si elle s'était généralisée?

Ce n'était pas assurément une chimère irréalisable, et il était permis à un prédicateur, à ce moment du ive siècle, de croire qu'il ferait passer cette réforme dans les mœurs d'une élite, sinon de la société chrétienne tout entière. Chrysostome lui-même nous a montré combien pouvaient être fécondes ces retraites au désert d'où l'homme sortait purifié, aguerri, prêt à soutenir sans défaillance le rude combat de la vie chrétienne au milieu même du siècle. Cependant ce qui était excellent pour ceux qui, comme lui, devaient se vouer tout

entiers à l'Eglise et entrer dans sa hiérarchie, eût été au contraire plutôt dangereux pour beaucoup de ceux qui devaient
rester laïques. D'abord c'était à l'âge même où, selon la coutume ordinaire, le jeune homme, quittant sa famille, allait
dans quelque ville lettrée : Athènes, Béryte, Constantinople,
ou quelque autre, suivre les leçons du philosophe et du rhéteur, qu'il aurait fallu placer l'époque de ces retraites. Dès lors
il devenait nécessaire de supprimer cette étude de l'éloquence
et des classiques, qui était toute l'instruction antique. Cela
n'était pas pour embarrasser beaucoup Chrysostome, surtout
à cette période de sa vie; car l'*Apologie de la Vie monastique*
est celui de tous ses ouvrages où il a parlé avec le plus de
dédain de l'éloquence et des lettres. Mais beaucoup de
parents avaient plus de scrupule, et il est forcé d'avouer que
c'étaient en général « les plus sages [1] », aux yeux du monde.
Supposons cependant qu'on se soit résigné à sacrifier les
études littéraires, ce que nous appelons aujourd'hui les
humanités, et suivons le jeune homme parmi les pieux cénobites des montagnes syriennes. Si son âme est profondément
religieuse, si elle s'éprend d'une admiration enthousiaste
pour les sublimes exemples de maîtres vénérés, il restera
sans doute au monastère; ou, tout au moins, s'il rentre dans
les villes, ce sera pour y prendre place dans les rangs du
clergé, et, de toutes façons, il sera perdu pour la société civile.
Si, au contraire, c'est une âme faible, inquiète, le vin trop fort
de l'ascétisme lui versera une ivresse plus dangereuse encore;
ce sera le malheureux Stagyre, épuisé dans son corps malade
par des austérités qui ne conviennent qu'aux forts et aux
sains; bouleversé dans son esprit inconsistant et dans son
cœur incertain par des idées et des sentiments d'une élévation
trop sublime pour le commun des hommes, et on le verra
livré désormais à ces accès de folie furieuse où les superstitions du temps voyaient une possession démoniaque. Ainsi
périra peu à peu, inutile aux autres et insupportable à lui-

____

1. *Apologie*, liv. III, chap. XI.

même, celui qui peut-être, dans la vie paisible du siècle, à l'intérieur de la famille qu'il eût fondée, eût conservé l'équilibre de sa raison et la sérénité de son humeur. Quand donc il donnait aux parents ces ardents préceptes, Chrysostome se laissait entraîner par un zèle outré dont les résultats auraient été en partie funestes ; le monachisme déjà, en restant réservé à une élite, a fait, pendant tout le ive siècle, un dommage sensible à l'État ; que fût-il advenu, si on l'avait imposé comme une règle générale ? Il y a parfois entre les siècles les plus éloignés des analogies de situation frappantes. Ce qu'on pourrait appeler la conscription ascétique risquait d'opposer au recrutement de la société civile, à l'époque de Chrysostome, des obstacles aussi graves, quoique de tout autre nature, qu'en peut apporter, de nos jours, au recrutement de la société ecclésiastique, la conscription militaire.

Mais il est très remarquable qu'en aucun autre ouvrage de Chrysostome on ne rencontre de nouveau l'expression des idées qu'il préconisait, au troisième livre de son *Apologie de la Vie monastique*. Je n'ai pas noté en effet qu'en aucune de ses homélies d'Antioche ou de Constantinople il les ait reproduites. Il faut voir là sans doute le même effet de l'expérience que nous a révélé, à propos du *Traité de la Virginité*, la modification de ses idées sur le mariage. Dès que, pendant sa prêtrise, il fut en relation directe et continuelle avec les familles chrétiennes, il sentit ce que son ambition avait pu avoir d'abord d'excessif ; à Constantinople même, il eut plus d'une occasion de voir des religieux qui honoraient beaucoup moins leur état que ceux de Syrie. Il dut réprimer les vices, condamner la paresse de ces mendiants éhontés, qui, sous prétexte d'ascétisme, exploitaient alors la grande ville, ouverte à toutes les hypocrisies comme à toutes les vertus, et sans doute il pensa qu'il valait mieux inculquer la piété au sein des familles que courir le risque d'augmenter imprudemment le troupeau errant des mauvais moines. Si ce furent ces réflexions qui expliquent son silence, il ne dut pas le regretter, pendant son voyage d'exil, lorsqu'une bande de moines fanatiques le poursuivait sur les chemins de la Cappadoce, et le chassait de Césarée.

La tâche déjà si difficile par elle-même de l'éducation se complique singulièrement quand le père meurt, et la transmet à sa veuve seule. Nous avons déjà vu que Jean conseille aux veuves, sans leur en faire une obligation absolue, de ne pas s'engager dans un nouveau lien; et nous retrouverons ailleurs l'occasion d'examiner la condition de celles des veuves qui formaient un ordre spécial dans la hiérarchie ecclésiastique. Nous ne voulons nous occuper ici que de leur rôle à l'intérieur de la famille, quand le mari n'est plus là. Chrysostome a souvent redit à quels tracas, à quels périls même est exposée la veuve; et il a coutume de le faire en termes si énergiques et si précis qu'il y a là, je crois, plus que le développement d'un lieu commun vrai de tous les temps et de toutes les sociétés; on peut croire qu'à son époque la situation des veuves était particulièrement pénible et dangereuse. « Les maux terribles du veuvage, s'écrie-t-il quelque part, ces maux que seules peuvent connaître celles qui en ont fait la cruelle épreuve [1]! » — « Ne voyons-nous pas chaque jour, dit-il ailleurs, que l'on pille le bien des veuves, que l'on dépouille les orphelins [2]? » Ailleurs encore, il montre ces pauvres veuves, victimes de leur inexpérience, et réduites à la pauvreté, profitant du passage de l'empereur dans leur cité pour réclamer son intervention et implorer sa protection toute-puissante [3]. Il ne convient guère d'entrer ici dans un examen plus détaillé de la condition des veuves, notamment des particularités de leur condition juridique qui pouvaient rendre les spoliations faciles et fréquentes; il nous suffit, nous tenant à ce que nous apprend Chrysostome, de constater qu'elles y étaient fort exposées.

D'ailleurs, s'il en était beaucoup parmi elles qui ne parvenaient pas à conserver l'héritage de leurs fils, si d'autres

1. *De Sacerdotio*, I.
2. In *Genesim*, 48.
3. In *Annam*, 1.

se remariaient promptement, et s'il n'en manquait pas enfin, qui, gardant une hypocrite sagesse aux yeux du monde, entretenaient secrètement quelque liaison coupable [1], il en était d'autre part qui trouvaient dans un parent dévoué le défenseur qui leur était nécessaire, ou qui, intelligentes et fortes, savaient elles-mêmes gouverner leur maison et administrer leurs biens. C'est ainsi que cette veuve du jeune Thérasius, à qui Chrysostome adressa une fort belle consolation, reçut d'un de ses oncles conseil et protection. C'est ainsi surtout qu'Anthusa, frappée dès l'âge de vingt ans par la mort prématurée de Secundus, avait été le modèle parfait de la veuve à la fois par la pureté de sa vie et par son entente des affaires. On ne trouverait pas mieux pour la peindre que n'a trouvé son fils lui-même dans le premier livre du traité *Sur le Sacerdoce*, où s'est épanchée toute sa tendresse reconnaissante; où il l'a montrée veillant avec un dévouement infatigable sur son enfance et sur sa jeunesse; s'occupant de toutes les affaires; ne lui laissant aucun souci matériel, et lui permettant ainsi de se livrer tout entier à ses études et à ses aspirations. On a souvent répété le mot du maître de Jean, que celui-ci nous rapporte dans sa *Consolation à la veuve de Thérasius* : « Quelles femmes chez les chrétiens ! » s'était-il écrié, en apprenant de son élève l'admirable conduite d'Anthusa.

Ce maître était Libanius; on n'en peut guère douter; si Jean ne le nomme pas, il le désigne assez clairement; et l'éloge avait du prix dans sa bouche, car Libanius avait eu lui-même une mère affectueuse et vigilante [2]. Il faut en effet reconnaître, en admirant, comme on le doit, les nobles vertus des veuves chrétiennes, que les païens en ont compté parmi eux, à la même époque, de très méritantes. Dans la lettre bien connue [3] où il met la vierge Lea si fort au-dessus de Prétextat, saint Jérôme a beau railler la douleur d'Aconia Paulina, la veuve

1. *Ad viduam juniorem*, 1.
2. Sievers, *Leben des Libanius*, chap. I.
3. *Ep.* 23.

de l'illustre magistrat païen ; il nous suffit de lire cette épitaphe [1] en vers un peu fastueux sans doute, mais émus, qu'elle avait fait graver sur le tombeau de son mari, pour sentir le deuil d'une affection sincère. Le mot même de Libanius, on ne l'a point remarqué, mais il faut le dire, est aussi honorable pour celui qui l'a prononcé que pour celle en l'honneur de qui il fut dit. Chrysostome semble y voir surtout l'étonnement du païen auquel de pareilles vertus paraissent surhumaines. Je suis tenté d'y voir autre chose : il me semble y reconnaître l'accent de l'honnête homme, au vieux sens que notre XVIIe siècle donnait à ce terme, et qui peut être appliqué à Libanius ; l'accent de l'honnête homme, qui, comme son compatriote Ammien-Marcellin, sait admirer le bien même chez ses adversaires, et donne à son jeune élève une délicate leçon qui fut mal comprise : l'exemple de la largeur d'esprit, et d'une belle impartialité morale.

Nous avons vu que Chrysostome, s'il redoutait la négligence qu'apportent les pères à l'accomplissement de leur devoir, ne craignait pas moins cependant leur dureté, les abus d'autorité auxquels semblaient les inviter encore, malgré l'adoucissement progressif des mœurs, la loi et la coutume. Chez les veuves, il sait bien qu'il n'a guère à redouter que la condescendance et la faiblesse. Il essaye donc de les prémunir contre elles-mêmes ; de forcer à la sévérité nécessaire ce tendre cœur des mères toujours prêt à mollir. Il leur rappelle la parole de l'Ecclésiaste : « Courbez leur cou, dès leur jeune âge » (Eccl., 7, 23). Il leur montre que Dieu a fondé leur autorité sur sa parole sans réplique : « Celui qui résiste à son père et à sa mère, que la mort le frappe » (Exode, 21, 17) ; et il leur promet en récompense, si elles forment des fils vertueux et craignant le Seigneur, une gloire égale même à la gloire incomparable des Vierges [2].

1. C. I. L., VI, 1779.
2. In *illud* : *Vidua eligatur*....

4° Les cérémonies des funérailles.

« Ne soyez pas contristés au sujet de ceux qui dorment »,
avait dit l'Apôtre. Mais, souvent répétée par les docteurs des
âges postérieurs, la parole apostolique n'avait pas été fort
écoutée. Comme les noces donnaient lieu à des réjouissances
scandaleuses, les funérailles étaient accompagnées de cérémonies que l'Église ne pouvait approuver. Ainsi que pour les
noces, une double cause agissait en un même sens : d'une
part, un instinct impérieux, irrépressible, entrait en lutte avec
le christianisme, qui semblait, non content de réformer la
nature, vouloir parfois la supprimer; d'autre part, les générations païennes avaient légué aux générations chrétiennes un
héritage de traditions que ces dernières ne pouvaient se
décider à répudier. Mais Chrysostome attachait à la réforme
des cérémonies funéraires une importance beaucoup plus
grande encore qu'à celle des cérémonies nuptiales. Car
l'excès du deuil et du désespoir semblait un démenti à la foi
elle-même, et comme une sorte d'abjuration. A ce moment
solennel, en présence de la mort, il fallait que le fidèle prouvât
que : « le christianisme n'est pas un enfantillage et une baga-
telle [1] ». Certes Jean ne songeait pas à contester la légitimité
de la douleur. Si son cœur si tendre, si aimant, n'eût à lui
seul parlé assez haut, il ne pouvait oublier [2] que Jésus a
donné l'exemple des larmes : car, dit l'Évangéliste, il a pleuré
Lazare, parce qu'il l'aimait. « Je ne défends pas la tristesse,
mais seulement l'emportement de la tristesse [3] », disait-il
donc. On aimerait qu'il nous eût parlé quelque part des
émotions qu'il éprouva quand il perdit sa mère, sa chère
Anthusa. Il ne nous a pas mis dans la confidence de sa peine;
mais il n'est pas douteux qu'il n'ait dû être la proie de cruelles
agitations; sans doute il contint ses larmes, et garda cepen-

1. οὐκ ἔστι παίγνια ὁ χριστιανισμὸς, ἀγαπητοί, οὐδὲ πρᾶγμα πάρεργον.
2. In *Joannem*, 62.
3. Homélie *de Dormientibus*.

dant une douleur muette et intime; comme Augustin aux funérailles de Monique, « il pria Dieu de consoler sa douleur [1], et Dieu ne le faisait pas ». Que ne nous a-t-il laissé une page pareille à l'admirable page des *Confessions*!

Mais, quelle que fût sa tendresse, les manifestations violentes et extérieures de la douleur lui semblaient grandement coupables. Pour comprendre son indignation, il faut surtout ne pas oublier que le monde n'était pas alors entièrement converti : la société était toujours divisée en deux parties hostiles, les païens et les fidèles. Des uns aux autres, on s'observait sans cesse. On essayait de surprendre chez ses adversaires la pratique en contradiction avec la doctrine. La situation était donc toujours à peu près la même que quand l'Apôtre prononçait la parole que j'ai citée d'abord. « Nous pleurons, et les païens disent : « Mais que vaut donc cette doctrine de la « Résurrection, qu'ils ont toujours à la bouche? Ils se vantent, « ils nous trompent, quand ils prétendent croire à ce rêve « insensé [2]. » — « Nous nous lamentons, et les païens disent : « Comment supporteront-ils eux-mêmes leur propre mort, s'ils « sont à ce point bouleversés par celle de leurs proches? C'est « fanfaronnade de leur part, quand ils soutiennent que leur « foi donne le calme et le courage [3]. » C'est donc surtout à cause des païens que nous devons faire effort et nous contenir. Il faut éviter avant tout le scandale, et c'est ici le pire des scandales, celui qui jette le discrédit sur la religion même, entretient l'incrédulité et provoque le blasphème [4].

A des arguments aussi pressants, les chrétiens d'Antioche et de Constantinople ne pouvaient raisonnablement rien répondre. Ils étaient cependant trop subtils et trop frondeurs pour se laisser fermer la bouche, même par un langage aussi convaincant et aussi plein de sens. Ils avaient d'abord à leur

---

1. *Confessions*, IX.
2. Hom. *de Dormientibus*.
3. In *Ep. ad Heb.*, 4.
4. Ces idées sont exactement celles qu'exprimait déjà, en termes tout à fait analogues, CYPRIEN, dans son traité *de Mortalitate*, chap. xx et suiv.

disposition leur artifice ordinaire : ils exploitaient l'inépuisable arsenal de textes contradictoires que renferme l'Écriture ; ils en trouvaient qui semblaient justifier leur faiblesse ; d'autres se laissaient aisément interpréter en divers sens, surtout par des esprits très raffinés ; enfin on n'hésitait pas au besoin à critiquer ouvertement les textes qui étaient incontestablement favorables à Jean. Ainsi quand il prétendait que peu importe la sépulture, et qu'à plus forte raison, si on l'obtient, peu importe en quel endroit, ceux qui tenaient à être ensevelis dans leur patrie même, et n'épargnaient aucune précaution pour s'assurer que leur vœu serait rempli, objectaient l'histoire de Jacob [1]. Ils l'objectaient encore pour justifier les pleurs et les lamentations aux funérailles [2], et il fallait que chaque fois Jean leur rappelât la différence sans cesse oubliée de l'ancienne et de la nouvelle loi. Au contraire, le mot de Jésus [3] : « Laissez les morts ensevelir leurs morts », paraissait à la plupart dur et inhumain, et ils ne se gênaient pas pour le faire entendre. Jean était obligé d'entrer dans un long commentaire et de faire d'abord une concession assez grave. Oui, disait-il, cette parole serait dure si Jésus n'avait pensé qu'aux funérailles. Mais la vue divine de Jésus n'était pas bornée comme la nôtre. Il savait qu'après les funérailles, il faut s'occuper de l'héritage ; ce sont alors des soins et des tracas sans nombre, et ainsi, les flots succédant aux flots, le jeune homme qui l'interrogeait aurait fini par être entraîné bien loin de la vérité. « C'est pour une raison analogue que, quand on prévoit qu'un deuil portera un coup trop fort à celui qu'il frappe, on le lui dissimule ; et cela aussi est cruel et inhumain, à raisonner comme vous faites [4]. »

Quelles étaient donc les manifestations auxquelles s'abandonnait un désespoir excessif? Jean admettait, ce qui était devenu de règle, l'usage des étoffes neuves et riches dont on

1. In *Gen.*, 66.
2. In *Gen.*, 67.
3. In *Matth.*, 27.
4. In *Matth.*, 27.

enveloppait les morts. C'étaient, en Orient, comme dans le reste de l'empire, des linges blancs, le plus souvent fortement imprégnés de parfums. Prudence en parle dans l'hymne qu'il a composée pour être chantée aux funérailles [1]. On y voyait comme un type de la Résurrection, un symbole terrestre du vêtement immortel que doit revêtir un jour la chair purifiée [2]. Jean admettait encore le luxe des flambeaux, des torches et des cierges, que Jérôme nous montre aussi portés par des prêtres aux obsèques de Paula [3]. On y trouvait encore un sens mystique. « Dites-moi, que signifient les lumières étincelantes? Ne sont-elles pas là parce qu'on reconduit les morts comme des vainqueurs couronnés [4]? » Le chant des Psaumes était vivement recommandé « pour glorifier Dieu, et lui rendre grâce d'avoir couronné le défunt [5] ». C'était une coutume depuis assez longtemps déjà devenue générale parmi les chrétiens, et l'hymne de Prudence que je viens de citer est comme un psaume nouveau composé précisément à cette intention. Chrysostome nous apprend que les psaumes 115, 22 et 33 étaient ceux qu'on avait choisis.

Voilà les usages chrétiens. Mais Chrysostome est peu disposé à admettre les vêtements noirs en signe de deuil [6]. Surtout il condamne chez les femmes l'expression désordonnée de la douleur. Le convoi traverse l'agora, empli, comme pour les noces, de curieux parmi lesquels se trouvent de nombreux païens, et cependant les femmes s'arrachent les cheveux [7], se déchirent les joues [8]. Même ce ne sont pas seulement les parents du mort qui se lamentent ainsi; on ne veut pas renoncer à une des coutumes païennes les plus ridicules, on fait venir les pleureuses gagées, les chœurs de pleureuses,

1. *Cathémérinon*, X.
2. 66, in *Genesim*.
3. *Ep.* 108, § 29.
4. In *Ep. ad Heb.*, 4.
5. *Ibid.*
6. Comme avant lui CYPRIEN, *de Mortalitate*, 20.
7. Hom. *de Dormientibus*.
8. In *Ep. ad Thess.* Il y a même des coquettes qui voient là une occasion de montrer leurs beaux bras. In *Joannem*, 72.

Θρηνουσῶν χόρους [1]. C'est à Constantinople surtout que Jean semble s'être efforcé d'en combattre l'emploi. Peu écouté, il en est venu à penser aux mesures énergiques; dans l'une des homélies sur l'Épitre aux Hébreux [2], il fait entendre la menace de l'excommunication. Car faire venir les pleureuses, c'est, dit-il, faire acte formel d'idolâtrie.

On ne s'étonnera pas que l'adversaire le plus ardent qu'aient jamais rencontré la richesse et le luxe, ait attaqué avec violence les somptuosités exagérées, les dépenses déraisonnables et de pure ostentation qui signalaient trop souvent les funérailles. Déjà il voulait restreindre le plus possible cet usage des parfums, qu'il n'osait pas interdire absolument et qu'il ne condamnait pas en lui-même; car il le voyait tourner en abus, favorisé qu'il semblait par une interprétation un peu large du récit évangélique sur le vase de la courtisane [3]; et de même il trouvait qu'on abusait de la permission accordée au sujet des vêtements neufs. On les prenait trop magnifiques et trop coûteux, si bien qu'ils attiraient les voleurs, qu'on redoutait beaucoup, et dont certains avaient la spécialité de dévaliser les sépultures [4]; pour les détourner, on avait pris parfois l'habitude singulière de lacérer les étoffes précieuses, et de les inonder de liquides odorants, afin de les rendre inutiles [5]. Dans les obsèques des grands seigneurs, le cortège prenait des proportions immenses [6]; les esclaves, hommes et femmes, suivaient revêtus de sacs; et les chevaux, également en livrée de deuil, conduits par les palefreniers, accompagnaient leur maître jusqu'à sa dernière demeure [7]. Jean ne savait s'il devait avoir pour toute cette vaine pompe plus d'indignation ou plus de pitié.

1. In *Joannem*, 85.
2. Hom. 4.
3. In *Joannem*, 85.
4. Les τυμβωρύχοι.
5. In *Joannem*, 85. — Cf. encore l'homélie in *Psalm.* 48, où il raille la vaine magnificence des tombeaux et les inscriptions mensongères.
6. Julien, pendant son séjour à Antioche en 363, fit une loi pour réprimer ces excès. Nous l'avons encore au *code Théodosien*, IX, 17, 5.
7. *De Statuis*, 3.

Une autre coutume que Chrysostome critique comme un legs du paganisme, c'est celle des ablutions au retour du convoi [1]. Il n'a pas de peine à montrer que croire à la nécessité d'une purification après le contact du mort est une idée toute païenne et superstitieuse. Pourtant elle était très répandue chez les fidèles. Augustin ne nous apprend-il pas lui-même qu'il céda au préjugé, en revenant des funérailles de Monique, et qu'il essaya vainement de calmer ainsi l'agitation où l'avaient jeté ses efforts pour comprimer ses larmes [2]? Ce nom d'Augustin rappelle inévitablement à l'esprit les agapes, ou banquets funéraires, que l'on célébrait comme bout de l'an en mémoire des défunts, et qui donnaient lieu en Afrique à des scènes si scandaleuses [3]. Il y en avait aussi en Orient; mais il ne semble pas qu'il s'y produisît de pareils excès; car Chrysostome ne les mentionne que d'une façon indirecte, et nullement pour les critiquer : au contraire, il nous apprend que la tradition s'était établie d'y convier les pauvres, et qu'on se faisait le plus grand scrupule de manquer à cette habitude charitable [4].

On peut dire, pour conclure, que Chrysostome est, entre les Pères, un de ceux qui établissent les règles les plus sévères au sujet des funérailles. Nul n'a cru plus nécessaire de prendre des précautions rigoureuses à la fois contre le désespoir et contre le luxe. L'hypocrisie fastueuse des cérémonies, la faiblesse trop humaine de la douleur, l'ont trouvé également inexorable. Devant ce grand spectacle de la mort, « qui touche et attriste tout le monde, et même », — c'est beaucoup dire, dans la bouche de Jean, — « va jusqu'au cœur des riches les plus endurcis », qu'on sache se préserver et de toute vanité et de tout découragement. Il est un idéal austère, qu'on devrait s'efforcer d'atteindre; les véritables funérailles chrétiennes, c'est au monastère qu'il faut les voir. « On meurt aussi dans

1. In *Matth.*, 37.
2. *Confessions*, IX, 12.
3. *De Mor. eccl.*, 34.
4. In *Ep. 1 ad Cor.*, 27.

les monastères; les moines sont mortels tout comme les autres; mais la mort, pour eux, n'est plus la mort. C'est au son des hymnes qu'ils accompagnent les défunts, et ils n'appellent pas du même nom que nous les obsèques; ils ne les appellent pas la levée du corps (ἐκφορά), ils les considèrent comme une pompe [1] (προπομπή). Si on leur annonce la mort de l'un des leurs, ils sont pleins de joie et de bonheur; que dis-je? nul d'entre eux n'oserait dire : Un tel est mort. Ils disent : Il a fini sa tâche (mot à mot, il est consommé, τετελείωται) [2]. » Telle est l'image de la mort chrétienne.

5º Les esclaves.

Nous avons vu, en parlant des riches, quel était le nombre de leurs esclaves. Il s'agit ici de montrer quelle était la condition de ces esclaves dans l'intérieur de la famille; quelles qualités ou quels défauts leur étaient le plus communs; comment ils étaient traités par les maîtres. Enfin il importe de savoir ce que pensait Chrysostome de l'institution même de l'esclavage; et s'il lui laissait une place dans une société chrétienne.

Partout où l'esclavage existe, si l'on met à part les protestations philosophiques et religieuses, on s'accorde presque unanimement à la fois à en proclamer la nécessité et à se plaindre amèrement de ses mauvais résultats. Au IVᵉ siècle, à Antioche ou à Constantinople, comme en tout temps dans l'empire romain tout entier, les plaintes contre les esclaves sont générales et incessantes. En même temps cependant presque personne ne semble imaginer que l'on puisse se passer d'eux.

A en croire Chrysostome, en certains passages, ce sont surtout les païens qui ne se lassent pas de raconter leurs griefs. « Ils disent sans cesse : les esclaves sont mutins, ingouvernables, fermés à tout enseignement et rebelles à toute cor-

---

1. C'est-à-dire un cortège qu'on leur fait pour les accompagner au lieu de l'éternelle béatitude.

2. In *Ep. 1 ad Tim.*, 14.

rection [1]. » Mais il est clair par d'autres aveux que les maîtres chrétiens n'étaient pas toujours plus satisfaits. Dans presque toutes les familles, on trouvait les serviteurs insubordonnés, indiscrets, frondeurs [2]. C'est en effet une loi nécessaire de l'esclavage — et une des bonnes preuves qu'il est injuste et contre nature, — que le progrès même et l'adoucissement des mœurs, relâchant la sévérité du maître, et établissant graduellement entre lui et ses esclaves une sorte de familiarité, ont tout aussi souvent pour résultats une excessive licence, et un sans-gêne impertinent, que l'obéissance aisée et volontaire. Ces esclaves donc observent le maître, épient ses paroles; il faut craindre leurs jugements, leur médisance [3]. Si la maison est dirigée par une veuve, le mal devient pire. La jeune femme non seulement est souvent trompée et exploitée; mais encore elle est exposée à une hypocrite surveillance de tous les instants. Le prétexte le plus frivole devient l'occasion de calomnies aussitôt répandues, et les tracas qui naissent de cette origine sont si fréquents et si graves que Chrysostome en tire, dans son *Traité de la Virginité*, un de ses arguments favoris contre le mariage. Parfois, il est vrai, les servantes ont bon cœur; elles relèvent comme elles peuvent le courage de leurs maîtresses. Mais cela même n'est pas sans danger; le plus souvent elles sont maladroites, et, quand Jean adresse sa consolation à la veuve de Thérasius [4], c'est en partie, dit-il, pour opposer des paroles sérieuses et sages aux propos de ces servantes dont elle est environnée.

D'autres, au contraire, parmi les esclaves, ont beaucoup de qualités, même de grandes vertus. Au dire de Chrysostome, ce sont uniquement ceux qui croient en Christ. Il y a là naturellement quelque exagération : on trouvait des esclaves païens honnêtes et probes; l'eunuque qui éleva Julien en était

1. In *Ep. ad Titum*, 4.
2. *Ad Antioch.*, 13.
3. *Ibid.*
4. *Ad viduam juniorem*, 1.

un [1], et son pupille lui garda toujours une profonde reconnaissance. Cependant, malgré les nobles efforts de la philosophie,
on peut dire que le paganisme n'a rien tenté de bien sérieux
pour éclairer et moraliser l'esclave. Au contraire, le christianisme, depuis Paul, s'était adressé à lui tout autant qu'à
l'homme libre, les avait faits tous deux égaux en Christ. Très
probablement, au ive siècle, dans les familles chrétiennes
vraiment dignes de ce nom, la plupart des esclaves devaient
partager la foi du maître. Mais en outre les esclaves chrétiens
étaient nombreux aussi dans les maisons païennes. C'était
même la tactique de l'Église d'avoir en aussi grand nombre
que possible ces utiles recrues [2], dont le concours était précieux. Ils étaient des instruments de conversions, et Chrysostome fondait beaucoup d'espoir sur eux. « Bien des familles,
dit-il, ont reçu le plus grand profit de la vertu des esclaves;
les bons exemples venus d'en bas ont agi sur le maître lui-
même. Mais il en est ainsi surtout lorsque ce trésor d'un
esclave vertueux est auprès d'un foyer païen. Si un païen voit
son esclave plus honnête, plus dévoué, plus charitable, plus
chaste que ces philosophes tant vantés, et s'il apprend que
cet esclave est chrétien, rien ne sera plus capable de le toucher; rien n'étonnera davantage et ne gagnera plus sûrement
ces hommes qui ne cessent de se lamenter sur l'insubordina-
tion de leurs esclaves [3]. »

Le père de famille, dit Chrysostome, en reprenant une
comparaison souvent usitée dans l'antiquité, est roi chez lui :
non seulement le riche, avec ses immenses troupes d'esclaves
que sont chargés de diriger tant d'intendants, mais le pauvre
aussi, à son modeste foyer, avec ses deux ou trois serviteurs,
qu'il ne gouverne [4] pas moins, à sa façon, en souverain. L'un
comme l'autre doivent donc savoir user de cette autorité si
étendue, avec modération et sagesse; le modèle qu'ils doivent

1. L'eunuque Mardonius (*Misopogon*, 14 et suiv.).
2. Voir le livre de M. P. ALLARD, sur *les Esclaves chrétiens*.
3. In *Ep. 2 ad Thess.*, 5.
4. In *Ep. ad Eph.*, 22.

tendre à imiter autant qu'ils le peuvent, c'est Abraham, l'idéal biblique de la bonté patriarcale, que Jean n'a jamais cessé de célébrer. Mais quelle était la réalité, et comment l'esclave était-il traité d'ordinaire ? Chrysostome ne dit pas expressément que les mœurs très adoucies rendaient souvent sa condition assez supportable : ce n'est point son rôle de faire l'éloge de la société ; le prédicateur ne relève guère le bien, il se réserve pour l'attaque du mal. Mais cependant il lui arrive de laisser échapper quelques détails qui confirment ce que nous savons par d'autres. Ainsi, reprochant aux fidèles de ne pas prendre assez de soin de leurs âmes, il leur dira qu'ils se préoccupent davantage du sort de leurs esclaves. Viennent-ils à tomber malades, on ne les traite pas avec la dureté du vieux Caton ; on fait venir le médecin sans retard [1]. Ailleurs il raconte assez longuement une anecdote qui a son intérêt. Une esclave avait été mariée à un mauvais garnement, vicieux, indiscipliné, qui finit par se rendre insupportable à sa maîtresse. Celle-ci se décida à le vendre, et la femme devait naturellement suivre son sort. Mais elle tenta une démarche auprès d'une amie de sa maîtresse, la supplia d'intercéder afin qu'elle fût gardée, et délivrée ainsi d'un compagnon dont elle-même avait sans cesse à souffrir. L'amie avait oublié d'abord la promesse qu'elle avait faite, mais, avertie et menacée bientôt par un songe, elle intercède en effet, et sa requête a plein succès [2].

Ce sont là des traits d'humanité qui certainement étaient fréquents. Mais, on ne peut le nier, les brutalités l'étaient aussi. Malgré tout le progrès des mœurs, la condition de l'esclave restait toujours bien précaire, ce n'est pas assez dire, bien terrible, puisqu'elle dépendait à peu près uniquement du bon plaisir et de l'humeur du maître. Je ne parle pas seulement des châtiments mérités, qui pouvaient devenir fort durs. Mais les maîtres se laissaient encore aller à des violences [3]

1. In *Matth.*, 74.
2. In *Ep. 2 ad Thess.*, 5.
3. *Ad Antioch.*, 14.

injustifiées, et l'esclave risquait d'être battu, dans un accès d'impatience, sous le plus futile prétexte. Combien Chrysostome condamnait sévèrement ces brusqueries, nous pouvons en juger par un fait intéressant, dont le souvenir nous a été conservé dans l'acte d'accusation dressé contre lui au concile du Chêne : pendant son épiscopat, il déposa un de ses diacres, qui avait battu son esclave, et c'est là un des griefs admis par le concile, dans ce singulier réquisitoire qui tourne presque tout entier, pour le lecteur impartial d'aujourd'hui, à l'honneur de l'accusé.

Mais ce qui affligeait surtout les évêques chrétiens, c'est que l'âme de l'esclave était elle-même en danger, non moins que son corps; et que sa volonté libre, sa personne morale, n'étaient pas toujours respectées par le commun des maîtres. Chrysostome trouvait déjà fort mauvais qu'on le mariât contre son gré. A plus forte raison s'indignait-il, quand on abusait de l'autorité despotique à laquelle il était soumis pour lui imposer quelque fonction honteuse, quand un avare en faisait l'instrument de ses rapines, un débauché l'entremetteur ou le complice de ses plaisirs [1]. Quant aux femmes esclaves, nous avons déjà vu avec quel sans gêne dédaigneux elles étaient souvent traitées, et combien peu de scrupule on avait à les séduire.

En somme, chez les maîtres, c'est surtout ce dernier abus de pouvoir que redoute Chrysostome. C'est la pudeur, la chasteté de l'esclave, aussi bien de l'un que de l'autre sexe, qu'il veut défendre contre leurs vices. Chez les maîtresses au contraire, il craint surtout la cruauté. Les femmes n'ont pas la moindre patience à l'égard de leurs servantes; combien de fois n'arrive-t-il pas, si la maison donne sur une place ou sur un carrefour, que les passants entendent les cris de fureur d'une maîtresse irascible et brutale, et les cris de douleur de son esclave! Y a-t-il rien de plus honteux? Chacun s'arrête, s'informe, demande ce qui se passe. C'est une telle, répon-

---

1. In *Ep. ad Philemonem*, 1.

dent les gens du quartier, qui bat encore sa servante [1]. — Qu'on ne croie pas que ce sont coups qui ne font pas grand mal! Les malheureuses filles sont couvertes de cicatrices qui ne disparaissent pas en un jour. D'ailleurs leurs maîtresses ne se contentent pas de les frapper elles-mêmes; elles se sentent trop faibles pour assouvir toute leur colère. Chrysostome donc nous trace le portrait de la furie qui appelle son mari à son aide; elle fait déshabiller la pauvre esclave, la fait attacher nue au pied du lit, et la fait battre par lui, tandis qu'elle-même l'accable d'injures, la traite de Thessalienne [2], de fugitive, de prostituée. D'autres les renversent, les foulent aux pieds, les traînent par les cheveux. N'est-il pas affreux de s'abandonner ainsi à sa rage, quand les lois civiles elles-mêmes, si dures pour les hommes et qui prescrivent les tortures les plus barbares, s'adoucissent pour la femme et la soumettent rarement à ces terribles supplices [3]?

Quels sont les motifs pour lesquels les servantes sont châtiées avec cette cruauté? Il y en a de bien frivoles. C'est souvent la moindre négligence apportée au service d'une grande dame, une distraction pendant sa toilette, par exemple, ou une maladresse légère et excusable. Ici, comme bien souvent, la prédication chrétienne se rencontre directement avec la satire profane, et, sans qu'il y ait imitation, nous retrouvons chez les Pères les traits bien connus que nous rapportent de leur côté les poètes classiques. L'infortunée Psécas de Juvénal a toute une postérité, et la lanière est toujours aussi prompte à s'abattre sur les épaules nues, quand la soubrette a commis le crime de tordre maladroitement une natte [4]. Parfois aussi c'est la jalousie, le vice féminin par excellence, que les esclaves provoquent chez leurs maîtresses; elles prétendent rivaliser de beauté avec elles; elles s'ornent et se fardent de

1. In *Ep. ad Eph.*, 15.
2. C'est-à-dire magicienne.
3. In *Ep. ad Eph.*, 15.
4.   Taurea punit
Continuo flexi crimen facinusque capilli.
        (*Sat.*, VI, 493 et suiv.)

toutes façons. « Soit, défendez-le-leur; c'est un vice en elles
comme en vous; mais croyez-le, pas plus en elles qu'en vous,
et si vous réclamez d'elles tant de sagesse, commencez par
leur donner l'exemple. » Parfois cependant les fautes sont
plus graves : par exemple les servantes s'enivrent; mais il vaut
mieux les surveiller et les détourner ainsi de leur mauvaise
habitude, que s'abandonner à des violences sans effet. Il en
est d'autres qui se prostituent à leurs compagnons, et la maîtresse chrétienne croit de son devoir de les châtier. Il y a un
remède plus simple : mariez la coupable, elle se corrigera peut-
être. D'ailleurs, et voici qui marque bien qu'avec Chrysostome, si nous sommes dans l'antiquité chrétienne, dans
l'empire purifié et adouci par la foi, nous sommes toujours
dans l'antiquité, il ne condamne pas absolument les punitions
corporelles; il en reconnaît tout au contraire fort explicitement la nécessité; il n'ignore pas que sans elles l'esclavage
ne peut guère subsister, et même, au fond, elles le choquent
si peu en elles-mêmes qu'il ne songe pas à voir dans cette
nécessité un argument contre l'esclavage; il réclame seulement
qu'elles soient modérées et justes. « Mais quoi, me direz-
vous, il n'est donc plus permis de frapper? *Je ne dis pas cela,
car il le faut,* mais non pas constamment ni avec excès. »
Surtout il ajoute une remarque bien chrétienne : il faut frapper
non point par égoïsme, pour des fautes commises dans le
service, mais dans des vues plus hautes, dans l'intérêt de
l'esclave et pour guérir ses vices. « Ce que je répète sans
cesse, c'est qu'il ne faut pas les frapper pour un ordre mal
accompli, mais pour quelque chose qui nuise à leurs âmes.
Si vous les frappez pour ce dernier motif, nul ne vous trouvera à redire, tout le monde vous louera; si c'est par égoïsme,
chacun vous condamnera [1]. »

C'est ainsi que Chrysostome, comme beaucoup d'autres
évêques de son temps, trouve le moyen d'ennoblir, de purifier les travers ou les vices qui lui semblent trop profondé-

1. In *Ep. ad Eph.*, 15.

ment enracinés dans le cœur de l'homme ou dans la société pour pouvoir être entièrement détruits. S'il donne d'ailleurs aux maîtres les recommandations les plus sévères sur la modération qu'ils doivent garder envers leurs esclaves, il ne prêche pas moins catégoriquement leurs devoirs à ces derniers. Il y a réciprocité entière : le maître a le droit d'être bien servi, comme l'esclave a le droit d'être bien traité [1].

Chrysostome en effet admet l'institution de l'esclavage. Il ne l'approuve pas, mais il la tolère. Né dans une société où elle était établie depuis l'origine, où jamais on n'a envisagé sérieusement la possibilité de la supprimer, peut-être avait-il quelque peine lui-même à imaginer que cette suppression fût possible. Il est douteux qu'il parvînt à se représenter très nettement ce que deviendrait le monde sans l'esclavage; il est certain qu'il n'espérait guère que l'épreuve fût jamais tentée. Cela est curieux, de la part de celui qui n'avait pas assez d'anathèmes contre le luxe, et était assez riche d'illusions pour proposer à ses contemporains l'idéal d'une ville exclusivement composée de pauvres, comme un idéal réalisable. Tels sont les hommes, même les meilleurs, surtout les meilleurs bien souvent : il arrive qu'ils attaquent plus aisément et croient pouvoir plus facilement réformer ce qui provient de la nature même des choses que des abus qui ne sont en réalité que transitoires et locaux. Tant ces derniers sont difficiles à reconnaître avec certitude, avant qu'ils aient disparu! Qui pourrait même dire si nous avons raison aujourd'hui, en mettant dans la première catégorie la richesse [2] qui subsiste, alors que nous n'hésitons pas à rejeter dans la seconde l'esclavage qui a succombé?

Du reste, reconnaissons qu'en principe, mais en principe seulement, Chrysostome était l'adversaire de l'esclavage. Bien qu'on n'ait jamais cru véritablement, dans l'antiquité, qu'il fût possible de s'en passer, on en sentait parfaitement l'injus-

---

1. In *Ep. ad Eph.*, 22.

2. Je ne veux pas faire d'utopie à mon tour, et je parle seulement de certaines grandes fortunes, hors de toute proportion.

tice ; et ce n'étaient pas seulement les évêques ou l'élite des fidèles qui la comprenaient, mais il y avait une même tendance à peu près dans tous les milieux. Quelle peut être l'origine de l'esclavage ? C'est une question qu'on se pose volontiers, dit Chrysostome [1] en la posant à son tour. Or, malheureusement, l'Écriture semblait inviter elle-même à en donner une solution assez aisée, théorique et historique à la fois. La source de tout mal, c'est naturellement le péché. Dans l'espèce, c'est ici le péché de Cham, du fils irrespectueux : « Maudit soit le fils de Chanaan ; qu'il soit le serviteur de ses frères. » (Genèse, 25.) Voilà la parole qui explique le mystère. Explication bien insuffisante, on le voit ; car, outre qu'elle suppose une hérédité des peines, qui, il est vrai, ne choquait pas beaucoup la plupart des chrétiens du IVe siècle, elle attribuait à la postérité de Chanaan une extension singulière. C'est toujours à d'évidentes absurdités de ce genre qu'en ont été réduits les défenseurs d'une injustice manifeste, et cependant consacrée par le temps. L'argument de l'orateur chrétien et son exégèse ne valent pas mieux, mais ne valent pas moins que le sophisme d'Aristote [2] sur la supériorité naturelle des maîtres, et l'infériorité naturelle des esclaves. Aussi Jean appelle-t-il bientôt à lui d'autres raisons, moins favorables au préjugé et à l'abus. Il va souvent jusqu'à dire qu'en réalité la cupidité seule et l'avarice, c'est-à-dire les deux vices qu'il a le plus souvent maudits, ont permis l'institution de l'esclavage et en expliquent le maintien. Même après le péché originel, remarque-t-il, les premiers hommes ont vécu longtemps sans le connaître. Abel, Noé, Seth l'ont ignoré [3]. Un jour il prononce le grand mot : la servitude n'est pas *naturelle* [4]. Elle est née d'une cause occasionnelle. Logiquement, cela mènerait tout droit à sa suppression.

Cependant, en pratique, Jean n'a jamais osé aller jusque-là :

1. *De Lazaro*, VI, in *Ep. ad Eph.*, 22.
2. *Politique*, I.
3. In *Ep. ad Eph.*, 22.
4. In *Ep. 1 ad Tim.*, 16.

jamais il n'a dit qu'il condamnait la servitude absolument et
et sans condition. Il a laissé entrevoir le fond de sa pensée ; il
ne l'a pas dévoilée entièrement. Il savait qu'aux exemples de
Seth, de Noé, d Abel, qu'il rappelait, on avait coutume d'opposer celui d'Abraham, et il était obligé de reconnaître que le
grand patriarche, dans le sein duquel les justes sont appelés
à goûter la béatitude éternelle, a eu des esclaves. Il sortait
d'embarras en insistant sur sa douceur et sa bienveillance :
« Oui, il a eu des esclaves, mais il ne les a pas traités comme
tels[1]. » Puis, n'y a-t-il pas un autre moyen de trancher la difficulté? Il ne se lasse pas de redire, en termes qui sont le plus
souvent d'une magnifique éloquence, qu'en Christ du moins
nul n'est esclave, et que le Seigneur ne fait pas acception de
personne. « Oui, s'écrie-t-il, telle est la grandeur du christianisme : dans l'esclavage même il fait naître la liberté. Τοιοῦτον
ὁ Χριστιανισμός · ἐν δουλείᾳ ἐλευθερίαν χαρίζεται[2]. » C'est pour cela
que Paul — car c'est comme toujours à la doctrine de Paul
qu'il s'en tient — ordonne à l'esclave de rester esclave.

Mais son âme était si charitable, si ouverte à toute pitié, si
désireuse de toute liberté, si affamée de toute justice, que
cette solution mystique du problème ne réussissait pas
à le satisfaire complètement[3]. Aussi en est-il venu un jour à
serrer la question de plus près, et s'est-il avancé jusqu'à
l'extrême limite du préjugé régnant. Après avoir raillé et
blâmé, selon sa coutume, le nombre excessif des esclaves
chez les riches, il demande tout à coup à ses auditeurs, combien, en somme, suffiraient à l'homme libre, s'il savait se
contenter du nécessaire. Un seul peut-être, deux ou trois
à la rigueur; même un seul esclave pourrait souvent suffire
pour deux ou trois maîtres. — Ceci posé, c'est maintenant que
sa hardiesse va le porter loin. — Que font donc là tous les
autres? A quel usage seraient-ils bons, sans nos vices? Ah !
voici ce qu'on devrait faire d'eux : « Vous devriez *leur ensei-*

1. In *Ep. ad Eph.*, 22.
2. In *Ep. 1 ad Cor.*, 19.
3. In *Ep. 1 ad Cor.*, 40.

gner un métier qui les rendît capables de gagner leur vie, et, après cela, les *affranchir.* » Nous touchons donc enfin à la réforme pratique : en voilà un moyen indiqué, un moyen aisément réalisable. Mais à ces mots, Chrysostome sans doute sent à je ne sais quel murmure, il devine dans les attitudes, il lit dans les yeux et les sourires, chez les uns la raillerie, chez les autres l'indignation mal contenue. Il s'arrête alors, mais il ne veut pas s'arrêter sans que son auditoire sache qu'il a compris, et entende ce qu'il pense de cette sourde résistance. Il ne s'arrête donc qu'après s'être écrié : « Je sens bien que je vous fâche », et avoir protesté encore que nul ne fera taire sa voix. Cependant il s'arrête, et cette scène, visible encore pour nous à travers son homélie, est certes émouvante et belle : nous croyons saisir nous-même le moment où restent dans sa bouche, déjà pensées et presque prononcées, les fortes paroles qui proclameraient enfin sans réticence la condamnation de la plus grande injustice sociale, et reconnaîtraient le droit de tous à la liberté.

Je me reprocherais de terminer cet examen des idées de Chrysostome sur l'esclavage sans dire un mot de son Commentaire de l'Épître à Philémon. C'est là qu'il faut chercher la meilleure expression d'ensemble de ses idées [1]. Certains ont douté de l'authenticité de cette épître de Paul ou plutôt de ce billet, comme l'appelle justement M. Renan. Mais je ne vois pas qu'on ait donné des raisons bien sérieuses de la contester. Il est exquis, ce billet d'un sentiment si délicat, d'une expression si adroite et si insinuante, d'une onction si pénétrante, et en même temps d'une pensée si mesurée, et M. Renan en a donné un charmant commentaire. Le Commentaire de Jean mériterait de son côté de ne pas être oublié : c'est une de ces analyses, presque mot par mot, où il excelle, soulignant à merveille les moindres intentions de l'écrivain qu'il explique, lui en prêtant même quelques-unes parfois, mais toujours naturelles et bien appropriées. Il sait développer ainsi les

---

1. Particulièrement dans l'*Argument* et la douxième homélie.

textes apostoliques avec un art consommé, qui n'est pas sans analogie avec celui d'un excellent professeur de rhétorique : on suit toujours avec intérêt ses remarques de fine observation morale ou littéraire, et il ne nous est certes pas parvenu, dans les commentaires que nous avons encore pour les auteurs classiques, de scoliaste qui approche, même de fort loin, du talent d'interprétation mis par lui au service de la littérature sacrée. Il montre donc, ce Jean de qui Bossuet voulait apprendre l'art d'expliquer les Écritures, dans ce billet à Philémon, à la fois toute la bonté de Paul et toute sa prudence. Paul ne garde pas auprès de lui Onésime; il le renvoie à son maître. Car il voulait, dit Chrysostome, qu'on sût bien que le christianisme n'est pas une doctrine révolutionnaire de l'ordre civil; qu'il n'aspire qu'à transformer l'ordre moral de la société. Mais en même temps il intercède pour Onésime; il l'appelle son fils spirituel, parce qu'il l'a baptisé, et, en la personne de ce fugitif, qu'il a connu dans les cachots, il réhabilite, sans choquer les intérêts, sans effrayer les maîtres, les plus humbles d'entre les humbles, les plus misérables d'entre les misérables.

6° Conclusion. — **La religion dans la famille.**

Nous verrons, dans le chapitre suivant, que tous les efforts de Chrysostome tendaient à rendre l'influence de la religion réelle et efficace sur la société; à empêcher la foi de devenir routinière et toute d'habitude. Il se rendait admirablement compte du mal essentiel dont souffrait l'Église au IVe siècle; mal que tous les Pères ont senti, mais que nul autre n'a défini avec autant de clarté, et dont nul n'a mieux montré l'origine. Il a compris qu'en un temps où le christianisme avait déjà quatre siècles d'existence, où une bonne moitié des chrétiens l'avaient hérité de leurs parents, tandis que l'autre moitié, dont l'Église s'était accrue depuis son triomphe, comptait beaucoup de tièdes, d'indifférents, venus à elle pour des raisons plus ou moins intéressées, le relâchement était inévitable,

et que c'était lui qu'il fallait combattre. Or, pour ramener la
foi à son ancienne pureté, les mœurs à l'austérité primitive,
on n'avait vu d'abord qu'un remède, tant le mal était grand :
c'était de fuir le siècle qui s'obstinait à rester corrompu même
après avoir entendu la parole divine ; c'était de renouveler au
désert les miracles qu'avait autrefois suscités, dans le siècle
même, la prédication évangélique. Alors dans les solitudes de
Syrie, comme dans celles d'Égypte, s'était précipitée la foule de
ceux qu'avait séduits l'exemple du grand Antoine. Le premier
mouvement de Chrysostome l'avait porté aussi vers la vie
monastique, qu'il avait pratiquée dans ses exercices les plus
rudes, avec le détachement le plus entier. Mais quand il était
revenu exercer dans les rangs du clergé des fonctions actives,
soit que la nécessité seule l'y eût contraint, soit que, comme
j'aime à le penser, et comme il est permis de le supposer, la
réflexion, la maturité de l'esprit, eussent contribué aussi à sa
détermination, il fut pris d'une ambition nouvelle, plus difficile encore à soutenir avec persévérance. Il voulut désormais
réformer la société elle-même, y acclimater la pratique de
toutes les vertus chrétiennes, sans prétendre supprimer les
conditions nécessaires sans lesquelles elle ne peut subsister.
Dès lors, la première réforme à entreprendre, c'était celle de
la famille. Il ne négligea donc rien pour proposer et faire comprendre à ses auditeurs l'idéal véritable de la famille chrétienne. Il s'occupa de déraciner tous les usages païens qui
persistaient, et laissaient leur empreinte profane sur l'éducation, les noces, les funérailles, jusqu'à leur donner souvent
un caractère idolâtrique. Il rappela dans toute leur sévérité
les préceptes évangéliques sur l'indissolubilité du mariage. Il
proclama très haut l'égalité des époux. Toujours il prêcha les
commandements divins en toute leur pureté, sans les altérer
par aucune timide condescendance. Presque toujours cependant il garda en les expliquant la plus sage modération ; il sut
prendre le ton le plus paternel ; il eut un accent d'onction
pénétrante en même temps qu'une parole mordante et vive.
Il fut véritablement, comme il souhaitait de l'être, le disciple

de l'apôtre Paul. Ce qu'il eût voulu, c'était que chacun fît ce qu'il avait fait lui-même : qu'après quelque temps consacré à la vie monastique — qu'on se souvienne de son précepte sur l'éducation des jeunes gens, — on revînt mener dans la famille cette même vie, puisqu'elle n'est autre chose que la véritable vie chrétienne. On se rappelle en effet qu'il a souvent répété qu'entre les moines et ceux qui mènent la vie du siècle, il ne doit y avoir, à vrai dire, qu'une différence : le mariage. « Le mariage n'empêche pas la vertu; ceux qui vivent dans le siècle doivent, sauf le mariage et malgré le mariage, ressembler en tout le reste aux moines [1]. » Cette parole scandalisait beaucoup, mais il ne l'a jamais retirée. Il en a toujours maintenu la vérité avec force. C'est pourquoi, à ses yeux, toute maison doit être une église. Non seulement, comme nous l'allons voir bientôt, on doit aller en famille à l'église [2]. Non seulement les pères doivent y mener leurs fils, leurs femmes, leurs esclaves [3]. Mais il veut que chez soi on lise en commun l'Écriture : que le père de famille, de retour à la maison après le sermon, reprenne les paroles de l'évêque, en redise aux siens la substance. Chaque maison devrait être pareille à cette maison de Philémon, qu'il a célébrée si bien dans son « Commentaire du billet de Paul. » Bienheureux Philémon, dont l'Apôtre nous fait connaître la sainte demeure, qu'il appelle « ἡ ἐκκλησία κατ᾽ οἶκόν σου », l'Église qui est chez toi. » C'est Philémon qu'il faut imiter, et tous les conseils que Chrysostome donne aux familles chrétiennes pourraient se résumer en celui-ci : Faites de votre demeure une église, Ἐκκλησίαν ποίησόν σου τὴν οἰκίαν [4].

1. In *Ep. ad Heb.*, 7.
2. *Adversus Anomœos*, 11.
3. In *Matth.*, 7.
4. In *Genesim*, *logos* 6.

CHAPITRE IV

1° Les fidèles. — Les croyances et les superstitions. — Les païens et les juifs. — Les hérétiques.

La société du ive siècle était une des plus profondément divisées qui aient jamais existé ; mais il ne faut pas s'imaginer que les innombrables groupes dont elle se composait vécussent isolés, sans relations les uns avec les autres. Il y avait entre tous mille frontières communes ; ils se touchaient de tous côtés, et communiquaient de bien des façons. Les rapports n'étaient pas toujours violemment hostiles entre chrétiens et païens, ni entre chrétiens et juifs, ni même entre les différentes sectes chrétiennes, bien que, selon une loi connue, ils devinssent plus rares et plus tendus à mesure que la différence des croyances devenait moins sensible. Les chefs des partis, au milieu d'une lutte des plus ardentes, se rendaient parfois de bons offices, et s'accordaient une estime réciproque. A Rome, Symmaque se laissait recommander par les évêques tels de leurs protégés, et lui-même au besoin se réclamait du témoignage du pape Damase. Son adversaire lors de l'affaire de l'Autel de la Victoire, Ambroise, gardait une certaine modération de forme dans sa polémique si violente au fond. A Antioche et à Constantinople, Libanius ou Thémistius n'avaient pas non plus rompu tout rapport avec les ennemis de leur culte. A plus forte raison, dans les classes moyennes ou basses de la société, parmi ces petits artisans, ces petits marchands, ces ouvriers qui composaient à l'ordinaire la majeure partie de l'auditoire de Chrysostome, les nécessités journalières de la vie pouvaient amener bien des compromissions; l'insuffisance de l'instruction concourait au même résultat. Déjà à l'époque des persécutions, quand la foi était dans toute sa ferveur, quand la plupart des chrétiens gagnés à l'Évangile dans la pleine maturité de leur âge, s'ils ne comprenaient pas toujours également bien les principes de leur croyance, s'y attachaient du moins avec la même force et la même sincérité, les premiers Pères, Tertullien, Cyprien, avaient dû faire entendre bien des remontrances. Le besoin s'en fit sentir plus vivement encore au IVe siècle, dans des cités comme Antioche, où le christianisme, vieux de plusieurs générations, était devenu héréditaire et routinier. La parole qu'aimait tant à répéter Tertullien : *Fiunt, non nascuntur christiani*, n'y était plus vraie. On naissait chrétien, et le relâchement s'était introduit dans la plupart des familles. C'est ce que Chrysostome a signalé dans les termes les plus précis : « Les devoirs de la religion sont devenus des formalités qu'on ne remplit plus que par acquit de conscience; tout n'y est plus que routine [1] ».

Or, qu'on se rappelle quelle étrange confusion de sectes régnait alors dans ces métropoles orientales, combien d'idées, venues des sources les plus diverses, y affluaient depuis des siècles. Nous avons vu qu'à Antioche les païens, bien qu'un peu inférieurs en nombre à la communauté chrétienne prise en son ensemble, formaient encore une bonne partie de la population. Les Juifs étaient aussi très nombreux. Les hérétiques abondaient. Je ne parle pas du schisme qui divisait les fidèles en Méléciens et Pauliniens, puisqu'il avait pour cause moins une divergence de doctrines qu'une question de personnes. Je ne parle pas même des Apollinaristes, en somme

---

1. In *Act. Ap.*, 29.

très voisins de l'orthodoxie. Mais les Ariens représentés surtout par leur extrème gauche, par le parti des Anoméens, gardaient encore de l'influence. Il fallait compter aussi avec les
Marcionites, et avec ces Manichéens qui, bien qu'ils préten-
dissent se rattacher au christianisme, étaient en réalité tout à
fait en dehors [1]. Une lettre de Théodoret [2] nous montre qu'il y
avait encore de son temps force gnostiques dans les campagnes
syriennes. A Constantinople, les mêmes groupes se retrouvaient en présence. On doit seulement y ajouter les Novatiens
qui jouissaient d'un assez grand crédit, grâce à la popularité de
leur évêque Sisinnius, homme d'une intelligence ouverte et
assez libre, d'un caractère hardi et moqueur, à qui l'on avait
fait une réputation d'esprit un peu exagérée, si l'on en juge
par les traits que rapporte si complaisamment Socrate [3]. Il faut
noter aussi que les Ariens y étaient plus nombreux et plus
influents qu'à Antioche, et l'anecdote curieuse que rapporte
le même historien sur ces processions que Chrysostome institua en réponse à celles qu'ils avaient organisées pour se
rendre à leurs synaxes hors des murs [4], en est une preuve
suffisante. On comprendra maintenant aisément combien de
réactions diverses devaient exercer les unes sur les autres
tant de sectes différentes, toutes dirigées par une minorité
active et passionnée, tandis que, dans toutes aussi, la foule
mobile, indifférente, intéressée, était ouverte à toutes les
impressions, entraînée par tous les mouvements, accessible
à toutes les faiblesses.

Il est difficile de s'imaginer combien la plupart des chrétiens avaient alors une connaissance incomplète de leur religion. Soit qu'ils ne se fussent convertis que pour obéir à la
pression officielle, soit que, nés au sein de familles chré-

---

1. Il y a une lettre curieuse de Libanius (*Ep.* 1344) où il réclame la
protection d'un magistrat (*Priscus*) pour les Manichéens de la Palestine.
2. *Ep.* 81.
3. *H. E.*, VI.
4. Il leur était interdit de les tenir dans la ville; leurs églises avaient
été rendues aux catholiques (*ibid.*).

tiennes, ils cédassent à la paresse et à la routine, ils n'avaient qu'une idée superficielle et grossière des principes de leur foi, et lisaient très peu les Écritures. Chez les riches et les lettrés, habitués au style châtié des grands écrivains classiques, l'obstacle continuait à venir d'ordinaire de cette répugnance qu'inspira si longtemps même à Jérôme la rudesse du vieux génie hébraïque, ou l'extrême simplicité de la parole évangélique [1]. Aussi Jérôme n'avait-il pas assez de félicitations pour ceux qui, comme Pammachius, se décidaient à lire avec soin et méthode le Nouveau et l'Ancien Testament; pour celles, qui, comme ces nobles femmes qu'il avait converties à l'ascétisme, étaient parvenues à lire les Psaumes dans l'original. Chrysostome [2] raille de son côté ceux qui gardaient leurs précieux manuscrits dans leurs bibliothèques sans les ouvrir, et n'avaient souci que de la beauté des lettres ou de la valeur du parchemin. Mais ce n'est qu'en passant qu'il lance quelques traits à ces maniaques; il s'adresse plus volontiers aux petits et aux pauvres. Ceux-là alléguaient [3] qu'ils avaient leur métier et leur famille; qu'il ne leur restait pas assez de loisirs pour lire. Nous avons vu souvent déjà qu'on s'excusait de ne pas pratiquer certaines observances un peu difficiles, en alléguant qu'elles n'étaient faites que pour les moines : l'excuse semblait plus valable que jamais quand il s'agissait de se dispenser de lire les Écritures. Sous prétexte qu'elles sont obscures, qu'il faut le temps de la méditation pour les bien comprendre, on les négligeait entièrement. Jean reprend fréquemment ce sujet, en particulier dans son Commentaire sur le Quatrième Évangile. On connaissait surtout très mal l'Ancien Testament, que quelques-uns même, subissant plus ou moins l'influence des dogmes marcionites, traitaient un peu en suspect [4]. Mais le Nouveau Testament lui-même

---

1. *Ep.* 66.
2. In *Joannem*, 39. — Cf. JÉRÔME, Préface in *Job*.
3. In *Genesim*, 21, etc.
4. In *Matth.*, 47. — On ignorait le nombre des prophètes, les noms d'Amos, d'Abdias, etc. In *Joannem*, 58.

n'était que très imparfaitement connu. Ainsi beaucoup ne savaient pas le nombre des épîtres de saint Paul [1]. Les livres historiques, en ce siècle engoué de théologie, étaient beaucoup moins estimés que les livres dogmatiques, même à Antioche, où une école spéciale, celle de Diodore de Tarse, combattait particulièrement cette tendance. C'est ainsi que le livre des Actes, que Chrysostome estimait beaucoup et qu'il a commenté devant son auditoire de Constantinople, était très généralement ignoré. On n'y trouvait, disait-on [2], que des détails de faits qui importaient peu ; et on n'en faisait guère plus de cas que du billet à Philémon. Mais Jean, au contraire, ce qui est un de ses traits les plus originaux, tenait beaucoup à ces renseignements historiques ou légendaires ; il regrettait qu'ils ne fussent pas plus nombreux et plus précis ; il aurait voulu savoir heure par heure les faits en apparence les plus insignifiants de la vie des Apôtres, et surtout de celle du divin Maître.

On ne doit pas oublier, en constatant que les fidèles lisaient et connaissaient peu l'Écriture, une de leurs excuses les plus valables ; je veux dire la cherté des manuscrits. Mais l'excuse était insuffisante encore ; car l'Église avait pris soin que les lectures des textes sacrés fussent fréquentes et longues à la synaxe, et Chrysostome va jusqu'à dire qu'en un an, un fidèle qui assisterait régulièrement à l'assemblée aurait entendu à peu près l'Écriture entière [3].

Mais, si on lisait très peu les livres saints, on avait pour eux un grand respect, d'une nature tout à fait superstitieuse. Si parfois on s'avisait de les ouvrir, avant de les prendre, on avait soin de se laver les mains ; pour les lire, on composait son extérieur : les hommes se tenaient la tête nue, les femmes

---

1. Il faut noter que, jusqu'à Justinien, l'Église d'Antioche n'a admis ni la seconde épître de Pierre, ni la deuxième et la troisième de Jean, ni l'épître de Jude ; et il est probable qu'elle rejetait aussi l'Apocalypse.
2. In *Acta Ap.*, 1.
3. In *Joannem*, 28.

au contraire se voilaient [1]. Femmes et enfants portaient au cou de petits évangiles, que Jean compare aux phylactères des Pharisiens [2]. Toutes ces pratiques, bien qu'inspirées par un sentiment de piété, ne lui paraissaient pas d'une grande valeur. Ce qu'il réclamait, ce qu'il ne cessait de prêcher avec une merveilleuse éloquence, c'était la connaissance exacte des textes inspirés, et la méditation des vérités qu'ils contiennent. *Scrutamini Scripturas*, répétait-il avec l'Évangéliste [3]; et il proposait à l'admiration des fidèles le bon eunuque de Candace [4]. Il ne lui suffisait pas qu'on vînt à la synaxe entendre les lectures du jour, et écouter la parole de l'évêque : il voulait qu'on lût d'avance le texte qui devait être celui du sermon, et pour cela il prenait d'avance la peine de l'annoncer. Il voulait que de retour à la maison le père de famille le redît aux siens, avec ce qu'il avait le mieux retenu des commentaires du prédicateur. C'est ainsi que chaque foyer peut devenir pareil au foyer béni de Philémon. On le voit, Jean n'avait aucune des craintes timorées qui ont prévalu parfois dans la discipline moderne de l'Église; loin d'interdire, ou tout au moins de ne pas trop recommander la lecture des livres saints, dans la crainte de l'hérésie ou de la libre pensée, il prétendait que tous, les pauvres comme les riches, les humbles d'esprit comme les lettrés, allassent se rafraîchir l'esprit et le cœur à la source même de la vérité et de la foi. « La lecture des Écritures est le remède de tous les maux [5]. » — « L'ombre loin du soleil grandit les corps; de près, elle les raccourcit. Il faut ainsi se placer dans la pleine lumière de l'Écriture pour bien saisir la vanité des choses humaines [6]. » — « L'Écriture empêche de voir les choses sensibles, et donne-

---

1. In *Matth.*, 72. — In *Joannem*, 53. FLEURY (*Mœurs des chrétiens*, p. 68) a déjà bien signalé ces coutumes.

2. *Ad Antioch.*, 19. — In *Matth.*, 72. — Cf. Jérôme, in *Matth.*, 23, 5. On posait l'Évangile sur le front des malades pour guérir la fièvre, AUGUSTIN, *Tr. in Joann.*, 7, c. 12.

3. In *Gen.*, 37, etc.

4. In *Gen.*, 3, etc.

5. In *Gen.*, 29.

6. In *Psalm.*, 48.

le sens et la vue des choses invisibles [1]. » Il est curieux de noter un certain embarras de quelques commentateurs modernes en présence des recommandations formelles que Chrysostome prodigue sur ce sujet important. Ceillier par exemple [2] se travaille pour fausser le sens des textes les plus clairs, ou se croit presque obligé de les excuser. Mais Chrysostome ne pensait pas avoir besoin de ces circonstances atténuantes, bien que, de son temps même, on abusât souvent de l'Écriture pour poser au prédicateur des objections sophistiques. J'ai déjà eu occasion de citer le texte d'Aggée qu'on interpolait pour lui donner un sens favorable à la richesse. Je pourrais aisément multiplier les exemples. C'est ainsi qu'on discutait beaucoup la parole du Christ sur le figuier maudit; le miracle des démons et des porcs; et Chrysostome les défendait par des raisons inégalement heureuses [3]. On prétendait que la prophétie sur la ruine du temple n'avait pas été accomplie, car il restait des ruines [4]; et il répondait qu'on devait avoir un peu de patience, qu'un jour les ruines mêmes auraient péri, etc. Mais pour mettre à la raison ces raisonneurs infatigables, il ne voulait pas recourir à des mesures de précaution timides et presque découragées; il voyait au contraire le remède dans une large diffusion de l'instruction religieuse. Le christianisme du IVe siècle était sûr de sa force; il avait conscience de sa supériorité. Il ne craignait pas la lumière; il l'appelait. Il était lui-même la lumière.

Les conseils que Chrysostome multipliait ainsi, dans l'espoir qu'au milieu des familles chrétiennes comme dans les cellules des monastères, on prendrait l'habitude de lire l'Évangile et les Psaumes, n'avaient pourtant qu'un médiocre succès. Il s'en rendait très bien compte. On a vu qu'il avait toujours les yeux ouverts sur les résultats de sa prédication, et réglait sa tactique en conséquence. C'est parce qu'il se

1. In *Psalm.*, 48.
2. P. 673.
3. In *Matth.*, 67.
4. In *Matth.*, 75.

sentit mal écouté qu'il prit le parti de commenter lui-même
l'Écriture dans la chaire. Au début, dans ses premières homélies d'Antioche, il se plaignait d'avoir à faire trop de morale,
et d'être obligé de négliger la théologie. Bientôt il sut les unir
toutes deux, en faisant prédominer cependant la morale. Il y
parvint en prenant surtout pour sujets de ses homélies l'explication des livres saints. Selon Photius, il avait commenté en
entier l'Ancien et le Nouveau Testament. Cela n'est pas impossible à croire, et, en tout cas, ce qui nous reste de ce commentaire perpétuel est fort considérable déjà. Les séries
d'homélies qui traitent de la Genèse, de l'Évangile de Matthieu,
des Épîtres de Paul sont particulièrement importantes. Chrysostome y applique la méthode de l'école d'Antioche, qui
différait essentiellement de la méthode alexandrine, inaugurée par Origène. Cette méthode, que lui avait enseignée
Diodore de Tarse, et que son ami Théodore de Mopsueste
appliqua si rigoureusement qu'il fut condamné par l'Église,
c'est la méthode historique, opposée à l'allégorie[1]. Dans la
métropole qui avait joué un si grand rôle à l'époque des
origines chrétiennes, et où le nom même de chrétien avait
été pour la première fois prononcé, on continua toujours
à sentir l'importance de l'histoire. Comme Chrysostome est
touchant, comme il est original en son temps, quand il montre
l'intérêt que présentent les Actes des apôtres, quand il sent si
bien le charme du simple billet à Philémon ! Comme son
exégèse est ingénieuse, et véritablement profonde, quoique
aussi un peu aventurée à sa façon, quand il développe les
circonstances d'une parabole évangélique, quand, sur le
moindre mot, le moindre détail, il reconstitue l'histoire, les
antécédents d'un personnage épisodique, et en tire ensuite
toutes sortes de remarques instructives et émouvantes ! Cela

1. Voir, sur la méthode exégétique de l'école d'Antioche, le 2ᵉ volume
de la *Dogmengeschichte* de Harnack (p. 77) et les travaux de Kihn. Voir
aussi Fœrster, *Chrysostomus in seinem Verhæltniss zur antiochenischen
Schule.* Tout opposés que sont les docteurs d'Antioche aux abus de
l'allégorie, ils ne la repoussent cependant pas absolument en principe,
et leur méthode reste trop flottante et indécise.

est autrement intéressant que les mystères abstrus de la figure, ou les considérations mystiques sur le nombre 100 et le nombre 60! Il est incomparable surtout quand il applique cette exégèse à l'Évangile. Qu'il commente l'histoire du Mauvais Riche et de Lazare, ou bien la guérison du Paralytique, c'est le même art achevé de moraliste, non point uniquement curieux, mais toujours pratique, et cependant aussi profond que les analystes purement spéculatifs. Comparez maintenant à cette exégèse celle de Jérôme, qui, cependant, établi à Bethléem et passionnément épris de tous les souvenirs que conservait la Palestine, sentait très bien parfois les beautés de l'histoire sainte. Comme elle est plus compliquée, et moins savante malgré ses prétentions à la science! La différence est bien plus sensible encore, quand on lit les sermons, publiés parmi les œuvres de Chrysostome, de son rival Sévérien de Gabales, qui eut pourtant de si grands succès oratoires, et, en compagnie d'Antiochus d'Ascalon, battit monnaie avec sa parole; ces sermons ne sont pas absolument sans talent, mais combien surchargés d'allégories mystiques, ou de prétendues explications scientifiques qui valent le plus mauvais fatras du moyen âge! Étant donné la méthode de l'école syrienne, il restait une assez grave difficulté : comment expliquer certains passages, fort nombreux surtout dans l'Ancien Testament, qui paraissent manifestement choquants pour le bon sens moderne, et même pour le sentiment moral? C'est pour les justifier que l'Église a cru le plus souvent devoir faire usage de la figure. Jean emploie bien quelquefois de l'allégorie, en pareil cas, mais fort rarement. D'ordinaire, sa théorie est beaucoup plus simple, et beaucoup plus raisonnable; il admet que Dieu abaisse son langage pour se faire entendre de l'homme; qu'il se met à sa portée. C'est ce qu'il désigne par le terme de συγκατάβασις, qu'on rendrait assez bien par condescendance.

C'est cependant de cette exégèse, si simple et si solide, que Villemain a dit : « Il (Chrysostome) interprétait l'Écriture avec cette vive imagination et ce goût d'allégorie qui plaît aux

Orientaux [1] ». Il y a sans doute quelques figures dans les commentaires de Chrysostome; il faut bien qu'on s'aperçoive par quelque endroit qu'il est de son temps; mais le caractère essentiel de son exégèse est de repousser l'allégorie comme méthode générale. Seulement Jean n'a pas réduit en principe cette exégèse; il n'en a pas fait un système rigoureux, exclusif; il n'avait pas l'esprit systématique. C'est pourquoi l'Église ne l'a pas mis en suspicion, tandis qu'elle a condamné Théodore de Mopsueste [2].

On s'explique aisément que des chrétiens aussi peu familiarisés que l'étaient la plupart des auditeurs de Chrysostome avec la connaissance de leur religion et des livres saints, fussent accessibles à beaucoup d'idées et de pratiques superstitieuses. Malgré cela, on est encore étonné, en lisant Chrysostome, de l'empire que la superstition gardait sur les âmes. Avant de passer en revue les croyances ou les habitudes qu'elle avait introduites, il convient de faire une distinction. Certaines ont, à vrai dire, leur origine, en partie au moins, dans le christianisme lui-même, où de tout temps elles ont eu une certaine place, bien que, à quelques époques, comme à notre XVIIe siècle, une conception plus éclairée et plus philosophique de la religion en ait extrêmement réduit l'importance. D'autres, au contraire, avaient une origine païenne, ou bien une origine juive.

Au premier rang des croyances superstitieuses que partageaient cependant les esprits les plus élevés du IVe siècle, et parmi eux Chrysostome même, il faut placer la croyance à l'intervention perpétuelle des démons dans les affaires humaines; à leur action malfaisante, cause présumée des maladies nerveuses, où chacun voyait des accès de posses-

---

1. *Tableau de l'éloquence chrétienne,* p. 150.
2. Encore faut-il noter chez certains commentateurs modernes un certain embarras : quand il parle de l'exégèse de Chrysostome, l'abbé Martin est souvent gêné, comme nous avons vu plus haut que l'était Ceillier. — Un disciple de Chrysostome, saint Nil, a très bien développé après lui les procédés de l'interprétation historique telle que l'école d'Antioche la comprenait. — Cf. Neander, t. II, p. 250 et suiv.

sion. Il y avait, dans la liturgie, une oraison spéciale pour les Démoniaques; Jean remarque même qu'elle n'était pas suivie avec un grand recueillement, et que beaucoup se dispensaient d'y assister[1]. Cependant on se croyait environné de puissances invisibles, acharnées contre la vertu. Le mot de Paul, que nous ne luttons pas contre la chair et le sang, mais contre les puissances infernales, était présent à tous les esprits. Chrysostome lui-même s'écriait : « Combien de démons parcourent en tous sens l'air qui nous environne[2] ! » Que deviendrions-nous, sans la protection de Dieu, souvent exercée par l'intermédiaire des anges[3]? Dans cette société épuisée par l'excès du luxe ou de la misère, parmi ces générations au sang appauvri, les malheureux que l'on considérait comme possédés étaient très nombreux. On les menait auprès des saints ascètes; on les conduisait aux tombeaux vénérés des martyrs, pour obtenir leur guérison.

L'influence des doctrines marcionites et manichéennes contribuait beaucoup à affermir ces opinions. Cela se voit très bien dans les homélies de Chrysostome. En effet, tandis que nous ne trouvons guère chez les autres Pères qu'une polémique générale contre les dogmes hérétiques, Chrysostome, par mille détails, nous laisse entrevoir l'influence considérable exercée par les hérésies sur les orthodoxes eux-mêmes. Il prend beaucoup de peine pour détourner les fidèles des interprétations que les disciples de Marcion donnaient du texte de Paul que j'ai déjà cité, ou de celui de Matthieu : qu'on ne peut servir deux maîtres, Dieu et Mammon[4]. Il est facile de voir que beaucoup de fidèles étaient portés à croire avec eux que la puissance du démon était presque l'égale de la puissance divine, et penchaient fortement au dualisme. Aussi prêtait-on aisément à ces puissances du mal des méfaits autrement graves que la simple possession. De grandes cata-

1. *Adversus Anom.*, 3 et suiv.
2. In *Psalm.*, 41.
3. In *Ep. ad Coloss.*, 3.
4. In *Ep. ad Eph.*, 22. In *Matth.*, 21. Sa propre interprétation du texte de Paul n'est pas très raisonnable.

strophes étaient mises à leur compte, et lors de la sédition de 387, à Antioche, païens et chrétiens s'accordaient dans une commune illusion; Libanius comme Chrysostome croyaient qu'un démon avait soufflé[1] l'esprit de rébellion à quelques misérables.

Cette croyance si répandue avait parfois des manifestations extraordinaires et se traduisait par de barbares pratiques magiques. Ainsi c'était une superstition qui n'était pas sans exemples que de croire à la métamorphose en démons de ceux qui mouraient de mort violente. On racontait donc, et ce n'est nullement chose impossible dans les mœurs du IVe siècle, bien que la rumeur publique dût grossir le nombre de faits sans doute exceptionnels, — que des magiciens égorgeaient de jeunes enfants pour se servir ensuite, dans leurs conjurations, de leurs âmes, devenues des démons[2]. On prétendait avoir la preuve qu'ils y réussissaient par le témoignage des démons eux-mêmes, dont la voix, dans la bouche de possédés saisis par l'accès, s'écriait souvent : Je suis l'âme d'un tel. Il faut que Chrysostome, à grand renfort de textes et de raisonnements, travaille à démontrer l'absurdité de ce préjugé : il ne nie pas que des paroles de ce genre aient été entendues; il ne nie pas non plus qu'elles ne soient en réalité proférées par les démons ; mais il y voit une ruse diabolique, destinée à séduire et à tromper les fidèles. Il explique que les âmes des justes, après la mort, ne peuvent vagabonder ainsi ici-bas. « Les âmes des justes sont dans la main de Dieu » (Sap., 31); et les âmes des enfants sont des âmes de justes, puisqu'elles sont innocentes[3]. Entre toutes les superstitions que Jean signale, il n'en est peut-être pas qui donne une idée plus défavorable de la grossièreté des croyances, de la faiblesse générale des esprits à cette époque[4].

1. Sievers, *Leben des Libanius*, p. 177
2. In *Matth.*, 28.
3. Noter en passant cette opinion de Jean, conforme à sa doctrine générale sur le péché.
4. Villemain a commis au sujet de ce passage une erreur étrange, p. 100. Voici comment il l'a compris : « Des crimes bizarres se mêlaient

J'ai dit que Chrysostome partageait la croyance générale de son temps sur l'action des démons, et l'Évangile même l'obligeait à considérer certains malades comme des possédés. Il croyait aussi, comme l'Église entière, aux exorcismes, aux guérisons miraculeuses. Cependant, ce qui me paraît le plus frappant, c'est l'extrême largeur de ses idées sur cette matière. Il a prononcé quelques paroles hardies pour son temps. Deux de ses œuvres surtout sont à cet égard particulièrement intéressantes : la série des homélies sur les démons, et bien plus encore la Consolation à Stagyre.

Les homélies sur les démons [1] sont consacrées principalement à instruire ceux qui, tout chrétiens qu'ils étaient, subissaient l'influence des doctrines dualistes, sous la forme marcionite et manichéenne. Chrysostome s'applique à bien définir le rôle véritable du démon; sans doute celui-ci prend l'initiative de la tentation; mais il appartient à l'homme de céder ou de résister. C'est une occasion pour Jean de développer, comme il l'a fait si souvent, sa théorie du libre arbitre. Le mal n'est pas fatal. La Providence ne partage pas le gouvernement du monde avec les puissances des ténèbres. L'homme, soumis à l'épreuve de la tentation, est cependant l'arbitre de son propre sort. Il reste bien quelque indécision dans l'exposition de ces idées. Mais on sent partout la tendance à réduire le plus possible le rôle de Satan, bien que les textes sacrés forcent à lui laisser une certaine importance. Ainsi Jean fera remarquer que si le démon, sous la forme du serpent, a provoqué Ève au péché, l'Écriture ne nous dit pas « qu'il se soit approché de Caïn et lui ait suggéré le meurtre de son frère »; cependant il se croira obligé d'ajouter [2], quelques lignes plus

---

aux folies superstitieuses. Dans l'idée que les âmes de ceux qui mouraient de mort violente *échappaient au démon*, quelquefois on égorgeait de jeunes enfants. » — On tuait aussi des gens pour les damner ainsi. (*De Lazaro*, 2.)

1. Elles sont au nombre de trois et appartiennent aux premiers temps de sa prédication à Antioche.

2. Ceci ne se trouve plus dans les homélies sur les Démons, mais dans la *Consolation à Stagyre*.

bas, que nous ne pouvons savoir s'il ne lui inspira pas quelques pensées mauvaises.

L'histoire du jeune Stagyre, à laquelle nous avons déjà fait plusieurs allusions, est des plus intéressantes et des plus caractéristisques; elle est toute pleine de détails instructifs sur les mœurs du temps. Stagyre, né dans une grande famille, entre au monastère à l'insu de son père et avec la complicité de sa mère. C'était un jeune homme d'une santé faible, d'un esprit mal équilibré, et quelque peu victime, semble-t-il, d'influences héréditaires. Or, un beau jour, dans la retraite où il était allé chercher la paix, et où il n'avait pas été jusqu'alors un moine bien exemplaire [1], il est renversé par une crise violente. Pendant qu'avec les autres cénobites il vaquait à la prière, l'accès subit le terrasse, « les mains tordues, les yeux égarés, la bouche pleine d'écume et bégayant des paroles confuses, tremblant de tout le corps »; tous les signes, on le voit, de l'épilepsie. Puis un évanouissement prolongé, une prostration tenace s'emparent de lui, jusqu'à ce que, dans la nuit, l'accès se renouvelle; des hallucinations obsèdent le malade, qui se croit poursuivi par un sanglier en furie, tout souillé de sang et prêt à le déchirer. Dès lors Stagyre ne guérit pas : il resta perpétuellement la proie d'une sombre mélancolie, entrecoupée par le retour des mêmes crises; il fut sans cesse poursuivi par le désir tyrannique du suicide. En vain il recourut au remède ordinaire : il alla trouver un saint homme, « qui avait montré à l'égard de bien d'autres la puissance de sa vertu »; mais le saint homme ne put rien pour lui. Il ne fut pas plus heureux auprès des tombeaux des martyrs, bien qu'il les visitât souvent, choisissant les plus renommés, où l'on affirmait qu'on avait vu se calmer les plus terribles de tous les démoniaques, « ceux que leur délire pousse jusqu'à dévorer la chair

---

1. On l'y traitait un peu en enfant gâté; on ménageait le fils de famille habitué à toutes les mollesses; sa principale occupation était le soin d'un verger, et il ne brillait pas par l'assiduité aux offices nocturnes.

humaine ». Il semble que même après la mort de Chrysostome, Stagyre, si c'est bien lui dont parle saint Nil, vécut encore sans que son mal eût reçu aucun adoucissement [1].

Une bonne partie du traité que Chrysostome adressa à son ami, dès qu'il apprit son infortune, presque tout le second et le troisième livre, n'est remplie que d'exemples de malheurs plus terribles encore que le sien, les uns — c'est le plus grand nombre — empruntés à l'Écriture, les autres à des faits contemporains [2]. Mais dans le reste les traits intéressants abondent. Puisque ni les saintes reliques, ni la pieuse intercession des ascètes n'ont pu délivrer Stagyre de la possession, qu'il l'accepte et la subisse comme une épreuve. Ce que Chrysostome veut combattre, c'est la mélancolie où il est tombé depuis ; ce sont les pensées de révolte et même de suicide qui le hantent. Il se considère en effet comme la victime d'une cruelle injustice ; quoi, tandis qu'il vivait dans le monde, aucun malheur n'est venu le frapper ! c'est seulement après qu'il s'est consacré à la vie religieuse que le démon a entrepris de l'obséder ! Quelle récompense de son sacrifice ! Bien plus, de tiède et négligent qu'il était d'abord au monastère, il est maintenant devenu un cénobite modèle. Il pousse à l'extrême les rigueurs du jeûne, ne prenant qu'un peu de pain et d'eau tous les deux jours ; non content de travailler vaillamment toute la journée, il passe la nuit entière sans sommeil. Et cependant il n'obtient aucun soulagement à ses souffrances ! Un instinct, qu'il comprenait mal, mais qui n'en agissait pas moins, inspirait certaines de ses plaintes : il s'étonnait que, tandis qu'il demeurait lui-même incurable, d'autres, atteints de la même affection, eussent été assez promptement délivrés. Or quels étaient ces privilégiés ? « C'étaient des personnes qui s'accordaient toutes les délicatesses de la chair ; et elles recouvrèrent si parfaitement l'intégrité des sens et de la raison, qu'elles purent se marier,

---

1. *Ep.* 3, 19.
2. Il cite notamment le cas d'un certain Démophile, et celui d'un certain Aristoxène, frappés de maladies incurables.

avoir de nombreux enfants, et jouir de tous les agréments
de la vie ; car jamais l'esprit mauvais ne les obséda de nouveau. » Il ne veut pas se rendre compte que ce sont précisément des austérités trop fortes pour un tempérament appauvri
et énervé qui contribuent à l'empêcher de guérir ; que c'est
le bien-être et le train ordinaire de la vie commune qui ont
peu à peu adouci le mal des autres. Ainsi aggravant lui-même
son état par des remèdes mal choisis, il ne voit plus de refuge
que dans la mort, même volontaire.

Chrysostome ne se doute pas plus que lui du véritable
remède. A ses yeux, Stagyre est dans la bonne voie ; s'il n'a
pas trouvé la guérison, du moins il a mené loin le perfectionnement de son âme. Les conseils qu'il lui donne sont inspirés
d'intentions excellentes ; et cependant, aujourd'hui, nous ne
pouvons les rappeler sans faire nos réserves. Ce qui est le
plus remarquable, et par où Chrysostome se montre supérieur à son temps, c'est qu'il essaye, comme lorsqu'il prêcha
ses homélies sur les démons, de faire à l'esprit mauvais sa
part ; il ne lui laisse presque, par moments [1], que la maladie
physique. La tristesse, la mélancolie, Stagyre en est responsable ; il en est lui-même l'auteur ; lui-même pourrait les
guérir. « Le démon n'est pas l'auteur de ce sombre chagrin,
mais ce chagrin vient en aide au démon, et te suggère toutes
ces mauvaises pensées. » Chrysostome oublie ainsi peu à peu
que Stagyre est malade dans son corps ; il ne voit plus que la
maladie de l'esprit. S'il ne commettait cet oubli, certains de
ses conseils seraient excellents : « Que Stagyre continue ses
pratiques ascétiques ; qu'il travaille ; qu'il s'efforce de se convaincre qu'il n'est pas une exception, qu'il n'est pas seul
éprouvé, et que pour cela, il aille voir les prisonniers, il visite
l'hôpital des Incurables. » Villemain a beaucoup remarqué et
loué ces deux dernières recommandations, qui certainement,
en elles-mêmes, méritent de l'être. Elles sont inspirées par un
sentiment délicat, et par une vue profonde. Mais, dans le cas

---

1. Au début du deuxième livre.

particulier de Stagyre, il est permis d'affirmer qu'elles allaient
à contresens. On aimerait que Sénèque les eût données à
Sérénus, qui n'était malade, semble-t-il, que d'esprit, et n'avait
besoin que d'une activité bien réglée et calme; et même en
effet, Sénèque lui en donne quelques-unes, qui sont moins
élevées sans doute, mais analogues. Stagyre, au contraire —
Jean n'y pense pas, n'y peut pas penser, parce qu'il croit à la
possession, — était un épileptique. L'ascétisme ne pouvait
que lui nuire; l'aspect des cancéreux et des lépreux ne pouvait que l'assombrir davantage et l'énerver. Il eût fallu plutôt
l'arracher au cloître; le replacer dans la vie familiale; peut-
être alors aurait-on eu quelques chances d'adoucir, sinon de
guérir son affection. Osons le dire : le plus capable de guérir
Stagyre, peut-être n'était-ce pas Chrysostome; peut-être
était-ce ce père, que Stagyre redoutait tant, et dont Chrysostome parle si mal. Ce père était certainement un homme
fort peu recommandable; il avait abandonné sa femme et son
fils pour vivre avec une maîtresse qui lui avait donné d'autres
enfants. Il avait gardé tous les préjugés de l'homme du
monde contre le monachisme; mais ces préjugés se seraient
trouvés, cette fois, du côté de la raison. On redoutait beaucoup
la colère terrible à laquelle il s'abandonnerait, s'il venait à
connaître l'état où son fils était réduit. Chrysostome, pour
rassurer Stagyre, est obligé de lui dire qu'un homme aussi
méprisable, au lieu de se fâcher, se réjouira sans doute,
qu'en agissant contre sa volonté, on se soit exposé à un tel
malheur; il n'y verra qu'un châtiment mérité. La supposition
est un peu gratuite. Si le père de Stagyre, réclamant ses
droits, fût venu enlever son fils à la vie cénobitique; et lui
eût confisqué le traité de consolation que lui adressait son
ami, peut-être l'infortuné démoniaque n'aurait-il pas eu à
s'en plaindre.

Il reste vrai, néanmoins, que Chrysostome, tout en partageant les idées régnantes, n'y cède pas aussi complètement
que beaucoup d'autres. Il fait preuve, en parlant des miracles,
de la même modération d'idées qu'il apporte en traitant la

question des démoniaques. Il n'a cessé d'enseigner que les miracles sont inférieurs aux œuvres. Il aimait à répéter la parole de Jésus (Luc, 10, 17, 28), aux soixante-dix disciples qui se félicitaient de l'empire que son nom leur donnait sur les démons : « Ne vous réjouissez pas de dominer sur les démons; mais réjouissez-vous parce que vos noms sont inscrits dans les cieux ». La charité est le vrai miracle. N'est-il pas allé jusqu'à dire que si nous avions la charité de Pierre et de Paul, nous ne leur serions pas inférieurs, gardassent-ils sur nous l'avantage des signes? « Dites-moi, si quelqu'un vous donnait le choix, ou bien de réveiller les morts au nom du Christ, ou de mourir pour son nom, que préféreriez-vous? Ne préféreriez-vous pas le martyre? Or la première chose est un signe, la seconde une œuvre. Si quelqu'un vous donnait le choix de transmuer la paille en or, ou de fouler aux pieds toutes les richesses, comme de la paille, ne choisiriez-vous pas le second privilège? Et certes, vous auriez raison. Car le premier sans doute séduirait tous les hommes; s'ils voyaient la paille devenir de l'or, ils voudraient tous obtenir le même pouvoir, comme Simon, et l'amour des richesses ne ferait que s'accroître. Si, au contraire, tous dédaignaient l'or comme de la paille, depuis longtemps le mal aurait disparu du monde. Qu'est-ce qui constitue véritablement notre vie? Les signes ou la bonne conduite? Assurément c'est la bonne conduite [1]. » Le plus souvent donc, il penche à établir une différence absolue entre l'époque des origines chrétiennes et l'époque contemporaine. Autrefois, on avait besoin des miracles; ils ne sont plus nécessaires maintenant que les choses même crient la vérité de la foi [2]. Il entend par là qu'il y a désormais comme un miracle permanent qui permet de se passer des autres : la diffusion universelle du christianisme et son triomphe définitif. Ce n'est pas cependant qu'il se refuse absolument à admettre des miracles au IV⁰ siècle;

1. In *Matth.*, 46.
2. In *Psalm.*, 142.

on comprend bien qu'il ne le pouvait pas. Non seulement donc, il croit à ces guérisons de démoniaques par les saintes reliques, ou par l'entremise des ascètes; mais encore il parle comme de la chose la mieux établie et la plus naturelle des guérisons obtenues par l'onction de l'huile bénite prise aux lampes qui brûlent dans l'église [1]. Il tire avantage des prodiges qui se sont passés sous Julien; il mentionne toujours, comme les deux plus frappants exemples modernes, les obstacles surnaturels qui empêchèrent la tentative de reconstruction du temple, et la translation des reliques de Babylas, le martyr de Daphné [2]. Il croit aussi que l'esprit de prophétie ne s'est pas entièrement retiré de l'Église; mais qu'il souffle encore parfois, tout au moins chez ces grands ascètes privilégiés, dont l'initiateur, Antoine, fut un véritable prophète, qui prédit exactement l'échec final de l'arianisne; on en peut trouver la preuve dans « le livre où est l'histoire de sa vie », c'est-à-dire très probablement sa biographie par Athanase [3]. En somme, Chrysostome était dans le véritable état d'esprit évangélique, dans la pure tradition de Jésus [4], croyant au miracle, mais n'en exagérant pas l'importance; et blessé de voir que, sur le plus grand nombre, il était seul à faire impression. Il sentait aussi combien il est difficile de distinguer, une fois le miracle admis, entre les vrais et les faux miracles, toutes les sectes en revendiquant bientôt en leur faveur; et c'est pourquoi il disait quelquefois qu'il préférait la prophétie au miracle proprement dit, les démons pouvant, jusqu'à un certain point, imiter les signes et donner à leurs supercheries une apparence décevante; tandis que, quand ils se mêlent de prédire, leurs prédictions sont démenties par

---

1. In *Matth.*, 32.

2. In *Psalm.* 110. — In *Matth.*, 4. — Il parle aussi de circonstances miraculeuses qui se seraient produites sous Valens, lors de l'exécution de Théodore.

3. In *Matth.*, 8.

4. Il peut être intéressant de noter que Chrysostome ne veut pas que Jésus ait fait de miracles dans son enfance; il comprend tout le danger d'en venir à des puérilités ridicules comme celles de l'Évangile de l'enfance. (In *Joannem*, 17 et 21.)

l'événement [1]. Voilà pourtant l'homme auquel, à l'époque de Georges d'Alexandrie, la légende prêtait un nombre infini d'absurdes prodiges.

J'ai quelque regret de placer au rang des manifestations de la superstition la mode des pèlerinages, devenue générale au IVe siècle; car il n'y a pas de sentiment plus délicat que celui qui nous pousse à visiter les lieux illustrés par la vie ou la mort de ceux que nous admirons. Mais c'est aussi un sentiment qu'il faut savoir modérer et bien diriger; et on n'en évitait nullement alors les plus déplorables excès. Nous avons vu les fidèles d'Antioche se presser, tantôt sous la conduite de Jean, tantôt sous celle de Flavien, dans ces chapelles qui environnaient la cité. C'était là une excellente habitude, très propre à raviver la foi, à satisfaire les imaginations. Plus tard, à Constantinople, Jean conduisit souvent d'admirables processions formées d'une foule enthousiaste, pour la translation de quelques reliques; l'impératrice même y assista; on y chantait des psaumes en latin, en syriaque, en grec, en langue gothique [2]. De même il n'y a guère qu'à louer ceux qui, poussés par le pieux sentiment qui décida Jérôme à s'établir à Bethléem, allaient visiter la Palestine. On sait quel tableau curieux Jérôme a tracé de cette Jérusalem du IVe siècle, envahie par une multitude de pèlerins de toutes les nations et de toutes les sectes; grâce à l'extrême proximité, les Syriens y étaient fort nombreux, et quand Chrysostome a occasion de parler, par exemple, de l'emplacement de Sodome et Gomorrhe, et de décrire, comme on aimait à le faire en ce temps [3], la contrée désolée qui borde la mer Morte, il interpelle ceux de ses auditeurs qui avaient visité le pays, il fait appel à leur témoignage [4]. « Le monde entier, dit-il encore,

1. In *Joannem*, 19.
2. Deuxième homélie inédite publiée par Montfaucon.
3. Cf. le poème latin *de Sodoma* (publié par Hartel dans son édition de *Cyprien*). — La *Peregrinatio Silviæ*, publiée récemment par M. Gamurrini, a ajouté un document des plus précieux à l'histoire des pèlerinages au IVe siècle.
4. *Hom. de perfecta caritate*.

court voir le sépulcre où n'est plus le corps divin, va visiter les lieux où Jésus naquit, fut crucifié et enseveli[1]. » Un courant presque aussi puissant entraînait les fidèles en Égypte, vers les déserts fameux où avait été inaugurée par Antoine et ses imitateurs la vie anachorétique ou cénobitique. Chrysostome pouvait encore invoquer le témoignage d'un assez grand nombre de ses compatriotes quand il décrivait les merveilles de l'existence presque surnaturelle que menaient ces grands moines égyptiens[2]. Il est curieux aussi de constater l'attraction qu'exerçait la Rome chrétienne. Qu'elle attirât de toutes parts les Occidentaux, qu'un Espagnol comme Prudence ne fût plus maître de son enthousiasme quand il fêtait, en compagnie des Romains, le double anniversaire de Pierre et de Paul[3], cela n'a rien de surprenant. Mais il est plus remarquable que, jusqu'en Syrie, Jérusalem ne fit pas entièrement négliger Rome. L'éloignement sans doute empêchait de s'y rendre la plupart de ceux que n'y appelaient pas leurs affaires. Mais on en avait de vifs regrets, dont Chrysostome s'est fait plusieurs fois l'interprète. Souvent, quand il parle de Paul — et on sait que le panégyrique de l'Apôtre des Gentils revient dans presque toutes ses homélies, — il célèbre le privilège des Romains, possesseurs du tombeau vénéré[4] ; on songe, en le lisant, à cette hymne en l'honneur de saint Laurent[5], que Prudence écrivait avant d'avoir accompli le voyage de Rome, et où il exprimait en si beaux vers le bonheur de ceux qui habitaient constamment auprès des sépulcres glorieux. La parole de Chrysostome n'est pas moins enthousiaste ; le Grec, qui plus tard devait trouver un solide appui auprès du pape Innocent, aime Rome d'une piété presque aussi filiale que le Latin. Le Latin put satisfaire son désir ; le Grec se consolait en

---

1. In *Psalm.*, 109. — Cf. la *Peregrinatio Silviæ.*
2. In *Matth.*, 8.
3. *Peristephanon*, VII, — Chrysostome dit qu'on connaissait de son temps, outre les tombeaux de Pierre et de Paul, ceux de Jean et de Thomas, mais non ceux des autres apôtres. (In *Ep. ad Hebr.*, 26.)
4. *Peristephanon*, XII.
5. *Peristephanon*, II.

se souvenant qu'à Antioche même Paul avait habité d'abord et prêché.

Mais ce qui gâtait ces pèlerinages, où se manifeste d'ailleurs une foi si sincère et si touchante, c'était l'éternelle quête, souvent infructueuse, comme nous l'a montré l'histoire de Stagyre, de la guérison miraculeuse; c'était le même spectacle, étalé partout, des malheureux démoniaques. En même temps aussi, depuis la fameuse invention de la Croix par Hélène, la crédulité effrénée qui régnait universellement multipliait les reliques, dont beaucoup étaient dénuées de toute authenticité, et plusieurs assez ridicules. Croirait-on qu'il y avait des gens qui allaient en Arabie voir « le fumier de Job »[1], dont Chrysostome parle sans sourire[2]? Croirait-on aussi qu'en Arménie on prétendait montrer des fragments de l'Arche de Noé, et que Chrysostome ne voit pas plus de raison d'en douter[3]? Le fumier de Job en Arabie vaut bien la truie aux trente petits que les prêtres de Lavinium prétendaient avoir conservée dans je ne sais quelle merveilleuse saumure, et l'on pense, en entendant parler de cette Arche de Noé si résistante aux outrages du temps, à la galère non moins surprenante d'Énée, que les dévots latins s'imaginaient aussi posséder.

On n'en finirait pas, si l'on voulait relever toutes les menues superstitions qui souillaient alors chez la plupart la doctrine chrétienne. Ainsi, en mémoire du baptême de Jésus qui avait sanctifié les eaux, on allait puiser de l'eau, la nuit de l'Épiphanie, pour la garder toute l'année, et elle ne se corrompait pas[4]. Mais quelque regrettable que fût toute cette crédulité naïve, on peut dire que beaucoup de ces abus étaient inévitables; la plupart étaient tolérés, même partagés par les esprits les plus élevés de ce temps. Ce qui était bien plus choquant, ce qui révolte Chrysostome, et aussi ce qu'il pouvait espérer corriger, c'était la persistance, dans une société devenue chré-

---

1. Silvia aussi alla visiter le tombeau de Job.
2. *Ad Antioch.*, 5.
3. *Hom. de perfecta caritate.*
4. *Hom. de Epiphania.*

tienne, de croyances toutes païennes ou toutes juives. Dans le contact perpétuel qu'avaient les fidèles avec les Juifs et les Grecs, dans les vieilles traditions tenaces au sein même des familles, converties depuis plusieurs générations, était la source inépuisable de ce mal, d'autant plus étendu, d'autant plus grave que le judaïsme comme le paganisme ne croyaient pouvoir, à cette date, continuer la lutte contre le christianisme qu'à grand renfort de superstitions.

Jean donne une fois une liste assez complète de la plupart des usages païens qui ne se laissaient pas déraciner[1]. C'étaient : la croyance aux augures et aux présages; l'observation de certains jours réputés néfastes, tandis que d'autres étaient regardés comme heureux; les amulettes et les pratiques magiques. A propos de la parole d'Isaïe[2] : « La terre est remplie de leurs augures », il nous apprend que ceux qui croyaient aux présages étaient extrêmement nombreux. Il y avait des chrétiens auxquels on aurait presque pu faire application du caractère du superstitieux, tel que l'a tracé Théophraste. C'est naturellement chez les catéchumènes que le mal était le plus sensible; aussi c'est à la fin de la seconde catéchèse que Chrysostome l'a décrit avec le plus de détails. Il se moque de ceux qui croient qu'un malheur les menace s'ils rencontrent au sortir de chez eux un boiteux ou un borgne; il cite même un exemple beaucoup plus étrange : par une singulière superstition, on s'imaginait, si l'on rencontrait une vierge, que la journée serait stérile, et si, au contraire, on rencontrait une courtisane qu'elle serait heureuse et féconde. Entre tous les jours de l'année, celui qui exposait les fidèles aux plus dangereuses tentations, c'était le 1ᵉʳ janvier : les premières calendes de l'année[3]. On croyait qu'en passant le premier jour de l'année nouvelle dans la joie et le plaisir, on

---

1. In *Isaïam*, 2.
2. *Ibid.*
3. Hom. in *Kal.* — Cf. Libanius, Ἔκφρασις καλάνδων (Reiske, t. IV). Astérius d'Amasée a vigoureusement combattu les mêmes coutumes. (Néander, t. I, p. 276.)

était assuré de passer de même l'année tout entière. Dès l'aube
donc, on banquetait; « hommes et femmes remplissaient bou-
teilles et coupes ». Les portes des maisons s'ornaient de guir-
landes de fleurs. A l'agora surtout les apprêts étaient magnifiques. « L'agora ressemblait à une femme élégante et coquette
qui étale avec orgueil ses plus beaux ornements. » Toutes les
boutiques en effet mettaient dehors leurs plus belles mar-
chandises; car c'était le jour des étrennes. Il y avait des
réjouissances publiques; danses, spectacles. Le soir, la ville [1],
brillamment illuminée, était pleine d'ivrognes, retentissait
de chants obscènes et de lazzis indécents. Chrysostome, dès
les premiers temps [2] de sa prédication, consacra une homélie
tout entière à attaquer ces coutumes, dont la plupart portaient
avec évidence la marque de leur origine païenne. Si on ne
croit pas pouvoir éviter ce jour-là de faire un festin, il veut
que l'on y convie un pauvre. Il choquait ainsi, le plus directement possible, le préjugé qu'il avait l'intention de détruire.
Car la présence d'un pauvre à table, le premier jour de l'année,
aussi bien qu'à ces banquets des noces à propos desquels
nous l'avons vu faire entendre déjà le même conseil, semblait
du plus mauvais augure.

Les amulettes avaient quelquefois un caractère chrétien [3] :
tels ces petits évangiles, que j'ai mentionnés, et qu'on portait
suspendus au cou. Mais d'autres étaient entièrement païennes :
ainsi les médailles à l'effigie d'Alexandre, auxquelles on
prêtait la plus grande efficacité [4]. Chrysostome demandait
qu'on les remplaçât par des croix [5].

Les pratiques magiques étaient très fréquemment employées; elles avaient pris tant d'empire sur les païens

1. C'est-à-dire Antioche, où fut prêchée l'homélie in *Kalendas*.
2. La date n'est pas certaine.
3. L'exemple des Juifs était pour beaucoup dans l'usage des amulettes. C'étaient les femmes qui en portaient le plus volontiers. Cf.
Jérôme, in *Matth.*, IV, 23. — Voir aussi de Rossi, *le Medaglie di devozione*
(*Bulletin d'Archéologie chrétienne*, 1869), et l'article Amulette dans
l'*Encyclopédie* de Kraus.
4. Deuxième catéchèse. — Cf. l'article précité de Kraus.
5. H. 8 in *Ep. ad Col.* in Ep. 1 *ad Cor.*, 12, etc.

sous l'influence du néo-platonisme, et l'on était si disposé, même parmi les chrétiens, avec la croyance aux démons telle qu'on l'interprétait, à admettre la possibilité de certains prodiges jusque chez des adversaires, que beaucoup n'hésitaient pas à recourir aux sorciers. On croyait donc à la toute-puissance de certaines conjurations, et les femmes surtout faisaient souvent appel aux magiciennes. Elles les imploraient dans les cas de stérilité, et Chrysostome avait beaucoup de peine à les convaincre que la prière est plus efficace que des formules idolâtriques [1]. Il y avait même quelques-unes de ces magiciennes qui étaient chrétiennes, et qui se servaient, pour leurs charmes, du nom du Christ; c'étaient celles qu'il condamnait le plus fortement [2]. Il ne parle que par allusions et à mots couverts de certaines pratiques du même genre, qu'employaient les sages-femmes dans les accouchements laborieux. Les hommes d'ailleurs comme les femmes avaient ces mêmes faiblesses; ils se plaignaient qu'il n'y eût plus de miracles, et c'est pourquoi ils mettaient leur confiance dans la magie. Ils se procuraient donc toutes sortes de talismans, et comptaient sur l'action de formules, parfois fort étranges; ainsi on attribuait aux noms de fleuves [3] une puissance spéciale. Les abus de ce genre étaient si graves, que Chrysostome était obligé de menacer de mesures disciplinaires sévères : « Si je surprends de nouveau quelqu'un à user de talismans ou d'incantations, je ne l'épargnerai plus; je vous le dis, et je vous le redis [4] ». On alléguait qu'en fin de compte c'était toujours à Dieu qu'on faisait appel; que c'était son intervention qu'on réclamait; et que les vieilles sorcières qu'on faisait venir étaient les chrétiennes dont je viens de parler [5]. Mais on pense bien que cela ne touchait pas Chrysostome, et même l'indignait davantage. « Vos pratiques sont idolâtriques », répliquait-il, et il va jusqu'à s'exprimer en des termes qui

---

1. Hom. : *Non esse desperandum....*
2. Deuxième catéchèse; in *Ep. ad Col.*, 8; in *Ep. 1 ad Cor.*, 12.
3. In *Ep. ad Col.*, 8.
4. *Ibid.*
5. *Ibid.*

donnent une idée bien vive de la profondeur du mal : suppliant les malades de renoncer à un recours auquel ils ont toute confiance, il leur dit que, s'ils résistent à une tentation si dangereuse, ils seront d'autant mieux récompensés que cette résistance est plus rare et plus méritoire : elle est si méritoire et si rare [1] qu'elle leur sera comptée à l'égal du martyre. Τοῦτό σου μαρτυρίου στέφανον φέρει.

Les maladies n'étaient même pas la seule occasion où les hommes cédaient à ces tentations. Dans tous les malheurs imprévus, ils allaient demander conseil aux devins. Ainsi faisait-on si l'on avait été volé. Ce qui est curieux, c'est que Chrysostome ne nie pas que les devins puissent donner de bons avis. « Car le diable les inspire, et celui qui a armé le larron sait où le larron cache son butin [2]. » Mais on doit préférer perdre son argent, plutôt que le recouvrer par des moyens aussi condamnables; on sera récompensé. de cette sagesse comme si l'on avait fait l'aumône. Aussitôt, cette pensée de l'aumône, toujours présente à l'esprit de Chrysostome et qui toujours lui inspire quelque idée nouvelle, lui dicte un nouveau conseil plus élevé : On vous a volé, non seulement ne cherchez pas à rentrer dans votre argent à l'aide de ces devins idolâtres, mais faites l'aumône avec ce qui vous reste. Dieu vous protégera alors, et désormais vous ne courrez plus aucun risque. »

Les superstitions les plus ridicules peut-être étaient celles dont les enfants étaient la cause innocente. Pour les protéger, on multipliait les talismans; on leur attachait au bras, par exemple, un fil de laine rouge, auquel on prêtait une puissance merveilleuse, qu'on n'aurait dû accorder qu'à la croix. On avait une habitude bien plus absurde : on recueillait précieusement la boue au fond des bains, et les nourrices et les servantes, y trempant le doigt, en marquaient le front de l'enfant, assurant que cela le défendrait contre le mauvais

1. In *Ep. 1 ad Thess.*, 3.
2. In *Ep. 1 ad Thess.*, 3.

œil, l'envie, la jalousie[1]. Fallait-il lui donner un nom, sait-on
ce qu'on imaginait pour fixer son choix? « On allumait des
lumières à chacune desquelles on attribuait un des noms
entre lesquels on hésitait; on observait laquelle brûlait le
plus longtemps, et le nom qu'elle avait reçu devenait celui de
l'enfant; en même temps on tirait de la durée de l'épreuve un
présage pour la durée de sa vie[2]. » Chrysostome prenait occasion des reproches qu'il adressait aux parents à ce propos pour
leur recommander de donner à leurs fils et à leurs filles des
noms de saints et de saintes ; il leur citait l'exemple des patriarches, qui en choisissaient pour les leurs qui renfermassent
une prédiction, un sens mystique[3]. Il nous apprend d'ailleurs
que la coutume commençait à s'introduire à Antioche, où
l'affection profonde, l'admiration et la vénération que les
fidèles avaient vouées à Mélèce les amenait souvent à choisir
le nom de leur évêque bien-aimé.

Les dernières superstitions que nous venons de signaler
sont surtout des puérilités, plus ridicules que dangereuses.
Mais les habitudes d'esprit que finissait par donner un usage
aussi fréquent des pratiques magiques pouvaient avoir des
conséquences bien autrement graves. Elles conduisaient à
dénaturer entièrement le sens des pratiques chrétiennes les
plus essentielles. C'est ainsi qu'aux yeux de beaucoup de ces
fidèles, tout imbus encore d'idées idolâtriques et de sentiments
païens, crédules à l'efficacité des formules, la prière apparais-
sait comme une sorte d'incantation, un refrain de sorcière
(ἐπωδή), puissant par une vertu intrinsèque, et non par les
intentions pieuses de celui qui prie. L'opinion qui peut avoir
contribué à décider le superstitieux Constantin, quand il s'avisa
de choisir un Dieu fort, dont la main protectrice le soutînt
et foudroyât ses ennemis, était aussi le premier mobile de
la croyance de ces mauvais chrétiens. On est véritablement
étonné des efforts que Chrysostome dut faire, pendant toute

1. In *Ep.* 1 *ad Cor.*, 12.
2. *Ibid.*
3. In *Gen.*, 24. — In *Gen.*, 51.

sa vie, contre un préjugé subversif de toute religion véritable.
Il savait que l'église était souvent profanée par les vœux
sacrilèges de gens qui prétendaient rendre la Providence
complice de leurs rancunes et de leurs haines. Ceux-là priaient
avec une ardeur farouche contre leurs ennemis païens, auxquels ils voulaient faire éprouver toute la supériorité impitoyable de leur foi : « Venge-moi, Seigneur, disaient-ils
dans le secret de leur cœur; qu'ils voient que moi aussi j'ai
un Dieu [1] ». Le cas était fréquent. Chrysostome, quand il
prêcha [2] pour la première fois sur ce sujet, ne soupçonnait
peut-être pas entièrement combien la leçon frappait juste.
Car, dans un sermon qu'il prononça bientôt après [3], il dit à
ses auditeurs : « Quand je vous ai exhortés à ne pas prier
contre vos ennemis, et que je vous ai dit que le faire, c'était
irriter Dieu, c'était aller contre ses lois, car il a dit : Priez
pour vos ennemis (Matth., 5,44), j'ai vu beaucoup d'entre vous
se frapper la poitrine, gémir, et lever les mains au ciel pour
demander pardon de l'avoir fait ».

Il leur explique en termes élevés la barbarie d'une telle
superstition et son absurdité. Quoi! vous venez vous-mêmes
implorer le pardon de Dieu pour vos fautes, et vous lui
demandez d'être impitoyable pour celles d'autrui! « Que
diriez-vous, si un homme qui vient vous supplier de lui faire
grâce, voyant son ennemi tandis qu'il est à genoux devant
vous, se relevait pour le frapper [4]? » Les trois enfants dans la
fournaise ne priaient pas contre Nabuchodonosor; mais vous,
voici ce que vous dites : Frappe mon ennemi; rends-lui en la
personne de son fils le mal qu'il m'a fait. « Ne reconnaissez-
vous pas là vos propres paroles? — Vous riez? voyez combien
cela vous paraît ridicule, l'accès de colère une fois passé [5]. »
L'Église cependant tendait parfois involontairement à faire

1. *Peccata fratrum non evulganda.* — In *Psalm.*, IV, etc.
2. *Peccata fratrum....*
3. *Non esse desperandum....*
4. In *Matth.*, 5.
5. In *Ep. 2 ad Cor.*, 5.

durer cet abus : n'avait-elle pas, au commencement du siècle d'abord, puis à l'époque de Julien, appelé la vengeance divine sur ses persécuteurs, et ne s'était-elle pas réjouie de leur punition avec une joie quelque peu féroce? Ceux qui lisaient le traité de Lactance sur les *Morts des persécuteurs* [1], et y voyaient tracée avec tant de passion l'image d'une divinité, conçue, à la façon de l'Ancien Testament, comme jalouse et vengeresse; ceux qui lisaient les invectives de Grégoire de Nazianze contre son ancien condisciple devenu l'empereur apostat, ne sortaient pas sans doute de cette lecture avec des sentiments de parfaite charité chrétienne. Mais ne rendons pas Chrysostome responsable des excès que n'évitèrent pas Lactance, qui n'est pas partout un interprète très autorisé de la doctrine, et Grégoire, dont l'âme était si chaude, si vibrante, si peu maîtresse d'elle-même. Lui du moins, quoiqu'il ait aussi parlé de Julien avec la double haine du chrétien et du citoyen d'Antioche, était vraiment l'Apôtre de la charité et de l'amour.

L'astrologie avait une grande influence sur les esprits : la théorie de la *Genesis*, selon le terme qu'on employait le plus communément, réunissait de nombreux adeptes. Le rôle que jouent un moment les mages dans la légende évangélique, l'apparition de l'étoile, leur semblaient une justification suffisante [2]. Ils consultaient donc les astrologues. Chez beaucoup, les chimères astrologiques prenaient une forme particulière : ils croyaient à une succession de révolutions identiques du ciel, produisant une série similaire de révolutions sur terre [3]. Jean a attaqué ces superstitions avec la dernière énergie parce qu'elles supposaient la croyance au fatalisme, et qu'il a été,

---

1. Le dernier éditeur de Lactance, M. Brandt, ne croit pas que l'on ait raison d'attribuer à Lactance le *de Mortibus Persecutorum*. En attendant ses arguments, qu'il promet de produire bientôt, l'ancienne opinion me paraît toujours vraisemblable.

2. Jean a une théorie spéciale sur la nature de cette étoile. — Ce recours à la légende des Mages, de la part des chrétiens superstitieux, était en usage bien avant Chrysostome. (TERTULLIEN, *de Idololatria*, 9.)

3. In *Matth.*, 75.

entre tous les Pères, le défenseur attitré du libre arbitre et de la responsabilité.

A Constantinople, ville nouvelle, l'action des Juifs n'était pas en somme très sensible, quoiqu'ils fussent en assez grand nombre [1]. Cependant Chrysostome nous apprend que certains chrétiens se laissaient aller à célébrer avec eux le sabbat. Mais leur influence était bien plus grande à Antioche, où leur colonie était très ancienne et très populeuse. Là, les fidèles étaient partagés entre deux sentiments très curieux : un mépris, une haine violente contre le peuple rétif à la voix des prophètes et souillé du sang d'un Dieu; un respect involontaire, une attraction irrésistible vers ce même peuple, premier dépositaire de la tradition et de la vérité. Dans la ville où avait d'abord été portée la bonne parole, aussitôt qu'elle était sortie de Jérusalem, l'origine juive du christianisme était connue de tous, non pas seulement comme un fait historique appris dans les livres, mais par un souvenir persistant et vivace. Beaucoup donc révéraient secrètement les Juifs, pensaient que leurs rites sont « honnêtes encore aujourd'hui ». Quand revenait l'époque de leurs fêtes, ils se précipitaient dans les synagogues, les femmes au premier rang. Surtout la Pâque devenait une occasion de pécher : on ne pouvait se décider à la fêter autrement que ceux qui l'avaient instituée ; on commençait, on rompait le jeûne avec eux. Or, d'abord, c'était donner un démenti à la discipline ecclésiastique, aux décrets récents de Nicée; c'était une sorte d'amende honorable que les chrétiens semblaient faire à la tradition dont le christianisme s'était détaché. Ajoutons que, selon Chrysostome, les fêtes des Juifs se célébraient alors avec accompagnement de réjouissances assez scandaleuses : il prétend qu'ils compensaient le jeûne en s'adonnant au libertinage; en dansant pieds nus sur les places publiques, comme des gens ivres; qu'ils faisaient appel au personnel des théâtres, aux efféminés et aux courtisanes de la

____

1. In *illud : Si esurierit....*

scène, et les introduisaient dans leurs synagogues, en sorte que celles-ci n'étaient plus que de mauvais lieux [1]. Outre les synagogues d'Antioche même, il en existait une autre, plus courue encore peut-être, dans le faubourg de Daphné [2]. Les fidèles y trouvaient cet avantage qu'il leur était plus facile de s'y rendre incognito, en trompant la surveillance de l'évêque. En même temps un certain nombre d'entre eux se croyaient obligés d'observer le sabbat [3]. On recourait aussi, en cas de maladie, aux enchantements des Juifs, non moins réputés que ceux des païens [4].

On croyait que les serments prêtés à la synagogue avaient plus de force que tous les autres. L'habitude de prêter serment, en particulier dans les procès, comme aussi l'habitude des simples jurons, a été combattue par Chrysostome [5] dans toute une campagne suivie, en l'année 387, celle même de la sédition; toutes ses homélies se terminent alors par des remontrances fort vives à ce sujet, et dès lors se montre sa tactique si sage, si habile, de diviser la tâche, d'attaquer les vices non tous à la fois, mais un à un, et de ne pas abandonner un sujet avant d'avoir réussi à obtenir un progrès réel. Or, non seulement on profanait le nom divin, soit par les serments, soit par les jurons, mais encore c'est à la synagogue qu'on allait jurer. Voici une anecdote fort intéressante [6] : Chrysostome rencontra une fois dans la ville un homme qui traînait de force une femme à la synagogue; cet homme avait un procès, et voulait obtenir un témoignage en faveur de sa

1. *Adversus Judæos*, 1. Il est possible qu'il y ait beaucoup de partialité dans ces invectives. — La Grande Synagogue d'Antioche était, dès l'époque de Josèphe, un monument splendide. (*Bell. Jud.*, VII, 3, 3.)

2. Il y avait là un endroit qui s'appelait l'antre de la Matrone, au sujet duquel Chrysostome ne s'exprime pas malheureusement en termes fort précis, pas plus que sur un sanctuaire analogue dit de Saturne, fort fréquenté en Cilicie. (In *Ep. ad Titum*, 3.)

3. *De Lazaro*, 1. — In *Matth.*, 39.

4. Les Juifs faisaient espérer la guérison, particulièrement si l'on allait dormir une nuit dans le βάραθρον Ματρώνης. (*Adv. Jud.*, 1.)

5. Chrysostome autorise cependant le serment dans les cas indispensables. (*De Statuis*, 15.)

6. *Adv. Jud.*, 1.

cause. La femme, chrétienne, protestait, et refusait de prêter serment devant des Juifs; l'homme, chrétien aussi cependant, voulait l'y contraindre. Chrysostome intervint. Sans doute, plus d'une fois, à Antioche, son action bienfaisante s'exerça ainsi; mais il ne nous le raconte pas d'ordinaire; ici, il fait violence à sa modestie habituelle dans l'intérêt de son auditoire. Donc il réussit à prouver à ce mauvais chrétien, par les textes évangéliques, et en particulier par celui de Matthieu, 5, 34, qu'il n'est pas permis de jurer, et moins encore de contraindre quelqu'un à le faire. Mais il avait été surtout surpris de voir cet homme choisir ainsi la synagogue, et il lui en demanda la raison. « On m'a assuré, répondit-il, que les serments prêtés en ce lieu sont plus redoutables que tous les autres. » Chrysostome, indigné d'abord, finit par trouver la chose si burlesque et si folle qu'il se mit à rire. De sa surprise si vive, il est permis de conclure que pareil fait était en somme plus exceptionnel qu'il ne semble le dire. Il n'en faut pas moins admettre que parfois les Juifs, avec leur adresse et leur opiniâtreté, finissaient par persuader à des chrétiens ignorants que la supériorité d'une tradition plus ancienne leur donnait certains avantages; ils les intimidaient ainsi, et les effrayaient comme des enfants. Ὡς παιδία μικρά φοβοῦσιν ὑμᾶς Ἰουδαῖοι.

Dans la même année où il institua sa polémique contre les Anoméens, Chrysostome, à l'approche des fêtes juives, s'interrompit dans cette première campagne pour commencer une série d'homélies contre les Juifs[1]. Après avoir démontré contre l'outrecuidance anoméenne l'incompréhensibilité de l'essence divine, il était bien aise de rabattre à son tour l'orgueil juif, et d'exposer clairement aux fidèles la différence de l'Ancienne et de la Nouvelle Loi. Il le fait avec une si grande passion, que ces sermons sont, je crois, au premier

---

1. M. Usener a essayé récemment (*Religionsgeschichtliche Untersuchungen*, I, p. 227 et suiv.) de fixer avec plus de précision que n'avaient fait Tillemont et Montfaucon la chronologie de ces homélies contre les Juifs.

rang de ceux où l'on est obligé de faire assez large la part de
l'exagération oratoire. Il est impitoyable pour ses adversaires ;
on a déjà vu qu'il les accuse d'immoralité ; il ne leur reproche
pas moins leur entêtement. Il les appelle des chiens, en leur
appliquant la parole de Mathieu, 15, 26. La synagogue n'est
« qu'une auberge de brigands, de coquins, de démons
même ». Les âmes des Juifs sont pires que des démons. Un
jour, lorsqu'il prononça la quatrième homélie, où il traite de la
Destruction du Temple, il parla si longuement et avec tant
d'animation qu'il en contracta un enrouement, dont il nous a
fait confidence dans l'exorde de la cinquième. Pour combattre
l'influence des Juifs sur les chrétiens, il donne des conseils
qui lui sont familiers : il veut convaincre ses auditeurs que
chacun d'entre eux a la responsabilité non pas seulement de
son propre salut, mais encore de celui du prochain. Chrysostome a toujours été l'apôtre de la solidarité. Il veut donc qu'on
se surveille, et qu'on se réprimande mutuellement ; qu'en
gardant le secret, en évitant tout scandale, on dénonce le
coupable seulement au prêtre et à l'évêque. C'est la recommandation qui revient constamment dans ses discours contre les
Juifs[1]. Chrysostome ne cache pas du reste que cette surveillance était assez difficile à exercer ; on allait à la synagogue en
secret ; on prenait ses précautions pour que ni un ami, ni un
voisin, ni un esclave ne pût signaler le fait à l'autorité ecclésiastique[2]. Ainsi ces faiblesses, ces compromissions, dont on
était si honteux, devaient être assez rares ; on ne peut croire
qu'elles fussent aussi générales que certaines expressions de
l'orateur, et la véhémence du ton qu'il garde dans toute cette
série d'homélies, le laisseraient d'abord supposer.

Dans les années suivantes, Chrysostome, sans traiter jamais
le sujet avec les mêmes développements qu'alors, est souvent
revenu encore à la question juive, et, s'il confirme toujours
les renseignements qu'il nous a donnés du premier coup, il

---

1. En particulier dans le premier et le septième.
2. Huitième homélie.

n'est plus peut-être tout à fait aussi dur pour les malheureux Juifs; il leur reconnaît quelques qualités. Il lui est même arrivé de les donner en exemple aux chrétiens. Ainsi, il leur reprochait avec raison leur ritualisme tout formaliste; mais il avouait qu'au moins il y avait quelque chose de louable dans leur exactitude à observer les pratiques, celles-ci fussent-elles multipliées à l'excès; or cette exactitude était très remarquable chez eux, et contrastait avec la négligence trop fréquente chez les chrétiens [1]. Au fond, ce qui indisposait le plus Chrysostome contre les Juifs, c'était leur obstination à présenter aux chrétiens des objections, qui toutes n'étaient pas également fortes, mais qui cependant les gênaient bien souvent. C'étaient leurs vieilles plaisanteries sur la crucifixion, sur la vierge, qui l'indignaient et lui faisaient dire qu'ils sont exposés pour l'instruction du genre humain comme des cadavres au gibet [2]. Très orgueilleux de leur origine, ils se targuaient de leur ancêtre Abraham, et des chrétiens s'inclinaient devant leur prétention, oubliant que l'humble généalogie de Jésus montre la vanité de toute noblesse [3]. « Aujourd'hui comme autrefois, c'est bien leur intraitable orgueil qui les perd [4]. » Ils ne voulaient pas se décider à désespérer. Les habitants d'Antioche l'avaient bien vu sous Julien, dont ils avaient pris énergiquement le parti. Ils avaient fait alliance alors avec les Grecs, et, si depuis, disait Chrysostome, ils se tiennent tranquilles, c'est simplement parce qu'ils craignent les empereurs [5].

L'influence des doctrines juives et des doctrines païennes

---

1. In *Princip. Act.*, 1. — Toutes ces homélies in *Principium Actorum* sont, après les *Discours contre les Juifs*, les plus importantes pour connaître l'opinion de Chrysostome sur les Juifs. Il faut citer notamment, avec la première, la quatrième où il explique la tactique de Paul envers ses anciens coreligionnaires.

2. In *Psalm.*, 8.

3. In *Matth.*, 3.

4. In *Joannem*, 9.

5. In *Matth.*, 43. Que se passa-t-il plus tard à Constantinople, lors des troubles suscités par les démêlés de Jean et d'Eudoxie? Nous l'ignorons, mais il y eut des Juifs qui se réjouirent du retour de l'évêque, après son premier exil.

se réunissait contre la croyance au dogme le plus essentiel du christianisme, celui de la Résurrection. C'étaient surtout les préjugés païens qui agissaient en ce sens ; mais la lecture de la Bible servait aussi à fournir des objections. Comme jadis, lorsque Paul prêchait à l'Aréopage, beaucoup même parmi les fidèles ne pouvaient s'empêcher de sourire à la pensée que ce corps, que l'on voyait détruit par le feu ou les vers, retrouverait intacte sa substance. Car l'immortalité de l'âme, l'incorruptibilité d'un être immatériel, paraissait très raisonnable à peu près à tout le monde ; mais que la chair dût survivre, alors qu'on la voyait se corrompre, cela semblait contraire à l'expérience même. Or, justement Chrysostome insistait sans cesse sur la nécessité de la résurrection des corps, et allait, au contraire, dans le feu de la discussion, jusqu'à déclarer ridicule l'immortalité platonicienne. A ceux qui doutaient même de l'immortalité de l'âme — et il est curieux qu'il y eût alors un certain nombre de gens qui, tout en admettant l'existence de Dieu, niaient la vie future, — il répondait assez facilement en proclamant la nécessité d'une réparation accordée aux bons après la mort, et d'un châtiment des méchants ; l'accord était à peu près unanime sur ce point dans toutes les sectes, et les dissidents très rares. A ceux qui avaient surtout peine à admettre la résurrection de la chair, il répliquait par la comparaison classique de la semence ; par l'argument des transformations que subit déjà le corps dans la série des différents âges ; il rappelait aussi que la création n'est pas moins mystérieuse, qu'elle l'est même davantage [1]. Il cherchait ensuite des preuves dans l'Écriture ; trouvait la principale dans la Résurrection du Christ, présage et symbole de celle des fidèles, et, remontant même à l'Ancien Testament, citait la translation d'Énoch et l'histoire de Jonas, qui, interprétées par lui contre son ordinaire dans le sens figuré, lui semblaient très significatives [2]. Il dédaignait

---

1. In *Joannem*, 66 ; in *Ep. 1 ad Thess.*, 7 ; in *Ep. 1 ad Cor.*, 17.
2. In *Ep. 1 ad Cor.*, 39. *Huitième homélie inédite de Montfaucon.*

presque de répondre à des chicanes un peu puériles, tout à fait pareilles à certaines de celles que Voltaire a parfois trop facilement employées : l'hypothèse, probante pour le bon sens vulgaire, sans valeur devant la raison, du cadavre dévoré par les bêtes, les poissons, etc. [1]. Il n'avait pas de peine à répondre que cela n'est pas plus grave que la corruption et la destruction par les vers.

Mais ce qu'il avait plus de mal encore à inculquer, c'était le dogme de l'éternité des peines, auquel il tenait beaucoup, et qu'il voulait maintenir dans toute son intégrité. Ses auditeurs aimaient à se figurer un Dieu très doux et très clément; nous-mêmes, disaient-ils, nous sommes souvent indulgents pour les grands coupables; comment Dieu serait-il plus sévère que l'homme [2] ? « Pourquoi ceux qui ont péché dans cette vie si courte seraient-ils punis éternellement ? » Mais, répliquait Chrysostome, pourquoi le criminel qui n'a mis qu'un instant à commettre un meurtre est-il condamné aux mines à perpétuité? Soit, répondaient à leur tour ces Orientaux qu'on ne prenait jamais sans vert, notre justice humaine est imparfaite. Dieu n'agira pas ainsi. Mais Jean alors de leur dire : « Non, vous n'aurez pas le droit de vous plaindre. Car n'êtes-vous pas prévenus [3] ? » Surtout il insistait sur ceci, que la véritable justice réclame également la punition des méchants et la récompense des bons [4]; si l'une manque, pareillement l'autre doit faire défaut. Or qui voudrait croire que ces moines dont chacun admire les austérités surnaturelles ne seront pas récompensés? Alors, poussés ainsi à bout, ses contradicteurs se décidaient à avouer la chimère qui leur était chère : « Oui, il y aura le règne de la félicité souveraine; mais il n'y aura pas d'enfer.—Quoi, les adultères et les fornicateurs régneront avec les bienheureux ! Paul sera avec Néron ! le diable avec Paul ! » Tous ne s'avançaient pas jusqu'à prétendre ainsi que

1. In *Ep. 1 ad Thess.*, 7; in *Matth.*, 33.
2. In *Ep. ad Hebr.*, 11.
3. In *Ep. ad Rom.*, 25.
4. *Ibid.*

l'enfer n'existait pas ; beaucoup se bornaient à affirmer que cette géhenne dont les évêques parlaient tant ne serait pas aussi terrible qu'on voulait le leur faire accroire ; ils pensaient qu'elle serait relativement douce, et surtout temporaire [1]. C'est ce que Chrysostome n'admet pas ; et contre quoi il proteste même avec véhémence. D'autres, par une supposition plus singulière, et qui est une preuve de la grossièreté des croyances de ce temps, comprenaient le christianisme d'une façon si basse, qu'ils s'imaginaient que le titre seul de chrétien était une sauvegarde assurée. Oui, la géhenne existait, mais pour les Juifs et pour les païens seulement ; les chrétiens, qu'ils eussent ou non bien vécu, étaient certains d'avance de se trouver au nombre des élus [2].

Chrysostome avait peine à se contenir quand il voyait tant de lâches et complaisantes illusions ; tant de gens revendiquant les bénéfices de la religion véritable, sans vouloir en supporter les charges. Courageusement, il rappelait la doctrine dans toute sa rigueur ; il n'en dissimulait jamais rien ; il ne voulait pas d'adoucissement menteur. Cependant il savait combien ses auditeurs tremblaient à cette seule pensée de l'enfer ; dans quelle angoisse il les jetait chaque fois qu'il entreprenait ce redoutable sujet ; on aurait voulu lui fermer la bouche. « Ah ! je sais que vous n'aimez pas à m'entendre parler de la géhenne [3] ». Il n'en continuait pas moins, sans céder. Mais son âme était si aimante qu'il savait néanmoins compatir avec une touchante sympathie à la faiblesse de ses bien-aimés. Qu'il est admirable, quand il s'écrie : « Oui, ces pensées sont terribles, et mettent le cœur à la torture. Ne le sais-je pas moi-même, et ne l'éprouvé-je pas comme vous ? Mon cœur est troublé et palpite comme le vôtre ; et plus je comprends avec évidence que la géhenne existe véritable-

---

1. In *Ep. 2 ad Thess.*, 3. Sans doute beaucoup de ces opinions venaient plus ou moins directement de certaines idées d'Origène.

2. In *Ep. ad Rom.*, 31. Saint Augustin a eu à combattre des adversaires du même genre. — HARNACK, *Dogmengeschichte*, III, p. 51, n. 5.

3. *Ibid.*

ment, plus je frémis, et je recule de crainte! Mais il faut bien avoir le courage de dire ces choses, de peur que, les uns comme les autres, nous ne tombions tout droit dans cette géhenne si redoutée [1]. » Quand le prédicateur se met ainsi en communion intime avec ceux qui l'écoutent, cette douce parole : mes frères, n'est pas un vain mot dans sa bouche; mais combien il est rare, même au IVe siècle, qu'aucun le fasse avec cette simplicité, cette sincérité, cette profonde émotion !

On avait cependant la curiosité de savoir où se trouvait cette géhenne à laquelle on aimait même par moments à penser, à condition de se la figurer, ainsi que nous l'avons vu, quelque peu indulgente et clémente; à condition d'écarter les images que le prédicateur n'hésitait pas à présenter, celles du feu dévorant, du ver rongeur et des ténèbres éternelles. Chrysostome, qui n'aimait pas beaucoup les curiosités vaines, se donnait rarement la peine de les satisfaire. Que vous importe, disait-il, de savoir où elle est? Il vous suffit de vous convaincre qu'elle existe. Pourtant il nous apprend que beaucoup s'amusaient à conter qu'elle serait dans la vallée de Josaphat; et s'il mentionne cette opinion, c'est pour la rejeter. Je pense quant à moi, ajoute-t-il, qu'elle sera placée hors de cet univers, ἔξω τοῦ κόσμου τούτου παντός; comme sont placées ici-bas loin des cités les prisons, les mines où l'on relègue les condamnés. Mais plutôt que de chercher le lieu de la géhenne ou d'en décrire les tourments, il se complaisait parfois à tracer le spectacle du jugement dernier, à évoquer ainsi des pensées tout aussi terrifiantes, mais peut-être plus efficaces sur des consciences vraiment chrétiennes. Il se servait surtout d'une comparaison qu'il affectionne; il essayait de figurer l'apparition du souverain juge en décrivant les pompes alors si éclatantes de l'entrée de l'empereur dans une des grandes cités, mais bientôt il déclarait que la comparaison était insuffisante; qu'aucune analogie n'était pos-

____

1. In *Ep. ad Rom.*, 31.

sible [1]. Plus souvent encore il décrivait la béatitude des justes, les merveilles et les splendeurs de la cité céleste. Car si son âme était assez forte pour menacer quand il le fallait, débordante d'amour, elle préférait s'arrêter sur des visions consolatrices, faire entendre des paroles d'espérance. Alors ses fidèles suivaient avec complaisance les développements luxuriants où l'entraînait, sur les pas de saint Paul ou de saint Jean, son imagination inépuisable [2].

Telles étaient donc les croyances souvent superstitieuses de cette société étrange, encore très imparfaitement dégagée de ses origines païennes et juives. Le vieux paganisme hellénique et romain avait eu la prétention d'être assez compréhensif pour embrasser toutes les religions existantes; assez plastique pour se concilier avec elles. Peu à peu il avait été envahi par une foule de superstitions étrangères, et, malgré des résistances momentanées, il les avait paisiblement admises dans son sein. Seuls, le Jéhovah jaloux des Juifs et le Dieu des chrétiens avaient refusé la place qu'on leur offrait dans le Panthéon antique. Mais beaucoup des fidèles du second étaient moins exclusifs que ceux du premier, et, si, dans leur culte, ils ne reconnaissaient que leur Dieu seul, par une foule d'opinions et de pratiques, ils se rendaient coupables d'une idolâtrie naïve et souvent presque inconsciente.

Examinons maintenant comment Chrysostome, si sévère pour toute impure falsification des croyances, comprenait les relations que, dans la vie journalière, les fidèles étaient obligés d'avoir avec les païens et les Juifs? Des Juifs, à ce point de vue, il ne dit que peu de chose. Sans doute il souhaitait, autant que possible, qu'on rompît tout commerce avec un peuple maudit. Il en avait cette excellente raison, que les Juifs ne donnaient à peu près aucun espoir de se laisser convertir; des exemples d'apostasie étaient de leur part extrêmement rares; au contraire on constatait chaque jour qu'avec leur

1. In *Ep. 2 ad Cor.*, 10; *1 ad Thess.*, 8.
2. Exorde de l'homélie 2 in *Matth.*, péroraison de in *Joann.*, 56.; etc.

obstination, leur orgueil, le prestige de leur antiquité, ils exerçaient sur la foi des chrétiens une déplorable influence. Le plus sage était donc de se tenir éloigné d'eux. Avec les païens, les Hellènes, comme Chrysostome les appelle toujours, il n'en était pas de même, et l'on devait adopter une conduite toute différente.

Chrysostome a porté sur les païens des jugements très contradictoires. Tantôt, dans l'ardeur de sa foi, il les traite avec le dernier mépris et ne reconnaît rien de bon chez eux. Tantôt, soit qu'il cède à sa générosité naturelle, soit aussi qu'il veuille faire honte aux chrétiens, il leur attribue au contraire une part fort honorable de vertus. Ces différences se retrouvent, soit qu'il parle du paganisme ancien et des grandes époques philosophiques, antérieures au triomphe de la foi; soit qu'il pense au contraire aux derniers païens ses contemporains. Il lui est arrivé de décrire en termes singulièrement violents l'état affreux du monde avant l'apparition du christianisme : ce n'était que barbarie et bestialité. Tous étaient en guerre contre tous; les pères immolaient leurs fils; les mères ne valaient pas mieux; il n'y avait ni loi naturelle, ni loi écrite; tout était confusion. On n'a qu'à se souvenir des tragédies classiques, *Phèdre, Œdipe, Oreste*; je note d'autant plus volontiers ce passage qu'il est très rare que Chrysostome fasse allusion aux poètes classiques [1]. Mais il dit aussi tout le contraire; il dit que Dieu, avant la Révélation, était connu par la nature et la conscience [2]; et à propos du verset de Paul : *Gloria omni operanti bonum, Judæo primum et Græco*, il rend complète justice aux païens vertueux qui ont vécu avant le Christ [3]. Il expose parfois une théorie qui n'est pas sans analogie avec l'éducation du genre humain de Lessing, et qui lui servait à répondre aux gentils quand ceux-ci lui demandaient pourquoi le Christ avait tant tardé à venir. Il

---

1. Il ne nomme aucun d'eux par son nom, pas même Homère, qu'il appelle simplement : un poète de ceux des Grecs, in *Ep. ad Tit.*, 5.
2. In *Annam*, 1.
3. In *Ep. ad Rom.*, 5.

explique qu'il fallait améliorer progressivement l'état du monde. Dieu d'abord a donné aux Juifs Moïse comme un maître de la première enfance, γραμματίστης, pour leur enseigner les éléments ; et il leur promettait en récompense de la vertu les biens temporels comme on promet des gâteaux aux enfants [1]. Il fallait d'abord préparer les voies [2].

Sa pensée ne varie pas moins au sujet des philosophes. D'ordinaire cependant il est très sévère pour eux, et il en parle presque avec l'insolence de Tertullien. Il aime à comparer les grands penseurs grecs, Platon ou Pythagore, non moins que les capitaines et les hommes d'État illustres, Thémistocle ou Périclès, aux apôtres et aux diciples, et à les humilier devant ces pêcheurs [3]. Les premiers philosophes, Thalès et les autres, étaient d'absurdes matérialistes [4]. Il n'y a guère que Platon et Pythagore qui aient eu des lueurs de vérité. Mais d'abord c'est aux chrétiens qu'ils doivent le peu qu'ils ont de bon, et Chrysostome admet qu'ils l'ont reçu par l'intermédiaire de l'Égypte ; c'est-à-dire qu'en somme les parcelles de vérité qu'ils détiennent viennent de Moïse [5]. Puis, leur système pris en l'ensemble abonde d'erreurs. Avec une violence passionnée, Chrysostome fait honte à Platon de sa République, à cause de la communauté des femmes [6]. Il le raille de n'avoir réussi qu'à se faire vendre comme esclave, dans ses voyages en Sicile, tandis que l'univers a été converti par Paul. Quant à Pythagore, il l'accuse de superstitions vaines, et rapporte à ce propos des légendes assez ridicules ; car il ne choisit pas toujours fort bien ses armes contre les Hellènes [7]. On a peine surtout à le voir, lui, si généreux, si digne de comprendre le bien partout et sous toutes ses formes, et qui, en effet, a donné maintes preuves de largeur d'esprit,

1. Il pousse la comparaison aux plus menus détails.
2. In *Ep. ad Col.*, 4.
3. In *Matth.*, 33.
4. In *Joann.*, 66.
5. In *Joann.*, 66.
6. In *Act Ap.*, 4.
7. In *Joann.*, 2.

rabaisser Socrate par des procédés mesquins et puérils; soutenir contre toute vérité qu'il n'a bu la ciguë que par force, tandis que les martyrs couraient au-devant du supplice; aller jusqu'à faire valoir que la mort par la ciguë est douce en somme, que ce n'est rien qu'un sommeil [1]. Cependant il a fait une fois une sorte d'exception pour Épictète; à contre-cœur, il laisse échapper quelques paroles d'admiration [2]. D'ailleurs, quand il daigne ainsi par hasard accorder de l'indulgence à un philosophe, il s'empresse immédiatement d'ajouter que toutes ses vertus sont corrompues par l'ostentation, la κενοδοξία. A la confiance en eux-mêmes, qui distingue ces prétendus sages, à la superbe de leur pensée, il oppose l'humilité des apôtres. Il ne veut pas, comme le fait fréquemment Jérôme, élever ces derniers au même rang de science et d'éloquence que les philosophes. C'est une prétention que montraient alors facilement les chrétiens dans leurs discussions avec les païens; et il leur arrivait de la voir assez fortement rétorquée par des contradicteurs habiles et instruits. Chrysostome assista un jour à une discussion de ce genre, où le fidèle ne lui parut pas avoir l'avantage. Aussi recommandait-il d'éviter cette tactique imprudente [3].

Quand Chrysostome parle des païens contemporains, nous le voyons tomber dans les mêmes inconséquences. A certains moments, il ne cesse de redire qu'il y a de très honnêtes gens chez les Hellènes; on en voit qui méprisent l'argent, que les chrétiens poursuivent avec une cupidité si folle [4]; on trouve même beaucoup de personnes qui ont plus de confiance dans la parole d'un Hellène que dans celle d'un fidèle. Mais, d'autre part, d'abord ces vertus lui paraissent toujours gâtées en leur principe par la vaine gloire [5]; de l'autre, il retire souvent

1. In *Ep. 1 ad Cor.*, 4.
2. In *Act. Ap.*, 13.
3. In *Ep. 1 ad Cor.*, 3.
4. In *Joann.*, 84.
5. *Traité de la Virginité*, § 4, il émet une opinion intéressante : Les païens vertueux ne seront pas récompensés, mais ne seront pas punis. Leur état sera meilleur que celui des hérétiques.

presque entièrement ce qu'il vient d'accorder. Alors il proclame que la majorité des païens mènent la vie la plus abominable, et que, s'ils ne se convertissent pas, c'est uniquement parce qu'ils n'ont pas le courage de sacrifier leurs vices. « Nous entendons dire à beaucoup d'Hellènes que, s'ils n'accèdent pas à notre foi, c'est qu'ils ne peuvent s'abstenir de l'ivrognerie, de la fornication », et, oubliant ce qu'il a dit si souvent ailleurs, il répond à ceux qui lui objectent que, comme il y a de bons chrétiens, il y a des païens qui mènent une vie philosophique : « Qu'en sait-on, à parler franchement? » Puis il subtilise; il prétend, qu'en admettant qu'il y en ait, on n'en saurait faire honneur au paganisme; c'est qu'ils sont bons par nature, par tempérament, — raisonnement qui pourrait le mener loin. Enfin il affirme que beaucoup simulent la vertu, mais, dès qu'on ne les voit pas, s'abandonnent à toutes leurs passions. On voit combien tout cela est partial; tellement même que Chrysostome en fait la remarque, s'interrompt au milieu de cette argumentation, de peur de se laisser entraîner « à d'injustes chicanes [1] », et finit par se borner à maintenir qu'un païen vertueux n'est qu'une exception. Quand il traitait le paganisme avec si peu de ménagements, il aurait bien dû se souvenir que le mot qu'il emploie toujours pour désigner la vie chrétienne parfaite, c'est-à-dire la vie monastique, c'est ce noble mot de philosophie, qui n'est pourtant pas d'origine chrétienne.

Le moment semblait déjà proche où les derniers païens allaient disparaître, où le christianisme triomphant dominerait partout sans rival. Chrysostome s'en rendait très bien compte. La réaction de Julien avait encore inspiré des craintes extrêmement vives. Il suffit de voir avec quelle fureur

---

1. In *Joann.*, 28. Dans une circonstance mémorable, Chrysostome a parlé des philosophes avec un mépris particulier : c'est lors de la sédition d'Antioche. Il oppose leur lâcheté au courage des moines qui sont venus en foule soutenir le courage de leurs frères; les philosophes ont fui, montrant toute l'inanité de leur fausse vertu. Il y a là quelque exagération. Libanius ne quitta pas la ville et semble avoir fait son devoir. SIEVERS, p. 179 et suiv.

Jean, et surtout Grégoire de Nazianze en parlent pour être persuadé qu'elle ne parut pas dépourvue de toute chance de succès. Mais depuis tout semblait bien fini. Les derniers Hellènes raillaient sans doute les chrétiens, et avaient toujours à la bouche les vieilles objections traditionnelles : Qu'on ne comprenait pas pourquoi le Christ avait tant attendu à venir [1]; que le christianisme encourageait à pécher en promettant la rémission des fautes [2]; ou tout au contraire que l'éternité des peines supposait une divinité cruelle [3]; que les préceptes de l'Évangile n'avaient jamais été remplis à la lettre, même aux temps apostoliques [4]; que certaines promesses de l'Écriture n'ont pas été accomplies [5]. Mais leur grande objection, c'était le relâchement qui s'était introduit dans la vie chrétienne; le scandale du contraste choquant entre les dogmes et la pratique. Aussi, pour les convertir, Chrysostome répétait que les fidèles n'avaient qu'une chose à faire : bien vivre. « Vous pensez bien que si vos frères, qui partagent votre foi, sont scandalisés de vos vices, les infidèles le sont encore plus. Ils trouvent mille prétextes à nous accuser quand ils voient un homme valide, qui pourrait gagner sa vie, mendier et avoir besoin d'autrui. C'est pourquoi ils disent que nous exploitons notre religion [6]. » Ceux qui scandalisent ainsi les Hellènes sont responsables de leur persistance dans l'erreur, et en porteront la peine [7]. Savez-vous pourquoi les païens refusent de nous croire? C'est parce qu'ils nous demandent de prouver notre doctrine par des actes, non par des

---

1. In *Ep. ad Col.*, 4.

2. Ils abusaient du mot de Paul : *Ubi abundavit peccatum, ibi superabundavit gratia*; répétaient : *Faciamus mala, ut veniant bona* (in *Ep. 1 ad Tim.*, 4).

3. *Ibid.* On voit que ce scrupule semble être venu aux chrétiens des païens.

4. Christ n'a-t-il pas dit : *Non possidete... calceos* (*Matth.*, 10, 9)? et Pierre avait des sandales (*Actes*, 12, 8, in *Prisc. et Aqu.*, 2).

5. In *Gen.*, 9.

6. « Ils nous appellent χριστεμπόρους », Trafiquants du Christ, in *Ep. 1 ad Thess.*, 6.

7. In *Gen.*, 7.

paroles; et quand ils nous voient élever des demeur es magnifiques, acquérir bains et jardins, acheter des champs, ils ne
veulent pas croire que la vie terrestre n'est pour nous qu'une
préparation à la vie éternelle.... Vous trahissez ainsi la mission que vous a donnée le Christ. Vous n'êtes plus le sel de la
terre. Vous serez punis pour avoir été le sel qui ne sale pas[1]. »
Un Hellène qui vit mal n'est pas aussi coupable qu'un chrétien
qui vit mal; car leur religion est toute pourrie, et la nôtre
toute divine, vénérable même aux yeux de ceux qui se refusent à la professer; car si, après nous avoir reproché nos fautes,
comme dernière injure ils nous traitent de chrétiens, c'est
qu'ils ont une haute idée de notre doctrine, autant qu'ils ont
de mépris pour nous [2]. Les Hellènes ne sont pas touchés des
miracles comme des actes : souvent on a traité d'imposteurs
les auteurs de miracles; mais sur une vie pure la critique n'a
point de prise. Tant que l'Évangile n'avait pas encore fait les
progrès décisifs, les miracles étaient utiles : maintenant il
faut que ce soit la vie chrétienne qui paraisse miraculeuse.
Rien ne fait impression sur les païens comme la vertu; rien ne
les choque comme le vice. Et ils ont raison, lorsque, voyant
un avare prêcher contre l'avarice, et celui qui a ordre d'aimer
ses ennemis sévir comme une bête fauve contre son prochain,
ils traitent nos préceptes de plaisanterie. Lorsqu'ils voient
quelqu'un d'entre nous trembler devant la mort, comment
croiraient-ils à l'immortalité? — Il ne suffit pas, comme on
ose le prétendre, de leur opposer les glorieux exemples des
premiers fidèles. C'est nous qu'ils observent. Prouvez-nous,
disent-ils, la foi par les œuvres, et comme nous nous déchi-
rons entre nous sans pitié, ils nous appellent la peste du
genre humain [3].

En effet, selon Chrysostome, les païens sont désormais
entièrement impuissants à défendre leur religion en tant que
doctrine; ils avouent parfaitement son insuffisance. « Il y a

1. In *Matth* , 12.
2. In *Matth.*, 15.
3. In *Joann.*, 72.

longtemps qu'ils ont renoncé à leurs croyances, et qu'ils admirent les nôtres [1]. » Le paganisme transformé, tel qu'ils le pratiquent, ressemble beaucoup au christianisme. Tous croient à l'existence d'un Dieu suprême, à l'immortalité de l'âme, à la justice future. Chrysostome attribue toutes ces croyances à l'influence unique du christianisme qu'il exagère et fait remonter beaucoup trop haut; mais il est bien exact qu'à son époque cette influence agissait puissamment. A ses yeux, ils ne peuvent donc avoir que deux raisons de persister dans leur erreur : c'est l'attachement à leurs vices, et le spectacle du mauvais exemple que les chrétiens leur offrent. Il donne donc pour les ramener d'excellents conseils, inspirés par la charité et par une profonde connaissance du cœur humain. Il veut qu'on ne les brusque pas : Ne traitez pas un Hellène de misérable; ne soyez pas injurieux. Ne soyez intransigeants que sur le dogme, si on vous interroge à ce sujet : alors déclarez sans ambages toute superstition exécrable. Mais si l'on ne vous provoque pas, ne provoquez pas les premiers. Faites-vous les amis d'un Hellène; ménagez-le longtemps; ne choquez d'abord en rien son préjugé. Puis peu à peu tâchez de prendre sur lui de l'influence; vous arriverez peut-être ainsi à le convertir.

Cependant Chrysostome, quoique les conseils qu'il donne au sujet de la conversion des païens soient pleins de douceur, n'était pas véritablement tolérant, au sens moderne du mot. Il ne faut pas oublier que sa douceur était surtout une tactique. Du reste, il était homme de son temps; il en avait les idées, si parfois il en tempérait l'application par charité. Plein de bonté pour les païens pris en particulier — un des griefs qu'on produisit contre lui au concile du Chêne fut qu'il avait couvert de sa protection certains d'entre eux, contre des chrétiens, — il les poursuivait comme secte non sans violence. Ici, contrairement à la tendance que nous avons plusieurs fois constatée, nous devons même reconnaître qu'avec l'âge et

1. In *Joann.*, 72.

l'expérience ses idées sont devenues moins libérales. Quand
il écrivait le *Traité du Sacerdoce* [1], il semblait presque
admettre, en principe, une tolérance parfaite. Au contraire,
selon certains témoignages, pendant son épiscopat, il se serait
entremis auprès de l'autorité impériale pour appuyer la
demande d'un évêque d'Asie qui réclamait le concours du bras
séculier. Pendant son exil, nous le voyons aussi assez peu
porté à la modération envers les derniers païens de Phénicie.
La Phénicie était une des forteresses suprêmes de l'idolâtrie;
et Chrysostome en était d'autant plus peiné qu'elle était plus
voisine de sa chère Syrie. Il mit tout en œuvre pour la convertir. C'est d'ailleurs un bien beau et bien touchant spectacle
que celui qu'il donna alors. Au moment où il avait tant de
luttes à soutenir pour lui même, où il semblait qu'il ne devait
lui rester ni le temps ni la force de songer à une tâche désintéressée; pendant le long et pénible voyage qui le conduisit en
exil, puis à Cucuse même, souffrant de cette maladie d'estomac que lui avaient laissée les austérités de sa jeunesse;
accablé de tous côtés par le sort, il se consolait à la pensée
qu'un jour peut-être, par ses soins, la Phénicie [2] deviendrait
chrétienne. Une mission s'était organisée pour y répandre la
bonne parole; c'était Antioche qui en était le quartier général;
le prêtre Constance, ami dévoué de Jean, en était l'âme, et
Jean lui-même s'occupait incessamment de lui recruter des
auxiliaires. Mais la tâche était difficile; les résistances énergiques et souvent même violentes; Chrysostome mourut
avant qu'elles fussent entièrement vaincues [3].

Selon un penchant universel de la nature humaine, Chrysostome était encore plus sévère contre les hérétiques que
contre les Juifs ou les païens [4]. Son esprit est bien celui de

1. Liv. II, 3.
2. Il songeait en même temps à la conversion de la Perse.
3. *Ep.*, 50, 51, 52, 53, 54, 55, etc.
4. En une seule occasion, il a exprimé des idées extrêmement libérales, dans l'homélie Μή ἀναθεματίζειν.... Mais il n'a en vue que les Pauliniens, qui n'étaient pas des hérétiques proprement dits, et qu'une
simple question de personnes séparait des Méléciens.

l'Épître à Tite : Fuyez l'hérétique après la deuxième et la troisième admonition. Pour lui, l'hérésie n'a jamais que la plus détestable origine : elle vient toujours de l'orgueil et de l'envie. Elle n'est pas seulement une erreur : elle suppose un vice du cœur. Nous avons déjà vu, en analysant son *Traité de la Virginité*, comment il s'efforce de réduire à néant toutes les vertus des hérétiques. A peine une fois reconnaît-il qu'il y en a qui ont mené une vie très sainte [1]. Généralement il les traite comme des hypocrites. Marcionites, Manichéens, Anoméens, Cathares [2] — ce sont là ceux qui étaient les plus nombreux de son temps et les plus redoutables, — s'ils sont doux, c'est qu'ils feignent de l'être. Ils sont toujours ceux qui « par de douces paroles séduisent les cœurs des simples [3]. » (Rom., 16, 18). Chrysostome n'hésitait pas à croire qu'on avait le droit de réclamer contre eux l'intervention de la loi, et il nous explique très bien à quelles limites s'arrêtait, en ce temps, même chez les plus libéraux, l'idée de la tolérance. On croyait simplement, opinion qui est restée, au fond, celle de beaucoup d'évêques et de docteurs, qu'on ne devait pas châtier l'hérétique dans son corps; surtout qu'on ne devait pas le frapper de la peine de mort. C'est ainsi, par exemple, que la condamnation de Priscillien par Maxime excita la réprobation à peu près universelle de l'épiscopat occidental. Mais il y a fort loin de là à accorder aux sectes la libre pratique de leur culte. Ceux-là ne semblaient pas orthodoxes, et ils étaient tout à fait rares, qui montraient une tendance vers la solution la plus large, en appelant à leur appui deux textes de l'Ecriture, d'abord le mot de Paul : *Oportet hæreses esse*, puis et surtout la parabole de l'ivraie et du froment. Chrysostome se travaille pour donner, dans le premier texte, du mot δεῖ une explication qui est un contresens [4] manifeste, et à peine raisonnable. Quant à la célèbre parabole, voici comment il l'inter-

---

1. In *Act. Ap.*, 47.
2. C'est-à-dire Novatiens.
3. In *Matth.*, 23.
4. Voir l'homélie sur ce texte.

prêtait dans un passage qui mérite d'être cité textuellement :
« Craignez, dit Jésus, d'arracher à la fois l'ivraie et le froment.
Il disait cela pour défendre les guerres et les meurtres. Car il
ne faut pas tuer l'hérétique; si on le faisait, ce serait introduire dans le monde une guerre inexpiable.... Mais il n'interdit
pas de réprimer ces mêmes hérétiques, de leur fermer la
bouche, de leur enlever la liberté de se faire entendre, de
dissiper leurs réunions...; il défend seulement de les mettre
à mort [1]. » C'est ainsi qu'on comprenait alors la belle parole
du prophète : Dieu ne veut pas la mort du pécheur, mais qu'il
se convertisse et vive. — Qu'il vive, soit, pensait-on, mais
aussi qu'il se convertisse.

Cette tolérance ne va donc pas très loin, et il eût été bien
facile d'en faire sentir le défaut à Chrysostome. Ainsi comprise, elle ne satisfaisait même pas à la règle qu'il avait posée.
Il veut éviter les discordes, mais suffit-il, pour les éviter, de
ne pas punir l'hérétique du dernier supplice? Ne sont-elles pas
aussi sûrement la conséquence des précautions répressives
qui restent permises? Il le vit bien d'ailleurs à Constantinople
où certaines mesures qu'il ordonna amenèrent des troubles
assez graves. Les Ariens qui si longtemps y avaient régné en
maîtres, et dont le règne avait d'ailleurs été souillé aussi par
les pires excès, étaient durement traités depuis l'arrivée au
pouvoir de l'Empereur selon le cœur de Dieu, du très orthodoxe Théodose. Ils étaient obligés de tenir leurs synaxes hors
des murs, et, pour s'y rendre, ils se réunissaient dans certaines
places de la ville, d'où ils partaient en procession, chantant
leurs hymnes. Cela scandalisait Chrysostome, qui voyait là
comme un défi, et qui craignait que certains fidèles ne se
laissassent séduire. Aux processions ariennes, il répondit donc
en instituant, aux mêmes lieux et aux mêmes heures, des processions catholiques, où l'on chantait des Psaumes, et où l'on
portait de belles croix ornées de cierges : c'était un eunuque
de l'impératrice Eudoxie, Brison, très dévoué à l'archevêque,

1. In *Matth.*, 46.

qui était chargé de les organiser; et marchait à leur tête. La rencontre entre les deux sectes était inévitable, et d'ailleurs provoquée par Chrysostome; il devait fatalement en résulter des rixes. Bientôt en effet il s'en produisit; des pierres furent échangées; Brison blessé. Mais les processions ariennes furent désormais interdites [1].

2° Les sacrements et les pratiques : le baptême, la confession, la communion, la pénitence, le jeûne, la prière, l'assiduité à l'église.

Bien que nous ne fassions pas ici, à proprement parler, une étude de théologie et d'histoire ecclésiastique, il est nécessaire que nous examinions comment étaient comprises les pratiques les plus essentielles de la religion. En introduire l'usage régulier, conforme de tous points à la discipline, était en effet la tâche que se proposaient les évêques. Elles étaient les moyens efficaces par lesquels ils espéraient réformer la société, corriger le relâchement dont le danger devenait si grave. Voyons comment ils y réussissaient, et si leurs fidèles, qui avaient le tort de souiller leurs croyances de tant de superstitions d'origines diverses, n'avaient pas également celui de donner un sens grossier aux sacrements et de dénaturer les pratiques.

Le premier et le plus important des sacrements, le baptême, le signe même et la marque du chrétien, donnait lieu au plus grave des abus. C'était à qui le retarderait le plus possible, et, en attendant, mènerait une vie abandonnée à toutes les passions, comptant que ses fautes seraient effacées par la pieuse cérémonie à l'article de la mort; car on prenait patience le plus souvent jusque-là. Tel est le péril fatal, quand on paraît attacher, ne fût-ce qu'en partie, le salut à un rite, et non le réserver uniquement à la bonté des actes, et à la droiture des intentions. Dans toute l'étendue de la chrétienté, les

1. Socrate, *H. E.*, VI.

plaintes des évêques étaient alors identiques et unanimes. Augustin en Afrique, Chrysostome en Syrie et à Constantinople, faisaient honte de leur conduite à ceux qui encourageaient leurs fils à retarder le baptême « jusqu'à ce que jeunesse se fût passée », et qui leur donnaient eux-mêmes l'exemple. Les plus grands personnages agissaient ainsi : Constantin, malgré la légende postérieure, avait été le patron de tous ces chrétiens lâches et superstitieux. L'illustre Probus, que tous les évêques couvrirent d'éloges qui n'étaient peut-être qu'imparfaitement mérités, ne se pressa pas davantage. Le nombre des catéchumènes était donc toujours extrêmement grand, et on transformait, en dépit de l'Église, ce qui ne devait être qu'une période transitoire et préparatoire, en un état durable et régulier. On avait tant entendu répéter que le baptême effaçait tous les péchés, qu'on croyait prudent de ne pas user trop tôt du remède : qui sait si, au cours de sa vie, on ne commettrait pas quelque grand crime pour lequel la pénitence serait insuffisante? Mais si au contraire on passait directement et sans intervalle du sacrement au tribunal de Dieu, si on mourait dans la robe blanche, on était tranquille; on n'avait rien à redouter. Aussi jusqu'au dernier moment craignait-on de prendre une résolution imprudente; les parents eux-mêmes se mettaient de complicité avec l'agonisant; on consultait le médecin; on n'appelait le prêtre que lorsque celui-ci hochait décidément la tête, de l'air significatif qu'il faut bien savoir comprendre. On faisait pour le baptême ce qu'on fait aujourd'hui pour l'extrême-onction [1].

Chrysostome combattit le mal avec sa vigueur ordinaire [2].

1. In *Act. Ap.*, 1, etc. — Les Marcionites allaient encore plus loin; et Chrysostome, qui aime parfois à distraire ses auditeurs, les égaye un jour en leur racontant l'anecdote du baptême marcionite après la mort. On se racontait, en effet, que si, chez ces hérétiques, un catéchumène venait à trépasser, un de ses coreligionnaires se plaçait sous le lit où reposait le cadavre; le prêtre demandait au mort s'il voulait être baptisé, et naturellement n'obtenait pas de réponse; alors l'homme sous le lit répondait qu'il voulait l'être pour le défunt et on le baptisait à cette intention. (In *Ep. 1 ad Cor.*, 40.)

2. Rappelons que son prédécesseur Nectaire n'était pas même encore baptisé, quand on pensa à lui pour l'épiscopat.

Quoi! disait-il, vous faites moins d'honneur à Dieu qu'aux hommes; vous prenez moins au sérieux le sacrement du baptême que la grosse affaire du testament. Vous savez bien qu'un testament n'est pas valable, s'il n'a pas été fait dans les conditions requises; s'il n'a pas été signé par son auteur, tant qu'il est encore « en vie, dans son bon sens, en bonne santé », ζῶν καὶ φρονῶν καὶ ὑγιαίνων. Mais pour le baptême vous attendez que le médecin vous contraigne, vous dise à l'oreille. Il le faut!

Si vous ne croyez pas, que venez-vous faire à l'église? Si vous croyez, pourquoi restez-vous catéchumène [1]? — Vous allez ainsi, disait-il encore avec force, si directement à l'encontre de la volonté divine, qu'il arrive, par votre faute, que le sacrement institué pour effacer les péchés, ne sert qu'à les augmenter et à les aggraver [2]. Il essayait aussi de leur donner des arguments qui pussent toucher leur intérêt; en voici un qui mérite d'être noté. « Celui qui, après une mauvaise vie, meurt baptisé, ne sera pas l'égal, ne le croyez pas, de celui qui aura bien vécu. Supposez deux soldats, l'un voleur, l'autre vaillant; supposez que l'empereur pardonne au premier, dans son indulgence; et que le second se distingue si bien qu'il devienne à son tour empereur. Sans doute le premier n'aura pas été puni; mais il aura lieu d'envier le second. Tous ne sont pas égaux dans le palais impérial. Le licteur n'est pas sur le même rang que le préfet. Il en est ainsi du ciel [3]. » Sans doute il y a plusieurs demeures dans la maison du Père. Mais cela ne touchait guère beaucoup de gens d'Antioche ou de Constantinople; ils pensaient que peu importe un moindre honneur, une moindre dignité dans la milice de la Jérusalem céleste. Après tout, si on avait la vie éternelle en perspective, sans crainte du châtiment et de la géhenne, cela suffisait. Chrysostome a souvent attaqué l'ambition; mais il y a des gens qui ne sont pas ambitieux, qui savent se contenter de peu, dans

1. In *Act. Ap.*, 1.
2. In *Ep. ad Heb.*, 13.
3. *Ibid.*

l'autre monde mieux encore qu'en celui-ci. Chrysostome n'avait pas de prise sur ces modestes.

Mais aussitôt qu'une catastrophe ou la menace d'une catastrophe avait ému ces esprits mobiles, dès qu'ils avaient été brutalement ramenés par quelque coup subit à la pensée de la mort imprévue et toujours imminente, on se pressait dans les baptistères ; on ne se leurrait plus de sophismes ; on paraissait corrigé et transformé. Le spectacle de ces grandes émotions universelles revenait aussi souvent que se faisait sentir un fléau très fréquent au iv⁰ siècle, en Orient, celui des tremblements de terre. Un exemple restait présent à toutes les mémoires : la terrible secousse qui avait détruit Nicomédie presque entière, et dont cette fière métropole ne se releva pas. Antioche, qui devait être plus tard à peu près anéantie par une secousse pareille, ne subit pas à l'époque de Chrysostome de ruine aussi épouvantable. Mais cependant elle fut fréquemment éprouvée, plus fréquemment encore menacée, et Constantinople n'était pas épargnée davantage. Chaque fois se renouvelaient les mêmes scènes de terreur, d'affolement, et de repentir trop passager. C'est ainsi qu'en 400, quand il commentait devant son auditoire les *Actes des Apôtres*, Jean rappelait le tremblement de terre qui avait signalé l'année précédente. « Est-ce que tous alors ne se précipitaient pas vers le baptême? Est-ce que tous les fornicateurs, tous les débauchés, tous les infâmes ne renonçaient pas à leurs vices, ne semblaient pas devenus les plus pieux de tous[1]? » Trois jours après, tout était oublié. On avait cessé de redouter la colère de Dieu, qui s'était montrée indulgente ; les vices avaient repris leur empire, et ceux qui avaient paru décidés à revêtir la robe blanche des postulants remettaient encore à un nouveau danger la grande décision.

Toutes choses ont d'ailleurs leur compensation, et si l'on retardait ainsi le baptême, si on paraissait fuir cette rénovation mystique qui aurait dû être le vœu le plus ardent de

---

1. In *Act. Ap.*, 41.

tout chrétien, ce n'était pas uniquement pour les motifs très peu honorables que je viens d'indiquer. C'était en partie aussi parce qu'on se faisait une idée beaucoup plus sérieuse, beaucoup plus redoutable qu'aujourd'hui de la pénitence. Cependant on n'était déjà plus au temps où celle-ci était appliquée en toute sa rigueur. Il ne faut pas parler seulement ici de relâchement; il faut dire aussi que l'Église, en s'engageant dans la voie des adoucissements et des tempéraments, avait pris le seul parti raisonnable. Une communauté uniquement composée de saints, prétendant exclure toutes les brebis galeuses, et telle enfin que la rêvèrent les sectes intransigeantes, comme celle des Novatiens, était trop visiblement, au IVe siècle plus encore qu'au IIIe, la plus irréalisable des utopies. En Syrie donc, comme à Rome, les évêques étaient portés à l'indulgence. Le second livre des *Constitutions apostoliques* le prouve tout aussi bien que les homélies de Chrysostome. Dans ces dernières par exemple, il n'est jamais question de ces trois ou quatre degrés successifs de la pénitence, dont l'application rigoureuse supposerait une discipline fort exigeante [1]. Il y a donc lieu de croire que, sauf dans les cas exceptionnels, les coupables obtenaient assez facilement la réconciliation avec l'Église. Malgré cela, il me semble que l'ancienne sévérité n'était pas tout à fait oubliée : comment expliquer autrement, si le souvenir n'en était vivant encore et si même la pratique ne s'y conformait en quelque mesure, l'habitude toujours si répandue du baptême *in extremis*?

Non seulement les épreuves imposées aux pénitents devenaient moins longues et moins terribles. Mais encore l'aveu même de la faute cessait de paraître aussi redoutable. Dans tout l'Orient, on se préoccupait de plus en plus d'éviter que les fautes graves ne parvinssent à la connaissance du public. A Constantinople, Nectaire, cet homme de monde discret, ennemi de toute apparence brutale, profita d'un scandale qui

---

1. Cf. l'article Busse (de Funk) dans l'*Encyclopédie de* Kraus. — Voir encore Duchesne, *Origines du culte chrétien*, p. 421.

s'était produit une fois pour supprimer, en 390, l'emploi du prêtre spécialement chargé de recevoir les confessions [1]. Son exemple fut suivi avec l'empressement qu'on met toujours à accepter tout adoucissement à la discipline. On serait peut-être tenté de croire que Chrysostome résista. Mais on se tromperait. Ce que Chrysostome a poursuivi sans cesse, c'est le relâchement des mœurs, plutôt que celui de la discipline. Sans doute nul n'a fait de plus merveilleux éloges de la pénitence que lui : il y excelle, soit qu'il commente les exemples de la Bible, et oppose l'endurcissement de Caïn à l'aveu repentant de Lamech [2], soit qu'il condamne les scrupules timorés de ceux qui voulaient taire les fautes de David, et leur montre que c'est aussi supprimer son admirable repentir [3]. Mais, en psychologue pénétrant, en excellent moraliste, il a montré les inconvénients graves de la confession publique. Au fond, il pensait qu'elle n'était pas une pratique absolument évangélique, parce qu'elle a pour résultat presque inévitable le scandale, dont Jésus s'est, avec tant de raison, déclaré l'irréconciliable ennemi. Sans doute, elle est un bel exemple de victoire sur le respect humain; elle est d'un grand effet sur l'assemblée des fidèles. Mais pensons au lendemain. Quelles seront les conséquences pour le pénitent lui-même? Non seulement il va se trouver au ban de la société; mais encore, se sentant méprisé et maudit, il sera incapable de travailler à son propre relèvement. Son exemple aura peut-être sauvé

---

1. Ce fait nous est raconté par SOCRATE, *H. E.*, V, XIX. — Il s'agissait de la liaison coupable d'une femme et d'un diacre. On ne voit pas très clairement, dans le récit de Socrate (qui tenait ces détails d'un témoin contemporain, le prêtre Eudémon), comment la faute fut connue du public. Le prêtre, à qui la femme avait d'abord fait son aveu, exigea-t-il un aveu public? Socrate ne le dit pas. Mais il pouvait arriver tout simplement, dans un cas pareil, que quelque indiscrétion fût commise, ou plus simplement encore que les fidèles tirassent leurs conclusions des mesures de répression prises par l'autorité ecclésiastique.

2. In *Genesim*, 20. — Un des griefs produits contre Chrysostome au synode du Chêne est qu'il poussait au relâchement, en disant : « Si tu pèches de nouveau, fais de nouveau pénitence; et aussi souvent que tu auras péché, reviens à moi : je te guérirai. »

3. In *Matth.*, 26.

tel de ses frères; mais lui-même risquera d'être perdu sans
retour. « Vous savez quelle peine amère c'est quand nos
péchés sont divulgués, et quelle force d'âme il faut pour qu'un
homme que tous accusent, et qui a tant de témoins de ses
crimes, ne tombe pas tout à fait[1]. » Chrysostome donc, qui a
toujours été si sage, si discret, malgré son âme ardente, qui
souhaite bien que chacun surveille son prochain et dénonce
au besoin les coupables au prêtre, mais veut que tout cela se
fasse en particulier, dans le secret, selon l'excellente maxime
évangélique; Chrysostome apporte de grands ménagements
à la pratique de la pénitence. Il aime à redire aux fidèles
que ce qu'on exige d'eux n'est pas bien grave; il faut seulement qu'ils avouent leur faute à un prêtre, représentant de
Dieu, et dont les lèvres sont scellées. Souvent même il va
plus loin, et leur dit que c'est à Dieu seul qu'il faut se con-
fesser. Ces textes ont été souvent sollicités par les critiques
protestants, et certains d'entre eux semblent en effet assez
caractéristiques[2]. La pratique de la pénitence passait donc par
une sorte de crise, et ce qui demeure évident, c'est que Chrysostome suivait la tendance générale de son siècle vers un
adoucissement très sensible de l'ancienne discipline. D'ailleurs,
comme en toutes choses il n'était jamais l'apôtre de la lettre,
mais toujours celui de l'esprit, c'était moins le rite et la for-
malité qui lui semblaient importants que le repentir et la
conversion. D'après lui, la vraie pénitence est de rechercher ardemment les vertus contraires aux vices qu'on a eus[3].
Tu as volé? fais l'aumône. Tu as forniqué? abstiens-toi à certains jours du commerce légitime avec ta femme, etc.

Chrysostome est un des Pères qui ont le plus magnifiquement célébré l'Eucharistie; Bossuet a bien raison de le
dire[4]. Au moment de la consécration du pain et du vin,

1. In *Matth.*, 26.
2. On les trouvera réunis par Néander, et dans Montfaucon, *Diatriba* 1.
Le plus difficile à expliquer, au point de vue catholique moderne, se
trouve dans la cinquième homélie, *de Incomprehensibili Dei natura*.
3. In *Matth.*, 26.
4. Cf. notamment in *Ep.* 1 *ad Cor.*, 24.

croyez, disait-il, que le ciel s'entr'ouvre, et que les anges en
descendent, et la légende rapporte qu'il s'imaginait en effet
les voir, l'entourant dans le sanctuaire. Aussi s'efforçait-il
de faire comprendre à ses auditeurs combien devait être parfaite la pureté de l'âme qui va participer aux saints mystères [1] : il faut qu'elle soit plus pure que le Saint des saints
du temple juif [2]. Or il se plaint précisément que de très
grands abus se produisaient. Partout alors s'introduisaient la
routine et le formalisme : la communion en souffrait autant
que le baptême. Ainsi il était devenu obligatoire de commu-
nier à Pâques ; on aurait éprouvé les craintes les plus terribles et les plus superstitieuses, si on avait laissé passer la
grande fête sans le faire ; si bien qu'on communiait sans se
préoccuper d'y apporter les dispositions convenables. « Des
gens souillés de mille vices prennent part aux saints mystères [3]. » Les prêtres ne peuvent connaître tous ces sacrilèges. Mais que ceux-ci ne l'oublient pas : Dieu les voit, et
souvent il les punit, les frappant de maladies, de calamités
subites ; il les livre au Satan, comme faisait Paul de l'inces-
tueux de Corinthe [4]. Par contre, en dehors de Pâques, on ne
communiait plus. On se posait déjà à cette époque la question
de la fréquente communion, et Chrysostome donne de cette
question si souvent controversée la solution la plus raisonnable. L'essentiel est d'avoir l'âme pure : si on l'a, qu'on com-
munie aussi souvent qu'on voudra ; sinon, qu'on ne com-
munie même pas à Pâques ; et il s'efforce alors de démontrer
qu'à ce point de vue Pâques est une fête comme une autre,
qui n'a pas de privilège sur la Pentecôte, le Sabbat, le dimanche, les anniversaires des martyrs [5]. Il y avait sans doute des

1. *Vidi Dominum*, 6, in *Psalm.*, 133, etc.

2. Il emploie aussi une comparaison faite pour frapper un auditoire
passionné pour les jeux publics. Il rappelle qu'aux Jeux olympiques le
héraut, en proclamant le nom des concurrents, demande s'il n'y a rien
à dire contre eux. Il faut être bien plus irréprochable encore pour
s'approcher de la table sainte. (In *Ep. 1 ad Heb.*, 17.)

3. *De Bapt.*, chap. II.

4. In *Ep. 1 ad Tim.*, 5.

5. *Ibid.* BASILE, *Ep.*, 93, est aussi pour la fréquente communion, à
condition qu'on soit dans les dispositions nécessaires.

personnes qui communiaient fréquemment [1]. Mais le plus grand nombre méritait les reproches de Chrysostome. Parfois on faisait valoir contre lui ce singulier argument que les anachorètes ne communiaient même pas une fois par an, dans leur solitude, éloignés qu'ils étaient de tout prêtre et de tout évêque [2].

L'une des pratiques les plus importantes était alors celle du jeûne; nous avons déjà vu qu'elle donnait lieu à un grave abus, par la confusion du jeûne juif et du jeûne chrétien; mais cet abus n'était pas le seul. On attribuait au jeûne, comme aux autres pratiques, et plus encore qu'aux autres peut-être, une valeur propre et intrinsèque ; on y voyait une rançon suffisante des vices, sans qu'il fût accompagné d'aucun progrès moral. On perdait de vue les raisons véritables de son utilité, pour lui prêter un pouvoir excessif, une vertu magique.

Chrysostome a souvent répété le panégyrique du jeûne, et proposé à ses auditeurs cet exemple des Ninivites, si souvent prôné dans la littérature chrétienne du IVe siècle, ainsi que l'exemple de Jésus au désert. Il aimait d'un amour tout particulier la sainte période du carême, surtout, il est vrai, parce qu'elle était par excellence la période de la prédication; celle où il montait à l'ambon à peu près chaque jour; celle où l'église se remplissait d'une foule plus recueillie, plus sanctifiée que de coutume. Il déborde d'une joie qui s'épanche en belles images poétiques, quand il annonce la venue de ce printemps spirituel des âmes [3]; il a des regrets émus quand il le voit finir. Il a fait de belles peintures du recueillement d'Antioche pendant le carême; il invitait, à son approche, les fidèles à se souvenir longtemps de la trêve des vices qu'il amène avec lui, à pleurer son départ comme

1. In *Ep. 1 ad Heb.*, 17.
2. *Ibid.*.
3. In *Genes.*, 2, *logos* 1; *in Genes.* — Chrysostome donne quelques renseignements intéressants sur la semaine sainte, ou, comme on l'appelait, la grande semaine : les empereurs avaient décrété la vacance des tribunaux; amnistiaient les prisonniers (in *illud : Lauda...*).

on pleure le départ d'un hôte aimé [1]. Mais il voulait donner de l'abstinence une idée très haute; il voulait qu'on comprît qu'elle a une raison, en dehors de laquelle elle est absolument sans valeur; elle doit servir à dompter la chair, avoir pour résultat la correction des vices et un perfectionnement moral. Sans cela elle est inefficace [2]. Il ne faut pas espérer que le jeûne seul, sans les œuvres, assurera le salut. Avec cette belle liberté d'esprit qui le caractérise, cette large intelligence de l'Évangile qui lui en fait interpréter les préceptes dans leur sens le plus profond, le plus vraiment moral, et sans crainte du scandale, il ose présenter l'image du véritable Jésus, qui n'était pas d'une vertu rogue et formaliste; il rappelle que ses adversaires, les Pharisiens, lui faisaient le reproche de manger, de boire du vin, comme de fréquenter les publicains et les pécheurs. *Ecce homo edax et vini potator* [3]. Il allait si loin qu'on l'accusait de mépriser et de décrier le jeûne. « Non, je ne le blâme pas, répondait-il; loin de là; je le loue grandement; mais je suis désolé, quand je vous vois, négligeant tous les autres préceptes, penser qu'il suffit pour gagner le salut, tandis que, dans le chœur des vertus, il ne tient que la dernière place [4]. » Il dédaignait et haïssait surtout ceux qui, véritablement Pharisiens, non seulement exagéraient l'efficacité du jeûne, mais encore le pratiquaient avec ostentation. Il commentait fortement à leur usage le verset de Mathieu : *Cum autem jejunatis, nolite fieri sicut hypocritæ tristes* [5].

Mais il ne faut pas croire que tout le monde pâlit d'abstinence même pour gagner le salut et se donner une réputation de sainteté. Il y avait d'abord de véritables hypocrites qui secrètement prenaient les repas les plus délicats; s'il venait à en être averti, le prêtre leur adressait de vifs reproches; mais

1. In *Annam*, 1.
2. *Ad Antioch.*, 3, 16.
3. In *Matth.*, 30.
4. In *Matth.*, 46.
5. In *Matth.*, 20.

ils avaient une excuse toute prête : « Je ne veux, disaient-ils, scandaliser personne, et ma santé trop faible ne me permet pas l'abstinence. C'est donc par esprit de piété que je dissimule [1]. » Beaucoup d'autres, plus francs, ne simulaient même pas. Pour ceux-là, l'approche du carême était un épouvantail ; à peine voyaient-ils finir celui de l'année qu'ils redoutaient déjà celui de l'année suivante [2]. Ils saluaient avec une joie inconvenante la rupture du jeûne à Pâques, et donnaient aussitôt des festins où ils compensaient sans vergogne les privations passées [3]. Souvent d'ailleurs, pendant les quarante jours consacrés, ils n'observaient pas la discipline ; et Chrysostome s'en apercevait aisément ; car une crainte superstitieuse les tenait éloignés de l'église, quand ils avaient rompu le jeûne. Quand donc Chrysostome ne les voyait pas au sermon, il savait à quoi s'en tenir ; et n'espérant guère qu'il obtiendrait d'eux l'observance parfaite de l'abstinence, il préférait se montrer large et tolérant : Venez quand même, leur disait-il ; qu'une première faute ne soit pas pour vous l'occasion d'une seconde. A ces mauvais jeûneurs, il vantait la puissance du jeûne, comme il la rabaissait devant les superstitieux ; il le donnait alors comme un remède souverain contre les assauts du démon, remède dont pouvait cependant douter tout au moins l'infortuné Stagyre [4]. Il rappelait aussi que les grands exemples venaient de haut : que l'Empereur lui-même maintenant observait le jeûne [5]. Enfin ses prescriptions restaient extrêmement modérées : il admettait parfaitement l'excuse d'une santé faible, et, par une sagesse habile qui est devenue de règle dans l'Église, il permettait, en ce cas, de remplacer l'abstinence par l'aumône, l'assiduité au sermon, la réconciliation avec ses ennemis, les bonnes œuvres, en un mot. « Oui », disait-il, et ces paroles résument

---

1. In *Matth.*, 20.
2. *Ad Antioch.*, 18.
3. In *Annam*, 1.
4. *De Pœnitentia*, 5.
5. In *Gen.*, 2.

toute sa théorie du jeûne : « le but même du jeûne étant de dompter les passions, qu'importe que vous preniez un autre chemin si vous parvenez au même but [1] ? »

Comme pour le jeûne, nous avons déjà constaté certaines superstitions très coupables auxquelles donnait lieu la prière. Chrysostome, qui se faisait de la prière l'idée la plus élevée, redoutait par-dessus tout, comme pour toutes les autres pratiques, qu'on ne lui attachât une vertu indépendante de l'intention. Il était obligé de rappeler à beaucoup de ses fidèles qu'elle n'a de force que si elle vient d'un cœur droit et pur; il faut d'abord remplir ses devoirs, faire de bonnes œuvres; c'est la véritable prière : καθαρὰ ψυχὴ καὶ ἔργων ἀγάθων ἐπίδειξις. Il va jusqu'à dire, dans sa crainte des excès du ritualisme, qu'à vrai dire la prière sert plus à élever l'âme qu'à obtenir des faveurs [2]. Si vous oubliez cela, si vous vous conduisez mal, dit-il en commentant une parole d'Isaïe, je détournerai mes yeux de vous [3]. Avec sa vive imagination, grecque et orientale à la fois, plastique et souvent comme homérique, il a une comparaison ingénieuse pour indiquer que toutes les prières n'ont pas même succès : il en fait des citharèdes, dont les uns sont sifflés et les autres applaudis. Ainsi les prières des chrétiens vertueux sont exaucées; celles des coupables repoussées de l'audience divine [4].

Les préceptes de Chrysostome sur la prière paraissent au premier abord très rigoureux : il la veut non seulement pure et ardente, mais très fréquemment répétée. Il exige la prière avant et après le repas [5]; la prière aux heures canoniques fixées par l'Église [6]. La prière étant le seul moyen efficace de se préserver des tentations, et celles-ci étant de tout instant, il faudrait que de son côté elle fût ininterrompue. Mais on ne lui ménageait pas les objections; on reproduisait surtout celle

1. X in *Gen.*
2. In *Psalm.*, 4.
3. In *Isaïam*, 1.
4. In *Psalm.*, 4.
5. In *Annam*, 2.
6. *Ibid.*, 4.

que nous avons si souvent déjà signalée : qu'on doit distinguer
entre la vie monastique et la vie séculière. Comment un
homme qui a une famille, des affaires, pourrait-il prier trois
fois par jour? Chrysostome répondait de façon que ses exigences, si grandes en effet à les prendre au pied de la lettre,
devenaient d'une application assez aisée. Il n'est pas besoin
d'aller à l'église, et de faire une prière proprement dite; une
oraison intérieure et courte, jaculatoire en quelque sorte,
suffit, sans qu'il soit nécessaire de remuer les lèvres ni
d'étendre les bras [1]. Cependant aux prières du jour Chrysostome tient beaucoup à ce qu'on ajoute encore celles de la nuit.
Il aime à commenter le psaume 118; à répéter le : *Media nocte
consurgebam* [2]. Sachant bien que ce n'est pas là une pratique
des plus faciles à observer, il essaye de persuader les fidèles
par une description très brillante du ciel nocturne, lumineux
et calme, dont la contemplation élève l'âme et la purifie [3]. Si
peu nombreux que pussent être ceux que touchait cette éloquence poétique, le bon Tillemont estime qu'il est déjà bien
étonnant qu'il y en eût quelques-uns. « Cette pratique, se
laisse-t-il aller à dire, est si fort au-dessus de notre lâcheté,
que nous avons peine à comprendre comment on pouvait raisonnablement la demander au commun du peuple [4]. »

La confiance qu'on avait dans l'effet en quelque sorte
magique de la prière était telle qu'on était aisément dépité
quand on ne se voyait pas exaucé. Le découragement sacrilège était en proportion de l'espérance trop superstitieuse.
Chrysostome aimait donc à recommander l'unique remède,
la patience, en la mettant sous le patronage d'un exemple
biblique : les vingt années de prières d'Isaac reviennent souvent dans ses exhortations, et il était difficile assurément de
trouver mieux [5]. Il convenait aussi de rappeler que, si la

1. C'est l'attitude bien connue des Orantes des Catacombes. *Ibid.*
2. In *Gen.*, 3.
3. In *Act. Ap.*, 7, 27.
4. *Mém. eccl.*, XI, p. 128.
5. In *Gen.*, 25, etc.

prière n'avait pas été exaucée, elle n'avait sans doute pas été
faite avec les dispositions convenables. « Il ne faut demander
que ce que Dieu peut accorder; il faut le demander avec zèle
et confiance [1]. » Alors, selon Chrysostome, on sera sûr d'obtenir.

Il est nécessaire que la prière soit modeste, exempte d'ostentation. Malgré la malédiction évangélique, le Pharisien
avait laissé une postérité nombreuse et incorrigible. L'hypocrite, ou tout au moins le bigot à grandes démonstrations
extérieures, se rencontrait fréquemment à Constantinople
comme à Antioche. « Enfermez-vous dans votre chambre,
disait Chrysostome, et priez les portes fermées. » Mais alors,
lui objectait-on, il ne faut pas aller à l'église. « Ne prenez
pas la chose au pied de la lettre; ce qu'il faut, c'est seulement
ne pas se faire remarquer. On est aussi coupable, si on met
de l'ostentation à demeurer renfermé chez soi. » Or il nous
apprend précisément que cette dernière espèce d'ostentation était loin d'être inconnue. « Il y en a qui, tout en se
cachant, se font remarquer en élevant la voix, crient comme
des bouffons et, dans tout leur extérieur, affichent une prétention de piété ridicule [2]. »

Nous n'avons parlé jusqu'à présent que de la prière personnelle et privée. Mais Chrysostome n'attache pas moins d'importance à la prière en commun. Elle a, dit-il, une force particulière et des effets plus assurés. C'est ce que prouve le soin
que mettait Paul à la réclamer pour lui-même [3]. Dieu est

1. In *Psalm.*, 137. — Il faut surtout avoir, comme je l'ai déjà dit, le
cœur pur de tout mauvais sentiment; or avec le formalisme superstitieux du temps, « on n'osait pas prier », rapporte Chrysostome, quand
on avait eu commerce avec sa femme, ce qui est cependant légitime;
et on priait au sortir d'une querelle, d'une dispute, sans même s'être
calmé, ce qui mérite l'enfer. (In *Matth.*, 19.) — « Il faut, dit-il encore,
parler latin au tribunal; à Dieu, il faut parler le langage de la foi et de
la pureté. » (In *Matth*, 78.) — Chrysostome donne aussi quelquefois des
modèles de prières, des formulaires; ainsi, in *Ep. ad Col.*, 10, il rapporte
une prière qu'il a apprise d'un « saint homme », quelque solitaire sans
doute, et en recommande l'usage.

2. In *Matth.*, 19.

3. *Rom.*, 15, 30. — I, *Eph.*, 6, 19.

comme un roi qui refuse la grâce d'un condamné à la requête d'un seul suppliant, et parfois l'accorde aux cris de la cité tout entière [1]. C'est pourquoi le peuple est toujours uni aux prières que prononce le prêtre, convié à y prendre sa part [2]. Ce qu'il veut combattre, en recommandant ainsi la prière en commun, c'est la tendance à rejeter sur le prêtre seul le fardeau de la prière. Le prêtre priait, pensaient beaucoup de gens, cela ne suffisait-il pas à contenter Dieu? Mais Chrysostome leur rappelait que l'Église n'est qu'un seul corps, et que les fidèles doivent participer tous ensemble à l'action de grâce ou de supplication qu'elle fait monter vers Dieu [3].

La forme particulière de la prière en commun que Chrysostome prônait le plus, c'était le chant des psaumes. Il est un de ceux qui ont le plus contribué à en régulariser l'usage, d'abord par ses conseils et sa prédication à Antioche, ensuite et mieux encore par les mesures effectives que son autorité épiscopale lui permit de prendre à Constantinople [4]. Il a défini en très beaux termes, dans son Commentaire du psaume 41, l'origine et l'utilité des psaumes. « Dieu, voyant la tiédeur de l'homme et sa paresse, a voulu mêler à la prophétie le charme du chant.... Car rien, non rien n'élève

1. *De Proph. obscurit.*, 2.
2. Il énumère les principales de ces prières, in *Ep. 2 ad Cor.*, 18.
3. *Ep. 2 ad Cor.*, 18. — On voit paraître chez Chrysostome, en termes très affirmatifs, la croyance à l'intercession des saints (in *Gen.*, 44, etc.). Mais il est partagé entre deux tendances.: tantôt il en proclame l'excellence (*ibid.*); tantôt il craint qu'on n'en abuse. Il rappelle qu'il fallut que la Chananéenne priât elle-même; le Christ n'avait pas tenu compte de l'intervention de Pierre et Jacques (cf. *Matth.*, 15, 22; le texte n'a d'ailleurs pas ce sens), in *Psalm.*, 4 (cf. *Matth.*, 5, où il affirme que la véritable intercession est celle des pauvres). Un préjugé très commun consistait à croire à la réversibilité des mérites : Chrysostome nous apprend ainsi que certaines personnes se croyaient sûres du salut parce qu'elles comptaient un évêque dans leur famille ou un saint parmi leurs ancêtres.
4. Il se montrait ainsi fidèle aux traditions les plus chères de l'Église d'Antioche. C'est à Antioche en effet que, sous l'évêque Léonce, l'usage de l'antiphone (chant alterné de deux chœurs) s'était ajouté à l'usage du psaume à répons. Les deux maîtres de Chrysostome, Flavien et Diodore, avaient été les initiateurs de cette nouvelle psalmodie qu'Ambroise introduisit le premier en Occident. (Voir Duchesne, *Origines du culte chrétien*, p. 108.)

l'âme et ne lui donne des ailes, et ne la détache de la terre, et ne la délivre du corps, et ne la fait *philosopher* et se railler de toute cette vie charnelle, comme le chant, la divine mélodie rythmée. » Voyez l'influence du chant sur les enfants, les travailleurs, les matelots, les fileuses. « Puisque notre âme a une disposition naturelle si forte à goûter cette sorte de plaisir, afin que les démons ne la corrompent pas en introduisant les chants lascifs, Dieu a imaginé les psaumes.... Il faut donc apprendre à sa femme, à ses enfants à chanter ces cantiques sacrés en filant, en travaillant, avant et après le repas. Qu'on imite Paul et Silas en prison (Actes, 16, 25). Le psaume, c'est l'éponge parfumée avec laquelle on nettoie la table.... » En même temps il recommande la psalmodie intérieure, au camp, à l'atelier, au tribunal. Sans doute les humbles, les pauvres ne comprennent pas tous les psaumes. Mais qu'au moins à l'église ils retiennent les répons, c'est un moyen pour eux de remplacer les livres qu'ils ne peuvent se procurer. — Dans ce morceau si complet et si intéressant on peut dire que Chrysostome n'explique pas seulement les avantages du chant des psaumes ; mais qu'il fait encore implicitement la théorie de la poésie chrétienne, telle que l'a pratiquée le IVe siècle, telle qu'Ambroise, Prudence, ou Grégoire de Nazianze la représentent. Toutes les raisons qu'il donne en faveur des psaumes montrent en même temps l'utilité, la nécessité d'une poésie religieuse contemporaine ; prouvent que cette poésie ne fut nullement une œuvre artificielle, mais qu'elle eut de profondes racines dans les besoins de la communauté chrétienne.

Chrysostome cite le psaume 140 comme un des plus aimés, et le plus connu : « Tous le savent par cœur ; on le chante à tout âge. Mais d'ordinaire on n'en comprend pas très bien le sens. » C'est ce psaume qui avait été choisi pour la prière du soir. On le récitait en effet chaque soir à Antioche, et c'est pourquoi Chrysostome l'explique avec un soin et un détail tout particuliers [1]. Nous avons au contraire perdu son Com-

1. In *Psalm.*, 140.

mentaire du psaume 62, qu'on récitait le matin (ἑωθινός). Mais en dehors de ces psaumes qui étaient consacrés par un usage spécial, on connaissait assez mal les autres; on répondait comme toujours que c'était affaire aux moines [1].

C'est à Constantinople, ai-je dit, que Chrysostome essaya de rendre régulier et obligatoire le chant des psaumes. Nous avons déjà vu qu'il en faisait chanter à ces processions qu'il célébrait lors des translations de reliques, ou encore à celles qu'il organisa contre les Ariens. A la même époque aussi, il réunissait la nuit, à l'église, dans la même intention, les hommes que leur travail empêchait de prier pendant le jour. Ces offices nocturnes devinrent même l'une des principales causes des haines que son administration épiscopale suscita dans le clergé byzantin; les prêtres relâchés ne lui pardonnèrent pas de troubler leur sommeil aussi indiscrètement [2]. Il a de nouveau, à ce moment, admirablement analysé l'effet moral de ce chant des psaumes qu'il mettait tant d'ardeur à répandre : « Le prophète parle, et tous nous répondons, nous chantons en commun. Plus de distinction entre l'esclave et l'homme libre, le riche et le pauvre, le prince et le sujet. L'inégalité des conditions est bannie. Un seul chœur se forme de tous, et la terre imite le ciel [3]. »

Mais, comme toujours, Chrysostome avait quelque peine à se faire entendre. La prière en commun exigeait l'assiduité et l'attention à l'église. Or l'une autant que l'autre étaient très imparfaites. L'assistance était, d'ordinaire, assez peu nombreuse; et ce qui est remarquable, c'est qu'elle était composée pour la plus grande partie de petites gens; les riches ne venaient que rarement, et quand par hasard ils se décidaient, ils s'enorgueillissaient comme s'ils avaient fait un grand honneur à Dieu [4]. Il n'y avait foule qu'à l'occasion

1. In *Matth.*, 2.
2. PALLADIUS, V. — C'étaient, on le voit, les pieuses veillées inaugurées par Diodore et Flavien que Chrysostome essayait d'introduire à Constantinople.
3. *Homil. in templo sanctæ Irenes.*
4. In *Ep.* 2 *ad Thess.*, 3, etc.

des grandes fêtes, quand revenait Pâques ou la Pentecôte. Ces jours-là, la mode et la superstition entraînaient tout le monde. Mais la véritable piété n'y était pour rien. « Συνηθείας γὰρ ἐστίν, οὐκ εὐλαβείας [1]. » A part cela, l'imprévu seul de ces grandes catastrophes, qui précipitaient en masse les catéchumènes dans les baptistères, jetait aussi à l'église le flot subit des négligents. Ainsi arriva-t-il, lors du tremblement de terre qui secoua Antioche quand Chrysostome y prêchait ses belles homélies sur Lazare [2]. La sédition, pendant laquelle nous pouvons suivre presque jour par jour, dans la série de ses sermons, les impressions d'une multitude nerveuse et mobile, offre encore l'exemple le plus caractéristique. Nous voyons l'église se remplir ou se vider, la synaxe nombreuse ou désertée selon que le découragement l'emporte, ou que commence à renaitre l'espérance.

C'était surtout en ces jours de fête où la foule, par habitude et routine, envahissait les basiliques, que l'attention était difficile à maintenir; mais, en temps ordinaire même, avec un petit auditoire d'élite, on ne pouvait jamais l'obtenir parfaite. Soit pendant le sermon, qu'on trouvait parfois trop long, quelque amoureux qu'on fût d'une éloquente parole, soit pendant la prière et la liturgie, combien souvent l'évêque avait lieu de se fâcher! L'emploi du diacre, chargé de parcourir les rangs pressés, d'exercer une surveillance analogue à celle qui est aujourd'hui la fonction du suisse, n'était pas une sinécure. Il avait beau répéter à voix haute l'invocation consacrée : Prêtons attention (πρόσχωμεν) [3], le tumulte, les distractions ne prenaient jamais fin. On bavardait sans cesse, même aux moments les plus solennels de l'office [4]. « Quelle honte! disait Chrysostome; quand on vous lit des lettres impériales, vous n'oseriez souffler mot ni faire le moindre mouvement; vous savez qu'à la moindre imprudence vous

1. In *Annam*, 4.
2. Voir la sixième.
3. In *Act. Ap.*, 19, 24.
4. *Ad Antioch.*, 5, 6, 20, etc.

seriez taxés de lèse-majesté. Et vous ne craignez pas de commettre un crime pire, de courir un danger plus grave, en manquant de respect à-la parole divine! » L'église était devenue un lieu de réunion comme un autre; comme tous ceux que les villes antiques offraient en si grand nombre au public désœuvré, habitué à vivre au dehors, peu sensible aux joies intimes du foyer. On allait donc à l'église comme on allait à l'agora, comme on faisait station dans ces boutiques de médecins ou de barbiers où se tenaient d'incessants conciliabules [1]. En entrant, on marchait droit à ses parents, à ses amis, pour leur demander de leurs nouvelles. On n'oubliait pas même ses affaires; on donnait des rendez-vous à ceux avec qui l'on avait un marché à traiter, et on en discutait les conditions [2]. Au temps des grandes chaleurs, on se trouvait là plus commodément qu'à l'agora. Les nouvellistes, si nombreux dans ces cités orientales où l'on était si curieux, si amoureux de tous les commérages, racontaient à qui mieux mieux les nouvelles politiques, les rumeurs venues de la cour. Jadis, s'écriait Jean, songeant à cette maison de Philémon qu'il a si souvent proposée en exemple, les maisons étaient des églises. Aujourd'hui, hélas! les églises sont des maisons; pis que des maisons, on y entend le bruit et le tumulte des tavernes.

C'étaient naturellement les femmes qui étaient encore les plus bavardes; rieuses aussi au moindre prétexte. Chrysostome les rappelait au devoir par la parole de l'Apôtre : *Mulier in silentio discat* [3]. Mais hommes comme femmes, sans respect pour le lieu saint, se bousculaient pour avoir les premières places, afin de mieux entendre la voix, un peu faible, paraît-il, du prédicateur. De là de scandaleuses mêlées, qui se reproduisaient même lors de la distribution de l'eucharistie. Qu'on était loin du temps légendaire où, tandis que Paul prêchait dans un modeste *cœnaculum*, à l'étage le plus élevé de la maison, l'un des auditeurs, Eutychus, qui s'était placé sur le

1. In *Act. Ap.*, 29.
2. In *Ep. 1 ad Cor.*, 36.
3. I *ad Thess.*, 9.

rebord de la fenêtre, venant à tomber, l'assemblée ne s'interrompait pas, et Paul continuait à développer la parole divine[1] !
Les voisins maintenant se taquinaient entre eux, et il fallait l'incessante intervention du diacre pour rétablir entre ces grands enfants la paix et l'ordre[2]. Tout devenait prétexte aux distractions les plus futiles. Un jour par exemple, Chrysostome s'aperçoit que les regards se détournent de lui; il sent passer dans l'assemblée ce léger murmure, indice infaillible de l'inattention; les yeux semblent suivre avec curiosité je ne sais quel spectacle imprévu. C'est simplement qu'on allume les lampes, et il faut pour ramener les esprits distraits que l'orateur élève le ton, et, dans un mouvement subit d'improvisation, hasarde une de ces comparaisons qui charmaient l'imagination des Syriens : « Moi aussi, j'allume des lampes, j'éveille en vous l'étincelle de la vérité,... etc.[3] ».

Il se produisait des abus beaucoup plus graves que ces distractions puériles. On sait que les temples antiques étaient devenus parfois des lieux de rendez-vous pour les amoureux, et que l'on racontait à Rome certaines anecdotes scandaleuses où le sacristain et même le prêtre semblaient quelque peu jouer le rôle de complices. Les temples d'Isis en particulier avaient assez mauvaise réputation. Les évêques et les prêtres chrétiens ne se rendirent jamais coupables de pareilles condescendances; mais ils s'aperçurent bientôt que les mœurs qui avaient déshonoré les temples, tendaient, bien qu'atténuées, à s'introduire dans les églises. Si les intrigues ne s'y dénouèrent jamais, comme sous le regard bienveillant d'Isis, elles s'y ébauchaient parfois. Les femmes, pour venir à la synaxe, rivalisaient de coquetterie, mettaient leurs plus belles toilettes, leurs bijoux les plus riches; ambitieuses de s'éclipser mutuellement[4]. Les hommes cherchaient aventure, dressaient leurs batteries, mettaient en œuvre en pleine basi-

1. *Logos* 4 *in Genesim.*
2. In *Act. Ap.*, 24, 19.
3. *Logos* 4 *in Genesim.*
4. In *Ep.* 2 *ad Thess.*, 3.

lique tout ce qu'ils pouvaient de la tactique savante recommandée jadis par Ovide pour le théâtre et le cirque. Chrysostome va jusqu'à dire que « si quelqu'un veut séduire une femme, aucun lieu ne lui paraît plus propre [1] que la basilique ». Cependant l'Église prenait ses précautions. Dans la basilique du IVe siècle, une place particulière était assignée à chacune des classes qui composaient la communauté des fidèles. Catéchumènes et pénitents n'étaient pas mêlés à ceux qui avaient reçu le baptême et participaient à l'Eucharistie. Les sexes étaient séparés. Une balustrade de bois régnait entre le côté des femmes et celui des hommes, dans les églises d'Antioche. Chrysostome trouvait cette précaution bien insuffisante, et en même temps en déplorait la nécessité. « Il faudrait un mur entre vous et les femmes ; mais au moins nos pères, puisque vous ne voudriez pas du mur, ont établi cette balustrade. Car j'ai entendu dire aux vieillards qu'à l'origine elle n'existait pas. On savait alors qu'en Jésus-Christ il n'y a pas de distinction de sexe (Galat., 3, 28) ; et au temps des apôtres, hommes et femmes étaient confondus [2]. » A Constantinople les mesures de précaution avaient été mieux prises qu'en Syrie : les femmes étaient dans une tribune ; telle était du moins la disposition de la célèbre église d'Anastasie ou de la Résurrection, si chère à Grégoire de Nazianze, et non moins aimée de Chrysostome [3].

Enfin on montrait beaucoup trop de hâte à quitter l'église, à secouer la contrainte qu'imposait le sermon d'abord, puis la liturgie, alors assez longue, il est vrai. Pour le sermon, Chrysostome, quoiqu'il ne s'y résignât pas sans peine, faisait encore des concessions : que ceux qui le trouvent trop long s'en aillent quand ils se sentent fatigués [4]. Mais il défen-

---

1. In *Ep. 1 ad Cor.*, 36. — Chrysostome parle même d'un mal encore plus scandaleux ; les mœurs antiques se conservaient avec leurs vices les plus odieux, et l'on ne venait pas seulement admirer à l'église la beauté des femmes, mais aussi celle des jeunes garçons. (*Ibid.*)

2. Mais aujourd'hui, ajoute-t-il, les femmes sont pareilles à des courtisanes, et les hommes à des chevaux furieux. (In *Matth.*, 73.)

3. Cf. TILLEMONT, *Mém. eccl.*, XI, 187.

4. *Dæmones non gubernare mundum*, 1 ; *Adv. Jud.*, 1.

dait de partir avant que les prières fussent terminées. Il y en avait certaines que le prêtre était réduit à dire à peu près seul, et auxquelles presque personne ne se croyait tenu d'assister. Chrysostome cependant non seulement eût voulu retenir les fidèles tant que le prêtre ne les avait pas achevées toutes; mais encore il eût souhaité mieux : il eût désiré que l'on demeurât quelque temps après, à se recueillir et à méditer [1].

Chrysostome a sans doute combattu des maux autrement graves que le manque d'assiduité à l'église; que l'inattention ou le défaut de respect envers le saint lieu. Il savait cependant bien ce qu'il faisait en renouvelant sans cesse à ce propos les réprimandes les plus véhémentes. Sans l'assiduité à l'église, et notamment au sermon, il n'y avait guère de progrès à espérer d'une foule très ignorante, qu'il fallait soumettre à une instruction incessante, à une surveillance et à une discipline sévère pour avoir quelque chance de l'arracher à ses passions; et les bavardages, les rires, les conversations au milieu même de la basilique, toute cette tenue indécente et négligée étaient l'indice évident de maux profonds; trahissaient le relâchement, l'indifférence, la routine, c'est-à-dire tout ce que Jean s'était donné la mission de combattre, et, s'il était possible, de réformer.

3° Le clergé, son organisation et ses mœurs. — L'administration officielle de la charité. — Les vierges et les veuves. — L'évangélisation des campagnes.

Toute cette revue des croyances et des pratiques du temps nous a montré que la tendance générale, signalée par Chrysostome plus nettement que par aucun autre, était alors de rejeter sur le corps des prêtres et des évêques, sur le clergé, la plus grande partie des devoirs et des charges qui, dans la période primitive, avaient été communs à tous les fidèles. La

1. In *Annam*, 4.

distinction entre les clercs et les laïques se marquait de plus
en plus fortement; il semblait que ces derniers voulussent
remettre aux mains des premiers, en même temps que beaucoup de leurs droits, les plus essentielles de leurs obligations.
Au clergé le soin de faire l'aumône; au clergé l'entretien des
malades et des veuves; au clergé même la prière. Il importe
donc grandement de savoir comment l'Église était alors organisée, et ce qu'elle faisait pour réparer, dans la mesure du
possible, le mal causé par la tiédeur des laïques.

Selon l'idée plus ou moins élevée qu'ils s'étaient faite de
leurs fonctions, les dignitaires ecclésiastiques avaient alors ou
la tâche la plus difficile ou la vie la plus enviable et la plus
aisée. Augustin a dit un jour avec force : « Il n'y a rien, à notre
époque, de plus facile, de plus agréable, de plus désirable,
que l'épiscopat, la prêtrise ou le diaconat, si l'on s'en acquitte
à la légère, et en s'appliquant à plaire aux autres; mais alors
rien n'est devant Dieu plus misérable, plus triste et plus condamnable. Par contre, rien, à notre époque, n'est plus difficile, plus accablant, plus périlleux que l'épiscopat, la prêtrise ou le diaconat, mais rien n'est meilleur aux yeux de
Dieu, si l'on remplit les devoirs de cette sainte milice selon les
ordres de l'empereur céleste [1]. » C'est ce que Chrysostome
n'a cessé de redire de son côté, ce qu'il a montré surtout
dans ce beau *Traité du Sacerdoce*, son œuvre la plus régulière et la plus soignée, qui, pleine d'idées élevées et de
nobles pensées, abonde encore en traits de mœurs des plus
caractéristiques.

Ce qui rendait si délicate la tâche du prêtre consciencieux
et sévère, c'est qu'au lieu d'être soutenu par la sympathie et
l'affection, il se voyait bientôt jalousé ou craint en raison
même de ses vertus. Sans doute la fermeté du caractère, la
charité, la sainteté, lui attiraient des dévouements entiers et
sûrs; mais le nombre de ces amis zélés était petit. La majorité, toujours indifférente et mobile, était prête à déclarer au

---

1. *Ep.* 21 *ad Valerium.*

moindre prétexte son hostilité. On croirait vraiment, quand
on lit certaines pages de ce *Traité du Sacerdoce*, écrit par
Chrysostome dans ses premières années d'Antioche, qu'il avait
prévu et stigmatisé à l'avance les misérables intrigues sous
lesquelles il devait un jour succomber. Oui, longtemps avant
d'être appelé à l'épiscopat, il avait à la fois une idée assez
haute de cette sainte fonction et une expérience assez étendue
pour savoir qu'il aurait tout à redouter s'il était un jour
appelé à la remplir; il se sentait assez de courage, d'inflexibi-
lité, de désintéressement pour avoir droit de se croire voué à
la persécution inévitable. A peine entré dans la hiérarchie
ecclésiastique, il avait pu voir toutes les cabales qui s'ourdis-
saient journellement dans le mystère; le prêtre à chaque instant épié, surveillé, calomnié par ceux qui désiraient prendre
sa place [1]; livré aux médisances, aux commérages des femmes. Semblait-il un peu à son aise, le voyait-on revêtu d'un
habit point trop usé, ou bien sa table prêtait-elle à quelque
critique, on lui faisait de la moindre imprudence un crime;
ceux-là mêmes qui lui avaient d'abord charitablement donné
étaient ensuite les premiers à lui reprocher son prétendu
luxe [2]. Le développement que prenait de jour en jour la juri-
diction ecclésiastique, donnait naturellement lieu aussi à bien
des mécontentements : de tous côtés on la réclamait, quitte
bientôt à l'accuser et à s'en plaindre. Enfin avec l'amour-
propre, la vanité si communs chez les Grecs et les Syriens,
chacun voulait que le prêtre s'occupât tout particulièrement
de lui; jalousait quiconque paraissait privilégié. Rien n'était
plus difficile que d'éviter toute apparence de faveur et de
partialité. Ainsi c'était une habitude que l'évêque visitât
les malades; mais les gens en bonne santé voulaient être
visités aussi; on exigeait donc non par piété, mais par orgueil,
que de temps en temps au moins il se montrât chez tous, et
ses moindres démarches étaient épiées par tous ces jaloux.

1. III, 14, *de Sacerdotio.*
2. In *Ep. ad Phil.*, 9.

Si surtout il avait le tort d'aller trop fréquemment chez les riches, les pauvres l'accablaient de sanglants reproches [1]. L'évêque était devenu en quelque sorte le patron de toute la cité; seulement c'était le patron maintenant qui devait aller au-devant des clients, et se rendre chez eux, au lieu de recevoir leurs salutations matinales dans son atrium. Quelles grandes fonctions donc, et combien redoutables étaient celles de l'évêque! Certes il n'est pas inférieur au moine [2]. C'est un père de famille; et comme sa famille est à la fois étendue et indisciplinée! Il ne gouverne qu'une cité, et cependant il a plus de soucis que l'Empereur lui-même. Car il ne peut guère agir que par persuasion, et rarement par autorité. Comment fera-t-il si l'on complique comme à plaisir sa tâche, si l'agora ne cesse de retentir des griefs les plus mesquins sans cesse colportés contre lui?

Est-ce à dire que tout dans ces griefs fût injuste? Hélas non, et Chrysostome le savait mieux que personne. Mais, comme à son ordinaire, il avait à combattre à la fois deux maux contraires. D'une part, il fallait qu'il réprimât l'orgueil, l'ambition, les vices des mauvais prêtres; de l'autre, qu'il mît un frein à l'indocilité des fidèles. C'est à celle-ci qu'il s'en prend dans les textes que je viens de citer. Mais il n'ignorait pas qu'elle avait trop souvent ses causes trop légitimes. Il l'ignorait si peu qu'il pose formellement et discute cette question : quelle conduite doit tenir une Église qui par malheur a rencontré un mauvais pasteur? Il faut alors, dit-il, en faisant preuve d'une tolérance qui suffirait à prouver, si les témoignages n'abondaient, que le cas était fréquent, distinguer entre les fautes contre la foi et celles contre les mœurs [3]. Pour les mœurs, chacun a le droit d'en juger et peut se prononcer en connaissance de cause; mais chacun doit songer aussi que *même le prêtre coupable ne donnera que de bons conseils,* tant est irrésistible la force de la vérité. Pour la foi, il faut bien prendre

1. In *Ep. ad Phil.*, 16.
2. *De Sacerdotio*, IV, début.
3. In *Act. Ap.*, 3.

garde de juger à la légère, et se souvenir de son incom-
pétence [1]. Prêtres corrompus ou prêtres peu orthodoxes,
Chrysostome rencontra trop souvent sur son propre chemin
les uns comme les autres.

Dès l'époque où il écrivait son *Traité du Sacerdoce* Jean,
sans attendre la cruelle expérience qu'il devait faire plus tard,
avait très bien vu que, si l'Église avait à se plaindre du relâchement général des fidèles, une grande partie du mal dont
elle souffrait devait être imputée au mauvais choix des pas-
teurs. Aussi n'a-t-il pas manqué, dans son troisième livre, de
signaler ce grave défaut et d'en dévoiler les causes. L'une
d'elles pouvait être sans doute que, le nombre des évêchés
s'étant multiplié dans la chrétienté agrandie, il fallait plus
d'évêques et que par conséquent le niveau de leur supériorité
baissait. Cependant une nombreuse élite ne manquait pas en
cette époque féconde. Il semblait même à Chrysostome que
c'était plutôt autrefois, aux premiers temps du christianisme,
que la pauvreté des sujets avait pu imposer des choix médiocres; ainsi, quand il commente le portrait de l'évêque tel que
le présente la première Épître à Timothée, il avoue que cet
idéal n'est pas très élevé; il a même l'air de le trouver assez
humble [2]. « De fait, l'idéal qu'il présente à son tour dans son
traité, et qu'on peut dire que lui-même a exactement rempli,
est singulièrement plus haut, et comprend un bien plus grand
nombre d'exigences autrement difficiles. Mais, pour l'honneur
du IVe siècle, il était possible alors de trouver des hommes que
n'effrayaient nullement cette grande austérité de vie et cette
pesante responsabilité. Aussi le mal venait-il plutôt de la
manière dont se faisaient les choix. Il y avait de la faute à la
fois des candidats, et aussi des fidèles. — L'épiscopat, comme
nous l'a dit Augustin, était devenu une charge enviable; l'influence qu'il donnait, supérieure à celle même qu'assuraient
les magistratures publiques, devait fatalement séduire les

1. In *Ep. ad Heb.*, 34.
2. In *Ep. 1 ad Tim.*, 10.

ambitieux; l'exemption des charges municipales; les vastes richesses dont chaque diocèse disposait, la vie fastueuse que pouvaient mener un évêque de Rome ou de Byzance, et, dans de moindres proportions, les évêques de moindres cités, devaient attirer les amis du luxe, les avares et les cupides. Or dès que les ambitieux et les avares s'en mêlaient, ils avaient bien des chances de l'emporter souvent, à force d'habileté et d'hypocrisie, sur les modestes et les saints. Le peuple, qui avait une assez grande part au choix, le clergé même pouvaient se laisser entraîner par des raisons bien médiocres. L'histoire de plusieurs sièges épiscopaux à cette époque montrerait qu'il n'y a nulle exagération dans les critiques de Chrysostome, quand il affirme qu'on tenait compte de la richesse ou de la naissance tout autant que de la vertu; que de puissantes alliances, l'intrigue, l'âge faisaient réussir tel ou tel candidat; que certains même étaient préférés parce qu'on les redoutait; parce qu'on craignait, en repoussant leurs prétentions, de les faire passer à l'hérésie, ou de les pousser à se venger de quelque autre façon. Sans doute, dans des élections très précipitées, le peuple avait parfois la main très heureuse, et était guidé par un instinct très juste : l'exemple du choix d'Ambroise à Milan est le plus caractéristique. Mais d'autre part que d'erreurs et que d'imprudences! Que de scènes scandaleuses, de rixes, et de meurtres même! Des événements analogues à ceux qui se passèrent à Rome lors de cette rivalité de Damase et d'Ursin, que l'impartial Ammien a justement stigmatisée, se produisaient aussi en Orient, au dire de Chrysostome. Le peuple, du reste, était loin d'en être seul responsable, et Chrysostome n'avait garde de vouloir qu'on le privât de ses droits. Il prétendait que le corps des fidèles devait garder sa part dans le gouvernement de l'Église; que l'évêque devait avoir plus de labeur, mais non plus d'honneur [1]. Une grande responsabilité revenait aussi aux évêques qui consentaient à

---

1. In *Ep. ad Cor.*, 18.

ordonner un élu indigne, souvent après avoir patronné, soutenu par tous les moyens sa candidature [1].

C'est ainsi que parvenaient à se glisser dans le clergé bien des brebis galeuses. Des hypocrites qui n'avaient laissé voir d'abord qu'austérité et sainteté révélaient bientôt après l'élection toute la noirceur de leur âme. Les exemples abondent parmi les évêques contemporains avec lesquels Jean fut en rapport. Je ne parle pas de ceux qui, comme Nectaire, son prédécesseur sur le siège de Constantinople, prélats fastueux, bons vivants et courtisans, gardèrent du moins le mérite de la probité et de la modération. Mais que dire d'un Antiochus, battant monnaie avec son éloquence? d'un Sévérien de Gabales, toujours prêt à quelque intrigue nouvelle? d'un Théophile d'Alexandrie, dépensant en constructions insensées les aumônes destinées aux pauvres, et ne reculant, dans ses luttes contre ses adversaires, devant aucun mensonge ni devant aucune violence? d'un Acace de Bérée, devenu, pour le prétexte le plus futile, l'irréconciliable ennemi de Chrysostome, et disant « qu'il va lui préparer son bouillon [2] »? Y a-t-il un exemple plus frappant que celui des évêques simoniaques déposés par Jean lors de son voyage en Asie? Ces évêques avouent, avec une naïveté inconsciente qui en dit long sur les mœurs du temps, qu'ils ont donné de l'argent pour se faire élire; ils reconnaissent qu'ils n'ont désiré l'épiscopat que pour échapper aux charges municipales; bien plus, dans leur cynisme, ils vont, puisqu'on les dépose, jusqu'à prétendre rentrer dans leurs débours. Veut-on savoir à quel point les intrigants réussissaient parfois même à s'assurer le dévouement de leurs ouailles? Qu'on médite l'histoire de ce Géronce, ancien clerc de l'Église de Milan, et chassé de cette Église par Ambroise, qui parvint à se faire nommer évêque de Nicomédie, parce qu'il avait acquis dans la ville la réputation d'un médecin habile et serviable, et que ses fidèles défendirent énergique-

1. In *Ep. ad Tit.*, 1.
2. Palladius, *Dialogue.*

ment contre toutes les attaques [1]. Il est vrai que par contre les hommes vraiment dignes de l'épiscopat, quelle que fût leur modestie, réussissaient rarement à s'y soustraire. Chrysostome en est la preuve; dans sa jeunesse, il avait pu, au prix d'un pieux mensonge, éviter le fardeau; mais sa nomination imprévue à Constantinople, la seule bonne action peut être d'Eutrope, montre, surtout parce qu'elle fut l'œuvre d'un aussi indigne ministre, que, malgré tout, le vrai mérite, en ce IVe siècle aussi riche en vertus qu'en vices, finissait presque toujours par s'imposer et avait au moins son heure de triomphe sur l'intrigue ambitieuse, dût-il expier plus tard ce succès momentané par une ruine injuste.

Un des phénomènes qui nous frappent le plus, dans l'histoire de l'Église au IVe siècle, et qui avait aussi frappé Chrysostome, c'est l'enrichissement subit et prodigieux de cette Église. Ce n'est pas que jusqu'à Constantin elle eût été très pauvre; au contraire, elle avait déjà des possessions considérables. Mais depuis le triomphe, les dons volontaires, venus des princes ou des particuliers, augmentaient chaque jour son patrimoine. On sait le mot de Prétextat, qui disait que Damase, par l'influence dont il jouissait, par les richesses dont il disposait, était l'égal et même le supérieur des premiers officiers de l'Empire. « Je me ferai chrétien, si vous me faites évêque de Rome », ajoutait-il en plaisantant. L'Église d'Antioche et surtout celle de Constantinople n'étaient guère moins riches que celle de Rome. Chrysostome reconnaît souvent que leurs possessions sont immenses; mais il ne donne pas de chiffres précis. Cependant, il nous fournit, du moins pour Antioche, une évaluation approximative. Dans un texte dont j'ai déjà cité une partie [2], il affirme que l'Église y avait à peu près le revenu d'un des grands d'Antioche, non cependant tout à fait d'un des plus riches.

Cette fortune ne consistait pas uniquement en argent, elle comprenait de nombreux immeubles, des champs, des mai-

1. PALLADIUS, *Dialogue*.
2. In *Matth.*, 85.

sons, des voitures, des mules et des muletiers; l'Église louait une partie de ses propriétés. En un mot, le train dont un évêque pouvait disposer était tout à fait analogue à celui d'un grand seigneur, comme la fortune était égale entre les deux. Il était inévitable que cela entraînât de graves abus. Ces évêques mondains, qu'Ammien [1] nous montre traversant sans cesse en tous sens l'empire, sous prétexte d'aller aux conciles, aux frais de la poste impériale qu'ils ruinaient, on ne pourrait douter qu'ils n'aient existé en réalité, même si l'on n'avait que ce témoignage d'un historien païen; car ce païen est impartial et mérite confiance. Mais Chrysostome nous les montre aussi : Oui, dit-il, il y a, je l'ai vu, des ecclésiastiques qui ont mauvaise réputation; on soupçonne, non sans quelque apparence de légitimité, la probité de leur gestion; mais il ne peut se faire que le mal ne se mêle pas quelquefois au bien; il y a eu, hélas! des scandales dès l'époque apostolique [2].

Même quand l'incorruptibilité du prêtre ou de l'évêque était certaine, ce qui devait être, malgré tout, le cas le plus fréquent, le scandale était encore de le voir s'occuper d'affaires, et y apporter forcément les mêmes habitudes que les laïques : épargne, avarice, cupidité. C'est toujours par les mêmes moyens que s'administre une grande fortune. Oui, disait alors avec tristesse Chrysostome, nous n'osons plus faire de reproches aux fidèles, parce que les ecclésiastiques ne diffèrent plus en rien des séculiers. Cela nous ferme la bouche. Ce n'est pas le rôle de l'évêque, d'être intendant, économe, négociant, et cependant il est nécessaire aujourd'hui qu'il le devienne, soit personnellement, soit par l'entremise du diacre. On voit ainsi des membres du clergé se mêler aux marchands de vin, de blé, d'autres denrées; avoir avec eux des discussions, même des disputes [3]. Que l'on est loin de

---

1. Cf. Grégoire de Nazianze, reconnaissant « ὅτι πρὸς ὑπάτους ἡμῖν καὶ ὑπάρχους ἡ ἄμιλλα.... » *Oratio* 32.

2. *Ep. 1 ad Cor.*, 21.

3. In *Matth.*, 85.

cette belle époque primitive où les apôtres eux-mêmes ne voulaient pas s'occuper de distribuer les collectes faites par leurs soins !

Mais Chrysostome était aussi le premier à reconnaître que ce déplorable état de choses était fatal et ne pouvait guère être corrigé. Il n'était pas possible d'espérer raisonnablement, depuis que la société presque tout entière était chrétienne, que les fidèles rempliraient tous le devoir essentiel de l'aumône. Le nombre des malheureux à secourir s'étant accru, il était vrai sans doute aussi que celui des chrétiens riches avait augmenté, mais non pas dans la même proportion celui des riches véritablement pénétrés de leurs devoirs. Compter que l'initiative particulière et la charité privée suffiraient à la tâche immense que l'Église avait assumée, était une franche utopie. Il était donc désirable que le clergé prît lui-même en main l'administration de l'aumône, et veillât à l'établissement d'institutions durables, entretenues par lui : hôpitaux, maisons de refuge, etc. Les plus grands évêques du IVe siècle l'ont tous compris ; l'un des plus remarquables par la fermeté, la netteté, la précision de l'intelligence, en même temps que par le sens pratique, Basile, se mit en tête de ce mouvement, et sa métropole, Césarée, garda longtemps l'avance sur les autres cités de l'empire par le nombre et la bonne direction des établissements qu'il y fonda ; elle devint pour toutes l'idéal à atteindre. Pénétré des mêmes idées, Chrysostome a revendiqué pour l'Église le droit de posséder des revenus et des immeubles. Le fondement de ce droit était à ses yeux la nécessité de remédier à la négligence trop générale des fidèles. « Faites votre devoir, disait-il aux gens d'Antioche et de Constantinople ; accomplissez les œuvres de charité comme l'Évangile l'ordonne, et alors c'est avec joie que nous restituerons des biens que nous ne détenons que malgré nous ».

Telles sont les idées de Chrysostome sur les biens d'Église ; mais, en cette affaire comme en beaucoup d'autres, ses sentiments l'emportaient parfois sur ses idées. Nous avons déjà noté plusieurs fois ce qu'il y eut d'un peu chimérique dans

certaines de ses espérances. Il fut un chrétien dans le sens le
plus véritable du mot; et un vrai chrétien est toujours un
peu chimérique; car, en admettant même qu'il parvienne
à réaliser pleinement pour son compte la sublimité des préceptes, il n'est pas probable que tous l'imiteront; or c'est là
ce qu'il souhaite tant qu'à certaines heures même il l'espère.
Déjà donc à Antioche, quand il prêchait ces belles homélies
sur saint Mathieu, où j'ai pris, dans ce chapitre, mes citations
les plus importantes, il avait l'intention bien arrêtée de travailler, en répandant l'observance de la charité privée, à
diminuer le fardeau qui pesait sur le clergé; et il espérait par
suite que le clergé pourrait se débarrasser d'une partie de
ces richesses dont l'administration l'accablait, absorbait un
temps et des soins qui eussent aisément trouvé un meilleur
emploi, et donnait aux ecclésiastiques des habitudes, toute
une tournure d'esprit absolument contraires à leur profession.
Dans le beau développement de l'homélie 85, après l'énumération que j'ai citée des principales possessions de l'Église
d'Antioche, il s'interrompait pour s'écrier : « Ce n'est *pas
sans intention* que je déplore ces choses; je ne veux pas que
mes lamentations soient vaines; je tiens à ce qu'elles aient
pour résultat un progrès appréciable ». Réussit-il, en effet,
dans quelque mesure, à Antioche? C'est peu probable; car,
en sa qualité de prêtre, il n'avait que le ministère de la
parole, que lui avait confié Flavien; et ne pouvait prendre
qu'une part indirecte et restreinte à l'administration de la
communauté. Mais l'idée qu'il exprimait si nettement déjà ne
l'abandonna pas. Quand il monta sur le trône épiscopal de
Constantinople et fut entièrement maître de ses actions, elle
ne lui tenait pas moins à cœur. Toujours plus frappé des
inconvénients que présentait le vaste développement des biens
d'Église que de ses avantages, il prit en toutes choses le
contre-pied de Nectaire. On ne peut assurément qu'admirer
la réforme qu'il introduisit dans la maison épiscopale. Nectaire
avait fait de sa demeure un véritable palais; y avait vécu
comme il avait été habitué à vivre, en homme du monde et

en magistrat fastueux, recevant à sa table, à des festins délicats, les préfets, avec lesquels il rivalisait de luxe. Chrysostome, fils d'un *magister militiæ*, accoutumé par conséquent
dans sa jeunesse au même train de vie que Nectaire, mais qui
de bonne heure avait préféré les austérités de l'ascèse, vendit
les objets précieux qui lui parurent inutiles; ferma la porte
de sa maison aux oisifs; fit cesser ces banquets qui avaient valu
tant de popularité à son prédécesseur, et donna aux gens
de Constantinople le bel exemple, mal compris par beaucoup
d'entre eux, d'un évêque qui mange seul[1]. Il ne fut pas
moins admirable quand il usa de l'influence qu'il avait vite
conquise sur la très riche veuve Olympias, pour l'arracher
aux mains des ecclésiastiques peu scrupuleux qui l'exploitaient, et lui apprendre à régler ses dons de façon à leur faire
produire le maximum d'utilité véritable. Il montra un courage
rare quand il prit aussi des mesures contre ces moines mendiants qui abusaient de la charité un peu superstitieuse des
laïques. Mais il semble qu'il alla plus loin, et que certains
reproches de ses adversaires avaient au moins une apparence
de raison; avaient-ils tout à fait tort par exemple, s'il est vrai
qu'il aliéna une partie des biens de l'Église, fût-ce pour subvenir à l'entretien ou à la fondation d'hôpitaux? Basile, esprit
plus mesuré et plus pratique, n'eût peut-être pas poussé
jusque-là l'imprudence généreuse. Faut-il cependant critiquer
trop vivement Chrysostome? Le mal auquel il voulait porter
remède paraît avoir été assez grand pour qu'il lui fût permis
d'exagérer un peu en sens inverse. C'est pour cette raison
qu'à mes yeux, s'il est faux de soutenir, avec les critiques
timorés, que Chrysostome ne commit aucun excès, si l'on
doit accepter sans trop les atténuer certaines des épithètes
que lui applique Socrate, il n'est pas moins injuste de le condamner sévèrement et de lui adresser un blâme pharisaïque.
Quel est le réformateur qui, pour mieux atteindre le but, ne

---

1. C'est ce que ses calomniateurs appelaient une vie de Cyclope. —
Tous ces faits sont surtout connus par le *Dialogue* de PALLADIUS.

s'expose pas à le dépasser? Mieux valent ceux qui le dépassent que ceux qu'un moindre élan ne suffit pas à y porter. Or Chrysostome fut le réformateur des mœurs de son siècle, par la parole d'abord à Antioche, par la parole et par l'action ensuite à Constantinople.

Voyons maintenant de plus près quelles étaient les principales charges qu'à défaut des fidèles trop tièdes, l'Église supportait elle-même, et qui l'obligeaient à avoir ainsi un budget régulier. Chrysostome les a énumérées d'une façon à peu près complète dans l'homélie 21 sur la première épître aux Corinthiens. C'était d'abord l'aumône faite aux pauvres. Mais on ne se bornait pas à leur distribuer des aliments ou des vêtements; dans toutes les grandes cités chrétiennes s'élevaient à l'envi, sur l'exemple de Césarée, les maisons de refuge. C'est ainsi que Chrysostome invitait Stagyre à aller visiter le καταγώγιον τῶν πτώχων. On entretenait les malades et les infirmes, ces lépreux, ces cancéreux, tous ces incurables qu'il cite au même Stagyre comme plus infortunés que lui. On bâtissait pour eux les premiers hôpitaux, qui portaient d'ordinaire le nom de *nosocomia*. Celui de *xenodochium* leur était attribué parfois aussi; mais il était plus particulièrement réservé aux asiles ouverts aux étrangers : c'était, en effet, à l'Église à leur offrir un domicile, puisque les particuliers se refusaient à suivre les beaux conseils que j'ai cités en leur lieu. D'ailleurs, comme ces étrangers étaient d'ordinaire des mendiants ou des malades, à vrai dire l'hospitalité se confondait avec les autres formes de la charité que j'ai énumérées d'abord. Palladius nous apprend[1] que Chrysostome fit construire à Constantinople plusieurs établissements nouveaux, outre ceux qui y existaient déjà, et qu'il les dota d'un personnel très complet de surveillants et de serviteurs. Enfin, l'Église se préoccupait vivement de la visite des prisonniers, et leur distribuait des secours. Cette dernière forme de la charité avait au IVᵉ siècle beaucoup plus d'importance qu'aujour-

1. *Dialogue*, V.

d'hui, car le sort des prisonniers était infiniment plus dur. Chrysostome, qui était très sévère pour toute la législation civile, qui ne voyait dans la plupart des juges que « des voleurs et des homicides »[1], parle bien plus mal encore des geôliers[2]. Les détails qu'il nous donne sont d'ailleurs parfaitement confirmés par d'autres auteurs, en particulier par Libanius[3]; et les malheureux sénateurs d'Antioche, qui furent jetés dans les cachots à la suite de la sédition de 387, y subirent de terribles souffrances[4]. Il faut se souvenir encore que les rigueurs administratives, les sévérités fiscales, les injustices d'un despotisme sans frein, pouvaient faire affluer dans ces prisons si redoutables des innocents ou des coupables qui n'avaient à se reprocher que des fautes bien légères.

En dernier lieu, l'Église continuait à la fois à exercer une surveillance spéciale sur les veuves et les vierges, et à donner aux premières des secours particuliers. Le nombre des veuves qui figuraient sur ses listes d'assistance s'élevait, dit Chrysostome, à 3 000 dans la ville d'Antioche, qui ne comptait, on s'en souvient, que 100 000 chrétiens environ. Quelques-uns trouvaient que ce nombre était trop élevé; on s'appliquait comme toujours à chercher des raisons spécieuses pour excuser ce qui n'était que dureté de cœur; car, bien que l'Église entretînt ces veuves, comme ses ressources n'étaient pas toujours suffisantes, elle faisait parfois appel à l'aumône privée. On se servait donc du texte : *Vidua eligatur*, etc., sur lequel Chrysostome a prononcé toute une homélie, pour rappeler les conditions assez étroites que pose Paul au choix des veuves. Jean était obligé de démontrer à ses contradicteurs, dont l'ignorance était peut-être simulée, qu'il fallait distinguer; que la viduité, au temps de l'Apôtre,

---

1. In *Joann.*, 82.
2. In *Ep. ad Titum*, 4.
3. Sievers, p. 171.
4. Chrysostome décrit notamment, dans une comparaison détaillée, la malheureuse condition des condamnés aux mines; mais à ces dernières souffrances l'Église ne pouvait pas toujours porter remède, les mines étant pour la plupart fort éloignées des cités.

était à la fois une dignité dans la hiérarchie ecclésiastique, et un droit à l'assistance publique; que lorsque l'Apôtre réclame tant de vertus de la veuve, c'est de la dignitaire qu'il parle, non de l'assistée.

Ces pauvres veuves n'étaient pas toutes également vénérables. Il y en avait qui excellaient à l'intrigue, se glissaient dans l'intérieur des familles riches et y manœuvraient artificieusement, brouillant les uns, réconciliant les autres, de façon à trouver à tout cela leur propre avantage. Leur pauvreté, leur âge, leur condition, leur donnaient une liberté de langage excessive [1]. Elles se plaisaient aux commérages et aux médisances [2]. Elles délaissaient souvent, pour ces bavardages, les tâches que Chrysostome leur recommandait : l'éducation des enfants, l'hospitalité qu'il considérait comme un de leurs devoirs principaux. Mais souvent aussi il fait de beaucoup d'entre elles le plus grand éloge, loue leur résignation, l'égalité d'âme qu'elles savent conserver, qu'on leur donne quelque obole, ou qu'on leur refuse toute aumône. Il fait sentir le prix de leur assiduité à l'église, qui cependant n'était pas, on peut le remarquer, toute spontanée; c'était plutôt la condition même des secours qui leur étaient accordés. « Vous venez, vous, quand vous voulez », disait-il aux autres fidèles, « mais elles sont là jour et nuit pour prier et psalmodier », et prévenant l'objection que nous venons de faire, il ajoute : « Ce n'est pas seulement en vue de la charité qu'on leur fait qu'elles sont là; non, car elles pourraient mendier à l'agora et dans les carrefours [3]; elles pourraient même, si elles n'étaient honnêtes, exercer les petits métiers honteux qui servent à tant de vieilles pour subsister [4]. »

Les mêmes contrastes se retrouvaient parmi les veuves riches. Beaucoup d'entre elles n'avaient pas persisté dans le

1. *De Sacerdotio*, III, 15.
2. *Ibid.*, 17.
3. Chrysostome oublie que, si ce qu'il a dit si souvent de la dureté des riches était vrai, elles n'auraient pas gagné au change.
4. In *Ep.* 1 *ad Cor.*, 30.

veuvage pour renoncer à la vie du siècle, mais au contraire pour la mener avec plus de liberté et d'agrément. Telles qu'il les a décrites dans sa *Consolation à la veuve de Thérasius*, au début de sa carrière, telles il les a rencontrées, à la fin, dans la personne de ses trois implacables ennemies : Marsa, Castricia, Eugraphia. Mais on trouvait aussi parmi les veuves riches celles qui « avaient éteint tous les désirs de la chair; qui n'avaient pas seulement mis un frein à la concupiscence, mais l'avaient foulée aux pieds, jetée par terre, réduite à l'impuissance absolue »; celles qui se dévouaient tout entières à l'éducation de leurs enfants, comme avait fait Anthusa; celles qui, restées sans enfants, se consacraient tout entières aux intérêts de l'Église, comme fit Olympias. C'est parmi ces dernières que l'Église recrutait ses diaconesses, et ce fut parmi les diaconesses que Chrysostome trouva les dévouements les plus admirables; c'est à elles, qu'avant de quitter pour toujours Constantinople, au moment de se livrer au magistrat chargé de l'emmener en exil, il adressa ses suprêmes conseils et ses derniers adieux.

La conduite des vierges consacrées au Seigneur était loin d'être toujours irréprochable. Si le défaut ordinaire des veuves était la tendance aux commérages et à l'intrigue, celui des vierges était la coquetterie. Chrysostome leur donnait à ce propos les conseils les plus délicats et leur montrait, par une analyse très fine et très spirituelle, quelle connaissance profonde il avait de leur esprit et de leur cœur. On ne trouve pas mieux dans certaines lettres de Jérôme. Ainsi que Jérôme, Jean n'ignore pas qu'il y a une coquetterie des toilettes simples, aussi savante que celle des vêtements d'or et de soie. « Il peut y avoir dans une mise simple assez de recherche pour surpasser une mise riche.... On peut choisir une nuance particulière des étoffes sombres; on peut mettre de l'art à bien arranger sa ceinture; il est des vierges qui s'y montrent aussi expertes que des actrices; qui savent éviter qu'elle ne soit gonflée sur le côté, ou trop serrée au contraire, et se gardent habilement de l'un ou l'autre excès. Elles combinent des plis harmonieux, et tout cela a plus de séduction que des vêtements de soie. De même, les chaussures ont beau être noires; qu'importe si ce noir est d'un beau luisant, si elles ont la forme élégante, la pointe fine, le talon bas?... Qu'importe aussi qu'on ne se farde pas, si l'on se lave avec le plus grand soin, si l'on porte un voile d'une blancheur plus éclatante encore que le visage; et, au-dessus du voile, pour le faire habilement ressortir, le bandeau noir? Que dire des mouvements des yeux, de la démarche, des gestes?... Mais, disent certaines, je ne pense pas à mal; il n'y a pas de coquetterie de ma part; je fais cela tout naturellement et sans y penser.... Aussi on n'honore plus les vierges, on les raille, et c'est leur faute [1]. »

Ce ne sont là encore que des défauts bien légers, et peut-être Chrysostome va-t-il un peu loin dans la sévérité. Tel de nos écrivains ecclésiastiques du XVIIe siècle, Fleury, par exemple, qui mettait la politesse au premier rang des vertus cléricales, n'en eût pas exclu non plus, sans doute, le soin d'une élégante propreté. Mais les vierges étaient exposées, ou plutôt s'exposaient elles mêmes à un péril bien plus grave. Cette vertu difficile de la continence, que l'Église estimait si haut, beaucoup en voulaient avoir l'apparence et l'honneur, qui s'ingéniaient en même temps à imaginer, par quelque compromis acceptable, des adoucissements au précepte. Chrysostome n'eut pas seulement à combattre l'avarice dans les rangs de son clergé; il le trouva souvent en proie aussi à la tentation redoutable de la chair. On ne peut douter que la vigueur avec laquelle il réprima les coupables n'ait été une des premières causes des haines qui firent explosion contre lui.

Il y avait longtemps que l'Église combattait contre un mal dangereux, indéracinable, sans cesse condamné et sans cesse renaissant : la cohabitation d'ecclésiastiques et de vierges qui, tout en prétendant observer la continence, déclaraient

1. In *Ep. 1 ad Tim.*, 8.

cependant ne pouvoir se passer les uns des autres [1]. Tantôt c'étaient les clercs qui disaient avoir besoin des vierges pour l'entretien de leur maison; tantôt c'étaient les vierges qui avaient besoin des clercs pour l'administration de leurs affaires. Le mal s'était répandu en Occident comme en Orient; en Afrique, à l'époque de Cyprien, il était devenu particulièrement grave. La surprise en flagrant délit, dans une des communautés voisines de Carthage, d'un diacre couché avec une vierge, avait donné à un certain Pomponius l'occasion de consulter le grand docteur, qui lui répondit, dans une lettre bien curieuse [2]. Les coupables prétendaient n'avoir pas cédé à la tentation, n'avoir commis aucune faute [3]. Le cas n'était pas isolé, mais fréquent. Cyprien se prononça avec la plus grande sévérité; il n'eut pas la naïveté de croire aux vaines excuses alléguées : il savait bien qu'on ne peut pas jouer avec le feu [4]. Il déclare donc d'abord que la cohabitation, même si l'on observait, comme on le prétend, la pureté, serait déjà condamnable à cause du scandale; mais on voit en même temps qu'il ne se fait aucune illusion et considère les protestations d'innocence comme parfaitement hypocrites. L'Afrique n'était pas seule contaminée. En Orient, à Antioche notamment, de bonne heure on eut des exemples du même abus. Un évêque même, le fameux Paul de Samosate [5], vivait, s'il faut en croire ses adversaires, avec deux jeunes femmes très jolies et se faisait suivre par elles dans tous ses déplacements. Au IVe siècle, les mœurs n'avaient pas changé. Le troisième canon de Nicée défendit aux ecclésiastiques de cohabiter avec d'autres femmes que leurs sœurs, mères ou tantes. Mais il ne fut guère observé; et le témoignage de Chrysostome prouve qu'on le violait aussi bien en

1. Les compagnes des Apôtres (de certains, du moins) étaient naturellement l'exemple d'après lequel on voulait se justifier.
2. *Ep.* 3, ed. Hartel.
3. La vierge s'offrait même à l'examen d'une sage-femme.
4. *Dare locum Diabolo,* selon son expression.
5. Eusèbe, *H. E.*, VII, 10. Ne pas oublier que Paul de Samosate fut poursuivi par des haines passionnées.

Syrie qu'à Constantinople. Il y a quelque doute sur la date
à laquelle Jean composa son principal traité contre celles
qu'on appelait alors les Suneisactes [1], ou les Agapètes [2].
Mais, d'une part, nous savons qu'il prit contre elles, à Constantinople, des mesures très énergiques, et, d'autre part,
dans plusieurs homélies dont il est prouvé avec certitude
qu'elles furent prêchées à Antioche [3], nous trouvons les
coupables visées avec toute la précision desirable.

Chrysostome, ainsi que Cyprien, ne se dissimule pas la gravité des faits. Il sait très bien ce que vaut le plus souvent cette
prétention singulière de garder dans la cohabitation la chasteté la plus exemplaire. Pourtant il admet plus nettement
que Cyprien l'hypothèse, toujours exceptionnelle d'ailleurs à
ses yeux, du cas où cette prétention est légitime, et il semble
probable qu'elle l'était en effet parfois. Mais sa désapproba-
tion n'est pas pour cela moins générale ni moins absolue que
celle de l'évêque de Carthage. D'abord il n'était guère possible, à moins du gros scandale de ces examens médicaux auxquels certaines vierges s'offraient à Constantinople ou à Antioche sans plus de difficultés qu'en Afrique, de reconnaitre les
innocentes et les coupables. Ensuite s'il pouvait réellement
arriver, dans le relâchement si sensible de la discipline, que
quelques clercs, honnêtes et droits au fond, mais faibles, se
fissent illusion, pratiquassent sans intention criminelle la
cohabitation avec les Agapètes, il restait toujours deux dangers : d'abord la médisance, qui était inévitable ; puis l'imprudence de jouer avec la tentation, ce qui n'était pas moins
périlleux : ceux même qui avaient longtemps triomphé
étaient-ils jamais sûrs de ne pas succomber un jour ou l'autre ?
Il y avait même autre chose à craindre pour l'avenir. Si l'on
cédait sur ce premier point, n'était-ce pas encourager la chair
à se montrer peu à peu plus exigeante ? Ne risquait-on pas de
voir bientôt le célibat ecclésiastique ouvertement attaqué et

1. En latin *subintroductæ*, subintroduites.
2. Ou sœurs spirituelles.
3. Notamment 17, in *Matth*.

la discipline sur la continence ruinée? Toutes ces raisons suf-
fisent amplement à justifier la sévérité de Chrysostome. Rien
d'ailleurs n'est plus curieux à lire que son *Traité contre les
Agapètes*. Il y montre une finesse extrême de moraliste, une
connaissance parfaite non pas seulement des caractères généraux de la nature humaine, mais de ses inclinations les plus
secrètes et les plus profondes; il entre sans fausse pudeur,
sans aucune atténuation timorée, dans des analyses autrement
audacieuses que celles que j'ai citées sur la coquetterie des
vierges. On y sent partout l'élève des prophètes qui a si souvent revendiqué dans les mêmes termes qu'eux les franchises
de la parole, le droit d'exprimer sa pensée sans voiles, de
décrire fortement le mal pour mieux le corriger.

Nous venons de suivre Chrysostome dans sa longue et
vigoureuse campagne contre les divers ordres du clergé, et
nous avons vu qu'aux évêques, aux prêtres, aux veuves ou
aux vierges, il avait dû recommander également l'amour de
la simplicité, l'horreur du luxe et du faste. Mais le culte même,
non moins que le clergé, lui semblait tendre trop souvent à
s'éloigner de la simplicité primitive. Sans doute il était beau
de voir toutes les provinces de l'empire, toutes les grandes
cités, aidées parfois par la libéralité des princes, rivaliser à
l'envi et se couvrir des plus magnifiques édifices. Mais Chrysostome eût préféré à ces dômes d'or ou à ces basiliques
somptueuses le modeste cœnaculum, tout en haut de la maison, où prêchait Paul, quand Eutychus tomba de la fenêtre;
car cette chambrette était pleine de fidèles zélés et vertueux,
et l'on n'en pouvait dire autant de la Grande Église, à Antioche, ou des églises de Constantinople, quand elles étaient
envahies par ces multitudes bruyantes, distraites, indiscrètes,
où quelques justes se trouvaient perdus parmi les indifférents
et les négligents. Sans doute Chrysostome savait qu'il fallait
concéder beaucoup à l'esprit du siècle, et même il lui arrivait
— car il ne dédaignait pas, en tacticien habile, de se servir
des faiblesses de ses auditeurs pour les amener à résipiscence — de vanter les commodités dont on jouissait dans ces

beaux monuments, de faire remarquer le solide toit lambrissé
sous lequel on était à l'abri des intempéries, tandis qu'on y
restait exposé sur les gradins découverts du cirque ou du
théâtre. Mais à mesure qu'il avança en âge, que son autorité
grandit, à partir du moment surtout où, évêque de Constantinople, il put appliquer librement ses idées, il entrava, autant
qu'il lui fut permis, le développement du luxe liturgique. Il
ne fut pas un évêque bâtisseur, comme son adversaire Théophile d'Alexandrie; ou, s'il fit bâtir, il donna la préférence
aux hôpitaux sur les basiliques. Jamais il n'excita ses fidèles
à donner à l'église ou à l'évêque plutôt qu'aux pauvres; au
contraire, il condamna avec indignation cette vanité, si fréquente encore de nos jours, qui fait préférer à la charité discrète et obscure l'offrande fastueuse d'objets précieux [1] pour
le culte. Ces libéralités ne lui semblaient ni moins ridicules
ni moins blâmables en leur principe que les largesses faites
au peuple par les magistrats, pour les besoins d'une vaine
popularité [2]. Il procédait d'ailleurs, pour les réprimer, avec la
sage et adroite prudence dont il s'est rarement départi : « Si
vous voyez quelqu'un offrir de riches vases sacrés, ou quelque mosaïque, n'allez pas ordonner qu'on les vende ou qu'on
les détruise; n'allez pas entraver ce zèle. Mais si, avant que
sa détermination soit bien arrêtée, ce donateur vous demande
conseil, alors sachez le dissuader, et apprenez-lui à préférer
l'aumône [3]. » C'est, il est vrai, à Antioche qu'il parlait ainsi;
il prit moins de ménagements à Constantinople.

A cette dernière période de sa vie, ce n'était pas vers l'aumône seule qu'il voulait détourner les largesses d'ostentation;
il avait un autre emploi à leur donner. Il semble, d'après les
quelques passages que j'ai précédemment résumés, que la
campagne aux environs d'Antioche était généralement conver-

---

1. Naturellement, on lui objectait sans cesse l'anecdote du vase de
parfums.
2. On lisait les noms des donateurs à l'église, ce qui était une prime
à la vanité (Jérôme : in *Jerem.*, 2).
3. In *Matth.*, 80.

tie ; le nombre des païens n'y était peut-être pas beaucoup plus considérable que dans la ville même. Mais il n'en était sans doute pas de même autour de Constantinople. En tout cas, païens ou non, les pauvres colons, dans les vastes domaines des riches, étaient privés de presque toute instruction religieuse. Le christianisme avait ses forteresses dans les grandes cités [1]. Sensible comme il l'était à toutes les misères des humbles, Jean ne pouvait manquer de remarquer le délaissement où restaient les paysans. Il savait que parmi eux les prêtres étaient très rares ou fort ignorants ; aussi exprime-t-il une fois un souhait généreux : s'il pouvait élever les fidèles de la ville à une telle perfection qu'un peu de loisir lui fût laissé, comme il aimerait à consacrer ce loisir à porter l'évangile dans les campagnes [2] ! Mais plus il avançait dans son entreprise de réforme, au milieu de la ville même, plus il sentait la vanité de cette espérance. Il se tournait donc du côté des riches, des grands propriétaires : « Vous créez, leur disait-il [3], des bains et des marchés à la campagne ; vous y introduisez ainsi les mœurs amollies des cités ; vous corrompez les paysans, et la conséquence fatale est qu'ils deviennent indisciplinés. Ainsi, dans votre vaine recherche d'une popularité fugitive, vous allez directement contre vos intérêts. Essayez plutôt d'amener les campagnards à la foi chrétienne, s'ils sont encore païens ; à la pratique des vertus chrétiennes, s'ils sont déjà convertis. Mais comment les corrigerez-vous s'ils continuent à voir votre négligence à l'endroit de leurs âmes ? Élevez donc des églises à la place des bains. Que personne n'ait une terre sans église. Ne dites pas qu'il y en a une dans quelque bourg voisin. Il faut qu'elle soit sur votre domaine même. Fournissez en même temps la somme nécessaire à l'entretien d'un prêtre, d'un diacre, de toute la hiérar-

1. *Christus qui colitur solus in urbibus,* comme disait le poète latin Endéléchius.
2. In *Ep. ad Col.,* 9. — Πόσης οἴεσθε διδασκαλίας δεῖσθαι τοὺς ὑμετέρους ἀδελφοὺς τοὺς ἐπὶ τῶν ἀγρῶν καὶ τοὺς ἐκείνων διδασκάλους ;
3. In *Act. Ap.,* 18.

chic indispensable. Dotez comme votre fille cette église, qui sera votre fille en vérité. Si l'empereur vous priait de lui bâtir une maison pour le loger, ne fût-ce qu'un seul jour, vous vous empresseriez d'obéir. Ne faites pas moins pour Dieu. Vous trouvez que c'est une dépense trop considérable? Commencez par une construction modeste; votre héritier l'augmentera. »

Comme on faisait la sourde oreille, il laissait entrevoir une récompense, à laquelle, avec les idées du temps, on devait attacher un grand prix; il promettait que les noms de ceux qui auraient bâti une église à la campagne seraient récités pendant la liturgie.

4° Les Moines et l'Ascétisme.

En face du spectacle qu'offrait la société du IVe siècle, telle que nous venons de la décrire, depuis le triomphe du christianisme, on comprend que beaucoup d'âmes vraiment chrétiennes éprouvassent une tristesse mêlée d'indignation. Mieux valait à leurs yeux l'âge précédent, celui des persécutions, et Chrysostome s'écriait : « J'ai entendu dire à nos pères (ce que je ne souhaite pas voir arriver en notre temps, car je sais que nous avons reçu le précepte de ne pas rechercher la tentation), que c'était autrefois, pendant les persécutions, qu'on pouvait trouver de vrais chrétiens [1]. » Où était, en effet, maintenant la chasteté, dans des villes où sans doute la croix resplendissait librement sur la porte des basiliques, et même dans les palais, mais où subsistaient tous les lieux de plaisir de la cité antique, depuis le cirque et le théâtre jusqu'au lupanar? Où était la charité, quand les grandes familles conservaient leurs immenses patrimoines, et, établies dans les hautes magistratures qui semblaient leur appartenir par un droit héréditaire, les accroissaient même sans cesse par leurs exactions, tandis que la multitude des pauvres restait aussi

1. In *Act. Ap.*, 24.

misérable à la porte de leurs somptueuses demeures? Où était
la foi, dans cette confusion étrange de dogmes et de superstitions puériles? Le christianisme avait conquis le monde et
s'étonnait non de la grandeur de sa conquête, mais de ses
médiocres résultats. Tout était soumis et rien n'était changé.
Comme le dit notre Fleury : « Le monde, devenu chrétien, ne
laissait pas que d'être le monde ». Si la métaphore eût été de
mode, les esprits superficiels, amis des grands mots et des
formules, auraient pu proclamer la banqueroute du christianisme, comme certaines gens aiment à proclamer aujourd'hui
la banqueroute de la Révolution. Ils n'auraient pas eu moins
raison en apparence ; ils ne se seraient pas moins trompés en
réalité.

Non, le christianisme n'avait pas fait banqueroute, mais,
comme toutes les philosophies et toutes les religions, mis à
l'épreuve de la pratique, il avait subi un inévitable déchet. Il
était visible que jamais la pure doctrine de l'Évangile ne
deviendrait la règle absolue des mœurs, que l'Église, si elle
ne voulait perdre tout ce qu'elle avait gagné, serait obligée
de tolérer un certain adoucissement de la discipline. Nous
avons vu Chrysostome lui-même, sage esprit autant que
grand cœur, céder par instants à cette tendance irrésistible.
On ne pouvait donc espérer maintenir la rigueur intacte des
préceptes que dans une communauté choisie, loin des grandes
villes corrompues par des vices irrémédiables. C'est ce qui
produisit l'ascétisme. De là le courant qui entraîna les meilleurs, à la suite des premiers Égyptiens, vers les déserts et les
monastères ; de là ce grand mouvement qui donne sa marque
caractéristique au IVe siècle. Les esprits élevés du temps l'ont
bien vu, et Jérôme a fait lui-même la comparaison : l'ascétisme recrutait alors l'élite de la société chrétienne, comme
dans les siècles précédents le christianisme avait recruté
l'élite de la société païenne. Presque tous les grands hommes
du temps, tous les Pères, ont subi plus ou moins directement,
plus ou moins complètement, la grande influence de l'ascétisme. Presque tous, à un moment donné, ont hésité, comme

Grégoire de Nazianze [1], entre le βίος πρακτικός et le βίος
θεωρητικός; les meilleurs sont ceux qui, comme Chrysostome,
après avoir trempé leur âme dans les méditations de la retraite
et les rudes exercices de l'ascétisme, sont venus reprendre
dans la hiérarchie ecclésiastique, le rang auquel leur mérite
les appelait, l'autorité qu'ils avaient le devoir d'exercer.

La Syrie fut une des premières provinces de l'empire où fut
suivi l'exemple donné en Égypte par Antoine et ses imitateurs. De bonne heure les montagnes autour d'Antioche se
remplirent de cénobites et d'anachorètes. Dans la ville même,
cette nouveauté fut accueillie, comme dans tout le reste de
l'empire, avec autant d'enthousiasme par les uns que de
dédain et de colère par les autres. Dans les contrées les plus
éloignées, nous retrouvons à cette époque la même division
profonde de l'opinion sur ce sujet. En Aquitaine, quand Pos-
tumien, au retour de son voyage en Orient, s'arrête chez
Sulpice Sévère pour lui faire le récit des merveilles qu'il vient
de voir, sa parole remplit les auditeurs d'admiration, et c'est,
parmi les amis de son hôte, à qui obtiendra la faveur d'être
admis à l'écouter. Mais, presque en même temps, à Bordeaux,
le déchaînement est universel contre Paulin, qui rompt avec
la vie du siècle et, mystérieusement, se retire dans les montagnes espagnoles, en compagnie de sa femme Thérasia, qui
désormais n'est plus pour lui qu'une sœur. Auparavant déjà,
les choses s'étaient passées tout à fait de même à Antioche.
La fièvre de l'ascétisme y avait gagné la plupart des jeunes gens
d'élite qui, sous la haute direction de Mélèce, s'y formaient
par l'enseignement doctrinal de Diodore de Tarse. Basile,
Théodore, amis de Chrysostome, cédaient à cet entraînement.
Chrysostome était retenu par Anthusa et ne se résignait
qu'avec peine; dès qu'il le pouvait, il suivait l'exemple de ses
amis. Mais les parents n'étaient pas en général du même
avis que les fils. Déjà une chrétienne, même aussi parfaite qu'Anthusa, opposait aux désirs du sien une résistance

1. *Carmen de vita sua.*

inflexible ; les pères étaient bien plus hostiles encore à l'ascétisme que les mères. Je ne parle pas même des païens, qui ne
pouvaient guère le juger qu'avec la passion dont témoignent
les écrits de Julien et surtout les invectives éloquentes de Ruti-
lius. Mais les chrétiens se conduisaient à peu près de même.
Tel d'entre eux, dans son emportement, allait jusqu'à dire
qu'il apostasierait si les retraites au désert continuaient à se
multiplier [1]. Lorsque, dans une famille, le fils de la maison partait pour la solitude, les serviteurs eux-mêmes en éprouvaient
une sorte de honte [2]. C'est, en effet, ce qui se passa à Bordeaux
lors de la conversion de Paulin, et certaines pages de Chrysostome semblent décrire à l'avance l'histoire si curieuse de cette
conversion, telle qu'elle nous est connue par la correspondance d'Ausone et de son ancien élève. Souvent c'était seulement à l'aide de ruses pieuses que les jeunes gens parvenaient à réaliser le rêve dont ils se communiquaient les
uns aux autres l'irrésistible séduction. Nous avons déjà vu que
Stagyre vivait dans un monastère, avec la complicité de sa
mère, sans que son père s'en doutât, et qu'il craignait fort les
éclats qu'il prévoyait si le père venait un jour à découvrir
qu'on l'avait joué. Chrysostome raconte encore une autre
histoire tout à fait analogue et peut-être même plus curieuse
par un détail particulier. C'est celle d'un jeune homme dont
le père, qui avait rempli de hauts emplois militaires, souhaitait pour son fils la même carrière et voulait qu'il se préparât
aux mêmes dignités. Mais la fièvre de l'ascèse l'avait saisi, et
il avait eu la bonne fortune de gagner sa mère à son projet.
Ils combinèrent ensemble une fraude pieuse fort adroite. Il
fallut bien que le jeune homme se rendît à Antioche pour
suivre le cours régulier de cet enseignement des rhéteurs, qui
était la condition préalable imposée à tout futur candidat aux
fonctions publiques. Mais un moine consentit à quitter sa
retraite, et, sous la qualité de pédagogue, l'accompagna, le

1. *Adv. Oppugn. Vit. Mon.*, 1.
2. *Ibid.*

formant à l'ascèse, lui apprenant par ses conseils et par son exemple à mener, dans la ville même, la vie monastique. Cependant toute cette malveillance, qu'avait témoignée une si grande partie de la société civile, devait éclater violemment un jour. C'est ce qui arriva en 365, quand l'empereur Valens, en partie parce que dans les rangs des moines se recrutaient les plus ardents défenseurs de l'orthodoxie, les adversaires intrépides de l'arianisme, condamné dès le début par Antoine, en partie parce que l'entraînement général vers la solitude nuisait aux intérêts de l'empire en lui enlevant des forces précieuses à une époque où il avait plus que jamais besoin de conserver intact ce qui lui en restait encore, porta une loi destinée à enrayer le mouvement[1]. Il y eut alors une sorte de persécution contre les moines. Tout cela nous aide à comprendre comment Chrysostome fut conduit à composer son important *Traité contre les adversaires de la vie monastique*, qui vise non seulement les adversaires païens de l'institution, mais tout autant et même plus encore ses adversaires chrétiens.

De tous les détails curieux que nous donne Chrysostome, il ressort d'abord que certains faits, exceptionnels, il est vrai, mais caractéristiques, pouvaient indisposer contre l'ascétisme même des chrétiens sincères et vertueux. Cette grave détermination, prise si subitement par beaucoup, et en pleine crise de jeunesse, ne réussissait pas également bien à tous. Je ne reviens pas sur Stagyre, qui reste assurément le plus frappant exemple d'une erreur de choix en cette matière; mais il y avait d'autres cas assez dangereux. Par exemple Théodore, le futur évêque de Mopsueste, le plus célèbre, avec Chrysostome, des élèves de Diodore de Tarse, et destiné à être plus tard un docteur fort original, le plus original peut-être de l'Église grecque, depuis Origène[2], Théodore[3], dis-je, regretta

---

1. Cod. Theodos., XII, 1, 63. — Valens avait surtout en vue l'Égypte.
2. C'est au moins l'avis d'un bon juge, de M. Harnack.
3. Il semble assez vraisemblable, en effet, que le Théodore à qui sont adressées les deux lettres de Chrysostome est bien celui qui devint évêque de Mopsueste. L'identification ne saurait être regardée comme absolument certaine.

très vite sa brusque rupture avec le siècle. Il voulut un moment rentrer dans le monde; se laissa gagner par un amour très vif pour une jeune fille, avec laquelle il fut sur le point de se marier. Plus ferme que lui, Chrysostome s'indigna de ce qu'il considérait comme une trahison, un parjure, un sacrilège, et lui adressa deux lettres véhémentes où il ne lui ménage pas les reproches [1]. Il y avait des chutes encore plus graves : celle par exemple de ce moine qui, ne pouvant résister aux visions qui l'obsèdent, cherche un prétexte pour retourner un jour à Antioche, et, suivi par son compagnon de cellule, est surpris entrant dans un mauvais lieu [2]. Celle du jeune Phénix ne fut que passagère [3], et son histoire, que Chrysostome raconte à Théodore, est tout à fait analogue à celle de Théodore lui-même. Très riche, resté orphelin tout jeune, Phénix dit tout à coup adieu aux écoles de rhétorique, se retire dans les montagnes pour y mener la vie philosophique, puisque c'est ainsi qu'on l'appelait alors, et fait preuve d'une vertu au-dessus de son âge. Mais bientôt il regrette le monde; ses tuteurs s'en aperçoivent, attisent le feu renaissant de la concupiscence, et, un beau jour, on apprend que Phénix est revenu à Antioche. On le voit paraître sur l'agora, à cheval, entouré de nombreux domestiques. Bientôt il a des maîtresses; il mène, en compagnie de flatteurs et de parasites, la vie libre et joyeuse des jeunes gens de grande famille. Inexpérimenté comme il est, il se laisse exploiter par tous, si bien qu'on prévoit sa ruine imminente, et les ennemis de la vie monastique sont tout à fait disposés d'avance à imputer la catastrophe non pas aux passions déréglées du jeune homme, mais à l'ascèse et à la solitude. Ils répètent que, pour avoir abandonné trop tôt ses études, et avant d'avoir pu en

1. On a douté si ces deux lettres s'adressaient à la même personne. Montfaucon l'admet; Néander le nie. La question n'est pas sans difficultés, et je n'oserais la trancher avec certitude. Cependant je ne vois pas autant d'impossibilité qu'en trouvent Néander et quelques autres à admettre l'identité du destinataire, et l'opinion de Montfaucon me semble plus vraisemblable.

2. *Ibid.*

3. *Ibid.*

retirer aucun fruit, il se trouve incapable de gérer ses affaires domestiques. Mais les propos des envieux furent déçus. Théodore, au moment d'épouser Hermione, avait trouvé devant lui son ami Chrysostome qui l'avait rappelé à son serment avec toute son éloquence passionnée. Phénix fut sauvé par des amis inconnus, par d'humbles apôtres que sa chute avait attristés, et qui formèrent le projet de le reconquérir à la vertu et à la foi. Avec une patience et un art admirables, ils parvinrent peu à peu à l'approcher. Ils le saluaient chaque fois qu'ils le rencontraient; lui, du haut de son cheval, répondait à peine par un signe de tête dédaigneux. Mais, comme ils avaient leur dessein, ils ne se laissaient pas rebuter par ces affronts prévus; ils continuaient, profitant de toutes les occasions favorables, à faire le siège de cette âme. Faible comme il l'était, volonté molle et esprit mobile, Phénix n'était pas plus de force à triompher de cette stratégie savante et tenace qu'il n'avait pu échapper aux artifices de ses tuteurs, ou aux manœuvres de ses parasites. Peu à peu il se sentit pris malgré lui dans le réseau serré de cette insinuante séduction. Il répondit avec plus d'affabilité aux saluts, il se laissa aborder; on le vit descendre de ce beau cheval, avec lequel il scandalisait ses anciens admirateurs, se promener en silence, tête baissée, écoutant les avis de ces hommes pieux. Après quelque hésitation, une révolution nouvelle se fit en lui et fut cette fois définitive. Il distribua tous ses biens aux pauvres; s'enlevant ainsi à lui-même les chances de récidive; « et atteignit enfin le but suprême de la vertu ». Belle histoire, qu'il faut savoir gré à Chrysostome de nous avoir racontée. Elle montre ce qu'il y avait toujours de vertu active dans l'Église du IVᵉ siècle; en voyant ce prosélytisme habile d'humbles inconnus, on se croirait encore aux temps apostoliques.

Ainsi donc ces faiblesses, ces chutes des moines, quand il s'en produisait, étaient le plus souvent passagères, et les coupables finissaient par être reconquis. Cela n'empêchait pas qu'on n'exploitât, dans les villes, ces scandales d'un

moment contre le monachisme lui-même; les gens du monde
ne voulaient voir que la chute et détournaient leurs yeux de
la pénitence. On observait, on épiait de très près la conduite
des solitaires, et on était sans pitié pour le moindre relâchement. Si on s'apercevait qu'un d'entre eux eût quelque
vêtement superflu, ou qu'il eût fait un repas moins sobre, on
s'abandonnait aux critiques les plus amères. Mais en même
temps on cédait à un élan de vénération irrésistible envers
ces saints personnages, auxquels la superstition attribuait
toutes sortes de pouvoirs miraculeux. On leur demandait de
toutes parts la santé; on les poursuivait, dans cet intérêt
égoïste, au fond de leurs retraites. Souvent aussi on leur était
reconnaissant de l'autorité immense que leur absolu désintéressement leur donnait; on comptait sur leur intercession
pour fléchir la dureté des magistrats; et souvent, en effet, ils
obtenaient des grâces que personne autre n'avait pu arracher.
On vit un exemple mémorable du dévouement et de la charité
des moines en 387. Ces mêmes hommes, qui, en 365, lors de
la loi de Valens, avaient été maudits par leurs compatriotes, et
un moment même persécutés, donnèrent alors un beau
spectacle. En même temps qu'Antioche se dépeuplait, et que
tous ceux qui le pouvaient fuyaient au loin le danger commun,
on les vit au contraire descendre de leurs montagnes; chaque
jour amenait des troupes de cénobites, ou quelques anachorètes isolés. Jean ne fut pas le seul à relever le courage des
fidèles; il eut ainsi une foule d'auxiliaires inconnus, dont il
parle lui-même dans ses homélies avec un pieux enthousiasme.
Nous avons conservé le nom d'un de ces solitaires, Macédo-
nius, qui se jeta hardiment à la bride du cheval d'Hellébique,
et lui dit d'un ton prophétique cette parole qui courut le
lendemain toute la ville et fit passer dans les cœurs un
souffle d'espérance : « L'empereur ne sait-il pas qu'il peut
rétablir ses statues, mais que s'il détruit cette statue vivante,
un homme, il est hors de son pouvoir de réparer le mal qu'il
aura fait? » Ce qui est le plus étonnant dans cette histoire,
qui, racontée par un témoin contemporain comme le fut

Chrysostome, présente tous les caractères de la plus rigoureuse authenticité, c'est moins encore la courageuse hardiesse du moine que la patience du magistrat, armé de pleins pouvoirs dans une ville en état de siège, qui écoute avec humilité la remontrance du solitaire et se courbe devant elle comme devant une parole inspirée de Dieu. Cela est bien caractéristique du siècle.

Chrysostome est toujours resté, à Constantinople comme à Antioche, l'admirateur enthousiaste de cette vie philosophique, ainsi qu'il appelle la vie monastique. Cependant les expériences diverses qu'il fut amené à faire, dans sa longue carrière, produisirent dans sa pensée certaines modifications importantes, qu'il faut avoir soin de montrer.

Au début son enthousiasme était sans mélange. Il était jeunes, et l'ascétisme était alors, pour tous les jeunes gens d'un caractère religieux et élevé, le rêve idéal de l'imagination. Aussi le panégyrique qu'il fait de l'institution monastique dans son *Traité contre ses adversaires* vient tout droit du cœur et est écrit avec une chaleur admirable. Non seulement Chrysostome montre toute la sainteté des solitaires, mais encore il décrit les honneurs dont ils sont l'objet quand ils apparaissent dans les villes; il vante la réputation universelle qu'ils y obtiennent. Même il fait appel, comme Basile, à un sentiment esthétique et tourne en argument en faveur de sa thèse l'amour de la campagne, vivement ressenti par ses contemporains. Il cherche en même temps des exemples dans l'Écriture, à l'appui d'une institution qui semblait à la plupart une nouveauté; il cite naturellement le précédent, devenu bientôt classique, de saint Jean-Baptiste, qui était indiqué tout naturellement comme patron des ascètes; et aussi un exemple plus curieux, le séjour des Hébreux au désert, « qui fut pour eux comme un monastère ». Dans un petit traité qu'il composa vers la même époque[1], et qui est un de ses ouvrages où se marque le plus nettement l'influence

---

1. *Comparatio regis et monachi.*

de la rhétorique profane, il compare le moine à un roi, et lui donne la prééminence, dans des termes évidemment inspirés de ceux que les stoïciens appliquaient à leur sage idéal. D'ailleurs, pour savoir ce qu'il pensait à ce sujet dans sa jeunesse, il est plus important encore de se rappeler ce qu'il fit que de lire ses écrits. Sans doute son amour filial était si profond et si respectueux qu'il ne voulut pas passer outre aux résistances de sa mère ; sans doute aussi, s'il faut en croire ses aveux dans le *de Compunctione* [1], il ne se détacha pas du monde sans quelques luttes intimes. Mais ces luttes purent être vives, elles ne furent pas longues. Dès que la liberté lui fut rendue, il alla mener au désert, comme cénobite et comme anachorète, une vie de dures austérités. A son retour, il en gardait un souvenir reconnaissant et ému, et nous retrouvons sans cesse dans ses homélies de beaux panégyriques de la vie philosophique. Tantôt il la compare à la vie de ceux qui passent leurs journées au théâtre, et montre dans les moines des anges, dans les autres des porcs [2]. Tantôt il essaie d'en faire comprendre la rigueur en la comparant à l'existence des Nomades, des Scythes Hamaxobii [3].

Il aime à décrire l'emploi des journées dans les monastères ; il récite comme des modèles les prières que les solitaires lui ont apprises [4]. Parfois il fait l'éloge de l'Égypte, de ces déserts, plus beaux que le Paradis, où habitent par milliers des chœurs d'anges à forme humaine, des peuples entiers de martyrs, d'immenses communautés de vierges. Il aime surtout à rappeler que les moines ne mènent pas une vie oisive, mais travaillent et font l'aumône [5]. Il conseille qu'on aille de temps en temps rendre visite aux monastères voisins, y faire une sorte de retraite, et admire surtout les grands quand ils

----

1. Chap. vi.
2. In *Matth.*, 68.
3. In *Matth.*, 69.
4. Ainsi, la prière après le repas, in *Matth.*, 55.
5. In *Matth.*, 10.

se résignent à passer quelques jours au milieu de cette égalité qui règne là-bas [1].

Mais de bonne heure cependant Chrysostome vit qu'il y avait dans l'ascétisme, comme dans toutes les choses humaines, un excès et un danger possibles. Le maître lui-même sous la direction duquel il s'était formé, ce saint évêque Mélèce, très original par la modération de son caractère et la largeur de ses idées, avait pu lui ouvrir les yeux. Mélèce, habitué, selon le véritable esprit évangélique, à scruter toujours le fond des cœurs et l'intimité des pensées sans faire trop de cas des manifestations extérieures, répondait un jour à un moine qui avait l'habitude de porter une cuirasse : « Peu importe le fer ; la raison doit suffire à retenir la chair dans les liens spirituels [2] ». Ainsi Chrysostome, de son côté, semble avoir toujours pensé, même dès sa jeunesse, que l'essentiel est moins de se réfugier au désert « que de savoir », comme il le disait à Stéléchius, « parvenir à la véritable solitude, celle de l'âme ». J'aime à me figurer, bien que ce soit pure conjecture, que, quand il quitta la grotte où il avait vécu en anachorète pour reprendre place dans la hiérarchie du clergé, ce ne fut pas seulement sa santé ébranlée qui le décida, mais qu'ayant épuisé les joies un peu égoïstes de la solitude et se croyant suffisamment fortifié par six années de retraite austère, il avait senti à certaines heures l'aiguillon de sa nature active et de son caractère ardent. Quoi qu'il en soit, déjà dans ses trois livres *Contre les adversaires du monachisme* [3], qui sont celui de ses écrits où il a fait de beaucoup la part la plus large à l'ascèse, on trouve quelques pages où il défend moins la vie du désert en elle-même qu'il ne plaide en sa faveur les circonstances atténuantes. Ce qu'il voudrait, dit-il dès lors, et plus tard il a repris cette idée avec plus de force et sans le découragement avec lequel il l'exprimait

---

1. In *Matth.*, 69 ; 1 *ad Tim.*, 14 ; *ad Eph.*, 21.

2. C'est Théodoret qui nous raconte cette anecdote, dont l'intérêt a été déjà bien compris par Néander (I, 22).

3. En y ajoutant cependant, ainsi qu'on l'a vu, le *Traité de la virginité*.

d'abord, ce serait un état de la société tel que, sans fuir au désert, on pût dans le monde même remplir en toute leur rigueur les préceptes évangéliques. Mais la corruption des villes, où il n'est pas possible à un chrétien parfait de vivre, a rendu nécessaire le dur remède du monachisme. Chrysostome devient plus explicite encore dans le *Traité du Sacerdoce* et dans l'*Homélie sur Philogone*, quand il compare le moine à l'évêque. C'est à ce dernier qu'il donne l'avantage, car il doit avoir des vertus personnelles aussi parfaites que celles du moine et, de plus, un grand devoir de charité active lui est imposé, qui est épargné à l'autre. Ainsi, à mesure qu'il avance en âge et que son expérience augmente, la pensée de Chrysostome se précise et s'explique plus ouvertement. Il n'y a pas eu dans sa vie morale de crises violentes, de bouleversements et de révolutions; il s'est développé régulièrement, avec une belle harmonie, une belle unité; seulement sa véritable personnalité, un peu voilée à l'origine par l'influence inévitable de son siècle, est allée sans cesse se dégageant et se purifiant de tout alliage pour se rapprocher de plus en plus du plus pur idéal évangélique. Certaines idées, dont on voit les germes dans ses premiers ouvrages, se sont peu à peu montrées avec toute leur portée et tout leur sens; certains sentiments intimes, un peu combattus au début par d'autres, passagers et adventices, ont fini par dominer en lui librement.

Ce qui paraît avoir exercé sur lui, dans la question qui nous intéresse en ce moment, une influence capitale, ce qui l'a amené, sans qu'il se soit formellement contredit et ait abandonné l'essentiel de ses idées premières, à les modifier cependant d'une façon assez notable, ce fut la constatation d'un phénomène assez singulier. L'ascétisme, qui pouvait très raisonnablement inquiéter les hommes d'État, les magistrats civils, et leur paraître une cause d'affaiblissement pour ce malheureux empire, déjà miné par tant de maladies mortelles, put aussi, ce qui d'abord semble plus étrange, être jugé par les évêques dangereux en quelque mesure pour la société chrétienne elle-même. Il exerça contre celle-ci une sorte de choc en retour assez curieux. Nous avons déjà remarqué bien souvent le mal sans cesse grandissant dont souffrait l'Église : son ancienne unité n'existait plus; le clergé se séparait de plus en plus nettement du peuple, et les gens du monde, tous ceux qui menaient la vie du siècle, s'accoutumaient de plus en plus à la pensée qu'il pouvait bien y avoir deux morales : l'une pour les prêtres et l'autre pour eux-mêmes. Aux prêtres la dévotion pénible, à eux la dévotion aisée. Aux prêtres les vertus difficiles : chasteté ou pauvreté; aux prêtres le soin du service divin, et même de la prière. Pendant que les prêtres se conformeraient ainsi aux maximes évangéliques, eux pourraient aller à leurs affaires et même à leurs plaisirs. Or voilà que maintenant, après que s'était déjà définitivement fait sentir cette funeste séparation de la société chrétienne en deux classes, une troisième venait s'ajouter aux deux premières, et on pouvait encore mieux se décharger sur elle du fardeau trop pesant pour les laïques, qu'on avait d'abord rejeté sur le seul clergé. Nous avons sans cesse rencontré dans les homélies de Chrysostome cette objection que lui renvoyaient les fidèles [1] chaque fois qu'il les ramenait à la pratique de quelque vertu trop oubliée : « Mais ce n'est pas notre affaire; cela est bon pour les moines ». Les moines ne prouvent-ils pas eux-mêmes, en fuyant les villes, que l'on ne peut mener dans les villes une vie conforme de tout point à l'idéal évangélique? Or on ne peut supprimer les villes, on ne peut supprimer le siècle. Donc, l'Église doit admettre certains accommodements. Elle ne peut pas exiger de braves gens qui ont leur ménage, leurs affaires, les vertus qu'elle réclame de ceux qui vivent dans la solitude, allégés de tout souci. Cette prétention indigne Chrysostome, et il a passé toute sa vie à la combattre. Elle l'in-

---

1. Les passages où Chrysostome signale cette fâcheuse influence du monachisme ont été bien compris par Néander (I, p. 61 et suiv.). Déjà Fleury, dont le jugement est si fin et si juste, en avait bien indiqué l'importance (*Mœurs des chrétiens*, p. 340).

digne parce que, une fois entré dans la voie du relâchement,
on ne sait jamais où l'on s'arrêtera; parce qu'il est difficile de
faire au relâchement sa part : les préceptes sont absolus ou
ils ne sont pas. Elle l'indigne encore parce qu'elle fournit tout
naturellement aux infidèles le plus raisonnable de leurs arguments. Comment se fait-il, objectent-ils, que vous ne meniez
en aucune façon la vie que Jésus a prêchée? Vous leur répon-
dez : Il est vrai, nous ne la menons pas, parce qu'il est impossible qu'on la mène dans le siècle; mais il y a des moines, au
désert, qui ont la bonté de la mener pour nous. Comment
voulez-vous alors qu'ils ne triomphent pas et qu'ils ne
s'écrient pas : Votre règle n'est donc pas la bonne! la vraie!
puisqu'elle n'est pas applicable partout, alors qu'une morale
doit être universelle et absolue [1]. Il n'y a donc pas à chicaner; il faut qu'on mène dans les villes la vie monastique,
c'est-à-dire la vie évangélique, car elle n'est pas autre chose.
Il faut être sobre comme les moines; il faut prier comme les
moines, travailler comme eux, se montrer charitable comme
eux : « Tous les préceptes de la loi nous sont communs avec les
moines, un seul excepté, le célibat ». Καὶ γὰρ πάντα ἡμῖν τὰ τῶν
νόμων κοινὰ πρὸς τοὺς μοναχούς ἐστι, πλὴν τοῦ γάμου [2].

Ainsi il arrivait que l'ascétisme allait doublement contre
son but. Ceux qui se réfugiaient au désert privaient souvent
la société civile de vertus et de talents qui, dans ces temps
misérables, n'eussent que trop aisément trouvé leur emploi.
Ils devenaient dans une certaine mesure, sans le vouloir et
sans qu'ils s'en doutassent, les maudits de la sublime parole
évangélique : ils étaient le sel qui ne sale pas. En même
temps cette société qu'ils avaient abandonnée se faisait de
leurs vertus mêmes et de leurs austérités un argument en
faveur de sa lâcheté et de sa faiblesse [3].

1. In *Ep. ad Rom.*, 26.
2. In *Matth.*, 7; plus tard, dans les mêmes termes, in *Ep. ad Hebr.*, 7.
3. Je recommande encore comme très intéressants au sujet de l'ascétisme les beaux passages de l'homélie 6, in *Ep. 1 ad Cor.*, et 25 sur la
même épître. — La plupart des idées de Chrysostome sur ce sujet,

Dans les dernières années de son existence, Chrysostome eut à connaître d'autres dangers du monachisme. A Antioche, il ne paraît guère avoir vu que des moines qui faisaient honneur à leur profession. Il en trouva d'autres à Constantinople, et, pendant son exil, en Cappadoce. Il sut d'abord ce qu'étaient ces faméliques mendiants, plus souvent dans la ville en réalité que dans leurs monastères, qui exploitaient la charité publique, qui faisaient le siège de la fortune d'Olympias. Enfin il rencontra sur son chemin ces ignorants fanatiques qui envahirent Césarée à la première nouvelle de son arrivée, menacèrent d'incendier la maison où il était descendu, s'acharnèrent à le poursuivre jusque dans la villa où une pieuse chrétienne lui donna asile, le forcèrent à se dérober par la fuite au milieu de la nuit, tout épuisé qu'il était par les fatigues d'un long voyage et par cette maladie d'estomac dont il souffrait depuis de longues années. Il avait l'esprit trop élevé et l'âme trop noble pour que des malheurs personnels pussent influer sur ses idées : aussi ne trouve-t-on pas un mot dans ses dernières lettres et dans les traités qu'il composait encore au fond de son exil où il s'exprime sur le monachisme avec la sévérité qu'eussent peut-être excusée, chez tout autre, ces derniers incidents; il ne rendait pas l'institution responsable des fautes de quelques-uns. Mais il n'en est pas moins certain que depuis l'époque où il abandonnait Antioche pour mener la vie des solitaires, son idéal s'était singulièrement transformé et élargi. Il croyait alors que la parfaite vertu chrétienne ne pouvait trouver place dans les villes. Il sacrifiait au salut d'une élite le sort du plus grand nombre. Mais bientôt il s'aperçut de ce qu'avait d'étroit et d'incomplet une règle en apparence supérieure. Nous connaissons par sa correspondance un incident très caractéristique, qui nous permet de bien juger l'état de son esprit pendant ces dernières années. Dans son pénible voyage

sous la forme qu'il leur a donnée en ses dernières années, se retrouvent dans le λόγος ἀσκητικός de son disciple Nil. (Cf. l'appendice du tome II de Néander.)

d'exil, il rencontre un de ces moines qui se cloîtraient entièrement dans une cellule, sans garder avec l'extérieur aucune
communication, recevant seulement par une fenêtre ou une
lucarne les aliments que la charité publique leur apportait [1].
Croit-on qu'il admire ce prodige d'austérité, que tant de gens
autour de lui devaient trouver sublime et même surnaturel?
Non, il n'est frappé que d'une chose : de l'inaction à laquelle
se condamne ce solitaire et, comme en ce moment même
il cherche à recruter partout des missionnaires pour son
entreprise de conversion de la Phénicie, il essaie de le convaincre qu'il ferait une œuvre bien plus agréable au Seigneur
en rentrant dans la vie active, en partant pour cette mission ;
il a le bonheur de réussir, et l'ascète sort de sa cellule pour
aller rejoindre le prêtre Constance. Telle était alors la direction qu'avaient prise les idées de Chrysostome. Lui qui
se nourrissait de la lecture incessante de l'Évangile et qui,
mieux que la plupart de ses contemporains, formé comme
il l'avait été à l'école de Diodore de Tarse, doué, de plus,
d'une âme profondément sensible et humaine, en comprenait
le sens historique sans le gâter trop par de subtiles allégories, il n'avait pas eu de peine à remarquer que le divin
Maître, que Jésus lui-même n'avait fait au désert qu'une
courte retraite; il le voyait vivre parmi ses concitoyens, se
mêler à eux, converser avec les plus humbles, rechercher les
publicains et les pêcheurs : *Ecce homo edax, et vini potator,
publicanorum amicus et peccatorum.* Il croyait que le devoir
de ses disciples en tous les temps, devoir qu'avaient si bien
compris les Apôtres, était d'imiter exactement ses leçons et
ses exemples. Son idéal désormais n'était plus la grotte où il
avait vécu en anachorète; ce n'était plus même le couvent
où il avait mené la vie cénobitique : c'était la communauté
primitive de Jérusalem; c'était la cité qu'il avait maudite
dans l'ardeur de sa jeunesse, Antioche ou Constantinople;

1. Un μοναχός ἐγκεκλεισμένος, comme on les appelait. Cf. Néander, t. II,
p. 185.

mais la cité chrétienne, peuplée de fidèles entièrement
soumis à la rigueur de la loi nouvelle, accomplissant sans
restriction les préceptes évangéliques, vrais moines en un
mot dans le siècle, et semblables en tout aux plus austères
des ascètes, le mariage excepté, πλὴν τοῦ γάμου.

CHAPITRE V

LES SPECTACLES

S'il faut en croire le témoignage de Chrysostome lui-même, à une époque où il est probable qu'il jugeait sa jeunesse avec une excessive sévérité, si peu troublée qu'elle eût été par les passions, pendant ses premières années, alors qu'il débutait au tribunal, il s'était laissé séduire aux plaisirs de la scène [1]. Je ne crois pas cependant qu'il ait jamais dû les goûter si vivement qu'ils pussent devenir un danger pour son âme; rien ne permet de penser qu'il ait jamais ressemblé à Augustin; on ne se le représente pas, s'abandonnant tout entier à l'illusion théâtrale, pas plus qu'on ne se l'imagine, quand il lisait Homère à l'école de Libanius, partageant les sentiments exprimés par le poète, s'unissant en quelque sorte à ses personnages et revivant leur vie et leurs passions, comme faisait ce même Augustin quand il se récitait le 4ᵉ livre de l'*Énéide*. Plus tard, dans cette phrase isolée du *Traité du Sacerdoce* où il nous apprend qu'on le vit parfois au spectacle, comme tout le monde; dans les rares passages où il fait allusion, sans même préciser davantage, à un poète « des Hellènes » — c'est Homère, qu'il ne daigne pas même nommer — ou « aux catastrophes des anciennes tragédies » — il ne veut pas

1. *De Sacerdotio*, 1.

davantage prononcer le nom d'Euripide, — on ne sent percer aucun regret involontaire : le sacrifice est si bien consommé qu'il n'a pas dû coûter grand'peine. Qui lirait au contraire les pages enflammées d'Augustin sans se sentir entraîné par cette passion irrésistible, comme lui-même était entraîné par les beaux vers de Virgile; sans éprouver, un peu contre les intentions de l'auteur des *Confessions*, non pas une impression reposée et sereine, mais, au contraire, les troubles mêmes si profondément ressentis d'abord par lui qu'au moindre attouchement la blessure se ravivait !

On a souvent fait remarquer, dans le camp de ceux qui trouvent un peu excessive la sévérité des condamnations portées par les Pères contre les spectacles, dans le camp du père Gaffaro, que cette sévérité peut s'expliquer par la décadence, l'immoralité où était tombé le théâtre dans les derniers siècles de l'empire. Cette décadence et cette immoralité sont indéniables, et, en ce sens, la remarque n'est pas sans justesse; mais il ne faudrait pas en conclure que les Pères eussent excusé ou notre théâtre du xvii° siècle, ou le théâtre classique des Grecs à l'époque de sa véritable grandeur; c'est bien, en général, toute représentation des passions humaines qu'ils désapprouvent, et Bossuet a raison, dans la célèbre querelle, historiquement du moins. Je viens de dire que Chrysostome ne parle que tout à fait exceptionnellement et seulement par voie d'allusion des grands tragiques, et ce n'est nullement dans un esprit d'indulgence. Je laisse à penser comment il se fût exprimé sur le compte d'Aristophane. Seulement on peut admettre que les scandales de l'art dramatique contemporain rendirent plus particulièrement acerbes et violentes les critiques des Pères; et, pour Chrysostome en particulier, avec l'esprit pratique qui le distingue, il est certain qu'il ne perd guère son temps à discuter théoriquement sur les avantages ou les inconvénients du théâtre en général, bien qu'il laisse parfaitement voir son sentiment très défavorable. C'est le théâtre de son temps qu'il considère, et qu'il poursuit de ses attaques les plus véhémentes. Il y joint, comme tous les

Pères, le cirque et tous les autres jeux publics, qu'il condamne par principe et quels qu'ils soient.

Les jeux publics, à Antioche, étaient donnés pour la plupart, comme à Rome, aux frais des principaux membres du sénat, lorsqu'ils remplissaient une magistrature. Ils portaient un nom emprunté au vieux système politique des Athéniens, celui de liturgies. Il en est souvent question dans les œuvres de Libanius, dont les oncles acquittèrent à leur tour envers leurs concitoyens cette dette fort considérable. Les divertissements qu'il fallait offrir au peuple étaient coûteux et variés; car les Syriens étaient depuis longtemps habitués à de grandes exigences. Leur pays non seulement nourrissait lui-même une foule d'acteurs, de bouffons, de musiciens, de cochers, mais encore en exportait depuis longtemps à l'étranger. A Rome la popularité des *ambubajæ* était de très vieille date; et, pour remonter moins haut, les danseurs et les musiciens que Lucius Verus ramena d'Antioche eurent une vogue extraordinaire [1].

Les spectacles offerts aux habitants d'Antioche par leurs magistrats étaient de différentes sortes. D'abord le théâtre proprement dit, où l'ancienne tragédie et la comédie des temps classiques ne tenaient plus aucune place. C'étaient le mime et la pantomime qui avaient tout le succès, et, à en juger par les descriptions quelquefois assez précises de Chrysostome, les conditions où se trouvait placé à son époque le théâtre grec étaient à peu près les mêmes que celles du théâtre latin, tel que nous le connaissons sous l'empire, dès l'époque de Juvénal ou de Martial. Les intrigues avaient d'ordinaire pour sujet un adultère [2], comme dans le mime traditionnel décrit par Juvénal, où l'amant, représenté par le célèbre acteur Latinus, était obligé de se cacher dans un coffre. On retrouve aussi le personnage du Stupidus, accablé de moqueries [3], poursuivi de taloches et de soufflets; ces soufflets étaient déjà

---

1. MOMMSEN, *Rœmische Geschichte*, V, p. 461.
2. In *Matth.*, 6.— *Quem toties texit perituri cista Latini.* Juvénal, VI, 44.
3. In *Matth.*, 37.

une des ressources du mime dès le temps de Cicéron. Très souvent aussi Chrysostome parle de l'importance qu'avait la musique dans les spectacles; il mentionne ces *cantica* pleins d'allusions obscènes aux légendes d'amour mythologiques [1]. Ce n'est plus alors simplement le mime, c'est la pantomime telle que Pylade se vantait de l'avoir créée sous Auguste. Les rôles de femmes étaient le plus souvent tenus par des actrices, dont Chrysostome n'a pas craint de décrire avec un réalisme assez audacieux la toilette très libre, le visage fardé, la coiffure effrontée [2], mais parfois aussi, ce qui lui paraissait encore plus scandaleux, par des hommes assez efféminés pour remplir leur personnage avec la dernière apparence de vérité [3]. Ainsi, une comédie très grossière : le mime, et des ballets très indécents : la pantomime, tels étaient les seuls genres dramatiques d'alors. On voyait encore au théâtre, comme dans les festins, une foule de bouffons, équilibristes, jongleurs, funambules, etc., dont le succès très grand indique combien le goût public était peu délicat et peu relevé.

Le cirque n'avait pas moins de vogue; les courses étaient une des attractions les plus particulièrement réputées d'Antioche et, en général, de la Syrie tout entière; il y en avait, en effet, de très célèbres à Laodicée, à Béryte, à Tyr, à Césarée de Palestine, et c'était de Laodicée que venaient les plus fameux cochers, comme de Tyr et de Béryte les meilleurs acteurs et de Césarée les meilleurs danseurs [4]. Non contents des ressources que leur offrait ainsi leur propre pays, les grands d'Antioche cherchaient jusque dans les contrées les plus éloignées de l'empire des attelages d'élite; ainsi, ils faisaient venir d'Espagne des quadriges [5].

---

1. In *Ep. 1 ad Thess.*, 5.

2. Chrysostome dit même qu'elles étaient parfois tout à fait nues; mais il se reprend aussitôt après pour dire : presque nues, ce qui doit être la vérité. — *De Davide et Saüle*, 3, etc.

3. In *Ep. 1 ad Thess.*, 5.

4. MOMMSEN, *loc. cit.*

5. Symmaque prête son concours, dans une occasion de ce genre, aux *Summates Antiochiensium, Ep.* IV, 62-3.

Outre certains spectacles fort absurdes, mais non moins en vogue dans tout l'empire, comme celui de nageuses [1], il faut mentionner encore deux variétés fort notables. D'une part, les vieux instincts helléniques réclamaient toujours satisfaction, et la mode des luttes gymniques n'avait pas cessé. Il y avait donc des jeux Olympiques, que donnèrent par exemple les oncles de Libanius. D'autre part, malgré la résistance qu'opposait à ces cruautés l'humanité grecque, cependant les combats de bêtes féroces et même de gladiateurs n'étaient pas absolument exclus. On les donnait d'ordinaire à la fin de la liturgie et on y invitait les dix-sept villes syriennes [2].

Les spectacles étaient les mêmes à Constantinople qu'en Syrie. Je ne vois à ajouter qu'un détail curieux que nous donne non pas Chrysostome, mais son biographe et apologiste Palladius. Les théâtres n'y restaient pas indifférents aux luttes théologiques contemporaines, et ils « retentissaient des scandales de Sévérien de Gabales et d'Antiochus d'Ascalon [3] ».

Les Syriens apportaient à tous ces divers spectacles une passion extrême, et les habitants de Constantinople ne restaient pas en arrière des Syriens. Il en était d'ailleurs de même alors dans tout l'empire, aussi bien en Occident qu'en Orient, et les scènes que nous décrit Chrysostome sont également décrites, à peu près dans les mêmes termes, par les Pères latins. A Antioche, les jours de représentation, non seulement les gradins du cirque étaient remplis, mais les curieux montaient jusque sur les toits des maisons voisines. Les curieux, c'était, on peut le dire, la ville tout entière : riches ou pauvres, infirmes et malades aussi bien que gens en bonne santé [4]. Les vieillards n'étaient pas moins fanatiques que les jeunes gens [5]. Quel que fût le temps, on accourait avec le

---

1. In *Matth.*, 7.
2. In *Ep. 1 ad Cor.*, 12; Sievers, *Leben des Libanius*, p. 5.
3. Chap. viii. On ne voit pas très clairement si ce sont les spectateurs qui s'amusent à chercher des allusions à ces scandales ou s'il en était question dans les pièces représentées elles-mêmes.
4. In *Annam*, 4.
5. *Vidi Dominum*, 1.

même empressement; on assistait avec la même patience, à des séances pourtant fort longues, qui duraient non pas une heure ou deux, mais la plus grande partie de la journée. La pluie et le vent de l'hiver ou de l'automne n'effrayaient pas plus que les grandes chaleurs de l'été, et on restait exposé à toutes les intempéries plutôt que de chercher un refuge, comme l'insinuait la voix de Chrysostome, sous le beau toit lambrissé de « l'Église dorée, également fraîche en été et chaude en hiver[1] ». Ce n'était pas seulement le jour même des jeux qui était ainsi perdu; dès la veille, dans la cité tout entière, on ne parlait pas d'autre chose, on n'avait pas d'autre pensée en tête; les amis, les membres des mêmes coteries, les partisans de la même faction, se réunissaient dès le soir; puis, le matin, de bonne heure, en groupes compacts, ils se rendaient au spectacle. Les noms des chevaux et des cochers, s'il s'agissait d'une course, des acteurs et des actrices, des danseurs et des danseuses, s'il s'agissait d'un mime ou d'une pantomime, étaient connus, répétés par tous. On savait, tout comme aujourd'hui, avec la dernière exactitude, la généalogie des chevaux, et on calculait d'après ces données leurs chances respectives[2]. Mais on ne connaissait pas moins bien l'origine, la vie, la conduite des actrices en vogue; les scandales auxquels elles avaient été mêlées se chuchotaient entre voisins tandis qu'elles jouaient sur la scène[3]. Les athlètes qui devaient concourir aux jeux Olympiques étaient très populaires; l'opinion les traitait mieux que les acteurs, toujours considérés comme infâmes. On avait conservé certaines cérémonies analogues à celles des vieilles panégyries sacrées de la Grèce classique. Le héraut, avant les combats gymniques, proclamait les noms des concurrents et demandait au peuple s'il n'y avait rien à dire contre aucun d'entre eux. Les partisans de chaque concurrent exerçaient sur lui la plus grande surveillance pendant la nuit qui précédait la lutte, l'empêchaient

1. In *Joann.*, 58.
2. *In Priscill. et Aqu.*, 1.
3. *Ibid.*

de commettre aucun excès, passaient dans cette intention tout le temps intermédiaire auprès de lui. Ces jeux Olympiques se célébraient tous les quatre ans, au faubourg de Daphné, et Palladius nous a transmis une anecdote qui nous montre quelle foule ils attiraient. Pendant l'exil de Jean, le vieux Flavien mourut, et les adversaires de Chrysostome — car de Constantinople leur parti s'était répandu aussi dans toutes les grandes cités d'Orient — voulurent faire élire à sa place un certain Porphyre, qui avait fort mauvaise réputation. Mais la majorité du peuple ne paraissait pas disposée en leur faveur. Ils se résolurent donc à brusquer l'événement, à ordonner leur candidat par surprise, et ils choisirent pour cela le jour des jeux Olympiques, parce que la ville était à peu près complètement déserte [1].

La popularité extraordinaire dont jouissait tout le personnel des cirques et des théâtres est la meilleure preuve de l'importance excessive que tenaient dans la vie du temps les jeux et les spectacles. Il ne manqua pas de se produire les abus qui sont presque inévitablement la conséquence de la faveur exagérée accordée par le public à ceux qui l'amusent. Ces favoris de la foule exploitèrent sa tolérante bienveillance : ils étaient d'une grande insolence, menaient à leur guise la vie la plus libre et prenaient ainsi indirectement la revanche la plus complète de la déchéance dont la loi persistait à les frapper. Les actrices et les danseuses étaient toutes entretenues par les principaux personnages de la cité; c'est parmi elles que se recrutaient les plus célèbres courtisanes, et, pour Chrysostome, actrice et courtisane sont synonymes. Elles portaient très haut leurs espérances, et si aucune n'avait réussi encore, comme plus tard Théodora, à s'élever jusqu'au trône, beaucoup parvenaient à pénétrer dans les grandes familles par des mariages que la loi civile essaya plusieurs fois de prévenir et que Chrysostome stigmatise avec le dernier mépris. Les mœurs des acteurs n'étaient pas meilleures, et

1. *Dialogue,* XVI.

c'est aussi parmi eux que se recrutaient nombre de ces jeunes garçons, de ces μαλακοί, non moins aimés que les femmes, et la plus grande honte de la société antique. Danseuses et danseurs, comédiens et comédiennes, admis à la table des riches, assistaient aux banquets et s'y montraient, comme tous les parasites, de la dernière impertinence. Le train de maison des mimes les plus décriés était magnifique[1]; ils se donnaient des airs de grands personnages; on les voyait traverser l'Agora à cheval, précédés d'un serviteur. Les cochers étaient tout aussi vaniteux[2], et on leur permettait la même impudence. S'il arrivait malheur à l'un d'entre eux, la consternation était générale. C'est ainsi que tous s'apitoyèrent sur le sort de celui qui fut écrasé par les chars, à Constantinople, dans les premiers temps de l'épiscopat de Jean, quand il prononça, en 399, une belle homélie dont je parlerai bientôt avec plus de détail. La victime de l'accident devait se marier le lendemain : il y avait là plus qu'il n'en fallait pour troubler jusque dans ses fibres les plus intimes la sensibilité des Byzantins[3].

Autour de ce personnel d'acteurs et de cochers, dont les mœurs étaient si licencieuses, se groupait une foule de misérables plus corrompus encore : leurs parasites, comme eux-mêmes étaient les parasites des riches, attachés à leur fortune, hérauts de leur vaine popularité. Ils formaient, aussi bien au cirque qu'au théâtre, une véritable claque fort bien organisée, toujours prête aux désordres, auxquels on sait que donnait souvent lieu la division passionnée des factions. N'ayant rien à perdre, ces vauriens sans scrupules, la plupart venus on ne sait d'où et étrangers à la ville, étaient à Antioche les plus turbulents d'une cité turbulente entre toutes. On les trouvait au premier rang de toutes les séditions. S'il faut en croire

---

1. In *Psalm.*, 111.
2. In *Ep. 1 ad Thess.*, 11.
3. A Gaza, Jérôme raconte qu'à la passion des courses de chevaux on mêlait les passions religieuses. Les chevaux d'un riche païen couraient contre ceux d'un chrétien, et la victoire de ces derniers, considérée comme un triomphe du Christ sur Marnas, amena un grand nombre de conversions.

Chrysostome, ils furent les véritables coupables dans la sédition de 387 : ils étaient à la tête de la foule qui se précipita d'abord à l'église pour réclamer l'intervention de l'évêque Flavien, renversa ensuite les statues de la famille impériale, incendia la maison d'un sénateur, mais se laissa facilement disperser à la première tentative de répression. Ce qui rend bien vraisemblable qu'ils prirent en effet une très grande part à ces troubles, c'est que Libanius, dans son discours contre Timocrate, parle d'eux absolument comme Chrysostome : « Ce sont des gens, dit-il, qui sont tous des étrangers, qui ont été chassés de leur patrie à cause de leur mauvaise conduite et n'ont pas voulu du métier auquel leurs parents les destinaient. Ils ne peuvent et ne veulent vivre autrement que dans la paresse. Les uns se sont donnés corps et âme aux mimes, la plupart aux danseurs, et toute leur vie est de les servir et de les flatter. Ceux-ci leur font quelques largesses, plus ou moins grandes selon la vigueur de leurs applaudissements. » Libanius en fixe le nombre à quatre cents environ, et c'est dans des termes exactement semblables que Chrysostome en parle encore dans une homélie postérieure [1]. A Rome, c'est cette même foule de fainéants déguenillés, qu'Ammien nous a décrite, passant les journées dans la paresse et couchant la nuit sous les vela des théâtres.

On ne saurait trouver au IV⁰ siècle, dans la campagne générale ouverte par le christianisme contre les spectacles, un évêque qui ait engagé la lutte avec plus de résolution que Chrysostome et l'ait soutenue avec plus d'énergie. Dès la première année de sa prédication à Antioche, il prononça ses premiers anathèmes ; pendant son épiscopat à Constantinople, dans la grande capitale plus corrompue encore peut-être que la métropole syrienne, il les renouvela sans se lasser et aussi sans obtenir un succès plus marqué. Lui qui n'aime pas à employer des mesures violentes, qui voudrait plutôt tout

___

[1]. In *Matth.*, 37. — Il ne faut pas oublier que Libanius et Chrysostome avaient intérêt à décharger les citoyens d'Antioche, à diminuer leur responsabilité dans ces terribles journées.

réformer par l'amour, tout corriger par la charité, c'est quand il parle contre les spectacles qu'il se laisse le plus souvent aller à la menace, qu'il fait sentir son autorité. Simple prêtre déjà, il annonçait qu'il n'hésiterait pas à recourir aux lois de la discipline ecclésiastique : « Je voudrais, disait-il, connaître les noms de ceux qui ont abandonné l'église pour le théâtre; je les exclurais pour un temps [1] ». Évêque, nous le voyons, en effet, prononcer une fois les paroles d'exclusion solennelle, accomplir la menace souvent faite et longtemps retardée.

C'est une dure entreprise, et dans laquelle bien peu de réformateurs religieux ont réussi, que de prétendre réprimer cet instinct puissant, qui, dans toutes les civilisations, chez tous les peuples, a donné naissance aux spectacles publics et particulièrement aux représentations dramatiques. Les habitants d'Antioche et de Constantinople osaient relever les critiques de Chrysostome et discuter avec lui; sur ce sujet, ils n'acceptaient pas sa réprimande la tête basse, les yeux mouillés de larmes et en se frappant la poitrine, comme ils faisaient souvent quand il s'en prenait à leur avarice ou à leur luxure, tout disposés d'ailleurs, en sortant de l'église, à oublier leur émotion d'un moment et à prêter de nouveau à gros intérêts, ou à donner à souper aux belles courtisanes : ils étaient plus hardis et plus raisonneurs. A vrai dire, d'ordinaire ils ne s'indignaient pas : ils raillaient plutôt, ce qui gênait davantage Chrysostome, qui savait parfaitement qu'on a moins vite raison de l'ironie que de la passion. « Mais quel mal y a t-il donc à voir courir des chevaux? A qui fera-t-on croire que c'est là un de ces spectacles qui damnent [2]? » Sans doute les représentations dramatiques sont plus sujettes à caution; dans tout mime et toute pantomime il y a au moins un adultère ou quelque amour illégitime. Mais ce n'est que fiction et rien de ce qui est fiction ne peut faire tort à l'âme, qui est maîtresse d'elle-même, on le sait bien et on le prouve [3]. Il est vrai aussi

1. *De Davide et de Saüle*, 3; in *Genesim*, 6; etc.
2. In *Genesim*, 6.
3. In *Matth.*, 6.

que la toilette des actrices n'est pas très convenable; si elles
ne sont pas nues, elles le sont presque, et c'est faire peu de
cas de la nature humaine que d'obliger ainsi ces pauvres
femmes à rompre avec toute pudeur. Oui, il y a là quelque
chose de regrettable, mais, après tout, ce ne sont que des
courtisanes. Que nous importent les courtisanes et les
esclaves [1]? Enfin, pour tout dire, ces spectacles sont légaux;
c'est aux frais de l'État qu'on les paie, ou tout au moins aux
frais d'hommes revêtus pour le moment des charges publiques;
les édifices où nous y assistons sont des monuments publics;
ce sont les magistrats qui président et donnent le signal de
l'ouverture; l'empereur et toute la cour sont au premier rang
des spectateurs. Ainsi, l'État les autorise, et l'État sait bien ce
qu'il fait, surtout maintenant qu'il est chrétien, et non pas
seulement chrétien, mais, depuis Théodose, orthodoxe dans le
sens le plus rigoureux du mot.

A ces objections ironiques, présentées avec plus ou moins
de bonne foi, Chrysostome répond par des raisons dont certaines seraient, je le répète, applicables à tous les temps et à
tous les genres de spectacles, mais dont la plupart cependant,
et les plus fortes, lui sont fournies par l'immoralité du théâtre
contemporain. Il ne reconnaît nullement les droits de la fiction; il ne fait pas la moindre concession à l'imagination; il
trouve dangereux que l'on abandonne la réalité pour le rêve;
il est hostile au principe même de l'art et de la poésie [2]. Mais
cependant il ne discute que rarement cette thèse générale,
laisse entrevoir son avis plutôt qu'il ne le développe, et, s'il
condamne si vivement les fictions, c'est surtout parce que
celles qu'on aime de son temps sont indécentes et mal-
honnêtes. On ne peut nier qu'il n'ait décrit avec une grande
sûreté d'analyse certaines conséquences presque inévitables
de la fréquentation du théâtre. Il en voit deux principales :
l'ennui et la débauche. Vous venez de vivre pendant quelques

1. In *Matth.*, 6.
2. *Ibid.*

heures dans un monde idéal, plus beau que nature, et vous
allez retomber ensuite dans la réalité. Comment voulez-vous
qu'elle ne vous choque pas et ne vous paraisse pas insupportable? Vous rentrez à la maison et vous souffrez d'un vague
ennui, d'un ennui sans cause apparente, *ἀηδία λόγον οὐκ ἔχου-
σα* [1]. Votre demeure trop simple vous déplaît, parce que vous
avez encore présentes à l'esprit les splendeurs de la scène;
votre femme vous déplaît parce qu'elle est moins belle
et moins bien parée que l'actrice ou la danseuse que vous
venez d'applaudir. C'est sur elle, qui ne vous accompagne pas
au théâtre, que vous allez faire retomber votre mauvaise
humeur; sur elle, et aussi sur vos esclaves [2]. On remarquera
que Chrysostome suppose que ses auditeurs seront plus
impressionnés par la vue des acteurs et la magnificence du
décor que par l'intrigue, par le sujet même du mime ou de la
pantomime, et cela s'explique par l'abaissement profond de
l'art dramatique à cette époque. Il suit de là aussi que la première des deux conséquences fâcheuses que signale Chrysostome est étroitement liée à la seconde : l'ennui et la luxure
vont de pair. Vous rapportez du théâtre des images obscènes;
celle de l'actrice, presque nue, reste imprimée profondément
dans votre esprit. Vous portez en vous-même la courtisane,
non pas visible et réelle, mais en imagination; et mieux vau-
drait encore que vous eussiez réellement devant vous la
courtisane : le danger serait moindre. Car votre femme aurait
vite fait de la mettre à la porte; mais cette image cachée dans
votre souvenir, obsédante et indestructible, ni vous ni votre
femme ne la pouvez bannir, et voilà pourquoi tout vous
déplaît maintenant chez vous, pourquoi vous ne trouvez plus
aucun charme à votre foyer, à vos enfants eux-mêmes, pourquoi vous êtes en proie à une agitation sans raison apparente,
et à la fièvre intérieure des sens aiguillonnés [3]. Il cherche

1. Cette analyse se trouve dans l'homélie sur les spectacles, prêchée
en 399, dans des circonstances que je rapporterai plus bas.
2. *De Davide et Saüle*, 3.
3. Homélie de 399.

alors quelque invective énergique contre ce théâtre, source
de tant de maux, et il le compare au festin d'Hérodiade :
« Le théâtre, c'est toujours le festin d'Hérodiade. Si Jean n'y
est pas tué, les membres du Christ y souffrent d'indignes
outrages.... C'est là que vous tolérez cette chose infâme :
les membres du Christ devenus les membres d'une courtisane. Car quoique la fille d'Hérodiade ne soit plus là, le
démon reste présent, qui dansa par son entremise; c'est lui
qui mène ces chœurs et il emporte avec lui captives les
âmes des assistants [1]. »

Cette image, ce mouvement, durent plaire aux habitants
d'Antioche, qui sans doute ne manquèrent pas d'applaudir
bruyamment. Mais ils ne furent pas plus convaincus. Ils continuèrent à sourire : chansons que tout cela. Qui donc jamais
est devenu adultère au théâtre? répétaient-ils, avec une demi-
sincérité peut-être, en se faisant illusion à eux-mêmes, une
de ces illusions où il entre un peu de complaisance. Mais ils
avaient à faire à forte partie, à plus fort qu'eux, et Chrysostome ne se payait pas de subterfuges, de protestations plus
ou moins vagues. On croyait l'acculer dans son dernier retran-
chement en le défiant de citer des noms; il se gardait, en effet,
d'en citer, car il n'aimait pas le scandale; car, à Antioche
surtout, il était extrêmement prudent et discret, sachant bien
ce qu'il voulait, mesurant toutes ses hardiesses, quand il en
risquait, de façon qu'elles eussent un résultat utile. Voilà
par où il diffère des satiriques classiques, avec lesquels parfois, par la rude énergie de ses tableaux, il ne manque pas
de ressemblance. Mais s'il ne nommait personne, il exprimait
au moins le regret de ne pouvoir le faire : « Si je pouvais
citer des noms [2]! » et sans doute, quand il prononçait de telles
paroles, plus d'un rougissait et baissait la tête. Cependant il
en était encore qui ne paraissaient pas persuadés, et Chrysostome lisait leur résistance sur leurs lèvres, dans leurs yeux.

1. In *Matth.*, 48.
2. In *Matth.*, 37.

Il allait alors jusqu'à l'extrême limite des concessions possibles : « Soit, j'admets que vous-même vous sortiez du théâtre sans avoir éprouvé aucune concupiscence; j'admets que vous ayez assez d'empire sur vous-même pour n'avoir rien à craindre. Mais pouvez-vous répondre du prochain? et, si vous ne le pouvez, n'êtes-vous pas toujours très coupable de favoriser ce qui cause la perte de tant d'âmes [1]? » Encore n'a-t-il fait cette concession qu'une fois, et plutôt pour la forme que sérieusement. Il connaissait trop la faiblesse de la chair. Aussi proclamait-il d'ordinaire nettement et sans détour que ses contradicteurs n'étaient pas de bonne foi, qu'ils avaient senti, tout comme les autres, l'aiguillon du désir. Un jour, il a eu à ce propos un mouvement d'une admirable audace, que je cite volontiers comme un de ceux qui caractérisent le plus fortement cette éloquence franche de toute entrave, de tout scrupule mesquin, et pleine de surprises irrésistibles. Il commença par décrire, fort en détail, avec beaucoup de trait et de couleur, la toilette dévergondée des actrices, tout leur manège, tous leurs artifices de courtisanes. Il alla si loin dans la précision de sa description que ses auditeurs eurent un instant d'embarras et d'étonnement : ce n'était plus un prêtre qui parlait, il semblait que ce fût Juvénal, le Juvénal de la *6ᵉ Satire*, ou mieux, puisque nous sommes en Syrie, Lucien, le Lucien des *Dialogues des courtisanes*. Mais non, c'était bien Chrysostome, il ne s'était pas laissé entraîner par la facilité de sa parole, par son imagination orientale. Il avait son intention, et son audace était calculée. On a vu comme il observait attentivement les moindres impressions d'un public, qui d'ailleurs ne dissimulait guère. Il saisit donc, à la minute voulue, le moment où il voit ces hommes qui l'écoutent, provoqués par la vivacité de sa peinture, émus et surpris par le frisson de la chair. C'est alors qu'il s'arrête brusquement et s'écrie : « N'avez-vous rien éprouvé pendant que je parlais ainsi? — Oh! ne rougissez

1. In *Matth.*, 37.

pas et n'ayez pas de honte, car c'est la nécessité de la nature
qui l'exige. Mais si en m'écoutant ici, à l'église, moi, un
prêtre, vous n'avez pu vous maîtriser, qu'est-ce donc au
théâtre? Oserez-vous encore dire que vous y demeurez froids
comme marbre[1]? » Jamais paroles plus saintement hardies
n'ont été prononcées dans une basilique chrétienne. Voilà
encore un des morceaux où l'on reconnaît ce que l'éloquence de Jean doit à celle des prophètes. C'est à leur école
qu'il a appris cette liberté sans frein de la parole, toute purifiée et ennoblie par la sublimité des intentions. Il n'y a rien
dans aucun des évangiles d'où puisse venir l'inspiration de
ce beau mouvement et de quelques autres du même genre;
c'est le souffle du dur génie hébraïque. Ce n'est plus même
cette fois Isaïe; c'est Ezéchiel. La victoire était achetée un
peu cher, peut-être, mais elle était décisive. Les hypocrites
étaient pris en flagrant délit. Le hennissement de la chair,
pour employer une forte expression de Bossuet, avait démenti
leurs protestations.

Les contradicteurs de Chrysostome se croyaient encore plus
sûrs d'eux-mêmes quand ils défendaient le cirque et les jeux
Olympiques; après tout, ce n'étaient là que des divertissements assez innocents. Cependant Jean était tout aussi sévère,
surtout contre le cirque, car il ne dit que peu de chose des
jeux Olympiques, et même les détails que je lui ai empruntés
précédemment sur ce sujet ne nous sont donnés qu'indirectement, et dans une comparaison[2]. Quelles sont cette fois les
raisons qui lui dictaient sa sentence? Il y en a sans doute
plusieurs. D'abord il suit une tradition déjà ancienne dans
l'Église et qui remontait à l'époque où celle-ci condamnait
indistinctement tous les spectacles, comme faisant partie de
fêtes païennes et entachés, par suite, d'idolâtrie. Puis il prenait en considération ces troubles incessants dont les courses

____

1. Ἆρα οὐκ ἐπάθετέ τι καὶ ἐμοῦ ταῦτα διηγουμένου; Ἀλλὰ μὴ αἰσχυνθῆτε
μηδὲ ἐρυθριάσητε · ἡ γὰρ τῆς φύσεως ἀνάγκη τοῦτο ἀπαιτεῖ,.... etc., in
Joannem, 18.

2. Pour les combats de bêtes féroces, dont j'ai déjà dit un mot, il
n'en est guère question que dans l'homélie 12 sur la I *Ep. ad Cor.*

étaient l'occasion ; la division de la foule en factions, qui,
bien que moins grave au IVe siècle qu'elle ne devint plus
tard, n'était déjà pas sans dangers. Enfin il voyait très bien
que dans toutes ces assemblées, au cirque comme au théâtre,
les tentations se multipliaient, de son temps, comme au temps
d'Ovide. Il n'y a aucun mal, lui disait-on, à regarder courir
des chevaux ; il serait tout à fait déraisonnable d'en faire un
crime. Soit, répondait-il, mais le cirque est plein de femmes
publiques, de jeunes prostitués ; c'est un lieu de corruption
aussi fatal que le théâtre. Il était inévitable, en effet, que les
cirques devinssent le rendez-vous de tous ceux qui n'ont
d'autre affaire que le plaisir, et l'on sait d'ailleurs que, dans
les villes antiques, les quartiers qui les avoisinaient étaient
des plus mal famés. Toute une population de mœurs plus
que douteuses grouillait, à Rome, autour du grand cirque,
et il est d'autant plus probable qu'il en était de même à Antioche qu'à Rome même, dans ce monde interlope dont je
viens de parler et dont nous entretiennent souvent Juvénal
et Martial, les *ambubajæ* syriennes étaient en majorité.

Une dernière raison qui rendait Chrysostome impitoyable
aussi bien pour le cirque que pour le théâtre, c'est que tous
les spectacles, quels qu'ils fussent, faisaient, s'il est permis de
parler ainsi, concurrence à l'église, lui enlevaient son public,
étaient la cause la plus ordinaire de ces absences à la synaxe
dont nous l'avons vu si vivement préoccupé. Depuis longtemps déjà les évêques avaient songé à remédier au mal,
même en recourant à l'intervention du pouvoir civil. Ils avaient
voulu au moins sauver le dimanche, et une loi de 386 [1] s'exprime ainsi : *Ne quis in legem nostram, quam dudum tulimus,
committat, nullus solis die populo spectaculum præbeat, nec
divinam venerationem confecta solemnitate confundat.* On
voit que cette loi n'était pas la première sur la matière
(*dudum*), et peut-être l'initiative était-elle déjà venue de Constantin [2]. Mais, comme tant d'autres au IVe siècle, ces pres-

1. *C. Th.*, XV, v, 2.
2. NÉANDER, I, 179.

criptions étaient assez mal observées, et une coïncidence fatale continuait, au contraire, à ramener aux mêmes époques les jeux et les synaxes. Cela n'arrivait pas seulement pour les dimanches, mais encore aux fêtes les plus importantes de l'année, par exemple pendant le carême et à Pâques [1]. Dès les débuts de sa prédication, Chrysostome en fit la douloureuse expérience. Il venait de commencer ses homélies contre les Anoméens, et elles avaient beaucoup de succès, quand tout à coup, le jour où il prononça la septième, il constata que l'assemblée avait singulièrement diminué : « C'est qu'il y a de nouveau des courses à l'hippodrome [2] ». Plus tard, à Antioche encore, il commence pendant le carême à commenter la Genèse, et, comme toujours, aux premières synaxes, on vient en foule. Il s'en félicite chaque fois, non sans quelque étonnement de voir d'abord ce beau zèle durer. Dans la 5e homélie notamment, il se réjouit plus vivement que de coutume des progrès de son auditoire. La 6e lui réservait l'inévitable déception : courses de chevaux cette fois encore, et de nouveau l'on a quitté la synaxe pour l'hippodrome. Chrysostome alors de s'emporter d'autant plus qu'on lui avait donné plus d'espérances et de se laisser aller contre les absents à des invectives si énergiques que le lendemain, lors de la 7e homélie, il croit devoir panser les blessures qu'il a faites et débute par un exorde attristé, mais doux et clément. Les exemples analogues sont innombrables; je n'en relèverai plus qu'un seul, mais le plus important de tous. J'en prendrai le récit dans celle des homélies de Jean qui donne les preuves les plus caractéristiques de la vogue dont jouissait alors le théâtre et du zèle avec lequel lui-même essayait de la combattre; c'est une homélie qui fut prononcée à Constantinople, en 399, dans les circonstances que voici.

1. La loi d'Arcadius et Honorius, donnée à Ravenne, au commencement de 400, interdit les spectacles pendant la semaine qui précède Pâques et la semaine qui suit, le jour de Noël et le jour de l'Epiphanie. — Les mêmes empereurs, en 399, ne font la même défense que pour le dimanche; en exceptant encore les dimanches qui se trouveraient coïncider avec l'anniversaire du Prince. (*C. Theod.*, II, vii, 23-24.)
2. Exorde.

Chrysostome occupait le siège de Constantinople depuis un an (26 février 398) et y avait continué, avec une ardeur redoublée par le sentiment de son autorité et de sa responsabilité accrues, sa prédication d'Antioche. Une pluie violente survint, qui faillit ruiner entièrement la moisson, et, pour conjurer le désastre, on fit des processions en l'honneur de saint André et de saint Pierre, et des prières solennelles à l'église des Apôtres. Puis on alla en pèlerinage à l'église des saints Pierre et Paul. C'était un mercredi. Les orages se calmèrent le jeudi ; les vœux de l'évêque et des fidèles avaient été exaucés. Mais le vendredi on donna des jeux équestres : tous y coururent. Le samedi, ce fut le tour du théâtre : on s'y pressa sans scrupule. On pense ce que dut souffrir Chrysostome pendant ces deux journées ; obligé de contenir son indignation pendant quarante-huit heures, qui lui parurent autant de siècles, il monte à l'ambon le dimanche et il éclate [1] : « Cela est-il tolérable, cela est-il supportable ! Après tant de sermons, après tout cet enseignement, il s'est trouvé des fidèles pour nous abandonner ! pour courir contempler une course de chevaux ! Et ils ont fait de tels désordres que toute la ville a retenti de leurs cris, de leur tumulte ridicule, ou plutôt lamentable ! Moi donc, j'étais chez moi et j'entendais ces voix perçantes ! et je souffrais plus qu'un passager ballotté par la tourmente ! » Puis il leur explique combien est insignifiant le spectacle d'une course ; il leur montre les séductions fatales du théâtre ; et son langage

1. Il reste une obscurité sur un point dans cette affaire. Certains détails de l'homélie donnent à penser que l'on était alors dans la semaine sainte ; ce serait donc le vendredi saint et le samedi saint même que la représentation au cirque et la représentation au théâtre auraient eu lieu, et l'on voit combien deviendrait plus grave la faute des fidèles. Montfaucon a vu à cette explication quelques difficultés, dont la principale est que Jean, dans son homélie, prononcée, si l'on raisonne ainsi, le dimanche de Pâques, ne fait pas allusion à la solennité de ce grand jour. Ce n'est pas là un argument sans réplique, les allusions au vendredi saint tout au moins paraissant assez claires. J'ajoute, d'ailleurs, que tout ce que nous venons de dire des mœurs du temps permet de croire que beaucoup de fidèles étaient parfaitement capables d'aller au cirque et au théâtre, même au jour anniversaire de la Passion.

devient presque aussi fort, aussi hardi que dans l'homélie XVIIIᵉ sur l'Évangile de saint Jean. Sous ce débordement d'éloquence irrésistible — ce discours est certainement un des plus beaux et des plus passionnés qu'il ait prononcés, — l'assistance émue s'humiliait. Il n'en prenait guère pitié et cela ne le consolait pas. « Maintenant, au milieu de mon discours, j'en vois parmi vous qui se frappent la poitrine, et je vous rends grâces », ajoute-t-il non sans quelque ironie, « d'être un peuple si facile à émouvoir (εὔσπλαγχνος). Mais malheureusement je pense que beaucoup de ceux qui font cela ne sont pas coupables, et que ce sont de bonnes âmes qui pleurent sur les fautes de leurs frères. » Il excite donc ceux-là à user de leur influence sur leurs amis, pour les amener à résipiscence. Il termine enfin en reprenant le ton impitoyable du début; il menace de l'excommunication quiconque abandonnera de nouveau la synaxe pour le théâtre. Il prononce même la formule : Que ces hommes soient bannis d'ici ! et, s'apercevant de la forte impression qu'il a produite : « Si vous avez frémi en entendant cette sentence (car je vous voir gémir et vous êtes pleins de componction), que les coupables se repentent et la sentence est levée. Sinon, cessez de fréquenter les coupables. *Ne commisceamini cum illo* (2 Thess., 3, 14). Ne leur parlez pas, ne les recevez pas à votre table, évitez-les sur l'agora, et alors nous les recouvrerons. »

Chrysostome n'essayait-il pas d'offrir quelque satisfaction à l'instinct qu'il combattait en échange des sacrifices qu'il lui imposait? Lui qui était si fin moraliste, ne comprenait-il pas qu'on ne déracine pas les instincts, et que le plus sage est de les diriger seulement en tel ou tel sens? De bonne heure, la plupart des Pères, un peu malgré eux, ont senti cependant que l'imagination avait ses besoins. C'est ce qui a amené l'Église à créer, à développer peu à peu toutes les pompes de sa liturgie, déjà si belles au ivᵉ siècle et presque parvenues à leur forme définitive. Mais ces pieux artifices n'ont même jamais suffi entièrement. Mettre le théâtre à l'église, c'est assurément un bon moyen de séduction ; mais il reste encore des esprits mal faits qui persistent à réclamer le théâtre hors de l'église. Lorsque Tertullien écrivit son *Traité des spectacles*, il était préoccupé, plus qu'on ne le remarque d'ordinaire, de cette question embarrassante. Seulement, ne sachant trop où trouver une solution, il ne sortait de son embarras que par les procédés familiers de sa rhétorique, par des figures qui n'ont rien de bien sérieux. Ainsi, il disait aux fidèles qui aimaient à réjouir leurs yeux des magnificences du décor et des splendeurs de la mise en scène, qu'ils n'avaient qu'à attendre le jugement dernier et qu'ils auraient alors le plus beau des spectacles, dont il fait même par avance, avec une verve tout africaine, une description truculente ; c'était peut-être inviter de bonne heure les spectateurs à prendre leur billet. De même il dit à ses lecteurs que, s'ils ont du goût pour les combats de gladiateurs, ils n'ont qu'à regarder en eux-mêmes, à y contempler la lutte terrible des passions, et, chose curieuse, ce conseil, qui ne paraît pas à première vue beaucoup plus sérieux que l'autre, a eu un résultat parfaitement pratique. En effet, c'est très probablement dans ce chapitre du *Traité des spectacles* que le poète Prudence a pris l'idée première de sa *Psychomachie*, un poème fort médiocre de conception, quoique écrit avec talent, mais d'une très grande importance historique, puisqu'il a produit, au moyen âge, toute une interminable lignée de poèmes allégoriques, et exercé beaucoup d'influence sur l'art de la même époque. Vraisemblablement même, dans le chapitre de Tertullien déjà, tout n'est pas pure rhétorique, et quand il l'écrivait, Tertullien souhaitait, entrevoyait plus ou moins clairement la naissance d'une poésie allégorique chrétienne, dans le genre de celle que Prudence a créée ; on peut presque dire qu'il en donnait le premier modèle, en prose. Il est intéressant de constater que Chrysostome, contemporain de Prudence, donne à peu près les mêmes conseils que Tertullien. Il désire lui aussi que les spectacles du cirque soient remplacés par le spectacle intime de la psychomachie : « Si vous voulez voir des courses », dit-il aux habitants de Constantinople dans l'homélie que je viens de résumer, « pourquoi ne pas mettre vos passions sous le joug de la philosophie, et ne pas les faire conduire par la raison [1] ? » S'il eût connu le poème de Prudence, et s'il eût parlé à des Espagnols ou à des Italiens, dans quelque église de langue latine, il leur en eût recommandé la lecture.

Ainsi naissait un nouveau genre de spectacle, qu'on pourrait appeler le spectacle, non pas dans un fauteuil, mais dans une cellule, et dont la tentation de saint Antoine est sans doute le chef-d'œuvre.

Mais le plus souvent Chrysostome donne des avis plus pratiques et plus sérieux, bien que d'une efficacité incomplète. Ainsi, il aimait parfois à citer cet exemple des Barbares, dont Salvien devait plus tard se servir si résolument, mais qu'employaient rarement encore les Pères du IVe siècle. Eux n'ont point de jeux publics : « Quelle excuse nous restera-t-il donc, si, étant chrétiens, c'est-à-dire citoyens des cieux et associés aux anges et aux chérubins, nous ne sommes pas néanmoins aussi réglés en ce point que des païens et des infidèles? » Il rapportait alors une parole qu'avait dite, paraît-il, un chef barbare, et qu'il proclame digne des plus grands philosophes : « Il semble », s'écria ce Goth en entendant parler du théâtre, « que les Romains n'aient ni femmes ni enfants, et qu'ainsi ils aient été contraints d'aller chercher des divertissements hors de chez eux. » Jean partait de là, à son tour, pour recommander les joies paisibles du foyer. « En vérité, qu'y a-t-il de plus agréable que les enfants? Qu'y a-t-il de plus doux qu'une femme chaste pour un mari chaste? » Il conseillait d'y joindre en outre les plaisirs de l'amitié, qu'il a souvent célébrée en termes émus. Il voulait encore qu'on comprît et goûtât les beautés de la nature, dont il ne parle cependant pas très fréquemment [2], et qu'il n'a pas décrites

---

1. Péroraison de l'homélie 37, in *Matth.*

2. Je ne vois guère à signaler, en effet, outre le passage que je cite en ce moment, que le morceau, précédemment cité aussi, sur la prière nocturne, où il décrit avec poésie les splendeurs du ciel étoilé.

avec la sympathie intelligente de Basile : « Si vous voulez relâcher votre esprit, allez dans un jardin, promenez-vous au bord d'une rivière ou d'un étang. Allez dans un lieu d'où la vue soit belle; écoutez le chant des oiseaux, ou, pour vous divertir plus saintement encore, allez visiter les tombeaux des martyrs. »

Les Pères du ive siècle, comme leurs prédécesseurs, comme Tertullien, eurent donc évidemment en vue non pas la réforme du théâtre, mais sa suppression; ils espérèrent que les spectacles disparaîtraient un jour. En cela ils se sont trompés; les spectacles ont toujours survécu à leurs véhémentes attaques; la tradition n'en a jamais été véritablement interrompue. Sous leurs formes les plus grossières, ils ont traversé l'époque la plus sombre des invasions germaniques; et bientôt dans cette société du moyen âge, chrétienne jusqu'à la moelle, où l'Église réalisa son idéal bien plus complètement qu'au ive siècle, on vit reparaître peu à peu un véritable théâtre, moins parfait sans doute par la forme que le théâtre antique, mais bien vivace et original. Il ne faut donc pas croire que Chrysostome ait obtenu de grands résultats dans la guerre vigoureuse qu'il mena sans se décourager contre les spectacles de son temps. Antioche était la ville légendaire où une invasion parthique avait surpris, disait-on, les habitants sur les gradins mêmes du théâtre : Antioche ne dégénéra pas. Constantinople vit se développer de plus en plus les factions du cirque, et continua à applaudir les actrices effrontées qui précédèrent dignement Théodora. Mais si Chrysostome n'obtint pas et ne pouvait guère obtenir de réforme profonde et générale, il n'est pas douteux qu'il n'ait dû faire des conquêtes individuelles. Cela lui suffit sans doute. Il entreprenait beaucoup, mais sans illusion excessive d'optimisme. Il savait qu'il y aurait toujours des indociles dans le troupeau; s'il ramena seulement quelques brebis, il ne manqua pas de toute satisfaction, et son cœur connut la plus douce joie qu'il ait souhaitée.

CHAPITRE VI

LA COUR ET L'EMPIRE

1° La Cour.

La partie de la carrière de Chrysostome qui a été le plus souvent étudiée, c'est sans contredit son épiscopat à Constantinople. Ce grand spectacle d'un évêque en lutte contre une impératrice, résistant avec une indomptable énergie, vaincu enfin, mais encore puissant et redouté jusqu'au fond de son exil, a attiré également les regards de ceux qui y trouvaient une belle occasion d'admirer la fière indépendance, le beau désintéressement d'un chrétien incomparable, et de ceux qui plutôt apercevaient, dans ces incidents mémorables, un premier indice du grand danger qui a longtemps menacé les sociétés modernes : le gouvernement théocratique omnipotent. Nous n'avons pas l'intention de reprendre ici le récit de ces événements; il est hors de notre sujet, et nous n'aurions aucun avantage à le recommencer; car les travaux antérieurs l'ont éclairci à peu près autant qu'on pouvait le faire; c'est-à-dire que s'il reste des obscurités — et il en reste certaines — sur quelques parties de ce drame, la faute en est à des documents incomplets, auxquels on n'ajouterait rien que par des conjectures arbitraires. Mais il nous importe de choisir, dans cette période si importante de la vie de Chrysostome, les principaux traits qui nous renseignent sur les mœurs de la cour byzantine et sur la règle de conduite qu'adopta l'évêque à l'égard de cette cour.

L'exil de Chrysostome eut plusieurs causes. Il en est une dont nous n'avons pas eu encore occasion de parler, et qu'il nous suffit d'indiquer d'un mot : ce fut une querelle théologique, suscitée par son intervention dans l'affaire assez embrouillée des origénistes, par la protection qu'il accorda aux Grands Frères ; d'ailleurs la question de l'origénisme ne fut guère qu'un prétexte derrière lequel se masquait la haine habile autant qu'ardente du patriarche d'Alexandrie ; en réalité ce fut surtout une rivalité personnelle entre Théophile et Chrysostome [1], où l'attaque vint du premier, et où c'est aussi du côté du premier que furent tous les torts graves. Nous avons déjà mentionné les deux autres causes : ce fut d'abord la réforme qu'il entreprit, à peine installé sur son siège épiscopal, d'un clergé très relâché, et même très corrompu. Ce fut enfin — et c'est là ce qui seulement nous intéresse désormais — sa persévérance à poursuivre à Constantinople la guerre qu'il avait engagée à Antioche contre le luxe. Seulement ses coups portèrent plus haut et il frappa plus fort. Il n'épargna ni l'entourage immédiat de l'impératrice, ni l'impératrice elle-même, et il proportionna à l'influence, à la puissance de ceux qu'il attaquait non pas la modération, mais la hardiesse de ses paroles. Nous n'aurions pas présenté un tableau complet des mœurs du IVe siècle, nous n'aurions pas mesuré toute l'importance de l'action exercée par Chrysostome, si nous n'examinions d'un peu plus près ce que fut cette phase décisive de son apostolat.

Chrysostome avait obéi à la règle austère que s'étaient posée tous les grands chrétiens du IVe siècle ; il ne rechercha pas l'épiscopat ; il mit même tous ses soins à l'éviter. Tout jeune il le refusa, malgré la promesse faite à Basile ; et on ne saurait l'en blâmer ; il fut récompensé de son humilité par les

---

1. Un épisode, en même temps, dans l'histoire de la longue rivalité des patriarches de Byzance et d'Alexandrie.

belles années de sa prêtrise à Antioche, qui forment la période
où il donna le modèle le plus achevé de la perfection aux prédicateurs de tous les temps. Quand Eutrope le choisit pour le
premier siège de l'empire, il fallut l'emmener par ruse. Mais,
à l'exemple également des autres grands évêques contemporains, il ne se déroba pas au devoir quand il le vit inévitable.
Il est même permis de croire qu'aux regrets profonds qu'il
éprouva en quittant ses bien-aimés de Syrie, se mêla bientôt
une secrète joie : il allait donc pouvoir, sans aucune entrave,
avec la plénitude de l'autorité la plus haute qui fût à cette
époque, travailler à la réforme des mœurs. Un homme de sa
valeur ne trouve pas sans une satisfaction intime l'occasion de
mettre librement en pratique ses idées.

Les débuts de son gouvernement épiscopal — il fut sacré
par Théophile d'Alexandrie le 26 février 398 — ne semblent
pas avoir fait présager tous les orages qui devaient suivre.
Théophile, bon psychologue, avait [1], disait-on, à son seul
aspect, prévu jusqu'où l'entraînerait son énergie indomptable
et désintéressée. Le commun du public n'eut peut-être pas
au même degré les mêmes pressentiments ; car l'année 398-399
paraît avoir été relativement assez calme. Il serait sans doute
exagéré de dire, comme le fait Palladius, dans son singulier
style, « que Jean n'employait guère pour guider son troupeau
que le chalumeau de la raison et usait rarement de la hou-
lette ». Mais à en juger par les quelques homélies qui nous
restent de ce temps — elles ne représentent, il est vrai,
qu'une faible partie de toutes celles qu'il dut prononcer
alors, — il débuta, comme à Antioche, par la théologie autant
que par la morale. Il est vrai qu'à la même époque il combattit
aussi avec la dernière énergie la fréquentation des spectacles ;
mais comme il attaquait là un mal dont tous étaient atteints,
qu'il ne faisait donc pas de personnalités en l'attaquant et ne
s'en prenait pas même à une classe particulière de la société,
il ne put pas donner prétexte à des haines trop vigoureuses.

1. PALLADIUS, *Dial.*, V.

Seulement si sa prédication me semble avoir commencé par être relativement assez modérée, les mesures de discipline qu'il prenait en même temps indiquaient toute la fermeté de sa résolution, toute la témérité de son audace. Palladius en a donné un résumé très complet [1], que je lui emprunte volontiers. Quelques critiques ont trouvé sans doute que Palladius était partial en faveur de Chrysostome ; qu'il y avait dans sa biographie trop de complaisance. Cela n'est peut-être pas très juste. Je trouve que, somme toute, la figure de Jean telle qu'elle ressort de ce dialogue, est sensiblement la même qui nous apparaît dans le récit de Socrate ou dans celui de Sozomène. Chrysostome voulut donc d'abord, selon Palladius, réformer le clergé et les vierges ; de là ses mesures contre les *Suneisactes* ; il s'occupa ensuite de reviser les dépenses inutiles de l'évêché ; il distribua les sommes précédemment gaspillées en des usages futiles aux *nosocomia* et aux *xenodochia* existants ; en créa plusieurs autres, qu'il fournit de tout un personnel de médecins, cuisiniers, domestiques, etc. Puis il réforma les veuves, leur donnant à choisir entre une vie austère ou un second mariage. Il organisa la prière en commun la nuit et y convoqua les hommes, ce qui, paraît-il, mécontenta beaucoup prêtres et diacres, forcés de veiller avec les fidèles. Enfin il voulut corriger les mœurs des laïques, en attaquant, par sa parole et par son exemple, la gourmandise et les festins, tolérés et favorisés même par les évêques comme Nectaire ou Théophile ; en réprimant la cupidité, l'orgueil et la dureté des riches, « auxquels il prêcha le précepte de Paul à Timothée (I, 16-17) : *Divites hujus sæculi præcipio non sublime sapere nequę sperare in incerto divitiarum* ».

Toutes ces tentatives diverses ne peuvent guère être exactement contemporaines. Palladius ne donne aucun renseignement chronologique sur leur ordre de succession. Mais nous savons que Jean, comme le dit si bien Fleury [2], « n'attaqua

1. *Dial.*, V.
2. *Mœurs des chrétiens,* p. 232.

jamais les vices que l'un après l'autre, et qu'il ne cessait point d'en combattre un qu'il ne l'eût exterminé ou notablement affaibli ». Or il paraît certain qu'il commença par la réforme du clergé, et particulièrement par l'affaire grave des *Sunei-sactes*. Il faut donc en conclure que la campagne contre le luxe et les riches ne vint qu'en second lieu. Ce qui tend à confirmer cette hypothèse, c'est que, pendant les deux années 398-399, nous voyons l'évêque en fort bons termes avec Eudoxie. C'est alors que se fit, par exemple, une translation de reliques de quelques saints dont nous ne connaissons pas les noms, que les contemporains même ignoraient probablement. Nous sommes bien renseignés sur cette cérémonie par une homélie publiée pour la première fois dans l'édition de Montfaucon. Une procession partit au milieu de la nuit de la Grande Église, et, marchant avec une lenteur solennelle, n'arriva qu'à l'aube du jour au terme de son itinéraire, à la chapelle de Saint-Thomas de Drypia, à 9 milles de la ville environ. Or, ce qu'il y eut de plus admirable, ce ne furent pas les troupes de moines, les chœurs de vierges, les files de prêtres, la multitude innombrable des laïques, hommes libres ou esclaves, grands ou petits, citoyens de Constantinople ou étrangers; ce ne fut pas même le Bosphore couvert de barques illuminées : ce fut l'humilité pieuse de l'impératrice, qui, revêtue de la pourpre et couronnée du diadème, suivit à pied, pendant tout le chemin, comme une servante, les saintes reliques; touchant de sa main le reliquaire et les voiles qui les recouvraient, au milieu de toute cette foule, elle qui ne sortait jamais du palais, où elle n'était pas même visible pour tous les officiers de la cour. Auprès d'elle marchait l'archevêque, rayonnant d'une joie visible, qui s'exhala dans l'homélie prononcée aussitôt après, et d'où est tirée la description précédente. La conduite d'Eudoxie est d'autant plus remarquable que son mari, le stupide Arcadius, y mit moins de bonne grâce. Sans doute Chrysostome se félicita aussi parce que le lendemain l'empereur rendit visite à la chapelle de Saint-Thomas; mais il dut éprouver une déception, quoiqu'il ne nous en fasse pas confidence, car il prêcha ce jour-là encore ; mais l'orgueilleuse majesté ne daigna pas rester pour le sermon. Telle était donc, en septembre 398, la concorde, l'entente parfaite qui régnait entre Chrysostome et l'impératrice.

Depuis l'année 399 et surtout depuis l'année 400, les événements importants se pressent, et l'action de Chrysostome se fait sentir dans maintes affaires graves. C'est d'abord la mesure prise par Eutrope contre le droit d'asile accordé aux églises à laquelle il oppose une forte résistance ; puis la catastrophe qui renverse l'eunuque et le jette tout tremblant au pied de ces autels dont il contestait naguère le privilège. Chrysostome prend alors sa défense et essaie vainement de le protéger. Les troubles suscités par Gaïnas suivent aussitôt : l'intervention de Jean, telle que nous la démêlons à travers des documents incomplets, reste un peu obscure ; elle dut avoir surtout un caractère religieux plutôt que politique. Ce qu'il semble principalement avoir eu à cœur d'empêcher, c'est l'abandon aux Goths ariens de cette église à l'intérieur de la ville qui était réclamée par leur chef. Déjà cependant l'autorité avec laquelle l'archevêque apparut aux yeux du peuple dans ces deux affaires excita sans doute la jalousie de la cour. Eudoxie était ambitieuse autant que cupide et sensuelle. Le faible Arcadius [1], entièrement dominé par sa femme, était, de son côté, fort orgueilleux et susceptible dès qu'on paraissait empiéter sur ses droits. Remarquons cependant que jusqu'à présent nous n'avons pas trouvé de trace certaine d'aucune attaque manifeste contre Eudoxie.

Il n'en est pas moins sûr que, dès 401, la brouille était complète entre l'archevêque et l'impératrice ; car lorsque l'évêque

---

1. Gibbon (chap xxxii) a sur lui une phrase bien amusante, dans le style du xviiie siècle, le style vague aux termes généraux : « L'écrivain qui dans ses *Satires* a satisfait son ressentiment par la censure outrée des empereurs chrétiens, offense moins la vérité que la *dignité de l'histoire* lorsqu'il compare le fils de Théodose à un de ces animaux doux et timides qui sentent à peine qu'ils appartiennent au berger qui les conduit. »

de Gaza, Porphyre, voulut faire fermer les temples de son
pays et demanda à Jean son intervention, celui-ci n'osa pas
le recommander directement à Eudoxie, mais se borna à
l'adresser au chambellan Amantius. Que s'était-il donc passé?
Il me semble difficile de croire que Chrysostome se soit
laissé aller le premier à quelque attaque imprudente, j'entends une allusion personnelle, vraiment précise, intention-
nelle et publique. Les récits postérieurs qui nous le montrent
défendant contre l'impératrice le bien d'une pauvre veuve
peuvent contenir un fond de vérité, mais n'ont pas assez
d'authenticité pour qu'une critique prudente puisse en tirer
parti. Le plus probable est donc que l'origine de la crise a été
due à l'adresse avec laquelle les riches, effrayés du train de
vie inauguré par lui et du ton des premiers sermons qu'il
prononça à leur adresse, surent intéresser Eudoxie à leur
cause. La principale responsabilité doit revenir à ces veuves
dont, dès le début, il avait si hardiment prétendu réformer la
conduite. Ce sont sans doute Marsa, Castricia et Eugraphia
qui rapportèrent à l'impératrice certaines de ses paroles, en
détournant légèrement le sens, en imaginant des interprétations arbitraires. Ce sont elles sans doute qui colportèrent
aussi des allusions prétendues, par lesquelles Jean ne doit
pas avoir, dès cette époque, compromis témérairement sa
cause. Les jalousies ecclésiastiques ne furent pas moins
actives et perfides. Elles eurent pour principaux agents deux
évêques, Sévérien et Antiochus, complices de Théophile, surtout Sévérien, beau parleur et adroit intrigant dont le crédit
était grand auprès d'Eudoxie.

Le champ fut ouvert à toutes les intrigues par le voyage
de Chrysostome en Asie, lors de l'affaire des évêques simoniaques. Son absence fut assez longue : elle dura plusieurs
mois. Quelle chance favorable pour Marsa et ses amies, pour
Sévérien et ses complices! chance accrue encore par la
raideur, la maladresse du diacre Sérapion, qui remplaçait
Jean et avait toute sa confiance, et qui, s'il eut le mérite de
mœurs sévères et montra un dévouement dont il faut lui

tenir compte, n'avait certainement pas en lui ces sources vives de charité et d'amour qui adoucissaient la grande austérité de son évêque. Au retour, Jean trouva son Église divisée, troublée et, dans un mouvement de colère, colère noble d'ailleurs, qui n'avait d'autre cause que son ardent et exclusif amour pour ses fidèles, il chassa Sévérien. Mais Eudoxie obtint de lui, à force de supplications, en jouant toute une comédie où son jeune fils Théodose eut son rôle, qu'une réconciliation interviendrait. Sévérien revint de Chalcédoine, et les deux évêques, dans deux homélies successives, annoncèrent solennellement au peuple qu'ils avaient fait la paix. Il faut lire ces deux homélies pour voir la différence des deux caractères ; elle éclate entre Chrysostome, ardent et passionné, mais chrétien jusqu'au fond de l'âme, et Sévérien, intrigant, froid et artificieux, dont l'hypocrisie se trahit aux premiers mots.

Que se passa-t-il dans la suite? Nous sommes assez bien informés sur les démêlés avec Théophile, démêlés qui ont pour causes une divergence théologique, et surtout un conflit d'autorité. Toute l'affaire des Grands Frères, ces moines égyptiens accusés d'origénisme, reste assez claire pour nous dans ses complications. Le rôle d'Épiphane, parfaitement honnête, mais brouillon incomparable ; celui de Théophile qui, en toutes choses, n'a en vue que la satisfaction de ses haines et de ses intérêts personnels, sont faciles à comprendre et à juger. L'action d'Eudoxie, dont nous parlent en termes vagues Palladius, Socrate, Sozomène, a été réelle et très énergique, on n'en peut douter, mais est maintenant insaisissable pour nous en ses manifestations précises. Aucun fait patent ne peut être avancé avec certitude. Est-il vrai, comme le dit Zosime, que Chrysostome ne cessait de la ridiculiser, κωμῳδεῖν? Cette affirmation de l'historien païen semble bien exagérée pour le moins. Ce qui est vraisemblable, c'est que toujours continuèrent les perfides manœuvres des découvreurs d'allusions. Étant donné la nature de l'éloquence de Jean, avec un peu de mauvaise foi leur tâche n'était pas très difficile. Elle devait être rendue encore plus aisée par l'état d'esprit où se trouvait l'archevêque depuis son retour d'Asie. La véhémence avec laquelle il agit contre son ancien ami Sévérien nous fait voir combien il était porté à l'irritation quand il s'apercevait qu'il avait été dupé. Les homélies, dont nous pouvons fixer la date à peu près à l'époque où nous sommes parvenus, nous le montrent certainement aigri et plus passionné que jamais. Il lui arrivait alors ce qui arrive à tous les grands idéalistes : l'heure avait sonné où il se trouvait aux prises avec la réalité dans ce qu'elle a de plus rude, où il sentait l'obstacle invincible; à l'approche de la persécution pressentie, il trahissait quelquefois malgré lui, par l'âpreté toute nouvelle de sa parole, l'amertume de sa désillusion.

Mais je répète qu'il n'est pas vraisemblable qu'il se soit laissé entraîner à de véritables provocations. Dans le feu de l'improvisation, il n'était sans doute pas toujours maître de sa parole. Mais ceux qui seraient tentés de lui prêter un défi prémédité le jugeraient bien faussement. Chrysostome était trop attaché à son Église, trop dévoué à son troupeau pour rechercher la persécution, comme il était trop courageux et trop fier pour la fuir et pour plier devant elle. Il était si fréquent, si inévitable en ce siècle, que l'autorité ecclésiastique entrât en conflit avec l'autorité civile qu'il est intéressant de se demander si jamais, avant même de se trouver engagé dans une affaire de cette sorte, Jean n'avait examiné par hypothèse la conduite à tenir en pareil cas. Puisqu'il reste, par les lacunes de nos documents, quelque obscurité sur sa conduite réelle, il importe davantage de savoir s'il n'a pas, à des heures plus paisibles, fait connaître son idéal. Or, précisément à Antioche [1], dès les premiers temps de sa prédication, il nous en a fait confidence dans des termes dont la

1. Chrysostome, à Antioche, avait déjà très violemment attaqué les cours; et parce qu'alors on ne pouvait l'accuser de faire des personnalités, il avait même pris moins de ménagements que plus tard. Cf. 21 in *Ep. ad Eph.*, etc.

clarté ne laisse rien à désirer. C'est dans son livre sur saint Babylas contre les Gentils. Il y raconte sur ce Babylas, dont les saintes reliques donnèrent tant de tracas à Julien, une histoire assez analogue au conflit d'Ambroise et de Théodose, lors du massacre de Thessalonique et de la fameuse pénitence imposée à l'empereur. Cette histoire est toute légendaire, toute fabuleuse même, on peut dire. L'empereur — Chrysostome ne le désigne pas autrement, c'est cependant, sans doute, Philippe qu'il a en vue, mais un Philippe transformé par l'imagination populaire, — l'empereur a mis à mort, sans raison, un jeune prince qui lui avait été livré comme otage. Babylas lui refuse l'entrée de l'église, et Chrysostome, commentant cette attitude de l'évêque, fait à ce propos les réflexions suivantes : « Faut-il vous dire une chose qui m'étonne? J'admire moins le saint évêque d'avoir affronté le courroux de l'empereur que d'avoir connu jusqu'à quelle limite il fallait aller, et de ne pas l'avoir dépassée ni par son action, ni par ses paroles. Or, que l'un soit plus admirable que l'autre, il est aisé de s'en convaincre. Bien des hommes ont montré une pareille hardiesse. » — Il cite plus haut les philosophes païens, et plus bas, en particulier, l'anecdote de Diogène et Alexandre : — « Mais ils n'ont pas su s'arrêter à temps. Des hommes ordinaires peuvent souvent faire paraître de la liberté; mais n'user de cette liberté que quand il le faut, en temps opportun, avec la modération et la prudence convenables, c'est le propre d'une âme grande et généreuse. Séméi outragea le saint roi David avec beaucoup d'audace et l'appela homme de sang; mais je n'ai garde d'appeler cela liberté; je le nommerai intempérance de langue, témérité coupable, arrogance, insolence, tout, enfin, plutôt que liberté. Car il faut, selon mon sentiment, que celui qui veut reprendre un autre ait avant tout une âme très éloignée de l'arrogance et de la fierté, et qu'il ne fasse paraître que son zèle dans ses actions et dans ses paroles. Un médecin qui doit couper un membre gangrené ou adoucir le feu d'une enflure ne vient pas faire son opération l'âme pleine de colère; au contraire, il s'efforce

alors surtout de maintenir son esprit dans le calme de peur
de manquer, s'il est troublé, aux règles de son art. Or, si
celui qui doit guérir les corps a besoin d'une telle tranquillité, que penserons-nous, dites-moi, du médecin des âmes, et
quelle vertu n'exigerons-nous pas de lui? » Sans doute, il y a
bien des contradictions dans la vie de tout homme; il y en a
dans celle de Jean, bien qu'elle soit remarquable par l'harmonie d'un développement généralement très régulier. Mais
je crois qu'on peut affirmer que celui qui avait une intelligence si nette des avantages de la modération, ne doit pas
s'être départi facilement d'une qualité qu'il savait si précieuse; je crois que celui qui condamnait Séméi pour avoir
appelé David homme de sang ne doit pas avoir, du premier
coup, appelé l'impératrice Jézabel. Il faut le redire, Chrysostome était un caractère ardent, uni à un esprit modéré.

Ce qui explique, malgré l'autorité immense que possédait
l'épiscopat à cette époque, malgré la force particulière que
donnait à Jean l'amour passionné du peuple de Constantinople, qu'il n'ait pu éviter la chute et la défaite, c'est, je l'ai
déjà dit, qu'en sa sainte imprudence, il se mit, si l'on peut
parler aussi familièrement, à la fois plusieurs mauvaises
affaires sur les bras. Ambroise triomphe là où Jean échoue,
parce qu'il sait, au contraire, borner son attaque à un seul
point, rassembler toutes ses forces. Mais des haines de prêtres,
alliées à des rancunes de femmes, vont bien loin. Elles devinrent irrésistibles et jetèrent bas Chrysostome dès que l'on
eut réussi à convaincre Eudoxie qu'elle était comprise dans
l'anathème sans restriction qu'il jetait sur la richesse, le luxe
et l'avarice.

Nous arrivons ainsi au premier exil. Jusqu'alors, Jean
semble bien irréprochable en somme. Sa meilleure justification nous est d'ailleurs fournie par ses ennemis mêmes. Qu'on
lise la liste des chefs d'accusation retenus contre lui au concile
du Chêne. Il n'en est pas un qui soit sérieux, et plusieurs sont
manifestement à son honneur.

Cependant, le peuple est près de faire une révolution à

Constantinople. La fierté d'Eudoxie a peine à céder. Une retraite honorable lui est fournie par l'incident du tremblement de terre. Selon les idées de ce siècle superstitieux, l'orgueil même le plus entêté pouvait céder sans s'abaisser devant un phénomène qui devait être regardé comme une manifestation de la colère divine. Chrysostome est donc rappelé; il s'empresse de revenir; et la suite montra que cet empressement n'était pas sans quelque imprudence, puisqu'on put lui dire que, bien qu'injustement condamné, il n'était pas régulièrement rétabli dans ses droits; mais on doit reconnaître aussi, qu'en passant lui-même sur ce danger, dont la pensée ne lui échappa pas, il fit preuve d'un grand désintéressement, son retour pouvant à peu près seul calmer l'émotion publique. Il revient donc, et je ne crois pas qu'on puisse douter qu'il ne revienne le cœur ulcéré. Nous avons déjà vu combien il fut aigri à son retour d'Asie; ce dut être bien autre chose encore à son retour d'exil. On serait tenté d'en voir une preuve jusque dans les louanges excessives qu'il donne à Eudoxie, dans l'homélie où il nous rapporte le texte même de la lettre par laquelle l'impératrice lui avait annoncé sa grâce. Espérait-il encore une réconciliation sincère? Peut-être voulait-il se faire quelque illusion, mais il ne pouvait ignorer qu'Eudoxie avait pris très résolument parti contre lui, qu'elle avait la plus grande part de responsabilité dans son bannissement. Pour la première fois, peut-être, cette parole si franche se plia à des considérations politiques. Ce fut plutôt l'évêque qui parla que le chrétien.

La paix ne fut pas de longue durée, et nous allons enfin nous trouver, dans l'histoire de cette querelle entre l'archevêque et l'impératrice, en présence d'un fait précis, raconté avec des détails suffisants par des témoins irréfutables, et rapporté par eux avec une concordance assez exacte. C'est la fameuse affaire de la statue d'argent d'Eudoxie, élevée juste en face de la Grande Église, de l'autre côté de la place. Le préfet de Constantinople fit inaugurer cette statue avec des cérémonies et des réjouissances d'un caractère profane

et même païen. C'est alors que Chrysostome, indigné, prononça une homélie où il ne pouvait se faire que l'impératrice ne fût visée. Socrate, en nous racontant cet épisode,
désapprouve l'évêque, et je ne nie pas qu'une si audacieuse
conduite ne puisse déconcerter un peu les modérés de tous
les temps. Voit-on Bossuet ou Bourdaloue entrant à Notre-
Dame le lendemain de la cérémonie à laquelle avait présidé
le duc de la Feuillade, et dévoilant au peuple, en traits
enflammés, toute l'impiété de cette scandaleuse adulation?
Il y aura donc toujours des gens pour répéter certains des
arguments de Socrate, pour dire que Chrysostome fit ce
jour-là une bravade inutile, qu'il aurait dû s'y prendre autrement, qu'il fallait avoir une entrevue avec le préfet, demander
une audience à l'impératrice, agir discrètement, et qu'ainsi le
succès eût peut-être été meilleur. Assurément, Chrysostome
ne se conduisit pas en politique; il ne se conduisit même pas
en évêque, en évêque du iv° siècle, c'est-à-dire d'une époque
où s'étaient établis entre les autorités civiles et ecclésiastiques des rapports nécessaires, des devoirs réciproques de
ménagement et de tolérance. Mais il se conduisit en apôtre;
en son âme et conscience de chrétien, il n'avait rien à se
reprocher. Concevant comme il le concevait son saint ministère, il ne pouvait pas reculer. Il avait toujours poursuivi,
dans l'intérieur des familles, tous les rites superstitieux ou
idolâtriques qui persistaient à se mêler aux cérémonies pri-
vées; il ne pouvait en tolérer dans une cérémonie publique,
en l'honneur d'une souveraine chrétienne. Il avait sans doute
toujours recommandé la discrétion à l'égard du prochain,
mais pour les fautes restées secrètes, non pas dans le cas d'un
scandale éclatant.

Eudoxie, ai-je dit, fut probablement visée directement dans
l'homélie sur la statue, certainement au moins atteinte, et
fortement atteinte par contre-coup. Que faut-il penser maintenant de la fameuse homélie qui commençait, nous dit-on,
par l'allusion vengeresse à Hérodiade? On a voulu en contester l'authenticité. Il faut s'entendre. Nous avons un discours

qui débute par ces paroles, et Savile comme Montfaucon l'ont rejeté parmi les Spuria. D'autre part, quelques écrivains, par exemple Paul Albert et l'abbé Martin, trouvant avec raison que les saintes ardeurs de Jean ont été trop atténuées par l'école des historiens timides, ont paru pencher pour son authenticité. On ne doit pas, en critique, céder au sentiment, quel qu'il soit. Il faut juger; et il me semble, pour ma part, que l'homélie qui fait l'objet du litige n'est pas, en réalité, tout à fait digne de Jean. Je crois donc plutôt qu'elle est apocryphe. Mais il ne faut pas en conclure que l'allusion à Hérodiade n'ait pas été prononcée. Elle est citée déjà par Socrate, qui paraît généralement assez bien informé, quoi qu'on dise, de toute cette affaire, et c'est un expédient peu soutenable que de s'en tirer en disant que l'homélie apocryphe a été composée dès avant Socrate, et l'a induit en erreur. Qu'on veuille bien songer que Socrate est presque contemporain de Chrysostome, appartient à la génération immédiatement postérieure. Il est très probable, au contraire, que l'homélie authentique n'ayant pas été conservée, l'homélie apocryphe fut composée sur le ton de la première phrase de l'exorde, dont le souvenir était resté traditionnel. Or, Hérodiade vaut Jézabel. Mérité ou non, cette fois, c'était bien l'outrage, l'outrage que Jean avait condamné dans la bouche de Séméi. « Je n'ai garde d'appeler cela liberté, mais je le nommerai intempérance de langue, audace coupable, arrogance, insolence, tout enfin plutôt que liberté. » On aurait le droit strict de retourner contre lui ces paroles. J'avoue cependant qu'en de telles circontances j'admire plus le courage que je ne blâme l'imprudence. Chrysostome disait encore, à propos de Babylas, en concluant, qu'il avait été exempt de timidité, de haine, de crainte, d'adulation et de colère. De tout cela, concluons que lui-même aussi fut exempt, sauf de colère; mais cette colère était généreuse, disons plus, elle était sainte.

Chrysostome part donc une seconde fois pour l'exil, maintenant définitif; et la révolution, tout au moins l'émeute ensanglante de nouveau les rues de Constantinople ; tout un quartier est incendié. Mais j'ai déjà dit que Chrysostome n'en fut point responsable ; qu'il ne songea pas à faire appel à une autre arme qu'à celle de l'éloquence. Inflexible sur le domaine reli-gieux, il ne sort pas de ce domaine. Il ne fuit pas la persécution et ne lui résiste pas. On serait curieux de savoir quels étaient ses sentiments intimes au moment où les officiers impériaux l'entraînaient loin de sa ville épiscopale. On a sans doute des lettres de lui, mais un peu postérieures. Il me semble qu'il dut être partagé entre deux pensées opposées. Il regretta sans doute l'autorité, l'influence dont il jouissait, dans l'intérêt de la religion, sur son fidèle troupeau ; et il put se demander s'il n'eût pas mieux fait, afin de la conserver, de se montrer un peu plus tolérant envers le pouvoir civil. Mais sans doute aussi il se dit que les exemples de fière indépendance étaient toujours trop rares, que, s'il faisait quelque tort à ses fidèles, il donnait une belle leçon à l'avenir ; et cette croyance, sans qu'il y entrât aucun vain orgueil, put être pour lui la plus légitime et la plus efficace de toutes les consolations.

2º L'Empire.

Chrysostome est tout religieux, nullement politique, et je crois avoir montré qu'il se distingue ainsi nettement de la plupart des évêques contemporains. Il n'a que bien rarement parlé des affaires civiles de son temps ; il est intéressant, pour cette raison même, de relever le peu qu'il en dit, de voir s'il confirme ou non ce que l'on pense généralement de l'état de l'empire au IVᵉ siècle, de rechercher enfin quelles pouvaient être ses espérances ou ses craintes d'avenir.

C'est parce qu'il était profondément pénétré de son idéal d'une société apostolique qu'il n'avait à vrai dire pour la société civile que dédain. Sans doute l'empire était chrétien de son temps ; il l'était même depuis près d'un siècle, et un retour offensif du paganisme n'était plus à redouter. La réaction sous Julien avait été, il est vrai, aussi violente qu'éphémère ; dans les invectives du livre sur saint Babylas, comme dans les discours de Grégoire de Nazianze, on devine, à la vigueur des rancunes persistantes, la gravité des craintes que l'épiscopat dut avoir un moment. Mais « le nuage était passé », pour reproduire une métaphore d'Athanase ; et désormais le ciel paraissait serein. Chrysostome était tenté de ne pas s'en féliciter entièrement ; il savait combien de conversions intéressées avaient suivi l'exemple de Constantin et de ses successeurs, et que de là venait en partie le relâchement si sensible dans les mœurs des fidèles. Il rappelait donc que la foi était plus pure, que les courages étaient plus fermes à l'époque des persécutions ; il ne les regrettait pas cependant, parce qu'il est interdit de provoquer la tentation, et même il frémissait à la seule pensée des faiblesses dont il aurait été le témoin si elles avaient recommencé. Mais, en somme, il restait assez indifférent à la conversion des empereurs ; ces souverains, dont les uns avaient souvent pris le parti de l'hérésie, dont les autres, chrétiens de nom, gardaient dans leur cour tout le luxe excessif du passé, ne pouvaient le satisfaire. Tout au plus eût-il fait exception pour Théodose, qui avait toujours eu au moins le mérite de l'orthodoxie, et dont il a prononcé le panégyrique dans une de ses homélies de Constantinople. Encore faut-il noter qu'en une autre circonstance, où il ne faisait pas un éloge officiel, rappelant après plusieurs années l'affaire des statues, il a parlé sévèrement de sa cruauté [1].

Il ne faut donc pas chercher dans ses œuvres les éléments d'une politique tirée de l'Écriture sainte. Parfois, dans ses commentaires de l'Ancien Testament, par exemple dans son explication de l'aventure d'Osias, perce une tendance à la théocratie [2]. Mais, en général, il se contente de rendre à César ce qui est à César, et à Dieu ce qui est à Dieu, se souciant du reste fort peu de César. D'ailleurs, il recommandait, dans les

1. In *Ep. ad Coloss.*, 7.
2. *Vidi Dominum*, 4.

termes les plus formels, l'obéissance à l'autorité. Tantôt il prenait pour exemple la conduite de David envers Saül [1], tantôt il reproduisait les préceptes de Paul et, notamment, le verset Rom., 13, 4. Il commençait par dire que la plupart des princes étaient corrompus et dépravés ; mais il ajoutait aussitôt que les avantages de la royauté sont si considérables que, même quand les princes sont mauvais, l'institution reste utile ; que serait-ce donc s'ils accomplissaient leurs devoirs [2]! *Omnis anima potestatibus sublimibus subdita sit*, répétait-il, et, supposant alors qu'on lui faisait cette objection : toute souveraineté est-elle donc de droit divin ? il répondait, non sans quelque complication et quelque embarras : Tout prince a-t-il été ordonné par Dieu? Je ne dis pas cela, dit l'Apôtre, car je ne parle pas de chacun des princes en particulier, mais de la royauté elle-même. Or qu'il y ait des puissances, et que les uns commandent, que les autres soient sujets, et que tout n'aille pas au hasard et sans ordre, les peuples étant ballottés comme par des flots, je dis que cela est l'œuvre de la divine sagesse [3].

L'homme qu'éblouissait si peu la majesté impériale devait être bien moins tendre encore envers les magistrats. Il n'avait en eux aucune confiance ; et il faut reconnaître que s'il y a eu encore au IVe siècle beaucoup de hauts fonctionnaires très respectables, beaucoup au contraire ont été, semble-t-il, de petits potentats fort tyranniques. Aux yeux de Chrysostome les juges « n'ont que le nom de juges ; en réalité ce sont des voleurs et des homicides [4] ». Quand on ambitionne une charge publique, « c'est pour trouver des occasions de brigandage, car je ne veux pas appeler cela du nom de gain ; c'est pour faire d'une part des largesses sans utilité, de l'autre pour pressurer les sujets [5] ». Les publicains sont pour lui un objet

1. *De Davide et Saüle*, 1.
2. In *Psalm.*, 148.
3. In *Ep. ad Rom.*, 23.
4. In *Joann.*, 82.
5. In *Ep. ad Rom.*, 14.

d'horreur. τὶ τελώνων χεῖρον. Qu'y a-t-il de pire qu'un collec-
teur d'impôts [1]? Ce sont eux qui dépouillent les veuves et les
orphelins [2]. Les misères fiscales du temps étaient grandes en
effet, et il y a de cela des preuves aussi incontestables
qu'abondantes. Chrysostome donne à ce sujet au moins un
détail curieux. « Si on ne peut faire rentrer quelque solde
d'impôts, et si ceux qui doivent les lever ne savent plus
comment s'y prendre, ils s'entendent avec leurs camarades
(συστρατιώτας), (sans doute leurs supérieurs immédiats), qui
devant les malheureux contribuables les menacent, leur donnent des coups. » Par cette comédie, ils attendrissent les
mauvais payeurs, et font rentrer encore quelques écus [3].

Il épargne bien moins encore l'armée que les magistratures
civiles. Passant un jour en revue les diverses conditions
humaines : « Voulez-vous, dit-il, que je commence par celle
des soldats? Dans quels péchés ne tombent-ils pas chaque
jour? Ils prodiguent les coups et les outrages, entrent sans
cesse en fureur, se réjouissent du malheur d'autrui; semblables
à des loups, jamais purs de crimes pas plus que la mer de
flots,... ils envient leurs égaux, sont pleins de vaine gloire,
fraudent avidement ceux qui sont sous leurs ordres; maltrai-
tent ceux qui, dans une querelle, réclament leur protection :
que de rapines, de fraudes, d'hypocrisies, de marchandages
éhontés, d'adulations serviles [4]! » Surtout l'avidité les caractérise; ils ne savent pas plus que les moines quel mal c'est, mais
par une raison opposée : les uns sont purs de ce vice, les autres
en sont enivrés au point de n'en avoir plus conscience [5].

Mais que pensait-il surtout de l'avenir de l'empire? Voyait-
il clairement les dangers qui le menaçaient? Beaucoup se sont
fait illusion au IVe siècle; on ne veut pas croire aux grandes
catastrophes, jusqu'au jour où elles se produisent. A la veille

1. *De Pœnit.*, 2.
2. *De Sacerd.*, 1, etc.
3. *In illud* : *In faciem ei restiti.*
4. In *Matth.*, 61.
5. In *Matth.*, 69.

presque de la prise de Rome, lors de la bataille de Pollentia, les écrivains occidentaux qui célèbrent cette victoire éphémère ont l'air de la considérer comme décisive; ils ne prévoient nullement le malheur qui est à leurs portes. L'empire grec devait durer plus longtemps que l'empire latin; après qu'il avait subi le grand assaut des Goths sous Valens, on pouvait avoir cependant les plus vives inquiétudes. Chrysostome, par les opinions contradictoires qu'il a successivement émises sur les forces et l'état de cet empire, nous montre tout le désordre de ces temps malheureux, où l'on passait sans cesse de l'espérance à la crainte.

Dans sa jeunesse, à certaines heures, il ne voyait nullement l'avenir en noir, et il ne semblait pas croire que les invasions barbares dussent un jour mettre en question l'existence de l'empire. Alors il opposait la paix actuelle à l'état de guerre perpétuel sous les Juifs et les Grecs, et paraissait en faire l'honneur exclusif au Christ, oubliant un peu trop Rome. « Le soleil de la justice, s'écriait-il, a brillé, et les cités, les peuples, toutes les nations non seulement ne vivent plus au milieu de pareils périls, mais jouissent d'une telle tranquillité qu'on ne sait plus le métier de la guerre; paisiblement établis à l'intérieur des villes, derrière nos murs, nous apprenons de loin les événements militaires, et tout le monde vit en liberté, délivré de ce service si pénible. S'il y a quelque part maintenant des combats, c'est au loin, aux frontières de l'empire; non dans les villes et la campagne, comme auparavant. Alors en effet, comme je l'ai dit, dans la même nation renaissaient sans cesse d'infinis désordres, et des guerres de toute espèce; maintenant sur toute l'étendue qu'éclaire le soleil, depuis le Tigre jusqu'aux Iles Britanniques, et avec cela en Libye, en Égypte, en Palestine, tout l'empire romain vit en paix. Les villes jouissent d'un doux loisir, et ne savent que par ouï-dire qu'il y a des guerres. Le Christ aurait même pu supprimer ces derniers vestiges de l'ancien état de choses; mais il les a laissés subsister comme un avertissement pour les négligents, afin de les amener à résipiscence, et les incursions des barbares sont faites pour tenir en éveil ceux qu'une paix parfaite endormirait [1]. »

Mais déjà dans la 1re homélie sur le texte : *Vidi Dominum...*, il nous montre combien la situation était grave en réalité. On était partout mécontent et effrayé; on accusait l'incapacité des autorités (τῶν κρατούντων ἀβουλία). Chrysostome les justifiait comme il pouvait et faisait remonter plus haut la cause du mal; il y voyait un châtiment providentiel : « Ce sont nos crimes qui nous perdent; eussions-nous pour chefs Abraham, Moïse, David, Salomon, il en serait de même. D'ailleurs on a d'ordinaire, dans l'ordre civil comme dans l'ordre religieux, les chefs que l'on mérite. » Et il concluait d'une façon un peu inattendue qu'on fera bien de se tenir mieux à l'église.

Cependant si l'on critiquait les chefs, on avait pour eux, malgré tout, un très grand respect apparent; un sentiment monarchique très vif, une sorte de loyalisme régnait même alors généralement dans tout l'empire. On était très curieux de savoir ce qui se passait au palais; et on s'entretenait beaucoup des affaires politiques, sur lesquelles on était le plus souvent assez mal renseigné, tout se conduisant, sous ce despotisme méfiant, par des intrigues secrètes [2]. Plusieurs descriptions de Jean nous font comprendre clairement combien cette majesté où les empereurs s'enveloppaient depuis Dioclétien faisait d'effet sur les imaginations. « Figurez-vous cette escorte de soldats resplendissants d'or, les chars traînés par des mules blanches, également ornées d'or; ces chars eux-mêmes sont décorés de pierres précieuses, recouverts de tapis blancs comme la neige, plaqués de lamelles de

1. In *Isaïam*, 2. Il serait important de fixer avec plus de précision que ne l'ont fait Tillemont, Montfaucon ou Stilting, les dates des homélies d'où sont extraits ce texte et ceux que je cite aussitôt après. Mais on ne saurait l'essayer sans entrer dans des détails que le plan de ce travail ne comportait pas. On me permettra de me borner ici à montrer certaines variations de la pensée de Chrysostome, sans chercher à les confronter avec les vicissitudes politiques auxquelles elles doivent correspondre.

2. In *Joann.*, 1.

métaux mobiles et vibrantes; les vêtements de soie sont brodés de dragons; les boucliers ornés d'ombilics d'or; les harnais semés de pierres précieuses; les freins des chevaux en or. Et quand nous voyons l'empereur lui-même, nous ne faisons plus attention à rien d'autre. Seul il appelle tous nos regards, qui vont à ses habits de pourpre, à son diadème, à son trône, à sa fibule, à ses chaussures, à l'éclat imposant de son visage majestueux [1]. »

A mesure que le siècle avance, les malheurs de l'empire s'accroissent, et nous en trouvons l'impression vivante dans les homélies de Chrysostome. Quand il prononça celles sur l'Épître aux Éphésiens [2], il rappelait à ses auditeurs les guerres, les calamités imminentes de toutes parts, les cités et les provinces entières dévastées, tant de milliers d'hommes en esclavage chez les barbares, tant de châtiments providentiels, précurseurs de la géhenne. Depuis la grande brèche ouverte dans la frontière par les vainqueurs de Valens, les barbares avaient peu à peu envahi l'empire; soit par la force, soit au titre d'auxiliaires, ils avaient fini par former, surtout aux environs de Constantinople et à Constantinople même, une portion importante de la population. La plupart de ces barbares étaient des Goths, et la plupart de ces Goths étaient devenus Ariens. Nous avons déjà vu comment Chrysostome crut nécessaire de combattre leurs prétentions, lorsque leur chef Gaïnas voulut obtenir pour eux la concession d'une église au dedans des murs, tandis que depuis Théodose les derniers Ariens étaient contraints de tenir leurs synodes au dehors. Mais empêcher les empiétements de ces hérétiques ne pouvait lui suffire; il voulut aussi gagner à l'orthodoxie ces nouveaux habitants de l'empire; ou plutôt, car il ne lui était guère possible d'espérer qu'il convertirait la masse des Goths déjà passés à l'arianisme, il résolut de conquérir à la foi ceux qui étaient encore restés païens. Une communauté

1. In *Ep. ad Rom.*, 14.
2. Voir surtout la sixième.

catholique de barbares se forma ainsi peu à peu à Constantinople, et parmi les homélies publiées pour la première fois
par Montfaucon, qui pour la plupart sont très importantes,
il n'y en a pas de plus curieuse que celle qu'il prononça
dans l'église de Saint-Paul, devant cette communauté, après
qu'un prêtre goth avait prêché d'abord dans sa langue. Il y
exprime tout son orgueil et toute sa joie de ces nouvelles
conquêtes. Il voudrait que les païens fussent présents, pour
constater la conversion des barbares eux-mêmes. Tandis que
leurs philosophes n'ont jamais pu amener à leurs doctrines
leurs compatriotes seulement, les apôtres du Christ, de
pauvres pêcheurs, après avoir soumis à sa loi le monde
romain tout entier, voilà maintenant qu'ils poussent plus
loin leur triomphe, et enseignent la divine parole à des
peuples dont Platon n'avait jamais même soupçonné l'existence. Que les Juifs rougissent aussi de se laisser dépasser
une seconde fois par une crue nouvelle de Gentils; pour
achever de leur faire honte, en même temps que pour consacrer par une autorité biblique la noblesse des nouveaux
convertis, il invoque le souvenir d'Abraham, le patriarche
venu de la Chaldée, c'est-à-dire un barbare lui aussi, et
encore celui des Mages. Ne soyons donc pas étonnés de
voir à l'église ces frères d'une autre race. Soyons-en fiers au
contraire.

Dès lors la communauté gothique resta un des premiers
soucis de Chrysostome. Pendant son exil, du fond de la Cappadoce, de Cucuse même, tandis qu'il se consolait de ses
malheurs en continuant, autant qu'il le pouvait, à exercer
de loin son ministère, en même temps qu'il s'occupait avec
un zèle passionné des missions de Phénicie et songeait même
à la conversion de la Perse, il ne perdait pas de vue ses
chers barbares, et recommandait à ses amis de Constantinople de veiller sur leur orthodoxie, de remplacer par un
orthodoxe l'évêque de leur race qu'ils venaient de perdre.

Le spectacle des misères intérieures de l'empire, celui des
invasions de plus en plus menaçantes, enfin celui du relâ-

chement des mœurs chrétiennes devait porter les imaginations assombries aux plus tristes pensées. Il ne faut donc
pas s'étonner qu'une idée assez communément répandue
alors fût celle de la prochaine fin du monde. Cette croyance
dont s'était nourrie la foi de la première génération chrétienne avait eu déjà de cruels démentis. Aussi, surtout depuis
la fin des persécutions, depuis qu'on avait vu ce que Tertullien avait jadis proclamé impossible, César chrétien, un nouveau courant s'était dessiné. Beaucoup pensèrent que l'empire converti aurait encore un long avenir. C'est ainsi que,
lorsque Prudence célèbre à la fois la bataille de Pollentia et
la conversion générale du Sénat romain, il n'a aucune pensée
de découragement; il lui semble évident que la Rome chrétienne ne peut pas être appelée à de moins belles destinées
que la Rome païenne. Chrysostome s'est nourri d'ordinaire
d'autres pensées. Sans doute il a soin de déclarer qu'il ne
faut pas sonder ces problèmes insolubles, que la Providence,
avec raison, laisse incertaine la fin du monde, comme la
mort de chacun de nous, qu'enfin le fils de l'homme sur-
viendra comme un voleur; mais on aperçoit néanmoins vers
quelle hypothèse il penche. Dans ses homélies sur saint
Matthieu, il s'exprime une fois ainsi [1] : « Les choses sont à
notre porte. Nous ne savons pas si peut-être ce n'est pas
dans notre génération qu'arrivera la fin; que se lèvera le
jour terrible, qui nous traduira au terrible tribunal où il n'est
pas fait acception de personne. Car la plupart des signes
sont accomplis, et voici que l'Évangile a été prêché dans tout
l'univers, qu'il est survenu des guerres, des tremblements de
terre, des famines; il ne peut plus rester de bien grand intervalle. Mais quoi, vous ne voyez pas les signes! C'est cela
même qui est le plus grand signe. » Quelque temps après,
quand il commentait saint Jean, sa pensée ne s'était pas
modifiée [2] : « Le Seigneur est proche; soyez inquiets. Nous

1. *H.* 20. Cf. aussi l'homélie 75.
2. *H.* 24.

ne sommes plus loin de la consommation, et le monde déjà penche vers sa fin. C'est ce qu'annoncent les guerres, les calamités, les tremblements de terre; c'est ce qu'annonce l'extinction de la charité. Car comme un corps agonisant et proche de la mort est accablé de mille douleurs, et comme une maison qui va s'écrouler laisse se détacher des plâtres du toit et des murs, ainsi est voisine, et devant la porte, la consommation de l'univers; et c'est pour cela que les maux font invasion de tous côtés. » Naturellement on cherchait, comme quand on est préoccupé de ces prévisions, à fixer une date précise, et on pensait à l'année 400. A certaines heures, Jean, tout en maintenant que la chose devait rester incertaine, ne montrait pas trop de répugnance à cette opinion. Discutant, dans l'homélie même à laquelle je viens de faire un emprunt, sur le sens du mot « proche » dans la phrase de Jésus, il en vient à dire que cela peut bien signifier l'an 400. En tout cas que l'on s'apprête. Dans sa 2ᵉ homélie sur l'Épître aux Colossiens on trouve de nouveau la trace des mêmes craintes, craintes pour le commun des hommes, mais non pas pour Chrysostome. Dans son commentaire de la 1ʳᵉ Épître aux Thessaloniciens[1], il s'aperçoit qu'il pourrait bien s'être trop avancé, et en revient à l'idée qui lui tient le plus à cœur : peu nous importe d'être fixés sur ce point. Chacun est assuré de mourir; cela ne suffit-il pas? Cependant, plus tard encore, en commentant l'Épître aux Hébreux, rappelant le texte : *adhuc enin modicum aliquantulum, qui venturus est veniet, et non tardabit,* il faisait remarquer qu'il est dit (M., 24, 14) que la fin du monde arrivera quand l'Évangile aura été connu de toute la terre, et il laisse entendre que la chose est à peu près faite [2].

Mais il y avait au contraire des gens qui répétaient que toutes ces craintes n'étaient qu'illusions ridicules; tant de temps déjà s'est écoulé depuis Jésus-Christ, et la fin du monde

1. *II.* 9.
2. *II.* 21.

n'est pas venue! Jean redoutait ces raisonnements, qu'il savait bien qu'on employait pour s'encourager à persévérer dans une mauvaise vie. Aux gens qui les tenaient, il répondait qu'on raisonnait ainsi à la veille même du déluge [1].

C'est ainsi qu'à l'autre extrémité de l'empire, un homme d'un esprit bien moins éclairé que Chrysostome, mais d'un cœur aussi pur et aussi charitable, Martin, qui vivait dans une province singulièrement plus éprouvée encore que ne l'étaient la Syrie ou la Thrace, regardait aussi comme imminente la suprême catastrophe : il pensait que l'Antéchrist était déjà adolescent [2]. Il importe de signaler une croyance commune aux deux chrétiens les plus évangéliques de ce temps. Par là aussi ils tiennent de plus près que leurs contemporains à l'âge apostolique; ils se rattachent à lui directement, et l'on comprend qu'ils se soucient fort peu de la société civile. Qu'importe ce qui doit finir demain?

1. In *Joann.*, 45.
2. Sulpice Sévère, *Dial.*, II, 14.

CONCLUSION

1° **Jugement général sur les mœurs d'Antioche et de Constantinople à l'époque de Chrysostome. — Résultats de la prédication de Chrysostome.**

Rien n'est plus difficile que de porter un jugement général sur la valeur morale d'une époque. Combien d'idées inexactes et fausses n'avons-nous pas sur notre propre temps! A plus forte raison risquons-nous d'être superficiels et injustes, quand nous parlons d'un siècle fort éloigné, dont les opinions et les préjugés furent très différents de ceux qui règnent dans le nôtre et sur lequel il ne nous est parvenu que des documents fort incomplets, lors même que, comme il arrive pour celui dont nous nous occupons ici, ils sont relativement assez riches. Le danger devient plus grand encore quand il ne s'agit plus d'une étude d'ensemble, où l'on fait appel à tous les témoignages, les corrigeant l'un par l'autre, mais quand au contraire, comme c'était la condition de ce travail, c'est un témoin unique qu'on a dû interroger.

Toutefois on a pu voir que cette condition même, qui paraît si inquiétante au premier abord, est précisément aussi, dans le cas présent, celle qui doit nous rassurer un peu. Car notre témoin, tel que nous venons de l'étudier, n'est pas un témoin ordinaire. Le plus léger soupçon ne peut atteindre sa bonne foi, et si, dans l'élan généreux de sa pensée, il approche parfois de l'utopie, cependant même alors, par un privilège rare, il ne perd presque jamais entièrement le sentiment et l'intelligence des nécessités pratiques. Chacun de nous sans doute, selon la nature et les exigences diverses de son propre idéal moral, peut apprécier diversement la sévérité des jugements de Chrysostome, la légitimité de ses condamnations. Mais tous doivent s'accorder à reconnaître qu'il est bien rare que ses peintures soient forcées; il savait que l'exagération met l'auditeur en défiance; il était trop habile et trop désireux du succès pour tomber dans une faute aussi grossière. Il faut donc essayer, avec toute la prudence nécessaire — et en pareille matière on n'en a jamais trop, — de montrer maintenant, en les rassemblant, les traits généraux qui semblent vraiment, d'après ses homélies, caractéristiques du temps où il vécut et des villes où il prêcha.

Depuis que Constantin avait fait du christianisme la religion officielle de l'empire, la société romaine était établie sur un compromis entre les deux puissances dont l'une venait de vaincre l'autre, après avoir longtemps été opprimée : l'État antique et l'Église chrétienne. L'ordre politique restait à peu de chose près celui que Dioclétien avait institué; l'ordre civil continuait à reposer sur la législation élaborée par les jurisconsultes, tout entière d'origine païenne et philosophique, où l'esprit chrétien apportait bien maintenant quelques modifications de détail, mais sans toucher aux principes mêmes. En face, se trouvait la communauté religieuse, toujours absolument différente de la société civile et politique par ses traditions, son idéal, son essence enfin. En se réconciliant et en s'unissant, ni l'État ni l'Église n'entendaient se soumettre, se sacrifier l'un à l'autre. Mais ils devaient se faire des concessions réciproques, d'où il résultait que ni l'un ni l'autre ne remplissaient parfaitement leur fonction. Nous n'avons plus à nous occuper ici de l'ordre politique; il nous suffira de rappeler que, sans travailler directement contre l'empire — cela eût été un non-sens depuis la révolution survenue, — le christianisme cependant ne pouvait ne pas

lui nuire. Il demandait aux âmes des vertus tout autres que
la vertu civique ; parfois même inconciliables avec elle. Par
l'ascétisme, il détournait et neutralisait des forces vives, qui,
bien employées, auraient rendu des services inappréciables.
Il est vrai que Chrysostome, quand il eut calmé les premières
ardeurs de sa jeunesse, cessa d'être partisan d'un ascétisme
excessif. Néanmoins lui-même, tout modéré qu'il était devenu,
avait les regards tournés presque uniquement vers la Jérusalem céleste, dédaignait la cité terrestre, et se laissant
aller, le plus souvent, à croire que la fin du monde était toute·
proche, ne pouvait s'intéresser à l'avenir de l'État.

La société civile restait constituée d'après les principes de
l'ancienne civilisation gréco-romaine. La première impression
que laissent beaucoup des plus importantes homélies de
Chrysostome, c'est que cette société souffrait de deux maux
corrélatifs, l'excès de la richesse accumulée dans un petit
nombre de familles, et l'excès de la pauvreté dans les classes
inférieures. Nous avons constaté cependant que, quand
l'ardent prédicateur, qui fut l'ennemi acharné des riches et
l'infatigable avocat des pauvres, nous donne des détails véritablement précis sur les classes sociales, il admet expressément l'existence d'une classe moyenne, ayant ce qu'il lui faut
pour vivre, sinon tout à fait à son aise, du moins sans privations trop grandes. S'il n'y avait en effet qu'un dixième de
riches, possesseurs de fortunes réellement immodérées, et
un dixième de pauvres, entièrement misérables, dans la ville
d'Antioche, la proportion ne semble avoir rien eu d'extraor-
·dinaire, et ne serait-elle pas à peu près la même dans nos
grandes capitales modernes? Si la distance était immense
entre un sénateur d'Antioche ou de Constantinople, maitre
de vastes domaines et d'énormes revenus, et l'un de ces
artisans qui écoutaient avec tant de joie la parole de Chrysostome, croit-on qu'elle soit beaucoup moins considérable
aujourd'hui entre un opulent chef d'usine et son ouvrier,
entre le milliardaire, roi des chemins de fer américains, et
l'homme d'équipe d'une des nombreuses compagnies qu'il

gouverne? La seule différence vraiment radicale entre la société antique et la société moderne tenait à l'institution de l'esclavage que Chrysostome détestait, mais qu'il n'a pas voulu combattre ouvertement, parce qu'il ne jugeait pas que le christianisme dût jamais devenir révolutionnaire, au sens moderne du mot, c'est-à-dire dans l'ordre civil. Ajoutons seulement que la dureté du cœur était peut-être plus grande alors chez la plupart des riches qu'elle ne l'est aujourd'hui ; la vertu chrétienne par excellence, la charité, s'était communiquée aux âmes d'élite ; il n'y avait pas assez longtemps encore qu'elle était prêchée pour qu'elle eût pu faire sentir partout son influence, pour qu'elle eût réussi à transformer, en quelque sorte, l'âme même de l'humanité[1].

La liberté des mœurs antiques régnait encore à peu près intacte. Il était extrêmement difficile de faire comprendre aux hommes le prix de la chasteté. La loi civile et l'opinion, par certaines indulgences, par l'inégalité de traitement entre l'homme et la femme, favorisaient les désordres ; en cela encore, l'institution de l'esclavage rendait usuels et comme licites les abus les plus criminels, et permettait la persistance d'habitudes presque indéracinables.

Sans doute, tous ces vices auraient été aisément corrigés, si l'on eût suivi exactement les règles de la discipline chrétienne. Mais l'Église, devenue maîtresse du monde, souffrait maintenant, elle aussi, des vices du monde. D'abord le domaine de ses conquêtes s'était démesurément élargi ; la majorité des habitants de l'empire était désormais convertie. Mais beaucoup de conversions avaient été intéressées. Il en résultait que l'état secret de bien des âmes était une profonde indifférence ; que la connaissance de l'Écriture, du dogme et de la morale était nulle chez la plupart. La religion, ainsi presque entièrement ignorée, n'exerçait donc que très peu

---

1. Dans cette conclusion je ne parle plus que des villes où s'exerça uniquement l'action de Chrysostome, et je me borne à rappeler que, d'après son témoignage même, la condition des colons était, semble-t-il, bien plus misérable que celle de nos paysans.

d'influence sur tous ceux qui ne venaient à l'église qu'aux jours de grandes fêtes, restaient le plus longtemps possible dans la catégorie des catéchumènes, et ne se résignaient, à vrai dire, qu'à l'article de la mort, à faire profession véritable de christianisme. De là venait aussi ce mélange confus de tant de superstitions diverses qui est la marque propre de l'époque. L'action des croyances helléniques ou juives était encore très considérable. D'une secte à l'autre se faisaient de perpétuels échanges. Quelque chose restait de ce vieux préjugé païen, qu'il est prudent d'avoir le plus grand nombre de dieux possible : on n'avait sans doute plus qu'un seul Dieu, mais on n'était pas fâché que les formes du culte qu'on lui rendait fussent très variées au risque de devenir contradictoires. Symmaque disait qu'on ne peut parvenir par une seule voie à la découverte de la vérité [1]; beaucoup de gens, qui avaient pris la grande voie chrétienne, couraient volontiers, à l'occasion, les chemins de traverse, et allaient battre les buissons.

D'autre part, au contraire, parmi les fidèles nés dans le sein de l'Église même, dans les familles chrétiennes depuis plusieurs générations, se glissaient le relâchement et la routine. Depuis qu'on naissait chrétien au lieu de le devenir, on n'éprouvait plus au même degré l'influence rénovatrice de la foi. On ne traversait pas cette heure de crise qui jadis amenait les conversions; on ne pensait pas à dépouiller le vieil homme; le baptème n'était plus le signe de la même transformation morale. De là une tendance à ne plus considérer que les formes extérieures et matérielles de culte; une sorte de ritualisme superstitieux. On corrompait ainsi l'essence même du christianisme, qui ne doit être qu'esprit et vérité. Les mœurs étaient relâchées dans la même proportion que les pratiques étaient routinières. La séparation se marquait de plus en plus entre les clercs et les laïques; les laïques s'ac-

---

1. *Non potest uno itinere perveniri ad tam grande secretum* (dans sa fameuse *Relation sur l'autel de la Victoire*).

cordaient de plus en plus à penser que tout ce que le culte et la discipline avaient de rigoureux et de pénible ne devait être imposé qu'aux clercs, et cependant une partie du clergé même donnait trop fréquemment l'exemple du scandale.

Telle était, semble-t-il, la société du IVe siècle. Eloignée de la nôtre autant qu'il est possible de l'être dans l'ordre politique, elle n'est pas sans avoir quelques traits de ressemblance avec la nôtre par l'extrême confusion de son état moral et religieux. Valait-elle mieux ou moins que la nôtre? Question oiseuse, où je n'entrerai pas; car l'historien ne peut sonder le fond des cœurs. Cette société eut de grandes misères et de grands vices; mais l'exemple seul de Chrysostome suffit à montrer qu'elle ne manqua pas d'hommes admirables, dévoués de toute leur âme à la corriger; y a-t-il eu même, à aucune époque, un plus grand effort commun vers un idéal plus élevé?

Est-il possible de rechercher quels furent les résultats de la prédication de Chrysostome? C'est une question dont on ne peut pas se désintéresser; car c'est précisément celle qui le préoccupait le plus lui-même. Il ne jetait pas la semence au vent, sans se soucier de savoir où elle tomberait et ce qu'elle deviendrait. Il voulait qu'elle levât. Non seulement il s'est toujours fait de sa mission l'idée la plus haute; mais il a eu en lui-même cette confiance invincible qui est vraiment nécessaire à tout réformateur pour que sa réforme réussisse. Ce n'était pas qu'il eût aucune pensée de vain orgueil; il ne comptait pas tant sur sa seule personne, que sur l'inspiration divine qu'il recevait docilement, sur la doctrine sublime dont il était l'interprète. Mais il avait conscience de ce que peuvent l'ardeur et le courage désintéressés dont il était animé. « Soyez un ferment (ζυμή) », répétait-il sans cesse à ses auditeurs, auxquels il recommandait d'exercer les uns sur les autres une influence pour leur perfectionnement mutuel. Lui-même fut le ferment le plus actif et le plus fécond. Veut-on savoir jusqu'où il portait son ambition et son espérance? Il l'a avoué dans une de ses premières homélies, alors que du premier coup, sans

réserves, il voulait faire connaître aux habitants d'Antioche
ses intentions et ses vœux : « Un seul homme, embrasé de zèle,
suffit à réformer tout un peuple ». Ἀρχεῖ εἶς ἄνθρωπος ζήλῳ
πεπυρωμένος ὁλόκληρον διορθώσασθαι δῆμον [1]. En parlant ainsi, il
pensait de préférence à Paul, au grand apôtre, dont le panégyrique emplit toutes ses homélies, et dont il proclame si
souvent qu'il l'a pris pour modèle. Sans oser s'égaler à Paul,
il se sentait, lui aussi, embrasé par le divin zèle. Il ne se
croyait donc pas incapable d'entreprendre cette tâche audacieuse de réformer tout un peuple. Il l'a entreprise en effet, et
poursuivie jusqu'à sa mort sans faiblir; jusqu'à quel point
a-t-il réussi?

Il faut distinguer entre les vices dont Chrysostome se fit
l'adversaire. Les uns, produits spéciaux d'un certain état de
choses, particuliers au IVe siècle ou tout au moins à l'antiquité, caractéristiques d'une période historique déterminée,
avaient des causes passagères, étaient destinés à disparaître
peu à peu par l'action du temps. Cette action elle-même
pouvait être puissamment secondée par des hommes d'élite,
comme furent les grands évêques grecs et latins. D'autres,
essentiels à la nature humaine, restaient indéracinables,
dussent leurs formes varier.

Plaçons dans la première catégorie toutes les coutumes
qui provenaient de l'ignorance trop générale de la religion,
du mélange si facilement toléré de superstitions de toute
origine; de l'influence persistante des vieilles traditions
païennes, qui, depuis si longtemps, avaient pénétré peu à
peu toute l'existence. Ainsi quand Chrysostome critique les
cérémonies des noces, ou des funérailles, il combat des coutumes qui, quoiqu'elles tinssent puissamment au cœur de
presque tous, pouvaient être cependant modifiées et réformées
par l'influence du christianisme. On ne peut guère douter
qu'il n'ait alors obtenu certains résultats. A défaut de toute
preuve, nous nous contenterions de cette parole confiante qu'il

____

1. *Ad pop. Antioch.*, I, 12.

a prononcée et que nous venons de citer : qu'un seul homme peut bien des choses. Mais d'ailleurs nous avons vu qu'il lui arrive parfois, dans ses homélies, de se féliciter des progrès qu'il a constatés; et il ne parle pas à la légère, puisqu'il surveillait de si près la conduite de ses fidèles, puisque quotidiennement, au dehors de l'église, il entretenait avec eux les rapports les plus suivis et les plus intimes. Il faut malheureusement ajouter que les Orientaux qu'il eut à diriger, à Constantinople comme à Antioche, étaient extrêmement mobiles et impressionnables. L'éloquence de Chrysostome pouvait obtenir pour un moment des effets merveilleux; bientôt elle était oubliée; on retombait dans les mêmes fautes; les mêmes scandales se renouvelaient.

Il était beaucoup plus difficile à Chrysostome de lutter contre ces penchants innés de notre nature, dont quelques-uns deviennent si facilement des vices dangereux : ainsi l'avidité et l'amour du luxe. Il put au moins pourvoir à des besoins très pressants par les fondations pieuses auxquelles il consacra presque tous les revenus de son évêché. Réussit-il aussi bien à inculquer la charité aux fidèles? Son dessein constant fut la réforme des riches, et il eût voulu cette réforme radicale. Nous avons vu qu'il répète plusieurs fois en termes catégoriques qu'en la poursuivant, il ne croit pas poursuivre une utopie; il espère parvenir à un résultat pratique, et y travaille de toutes ses forces. Mais il n'obtint pas cette réforme générale, et ne pouvait pas l'obtenir.

Il eut cependant une consolation. Il groupa autour de lui toute une élite à laquelle il communiqua ses vertus. Nous avons indiqué ses principaux adversaires; ils furent nombreux et ardents. Ses partisans ne furent pas moins dévoués, ni ses imitateurs moins admirables. Dès sa première jeunesse, après que lui-même avait subi un instant l'influence d'autrui, entre autres celle de son ami Basile, sa propre influence rayonna sur tous ceux qui l'entouraient : sur Maxime, sur Théodore, sur Stagyre, sur Démétrius, sur combien d'autres que nous ignorons! A Constantinople, sa plus précieuse conquête fut celle de cette Olympias, qui eut la fortune, après avoir vu son instruction commencée par Grégoire de Nazianze, de la voir achevée par Chrysostome. Mais Olympias ne fut pas la seule. Tout un chœur de pieuses diaconesses, dont la plus connue est Pentadie, s'associa à ses bonnes œuvres. On peut faire des réserves sur l'archidiacre Sérapion, qui doit avoir eu sans doute d'austères vertus, sans lesquelles il n'eût point gagné l'intime confiance de son évêque, mais qui manqua d'onction, poussa la sévérité jusqu'à la raideur, et fournit plusieurs fois matière aux plaintes, comme lorsqu'il envenima, au lieu de s'employer à la calmer, la querelle de Jean avec Sévérien de Gabales. Mais que d'amis dévoués Chrysostome laissa derrière lui en partant pour l'exil! Chose intéressante, il en laissa dans les classes de la société les plus opposées. Olympias et les diaconesses appartenaient aux plus grandes familles. Ils se recrutaient au contraire parmi les plus humbles, ces amis inconnus qui firent tout leur possible pour retenir leur archevêque; osèrent l'émeute, presque la révolution dans les rues. Certes Constantinople avait été déjà le théâtre de bien des troubles religieux, et devait à l'avenir en voir de beaucoup plus graves encore; les désordres, motivés par une dispute théologique, furent même caractéristiques de l'empire byzantin. Mais cette fois, de plus nobles intérêts étaient en cause : la morale chrétienne elle-même faisait le fond du débat; c'est que, par une exception remarquable, sur un siège occupé presque toujours par des prélats théologiens ou par des prélats politiques, un apôtre était monté.

Ces obscurs partisans de Jean, les Joannites, comme on les appela, ne se laissèrent effrayer par aucune menace. Lors de ces adieux touchants que, dans une sacristie, il avait faits aux saintes diaconesses, avant de se livrer au *curiosus* qui devait l'emmener, l'archevêque leur avait conseillé la plus sage modération. Mais les chefs les plus sages réussissent mal à communiquer leur modération à tous les soldats. L'ardeur et le zèle des Joannites les entraînèrent donc à quelques excès. Les autorités voulurent faire retomber sur eux la responsabilité de l'incendie qui dévora l'un des plus beaux quartiers de Constantinople, la Grande Église et le Palais du Sénat. Le préfet en accusa les disciples directs, les favoris de Chrysostome, et, en cela, commit une injustice et une maladresse. Mais il n'est pas impossible, il n'est même pas invraisemblable que, dans la foule des partisans de Jean, il s'en soit trouvé qui aient essayé de le venger par des moyens que lui-même eût sévèrement condamnés. Tout cela reste d'ailleurs incertain; mais ce qui fut admirable, ce fut la constance des Joannites. Ils ne voulurent pas se soumettre aux nouveaux évêques, Arsace d'abord, ensuite Atticus. Dispersés dès le premier jour par les soldats, dans l'église, puis dans les bains où ils se préparaient au baptême, sans cesse ils se reformèrent. Ils continuèrent longtemps à composer une petite communauté orthodoxe, qui tenait ses synaxes hors de la ville. Ils attendirent ainsi patiemment le jour où le fils même d'Eudoxie, Théodose le Jeune, rétablit la mémoire de Chrysostome, et fit revenir triomphalement de Comane les restes de l'évêque martyr.

En même temps, outre les diaconesses, de grands personnages restaient fidèles à l'exilé. Il avait su gagner quelques-unes des grandes familles byzantines, quoique la plupart, effrayées par ses attaques contre la richesse et le luxe, lui eussent fait une opposition acharnée. C'est ce que nous permet de constater sa très curieuse correspondance, composée surtout de lettres qui datent de son exil. On y voit que plusieurs sénateurs se disputaient l'honneur de lui offrir un asile dans les domaines qu'ils possédaient près de Cucuse. Ils lui envoyaient des dons, qu'il refusait de recevoir, et détournait vers ses missions phéniciennes et ciliciennes. Il est vrai que ces manifestations de la piété n'étaient pas celles que prisait le plus Chrysostome; on le sent bien dans ses réponses; et peut-être ceux qui lui offraient ainsi l'hospitalité ou l'accablaient de présents ne mettaient pas en pratique, comme il l'eût préféré, les règles austères de sa morale. Mais quelques autres faits nous montrent pourtant son influence atteignant l'homme intérieur lui-même. Le plus curieux est l'histoire de ce jeune Théodote, fils de Théodote, que l'exemple de Jean entraîna vers la vie religieuse, et qui finit par décider son père à donner son consentement, non sans beaucoup de mauvaise grâce.

Il n'est pas moins intéressant de voir, dans cette correspondance de Chrysostome proscrit, combien de dévouements profonds il avait conservés à Antioche. Ses infortunes ravivèrent l'ardente affection de tout le peuple pour lui; malgré les intrigues d'un évêque indigne, scandaleux même, s'il faut en croire les dires de Palladius. Lorsque Théophile et Sévérien, employant un procédé cher à Théophile, et déjà mis en œuvre par lui dans l'affaire du prêtre Isidore, envoyèrent des émissaires en Syrie procéder à une enquête sur les antécédents de Jean, non seulement ils ne découvrirent rien qu'on pût lui reprocher, mais ils ne purent même provoquer le moindre faux témoignage, abuser du moindre bruit calomnieux, qu'ils auraient accueilli sans aucune espèce de scrupule. Lorsque Théophile l'eut emporté, et que Chrysostome fut en route pour Cucuse, pendant la longue traversée de l'Asie Mineure, l'exilé reçut sans cesse de sa ville natale les plus précieux témoignages de sympathie. Le clergé notamment, ce clergé syrien qu'il avait illustré, ne l'oublia pas ; plusieurs prêtres lui écrivirent des lettres touchantes, et nous pouvons juger surtout par le ton de celle de Constance, combien ces amis de Jean lui ressemblaient, étaient animés de son esprit, inspirés de ses vertus.

Ainsi Chrysostome ne réforma pas, comme il l'avait espéré, les mœurs du peuple entier d'Antioche ou de Constantinople. Mais d'abord il put corriger certains abus particuliers, ou tout au moins en préparer la réforme future. Ensuite il exerça l'action la plus puissante sur tous ceux qui l'approchèrent, sur ces âmes d'élite qui s'attachèrent à lui avec passion. Nous connaissons ceux dont Palladius nous a transmis les noms; combien ne devons-nous pas ignorer! Celui donc qui se faisait de la mission épiscopale une conception si haute, qui estimait si redoutable la responsabilité du prédicateur, et se croyait tenu de rendre compte à Dieu non pas seulement pour lui-même, mais pour son troupeau tout entier, eût pu avoir la conscience tranquille, si son humilité ne le lui eût interdit. Il était sûr de pouvoir se présenter, au jour du jugement, devant le tribunal suprême, avec un beau cortège d'âmes converties par sa parole et par son exemple; et il savait si bien qu'aucun don n'est plus agréable au Père et au Fils, qu'il aimait à proclamer que la conquête d'une seule âme était l'œuvre incomparable : « Car rien n'est plus précieux qu'une âme; l'univers ne la vaut pas ». Οὐκ ἔστι ψυχῆς οὐδὲν ἀντάξιον, οὐδὲ ὁ κόσμος ἅπας [1].

2º Principes de la morale de Chrysostome. — Son idéal moral et religieux.

Si l'on juge un politique sur les résultats qu'il a obtenus, il n'en est pas de même d'un apôtre. Il importe plus encore de bien savoir quel idéal l'apôtre a poursuivi; car cet idéal continue à exercer son attraction après sa mort, sur les générations qui suivent. Il faut donc essayer de rassembler les idées directrices de Chrysostome, que nous n'avons jusqu'à maintenant présentées qu'isolées.

Chrysostome n'avait pas l'esprit naturellement porté vers la métaphysique, et il n'a pas travaillé au développement de la théologie; on peut écrire une histoire des dogmes, sans même citer son nom. Il puise sa foi dans les Évangiles, qu'il interprète par une méthode très sage pour l'époque, historique en somme plutôt qu'allégorique, mais qui ne lui est point propre, et appartient à toute l'école d'Antioche, très différente de l'école d'Alexandrie. Il croit aussi parce que la propagation rapide du christianisme lui paraît miraculeuse, et porte en elle-même, à ses yeux, une marque évidente de vérité. Enfin et surtout il croit par besoin du cœur, par admi-

1. In *Ep. 1 ad Cor.*, 3.

ration pour la beauté sublime des doctrines de Jésus. Il accepte l'orthodoxie telle que l'a définie le concile de Nicée, et reproduit sans modification les thèses devenues traditionnelles depuis Athanase. C'est en morale seulement qu'il est original. Il suit de là que les métaphysiciens de profession peuvent être tentés de le dédaigner un peu. Mais ils ont tort : car le moraliste est au centre véritable de toutes choses, et, de ce point, si sa vue est juste, elle porte loin.

La croyance essentielle qui a toujours inspiré Chrysostome, c'est la croyance au libre arbitre. Il est nécessaire de s'expliquer à ce sujet avec quelque détail; car la question est d'importance, et ne va pas sans difficultés. On sait que Jean a été souvent considéré, sinon par les purs Pélagiens, du moins surtout par les Semi-Pélagiens comme un des leurs; disons mieux, comme un de leurs précurseurs [1]. Julianus l'invoqua dans sa controverse contre Augustin, qui prend beaucoup de peine pour le réfuter sur ce point. Cassien, un des Semi-Pélagiens les plus remarquables, était un disciple direct de Chrysostome, et se glorifia toujours d'avoir été instruit par lui. Le Pélagien Annianus a traduit en latin, pour les besoins de la cause, un certain nombre d'homélies qu'il regardait comme particulièrement significatives, et il les a même fait précéder d'une préface assez remarquable où le génie et le caractère de Jean sont fort bien appréciés, avec une sympathie intelligente. D'autre part, les orthodoxes ont essayé de démontrer la parfaite orthodoxie de Jean, depuis le temps d'Augustin, jusqu'au XVIIe siècle, où la reprise des controverses sur la grâce rendit un vif intérêt à la discussion : Tillemont par exemple n'ose pas l'esquiver, et cependant ne la traite qu'à moitié, avec un certain embarras. En réalité, la difficulté est assez grande. Elle devait surtout le paraître aux théologiens, habitués à peser si exactement les mots et les syllabes; à appliquer des méthodes d'exégèse en

---

1. Le penseur le plus original de l'école d'Antioche, Théodore de Mopsueste, prit parti contre Augustin. (HARNACK, *Dogmengeschichte*, III, 134, n. 2.)

apparence si rigoureuses. Elle est plus simple pour la critique libre, qui a d'ailleurs ici l'avantage d'une parfaite impartialité.

Il faut donc remarquer d'abord que les textes principaux de Chrysostome sur le libre arbitre, extrêmement nombreux, sont assez souvent contradictoires. Il tenait essentiellement à l'idée de la liberté morale, et pourtant ne voulait pas sacrifier l'idée de la grâce. Ce qui explique aisément certaines de ces contradictions évidentes, ainsi que quelques expressions peu précises, c'est déjà la tournure même de l'esprit de Jean, peu porté à la philosophie pure. C'est ensuite une raison qui a été souvent donnée par les écrivains orthodoxes, et qui ne manque pas de valeur : j'entends que cette obscure question des rapports de la grâce et du libre arbitre, à l'époque où il prêchait, n'avait pas encore été, je ne dis pas résolue par l'Église — elle ne l'a jamais été et ne le sera jamais, — mais même nettement posée. Le grand débat théologique entre Pélage et Augustin n'était pas encore soulevé. On trouve seulement, dans une des dernières lettres de Chrysostome, une allusion courte et vague à un certain Pélage dont il déplore l'égarement; et on ne peut affirmer en toute certitude, quoique cela me paraisse vraisemblable, que ce Pélage est bien l'hérésiarque. Quoi qu'il en soit, les orthodoxes ne se lassent pas d'assurer que, si Jean avait assisté à cette grande controverse, il aurait serré la difficulté de plus près, revisé quelques formules un peu compromettantes, en un mot pris énergiquement parti contre l'hérésie. Je crois pour ma part qu'il en eût été ainsi en effet. Mais on oublie cependant quelque chose. C'est que, l'orthodoxie n'étant point encore faite sur la question, Chrysostome, s'il eût été mêlé à la querelle, aurait contribué à la créer. Qui peut dire si son influence n'aurait pas contre-balancé celle d'Augustin? Sans aucun doute la thèse pélagienne pure ne pouvait pas être admise par l'Église; elle était tout à fait contraire à l'esprit qui depuis longtemps déjà y dominait; elle est inconciliable avec une religion qui a pour principe l'idée de la rédemption; et Jean, je le répète, l'aurait condamnée, si elle se fût produite de son temps. Mais, en pareille matière, les nuances importent grandement. Augustin, avec toute la force de son génie impétueux, entraîna pour longtemps la théologie dans les voies de la grâce exclusive. Dans la chaîne dont a parlé Bossuet, la chaîne dont on ne voit pas le milieu, l'anneau auquel s'attachait le plus fortement Chrysostome était l'anneau du libre arbitre; il l'eût toujours tenu d'une main ferme. L'avenir de la doctrine eût pu être notablement modifié si Augustin avait rencontré dans la lice ce champion redoutable. Car on peut dire, je crois, sans scrupule, que Chrysostome, qui jamais n'eût été Pélagien pur, est tout au moins assez voisin de ce qu'on appela après lui le semi-pélagianisme. Il accorde beaucoup à la grâce; mais, en dernière analyse, le plus souvent, il en fait seulement l'auxiliaire de la volonté, sans la considérer comme le premier mobile nécessaire [1]. On ne lui eût pas enlevé cette croyance; car il en a vécu; elle fut son être même; et sans elle sa prédication n'aurait plus de sens.

Il peut paraître singulier, à première vue, que ce prédicateur du libre arbitre ait si souvent reproduit le panégyrique de Paul, et se soit présenté de préférence comme le disciple du premier auteur responsable de la théorie de la prédestination. Mais on peut faire deux observations. D'abord, avec sa méthode historique d'exégèse, Chrysostome comprend mieux parfois le sens véritable des textes de Paul que la plupart de ses contemporains; encore qu'il fasse aussi de complets contresens, même très étranges, sur des versets très importants. Ensuite, il y a deux hommes en Paul, l'homme de la grâce, l'homme de la charité. C'est par la charité que le reprend Chrysostome. Il admire en lui l'apôtre dont l'action a été si énergique, si féconde, qui a converti une si grande partie

---

1. Ainsi, in *Psalm.* 120 : Ὥστε παρ' ἡμῖν αἱ ἀρχαί, καὶ τούτου ἡμεῖς κύριοι. — Cf. encore dans l'homélie sur le texte de Jérémie : *Non est in homine...*, etc. Nous pouvons : ἑλέσθαι τὰ κάλλιστα, καὶ βουληθῆναι, καὶ σπουδάσαι, καὶ πάντα ὑπομεῖναι πόνον · τὸ δὲ εἰς τέλος ἀγαγεῖν αὐτά, καὶ μὴ συγχωρῆσαι διαπεσεῖν, καὶ πρὸς αὐτὸ τὸ πέρας ἐλθεῖν τῶν κατορθωμάτων, τῆς ἄνωθέν ἐστι χάριτος, etc.

du monde; il admire en lui celui qui a écrit le fameux verset.
Si je n'ai pas la Charité!... dont sa propre prédication tout
entière n'est que le développement. Aussi Néander a-t-il pu
ingénieusement remarquer [1] que, même en racontant la conversion de Paul, Chrysostome ne sacrifie pas le libre arbitre,
mais essaie de montrer qu'il en fut un élément essentiel.
Concluons cependant que, si fortement que Jean croie devoir
se rattacher lui-même à Paul, en réalité il vient surtout de
Jésus.

A la théorie de Jean sur le libre arbitre, se rattache une
thèse souvent développée par lui, et qui, en dernière analyse,
a son origine, non pas dans les Évangiles ou dans les épîtres
pauliniennes, mais dans cette philosophie profane que Paul
comme Jean faisaient profession de dédaigner; c'est la thèse
stoïcienne que rien ne peut nuire à l'homme que le péché. Il
l'a souvent exprimée dans ses sermons, et il l'a reprise, à la fin
de sa vie, au fond même de son exil, pour en faire le sujet
d'un traité spécial.

A cette même théorie se rattachent encore ses opinions sur
le gouvernement de la providence. Nous avons déjà vu que le
christianisme ne faisait pas adopter sans peine la croyance à
la résurrection; des préjugés juifs et païens s'y opposaient.
Les uns avaient peine à admettre le renouvellement des corps,
la réparation de la chair; d'autres pensaient que l'indulgence
de Dieu serait fort large, et se refusaient à croire à l'éternité
des peines. Mais presque tout le monde admettait sans hésitation l'immortalité de l'âme. Cependant, quoiqu'une telle
croyance soit d'un grand secours et d'une incomparable efficacité, beaucoup restaient troublés et tourmentés par l'éternel
spectacle des injustices de la destinée. C'est pour répondre à
ceux-là que Chrysostome avait imaginé, sur le gouvernement
de la providence, toute une théorie très précise, qui revient à
une sorte de système des compensations. Avec sa grande
connaissance du cœur humain, son expérience si étendue et

1. I, p. 307.

si délicate, il savait qu'il n'y a pas ici-bas d'homme parfaitement bon, ni d'homme parfaitement méchant. Il admet donc, quand un méchant est heureux, qu'il a fait quelques bonnes actions inconnues pour lesquelles il est récompensé; mais il sera puni de ses vices dans l'autre vie. De même quand un homme de bien souffre de grands maux en apparence immérités, savons-nous s'il n'a pas commis de légères fautes pour lesquelles il est châtié? Mais comme la vertu l'a emporté sur le vice dans sa vie, après la mort il doit jouir de la félicité éternelle. Cette thèse est développée en particulier avec une éloquence très séduisante dans les belles homélies sur la parabole de Lazare. Elle peut paraître assez superficielle; et sans doute le mieux est de ne pas prétendre résoudre avec tant d'exactitude une question aussi troublante et aussi obscure; je ne sais d'ailleurs si Chrysostome tenait bien fortement à la solution qu'il en donnait. Rappelons-nous qu'il l'a exposée en orateur plutôt qu'en docteur, et nous reconnaîtrons qu'à cette condition, l'explication en vaut une autre, et a pu avoir son efficacité.

Ainsi ce que Chrysostome considérait avant tout dans l'homme, c'était le libre arbitre, sur lequel est fondée la responsabilité; et tous ses efforts tendaient à agir sur ce libre arbitre. Il voulait que l'homme ne se pliât pas seulement devant la loi, mais qu'il la comprît, et s'attachât à elle par un libre amour. De là son horreur pour la routine, pour toutes les formes purement matérielles de la dévotion, pour le ritualisme étroit. Que de belles paroles de lui nous avons déjà citées sur ce sujet! Combien en pourrions-nous citer encore! C'est lui qui, comparant la synagogue juive à l'église chrétienne, s'écriait : Chez nous point de bois, de feu, d'autel ou de glaive, mais tout notre culte n'est qu'esprit. « Οὐ γὰρ ξῦλα καὶ πῦρ οὐδὲ βῶμος καὶ μαχαίρα, ἀλλὰ πνεῦμα πάντα παρ' ἡμῖν [1]. » De là les réserves qu'il finit par faire à propos de l'ascétisme, dont il lui sembla qu'on s'exagérait la valeur. De là aussi ses

____

[1]. In *Ep. ad Rom.*, 29.

efforts pour rendre la liturgie plus vivante, pour empêcher qu'on n'en oubliât le sens[1].

Son idéal fut donc une Église vraiment apostolique et évangélique, où il n'y eût pas de séparation trop profonde entre le clergé et le peuple, mais où tous les fidèles fussent également animés du même esprit. *Et erat multitudinis credentium, cor unum et anima una* : telle fut vraiment sa devise ; et voilà ce qu'il aurait voulu réaliser. C'est le sens des conseils qu'il donne si fréquemment, quand il recommande de ne jamais oublier le prochain, et de travailler au salut d'autrui comme au sien propre. Que chaque maison soit une église, et que le père de famille veille à l'instruction de sa femme, de ses enfants, de ses esclaves, les aide et les guide dans l'œuvre de leur perfectionnement moral. Que l'influence de chaque famille rayonne sur les familles voisines. Nul n'a eu plus que Chrysostome le sentiment de la solidarité. Il voudrait donc qu'on se surveillât mutuellement, qu'on se fît des observations réciproques. Là serait la véritable fraternité. Le seul danger, celui du scandale, est facile à éviter, si l'on sait avoir le tact et la discrétion nécessaires. A l'appui de ces conseils, Chrysostome donnait à ses auditeurs une raison bien forte en effet : Vous vous connaissez mieux entre vous, leur disait-il, que nous, prêtres ; nous ne pouvons vous connaître[2].

Ainsi l'on voit reparaître, en un siècle de théologie et de politique, dont la grande affaire fut, d'une part, de définir les dogmes essentiels, et de l'autre, d'établir un modus vivendi convenable entre l'Eglise et l'État, un homme qui nous ramène aux tout premiers âges du christianisme ; à l'époque bienheureuse où l'on prétendit adorer le Père en esprit et en vérité, et où l'on rendait à César ce qui est dû à César, ne lui demandant que de vous laisser rendre à Dieu ce qui est dû à Dieu. Néander a bien fait ressortir une partie de cette originalité de Chrysostome en le comparant à son grand rival occi-

1. Voir sur cette question, dont nous n'avions pas à parler ici en détail, Néander, I, p. 190-200, et appendice.
2. In *Ep. 1 ad Cor.*, 36.

dental, à Augustin, le véritable fondateur de la théologie du moyen âge [1]. Il faut compléter cette comparaison en le distinguant aussi d'Ambroise, le véritable ancêtre des prélats politiques. J'ajouterai encore une réserve : Néander, avec l'esprit historique de la science allemande, voit dans l'apparition de Chrysostome un fait en quelque sorte nécessaire, produit fatal d'une certaine période du IVe siècle. Il remarque que les années de la prêtrise et de l'épiscopat de Jean se placent à l'époque relativement paisible qui suit les disputes ariennes et précède les controverses pélagiennes, pendant une sorte de trêve théologique. Cela n'est pas sans justesse; mais ce qui fit Chrysostome, ce fut avant tout sa propre nature, son âme si aimante, si évangélique. Nous ne devons pas cet apôtre du libre arbitre à la fatalité historique, mais au libre arbitre lui-même.

Nous reconnaissons donc en lui le premier de ces grands hommes, tels que l'Église en a compté à presque tous les siècles, qui, sous les formes d'une religion devenue très compliquée, surchargée de toutes sortes d'éléments adventices, ont su retrouver l'esprit des temps primitifs, et qui, par suite de leur indifférence même pour ces formes, n'ont travaillé qu'à la correction des mœurs, sans toucher à la constitution de l'Église. Entre l'époque de la première génération chrétienne et le siècle des origines franciscaines, je ne sais pas s'il a été osé d'effort plus sincère que celui qu'il a tenté pour faire pénétrer dans la société tout entière, depuis ses classes les plus élevées jusqu'aux plus basses, les véritables principes du christianisme, dans toute leur force et toute leur pureté. L'Église, dans son immense développement, a été une institution essentiellement morale qui peu à peu s'est accrue d'une

1. Je parlais tout à l'heure du rapport de Chrysostome et de Paul. Au IVe siècle, c'est Augustin à vrai dire qui est Paul; c'est lui qui veut, non seulement prêcher la morale chrétienne, mais la fonder sur un système théologique, et le système qu'il construit a pour première origine la doctrine même de Paul. Chrysostome ne se préoccupe pas plus de métaphysique que ne s'en sont probablement préoccupés les autres apôtres.

philosophie métaphysique et d'un gouvernement politique. Ceux qui, comme Jean, de ces trois parts ont choisi la morale, ont pris « la meilleure part ». On ne se divise pas à leur sujet, et tous peuvent les entourer d'une même admiration et d'un même amour. Néander a dit avec raison que Chrysostome était également vénéré par toutes les sectes chrétiennes. Disons plus, il doit l'être également par tous ceux qui, quelle que soit leur opinion sur les dogmes, considèrent la morale évangélique comme le plus haut idéal qui ait été proposé aux hommes. Si cet esprit de vérité et d'amour, si cette charité qui l'animèrent, doivent continuer, quel que soit l'avenir, à inspirer toutes les grandes œuvres et toutes les grandes pensées, Chrysostome demeure l'un des plus beaux exemples moraux que l'humanité puisse contempler. Il eut ces deux qualités opposées, dont une grande âme seule peut remplir l'entre-deux, et qui furent admirablement unies dans le divin maître de l'Évangile, la force des violents qui ravissent le ciel, et la sainte douceur des humbles. Pour emprunter encore une parole à celui qui l'a si bien compris, parce qu'il l'a aimé, à Néander, il fut : « sans pitié pour le péché, plein de miséricorde pour le pécheur ».

FIN

TABLE DES MATIÈRES

CHAPITRE IV

LA RELIGION

CHAPITRE V

LES SPECTACLES

CHAPITRE VI

LA COUR ET L'EMPIRE

CONCLUSION

COULOMMIERS. — Imp. P. BRODARD.